das neue buch
Herausgegeben von Jürgen Manthey

Literaturmagazin 10
Vorbilder

Redaktion: Nicolas Born, Jürgen Manthey, Delf Schmidt

das neue buch
rowohlt

Erstausgabe
Veröffentlicht im Rowohlt Taschenbuch Verlag GmbH,
Reinbek bei Hamburg, Februar 1979
Copyright © 1979 by Rowohlt Taschenbuch Verlag GmbH,
Reinbek bei Hamburg
Alle Rechte vorbehalten
Umschlagentwurf Christian Chruxin
Gesamtherstellung Clausen & Bosse, Leck
Printed in Germany
1200-ISBN 3 499 25119 1

Inhalt

Editorial

Der Themenschwerpunkt des nächsten Bandes,
LITERATURMAGAZIN 11: *Schreiben oder Literatur* setzt sich
mit Formen der «anderen» Literatur auseinander.
LITERATURMAGAZIN 12 heißt *Nietzsche*.

1. Aufsätze

Ralph-Rainer Wuthenow
Verdrängte Vorbilder?

Vorbild ist keine pädagogische Kategorie, ist auch kein Stichwort für Heldenverehrung und für die Errichtung einer imaginären Siegesallee, auf der sich sonntags wandeln ließe, und einem Vorbild nachzustreben heißt nicht, es nachahmen, sondern sich selbständig zu verhalten lernen, wie dieses es getan. Also fordert ein Vorbild, wenn es wirklich ein solches ist, stets wieder frei zu werden von dem, was als ein Vorbild aufgestellt oder aufgefunden worden war. Das Verhältnis zum Vorbild dient nicht einem kollektiven Bewußtsein, sondern der Entwicklung der eigenen, stets angefochtenen Identität. Das Vorbild ist ein Anspruch und nicht die Aufforderung, durch Anpassung und Nachahmung zu lernen. Das wäre kein Vorbild, das einen nicht lehrte, sich selbst und dann im Gegenzug auch wiederum dieses in Frage zu stellen.

So waren etwa die Franzosen für die Deutschen, als diese anfingen, sich Zuständen zu entringen, die man getrost als barbarisch bezeichnen kann – ein Vorgang, der vielleicht noch gar nicht ganz abgeschlossen ist –, für diese das unterwürfig nachgeahmte Vorbild, bis der gescheite Thomasius meinte, man solle sie nachahmen, indem man sie nicht einfach nachahme in allem, was sie tun, sondern indem man lerne, selbständig zu werden wie sie. Allerdings sprach Pierre de Ronsard als Dichter und gebildeter Franzose sich anders aus als die gelehrten Schulmeister in Deutschland, die seine Verse nachzubilden suchten. Mehr als die Nachgestaltung, an der sich schon immerhin einiges lernen läßt, fordert, was man Vorbild nennt, die Auseinandersetzung. Lessing hat sich dementsprechend verhalten; der Sturm und Drang sieht sich vereinigt im Blick auf die Vorbilder Shakespeare und Jean-Jacques Rousseau, und die Romantik ahmt kein Mittelalter nach, dessen man sich erinnert, um im Erinnern des Verlorenen gewärtig zu werden, sie blickt auf Dante, Cervantes, Shakespeare, Ariost, sie blickt auf Goethe.

Traditionsbildung ist ohne das Konzept von Vorbildlichkeit im literarischen Bereich nicht denkbar, die Entwicklung eines Kanons als der Sammlung verbindlicher Muster, die Entwicklung einer Vorstellung von Klassizität ist davon nicht abzulösen, aber seit der deutschen Romantik ist der Kanon erweitert und modifiziert worden, er ist in Bewegung geraten und hörte auf, noch zu sein, was man einstmals darunter verstanden hatte. Die deklarierte Vorbildlichkeit gilt nicht mehr als ein verfügbarer Besitz, sondern als Anspruch, ein Anspruch aber, den einer an sich selber stellt.

Nicht Bestand ist das Stichwort, sondern Wandel.

In seiner ‹Unzeitgemäßen Betrachtung› über ‹Schopenhauer als Erzieher› hat es Friedrich Nietzsche nicht nur für das Bewußtsein seiner Generation, über die er schon weit hinausgeschritten war, deutlich ausgesprochen: «Wir haben uns über unser Dasein vor uns selbst zu verantworten; folglich wollen wir auch die wirklichen Steuermänner dieses Daseins abgeben und nicht zulassen, daß unsre Existenz einer gedankenlosen Zufälligkeit gleiche. Man muß es mit ihr etwas kecklich und gefährlich nehmen: zumal man sie im schlimmsten wie im besten Falle immer verlieren wird. Warum an dieser Scholle, diesem Gewerbe hängen, warum hinhorchen nach dem, was der Nachbar sagt? Es ist so kleinstädtisch, sich zu Ansichten zu verpflichten, welche ein paar hundert Meilen weiter schon nicht mehr verpflichten.» Nur der Versuch, sich frei zu machen, ist wichtig. Wie aber kann der Mensch sich finden und kennen? «Um aber das wichtigste Verhör zu veranstalten, gibt es dies Mittel. Die junge Seele sehe auf das Leben zurück mit der Frage: was hast du bis jetzt wahrhaftig geliebt, was hat deine Seele hinangezogen, was hat sie beherrscht und zugleich beglückt? Stelle dir die Reihe dieser verehrten Gegenstände vor dir auf, und vielleicht ergeben sie dir, durch ihr Wesen und ihre Folge, ein Gesetz, das Grundgesetz deines eigentlichen Selbst.»

Und das ist das Geheimnis dieser wahrhaften Bildung: «Deine wahren Erzieher und Bildner verraten dir, was der wahre Ursinn und Grundstoff deines Wesens ist, etwas durchaus Unerziehbares und Unbildbares, aber jedenfalls schwer Zugängliches, Gebundenes, Gelähmtes: deine Erzieher vermögen nichts zu sein als deine Befreier.» Was man also Bildung nennt, das beschert nicht «künstliche Gliedmaßen, wächserne Nasen, bebrillte Augen – vielmehr ist das, was diese Gaben zu geben vermöchte, nur das Afterbild der Erziehung. Sondern Befreiung ist sie, Wegräumung alles Unkrauts, Schuttwerks, Gewürms, das die zarten Keime der Pflanze antasten will.» [. . .] Über seine Lehre, über seine menschlichen Schwächen hinaus hat Schopenhauer als Vorbild gewirkt, das heißt: durch seine Freiheit als Befreier. Mehr wollte Nietzsche nicht sagen. Das aber war sehr viel. –

Was so für den einzelnen gilt, ist die Voraussetzung dessen, was für ein ganzes Volk zu gelten hat. Aber das Verhältnis der Deutschen zu ihrer eigenen Tradition, die es immerhin gibt, ist verstellt, verwissenschaftlicht, von Vorurteilen belastet, ist wesentlich unfrei. Einer verengten Klassizität suchen sie sich immer wieder zu entschlagen und dann wieder auf falsche Weise zu bemächtigen, und ihre Bildung darf man als verdinglicht bezeichnen. Auch hier hat Nietzsche in den ‹Unzeitgemäßen Betrachtungen› das wichtigste aufs deutlichste gesagt, sie sind so zeitgemäß, daß man sie zu betrachten scheut. Zwischen Fetischisierung und tabula rasa soll nun entstehen, was man ein Traditionsbewußtsein nennt, eine Beziehung zu Mustern und Vorbildern? Die Antwort kann man sich ersparen. Der hat jedenfalls sein Vorbild nicht erreicht, der ihm nicht mit Unbefangenheit oder doch dem Versprechen von Unabhängigkeit gegenübertreten kann und dennoch gelernt hat, den Takt zu bewahren, der ihn vor subjektiven Verfälschungen zurückschrecken läßt.

In einem Lande, wo in jeder Generation die kleinbürgerlich-eigennützige Frage neu gestellt wird, was dieser oder jener Autor, was dieses oder jenes Werk eben der jetzt endlich auftretenden Generation überhaupt noch «zu sagen» habe, ist es allerdings schwierig geworden, das Wort Vorbild überhaupt weiter zu verwenden, sofern einer nicht polemisch und affirmativ zugleich auf die angeblich wandellose Bedeutung des Vorbildlichen, also aller Art von Klassischem, deuten will. Was ist überhaupt ein Kanon? Jedenfalls keine Anhäufung von poetischen Normen, sondern eine Konfiguration von möglichen Vorbildern.

In Deutschland scheint man davon nicht viel wissen zu wollen, das Wort Kanon ruft vielleicht nicht mehr wach als die Erinnerung an in der Schule einst geübten Chorgesang.

Nietzsches eigener Kanon war, sieht man genauer hin, eigentlich recht bescheiden: Stifter, Keller, Goethe mit und ohne Eckermann, Lichtenberg, dazu noch einige (lassen) von den großen Franzosen, Landor, Leopardi, das ist so ziemlich alles, was ihm als wichtig, als unerläßlich gilt. Der Verehrer Montaignes und Schopenhauers, der Kenner der Griechen sagt schließlich sogar der deutschen Bildung ab, so wie er sie noch hatte erfahren können. In der ‹Morgenröte› findet sich folgender Abgesang auf die «ehemalige deutsche Bildung»: «Als die Deutschen den andern Völkern Europas anfingen interessant zu werden – es ist nicht zu lange her –, geschah es vermöge einer Bildung, die sie jetzt nicht mehr besitzen, ja, die sie mit einem blinden Eifer abgeschüttelt haben, wie als ob sie eine Krankheit gewesen sei: und doch wußten sie nichts Besseres dagegen einzutauschen als den politischen und nationalen Wahnsinn. Freilich haben sie mit ihm erreicht, daß sie den andern Völkern noch weit interessanter geworden sind, als sie es damals durch ihre Bildung waren; und so mögen sie ihre Zufriedenheit haben! Inzwischen ist nicht zu leugnen, daß jene deutsche Bildung die Europäer genarrt hat und daß sie eines solchen Interesses, ja einer solchen Nachahmung und wetteifernden Aneignung nicht wert waren.» Der Blick auf Schiller, Humboldt, Schleiermacher, Hegel, Schelling zeigt ihm nur die Sucht, moralisch erregt zu scheinen, das Verlangen nach weichen Allgemeinheiten und das, alles schöner sehen zu wollen. «Es ist ein weicher, gutartiger, silbern glänzender Idealismus, welcher vor allem edel verstellte Gebärden und edel verstellte Stimmen haben will, ein Ding, ebenso anmaßlich als harmlos, beseelt vom herzlichsten Widerwillen gegen die ‹kalte› oder ‹trockene› Wirklichkeit, gegen die Anatomie, gegen die vollständigen Leidenschaften, gegen jede Art philosophischer Enthaltsamkeit und Skepsis, zumal aber gegen die Naturerkenntnis, sofern sie sich nicht zu einer religiösen Symbolik gebrauchen ließ. Diesem Treiben der deutschen Bildung sah Goethe zu, in seiner Art: danebenstehend, mild widerstrebend, schweigsam, sich auf seinem eignen besseren Wege immer mehr bestärkend. Dem sah etwas später auch Schopenhauer zu – ihm war viel wirkliche Welt und Teufelei der Welt wieder sichtbar geworden, und er sprach davon ebenso grob als begeistert: denn diese Teufelei hat ihre S c h ö n h e i t! – »

Was aber hatte, fragt Nietzsche weiter, die Ausländer verführt, daß sie dem Bildungstreiben der Deutschen nicht ebenso gelassen zusehen wollten wie Goethe oder Schopenhauer dies getan? «Es war jener matte Glanz, jenes rätselhafte Milchstraßen-Licht, welches um diese Bildung leuchtete: dabei sagte sich der Ausländer ‹das ist uns sehr, sehr ferne, da hört für uns Sehen, Hören, Verstehen, Genießen und Abschätzen auf; trotzdem können es Sterne sein! Sollten die Deutschen in aller Stille eine Ecke des Himmels entdeckt und sich dort niedergelassen haben? Man muß suchen, den Deutschen näher zu kommen.›» So also kam man ihnen denn näher – «während kaum viel später dieselben Deutschen sich zu bemühen anfingen, den Milchstraßen-Glanz von sich abzustreifen: sie wußten zu gut, daß sie nicht im Himmel gewesen waren – sondern in einer Wolke!»

Das ist nicht die Absage an die Humanitätsideen und das kosmopolitische Ideal der Aufklärung und des deutschen Idealismus, sondern die Interpretation dessen, was im Laufe weniger Jahrzehnte des 19. Jahrhunderts daraus geworden war. Schon Wilhelm von Humboldt, vielleicht minder faszinierend als sein politisch weit interessanterer, entschiedener sich verhaltender Bruder Alexander, Wilhelm, der im

Hause Georg Forsters in Mainz und im Gespräch mit diesem den Traktat ‹Über die Grenzen der Wirksamkeit des Staates› konzipiert hatte, vertrat schließlich ein viel revolutionäreres Bildungskonzept als das 19. Jahrhundert es dann hat wahrhaben wollen. Hinter diesem aber stand die Vorstellung, daß Bildung nicht den Menschen gefügig, brauchbar und wohlfunktionierend für die Gesellschaft machen sollte, sondern daß Bildung im einzelnen die Widerstandskräfte gegen solche Tendenzen der gedrillten Anpassung sollte ausformen und stabilisieren helfen. Gleichzeitig stand dahinter der Versuch, wesentliche Folgen der unerläßlichen Arbeitsteilung aufzuheben oder gar zu überwinden. Es handelte sich dabei keineswegs um Fragen, die in jener Zeit allein von Wilhelm von Humboldt als zentral erkannt worden waren. Man muß nur an Fichte, Forster, Carl Wilhelm Frölich, man darf auch getrost an Herder und Jean Paul erinnern.

Man kann sie als «verdrängte Vorbilder» bezeichnen und damit auf eine abgebrochene Traditionsbildung verweisen, wie sie auch an anderen Zeitgenossen der deutschen Klassik und der romantischen Epoche erkennbar wird: man denke an Alexander von Humboldt, der nur als Naturforscher «lebendig» bleiben durfte, an Publizisten und politische Schriftsteller vom Rang eines Konrad Engelbert Oelsner und Carl Gustav Jochmann, zu schweigen vom revolutionären Erbe der Romantik und, wiederum, vom rebellischen, nur satirisch idyllischen Jean Paul.

Es gibt verdrängte Vorbilder, und von ihnen sollte man sprechen, eben weil, soweit ich sehe, keine Literatur so wenig als Überlieferung zu wirken in der Lage ist, wie die der deutschen Sprache, die dann auch niemals in der Lage war, obschon man es von ihr erhoffte, nationale Identität zu garantieren, weshalb man auch, wie wir wissen, auf die Idee kam, eine solche Identität nur noch in der Sprache selbst finden zu wollen, als einen Ersatz also für die in der Wirklichkeit niemals erlangte, und dann im scheinbar Gewonnenen schon wieder verlorene Einheit der Nation. Wer auch tut sich sonst so schwer mit diesen Fragen? Die stets neu erhobene, was denn des Deutschen Vaterland sei, wird bereits zum nationalen Charakteristikum, und die Sehnsucht der Romantik nach dem Mittelalter hört auf, schlechthin aufklärungsfeindlich und «reaktionär» zu sein, wenn man dahinter mit nur ein wenig Phantasie und gutem Willen die Problematik der von den Deutschen niemals gewonnenen nationalen Identität zu erfassen beginnt, die so vieles erklärt, wiewohl sie nicht alles entschuldigt.

Die Frage nach der entbehrten oder verscherzten Einheit und Identität hängt unlösbar zusammen mit der einer eben aus diesem Grunde verdrängten Überlieferung, mit den sozusagen ausgebürgerten Tendenzen, die als Widerspruch und positiv wirkender Stachel in der französischen Literatur oder auch in der englischen und der italienischen stets ihren Platz haben behalten können, sei es auch nur, um sich mit ihnen auseinanderzusetzen und an ihnen zu entzünden. Eine Nation mit sehr weit zurückreichendem, scheinbar kollektivem, in Wahrheit doch stets neu vermitteltem individuellem Gedächtnis wie etwa die japanische, kennt – soweit ich sehe – eine solche Problematik überhaupt nicht.

Bestand und Dauer, Wirkung und Folge, Überlieferung und Auseinandersetzung, die den literarischen Kanon ständig modifizieren, sind hierzulande nicht einmal ein Problem. Setzt ausgerechnet das deutsche Volk aus Illiteraten sich zusammen?

Nein, auf Besitz und Bildung hat man stets gehalten – Goethe, Schiller und Hölderlin, Kant und Hegel, Beethoven, Weber und Schumann, darauf konnte man sich doch verlassen, rechnete man noch Wilhelm von Humboldt und vielleicht die Brüder Grimm hinzu – wessen bedurfte man mehr? Wer konnte es wagen, sich mit uns zu messen? Welch Alibi! Was für Standarten! Welch eine von Standbildern bestellte Siegesallee!

Diesen Trug hat als erster wohl Friedrich Nietzsche durchschaut, als er bemerkte, die abgedankte deutsche Bildung sei eine schöne Selbsttäuschung gewesen und Goethe «ein Zwischenfall ohne Folgen». Ich muß noch einmal nachsehen, was er dazu bemerkt hat, ich glaube, niemand hat dies deutlicher gesehen und schärfer ausgesprochen. «Es kann nur eine Verwechslung sein, wenn man von dem Siege der deutschen Bildung und Kultur spricht, eine Verwechslung, die darauf beruht, daß in Deutschland der reine Begriff der Kultur verlorengegangen ist», heißt es in der ersten seiner ‹Unzeitgemäßen Betrachtungen›. Vielwissen hat mit Kultur nicht viel zu tun, es verträgt sich, wie alles nur Gelernte, notfalls auch gut genug mit der Barbarei, das heißt einer allgemeinen Stillosigkeit oder der ungeordneten Mischung aller Stile. «In diesem chaotischen Durcheinander aller Stile lebt aber der Deutsche unserer Tage: und es bleibt ein ernstes Problem, wie es ihm doch möglich sein kann, dies bei aller seiner Belehrtheit nicht zu merken und sich noch dazu seiner gegenwärtigen ‹Bildung› recht von Herzen zu freuen.»

Und dann gibt es noch in dieser Streitschrift jene unvergeßlichen Hammerschläge, mit denen der sechste Abschnitt einsetzt: «Ein Leichnam ist für den Wurm ein schöner Gedanke, und der Wurm ein schrecklicher für jedes Lebendige. Würmer träumen sich ihr Himmelreich in einem fetten Körper, Philosophieprofessoren im Zerwühlen Schopenhauerischer Eingeweide, und so lange es Nagetiere gibt, gab es auch einen Nagetierhimmel. Damit ist unsere erste Frage: Wie denkt sich der neue Gläubige seinen Himmel? beantwortet. Der Straußische Philister haust in den Werken unserer großen Dichter und Musiker wie ein Gewürm, welches lebt, indem es zerstört, bewundert, indem es frißt, anbetet, indem es verdaut.»

Aber lassen wir David Friedrich Strauß, den Nietzsche, indem er ihn höhnisch zum Repräsentanten der neuen deutschen Kultur machte, davor bewahrt hat, schon völlig vergessen zu sein, lassen wir auch Nietzsche, der es nicht über sich gebracht hat, einmal auf das zu achten, was außer ein paar «großen Namen» auch noch dazugehörte: was sich an den Hängen und oft doch ziemlich nah schon dem Gipfel des deutschen Parnasses abgespielt hat, das Schicksal nicht nur Lessings allein, sondern auch das von Karl Philipp Moritz, von Johann Gottfried Seume oder Georg Forster, um nicht noch andere Namen zu nennen, von denen man annehmen darf, daß sie überhaupt nicht bekannt sind. In der äußeren oder der inneren, in der Emigration jedenfalls, war die deutsche Literatur fast immer. Heine ruht, wie Platen, den er schmähte und verschmähte, in fremder Erde («Wie bin ich satt von meinem Vaterlande . . .»). –

Mancher mag ein Vorbild haben und gewählt haben, aber die Folge von möglichen Vorbildern hat bei uns keine Konvention, geschweige denn eine Tradition entwickeln können. Wir vergessen rascher, wir schreiben auch rascher, und deshalb werden unsere Schriftsteller auch rascher vergessen, als dies in anderen Ländern der Fall ist, wo Literatur und Wissenschaft schludrig durch den Begriff der Kritik vermittelt werden, indes man hierzulande von der Wissenschaft den Sinn für das Partikulare, von Literatur und Kritik aber kaum eine halbe Ahnung hat.

Aber vielleicht übertreibe ich? Wer fällt mir ins Wort? Ich lese noch einmal nach, was Lessing über seinen jung gestorbenen Vetter Mylius geschrieben hat, lese die Klagen nach, die in Briefen Georg Forsters stehen; dabei fällt mir ein, was Goethe Jahre später in seinem Aufsatz über ‹Litterarischen Sansculottismus› anzumerken wußte, warum es nämlich bei uns gar keine Klassiker geben könne; man prüfe auch die Fragmente der Romantiker daraufhin – bis hin zu Nietzsche kann man dieselbe Einsicht in verschiedener Formulierung wiederfinden, und Heinrich Mann hat es weder anders gesehen, noch hat er es anders erfahren können. Die folgenreichen – und kurzfristigen – Wiederentdeckungen in der deutschen Literatur sind dafür nur ein Indiz, nicht etwa sind sie dann auch die verspätete Korrektur: Forster und Seume, Hölderlin und Kleist, Büchner und Jochmann, K. Ph. Moritz wie Jean Paul, der weiche, der den ‹Wutz› geschrieben hat, ein Kritiker auch vom Range Varnhagens, sie sind aufgebahrt zwischen Erfolg und Wirkungslosigkeit, Gleichgültigkeit und modischer Aktualisierung, Vergessenheit und Renaissance. Die nationale, dann die faschistische, schließlich die ökonomische Verblendung haben sie – beinahe – uninteressant werden lassen.

Der deutsche Schriftsteller hat, außer in den Momenten, wo er im Zuge gesteuerter Erwartungen und kalkulierter Umwertungen vorübergehend eine fast allgemein zu nennende Aufmerksamkeit findet, nicht Generationen von Lesern vor sich, sondern höchstens wenige Verehrer und das, was man früher einmal eine – gebildete – «Gemeinde» nannte. So gibt es also Autoren, aber noch keine Literatur. Ein Volk, das gewissermaßen seine Geschichte verfehlt hat, macht die Geschichtslosigkeit zum Prinzip und taumelt von oberflächlichen Triumphen in wiederholte Katastrophen. Und da ein verbreitetes und befestigtes republikanisches Bewußtsein fehlt, können die Hüter des Bestehenden, die man die Konservativen nennt, scheinbar ganz zu Recht, so tun, als hätten sie die Tradition gepachtet wie das Recht, sich mit dem, was sie ihr Erbe nennen, identisch zu fühlen. Das hat dann bei einer nur noch reagierenden sogenannten Linken den Begriff der Tradition fast völlig diskreditiert, sie nimmt nicht mehr wahr, auf was sie sich beziehen könnte, Wekhrlin und Knigge sind ihr so fremd wie Alexander von Humboldt, Börne, Jochmann oder Heinrich Mann. So sind die Linken ihren Widersachern auf den rechten Leim gegangen. Tradition liegt aber nicht im Wissen von einem sogenannten Bestand, sondern in der ständigen Auseinandersetzung mit dem, was manche so nennen. So hat aber auch der konservative Block in Deutschland in Wahrheit keine Tradition. Nicht einmal einen Mann wie Friedrich von Gentz hat er wirklich verstanden. Er könnte sich sonst auf ihn berufen, was ihm vielleicht nicht ganz schlecht anstehen würde.

Nun fehlt es aber an Beweisen für solche Behauptungen. Hat uns denn nicht die Philologie die Texte bereitgestellt und in mühseliger Arbeit zugänglich gemacht? Hat nicht die Literaturwissenschaft die Probleme ausführlich behandelt, hat nicht die Literaturgeschichte die Zusammenhänge und die Entwicklungen genauestens dargestellt? Fehlt es etwa an kritischen Einführungen, an Editionen, an den Käufern oder an Kenntnissen? Nein. Es fehlt ein Bewußtsein von Überlieferung wie an der Bereitschaft, sich angesichts ihrer zu prüfen, sich in Frage stellen zu lassen und sich vielleicht sogar wiederzuerkennen in ihr, über die unmittelbare und durch die jeweiligen Texte dann wieder zu vergegenwärtigende Empfindung hinaus. Das aber leistet keine Literaturgeschichte, keine Textedition, kein philologisch-historischer Kommentar. Diese stellen lediglich die Mittel bereit. Wir aber sind gehalten, uns ihrer zu bedienen. –

Schlagen wir die alten Bücher oder die neuen Ausgaben einfach auf und versuchen wir, wenn es geht, nicht betroffen oder verwundert zu sein!

Georg Forster, ‹*Ansichten vom Niederrhein*›, Berlin 1791, 2. Kapitel: «Wir erstiegen den Ehrenbreitstein. Nicht die unwichtige Kostbarkeit dieser Festung; nicht der Vogel Greif, jene ungeheure Kanone, die eine Kugel von hundert und sechzig Pfunden bis nach Andernach schiessen soll, aber doch wohl nie geschossen hat; nicht alle Mörser, Haubitzen, Feldschlangen, Zwölf- und Vierundzwanzigpfünder, lange gezogene Röhre, Kartätschenbüchsen, Graupen, und was sonst im Zeughause oder auf den Wällen zu bewundern ist; nicht die weite Aussicht von dem höchsten Gipfel des Berges, wo Koblenz mit dem Rhein und der Mosel landkartenähnlich unter den Füssen liegt – nichts von dem allen konnte mich für den abscheulichen Eindruck entschädigen, den die Gefangenen dort auf mich machten, als sie mit ihren Ketten rasselten und zu ihren räucherigen Gitterfenstern hinaus einen Löffel steckten, um dem Mitleiden der Vorübergehenden ein Almosen abzugewinnen. Wäre es nicht billig, fiel mir dabei aufs dasz ein jeder, der Menschen zum Gefängnis verurteilt, wenigstens Einen Tag im Jahre mit eigenen Ohren ihr Gewinsel, ihre himmelstürmende Klage vernehmen müszte, damit ihn nicht der todte Buchstabe des Gesetzes, sondern eigenes Gefühl und lebendiges Gewissen von der Rechtmässigkeit seiner Urtheile überzeugte? Wir bedauern den unsittlichen Menschen, wenn die Natur ihn straft und physisches Uebel über ihn verhängt; wir suchen sein Leid zu mildern und ihn von seinen Schmerzen zu befreien: warum darf nicht Mitleid den Elenden erquicken, dessen Unsittlichkeit den Arm der beleidigten Bürgerordnung reizte? Ist der Verlust der Freiheit kein hinreichendes Sühnopfer, und fordert die strenge Gerechtigkeit auch die Marter des Eingekerkerten? Mich dünkt, die Abschaffung der Todesstrafe hat uns nur noch grausamer gemacht. Ich will hier nicht untersuchen, ob ein Mensch befugt seyn könne, einem andern das Leben zu nehmen; aber wenn es Güter giebt, die unantastbar und allen heilig seyn sollen, so ist das Leben gewiss nicht das einzige, welches unter diese Rubrik gehört; auch diejenigen Zwecke des Lebens gehören hieher, ohne welche der Mensch seinen Rang auf der Leiter der Wesen nicht behaupten kann, ohne welche er Mensch zu seyn aufhören muss. Die Freiheit der Person ist unstreitig ein solches, von der Bestimmung des Menschen unzertrennliches und folglich unveräusserliches Gut. Wenn also der bürgerliche Vertrag ein so schreckliches Uebel wie die gewaltsame Beraubung eines unveräusserlichen Gutes über einen Menschen um der Sicherheit Aller willen verhängen muss, so bleibt zu entscheiden übrig, ob es nicht zwecklose Grausamkeit sey, das Leben durch ewige Gefängnisstrafe in fortwährende Qual zu verwandeln, wobei es schlechterdings zu keiner andern Absicht, als zum Leiden erhalten wird, anstatt es durch ein Todesurtheil auf einmal zu enden? [. . .] Allein die Furcht vor dem Tode, die nur durch eine der Würde des Menschen angemessene Erziehung gemildert und in Schranken gehalten wird, lehrt den Richter, das Leben in immerwährender Gefangenschaft als eine Begnadigung zu schenken, und den Verbrecher, es unter dieser Bedingung dankbar hinzunehmen.»

Ich will, was hier gesagt wird, nicht kommentieren, will die Zitate aus den ‹Ansichten› auch nicht häufen; jeder, der will, kann es nachlesen und den Zusammenhang sich herstellen, in dem es steht.

Im Jahre 1803 schreibt Johann Gottfried Seume die Vorrede zu seinem im Jahr zuvor unternommenen ‹Spaziergang nach Syrakus›, ein klassisches Stück deutscher Prosa, gäbe es nur Klassizität bei uns, will sagen: das Bewußtsein davon.

In den Romanen, so bemerkt Seume, «hat man uns nun lange genug alte, nicht mehr geleugnete Wahrheiten dichterisch eingekleidet, dargestellt und tausendmal wiederholt. Ich tadle dieses nicht, es ist der Anfang: aber immer nur Milchspeise für Kinder. Wir sollten doch endlich auch Männer werden und beginnen, die Sachen ernsthaft geschichtsmäßig zu nehmen, ohne Vorteil und Groll, ohne Leidenschaft und Selbstsucht. Oerter, Personen, Namen, Umstände sollten immer bei den Tatsachen als Belege sein, damit alles soviel als möglich aktenmäßig würde. Die Geschichte ist am Ende doch ganz allein das Magazin unsers Guten und Schlimmen.

Die Sache hat allerdings ihre Schwierigkeit. Wagt man sich an ein altes Vorurteil des Kultus, so ist man noch jetzt ein Gottloser; sondiert man etwas näher ein politisches und spricht über Malversation, so wird man stracks unter die unruhigen Köpfe gesetzt! und beides weiß man sodann sehr leicht mit Bösewicht synonym zu machen. Wer den

Stempel hat, schlägt die Münze. Wer für sich noch etwas hofft und fürchtet, darf die Fühlhörner nicht aus seiner Schale hervorbringen. Man sollte nie sagen, die Fürsten oder ihre Minister sind schlecht, wie man es oft hört und liest; sondern hier handelt d i e s e r Fürst ungerecht, widersprechend, grausam, und hier handelt d i e s e r Minister als isolierter Plusmacher und Volkspeiniger. Dergleichen Personalitäten sind notwendige heilsame Wagstücke für die Menschheit, und wenn sie von allen Regierungen als Pasquill gebrandmarkt würden. Das Ganze besteht nur aus Personalitäten, guten und schlechten. Die Sklaven haben Tyrannen gemacht, der Blödsinn und der Eigennutz haben die Privilegien erschaffen, und Schwachheit und Leidenschaft verewigen beides. Sobald die Könige den Mut haben werden, sich zur allgemeinen Gerechtigkeit zu erheben, werden sie ihre eigene Sicherheit gründen und das Glück ihrer Völker durch Freiheit notwendig machen. Aber dazu gehört mehr, als Schlachten gewinnen. Bis dahin wird und muß es jedem rechtschaffenen Manne von Sinn und Entschlossenheit erlaubt sein, zu glauben und zu sagen, daß alter Sauerteig alter Sauerteig sei.»

Seume entschuldigt sich sodann, daß er, der zweimal gegen die Freiheit gekämpft – in Amerika wie in Polen –, so spreche, gleichsam, als habe er das Recht dazu verloren. Auch das gehört zu seiner trotzigen Ehrlichkeit. Aber er darf auch sagen, wie es dazu gekommen war: «Das Schicksal hat mich gestoßen. Ich bin nicht hartnäckig genug, meine eigene Meinung stürmisch gegen Millionen durchsetzen zu wollen, aber ich habe Selbständigkeit genug, sie vor Millionen und ihren Ersten und Letzten nicht zu verleugnen.»

Die Geständnisse, die Seume seinen Zeitgenossen zu machen hat, sind eine Form der Rechtfertigung weniger als der Selbstbehauptung: «Der Sturm wird bei mir nie so hoch, daß er mich von der Base, auf welcher ich als vernünftiger, rechtlicher Mann stehen muß, herunterwürfe.»

Dem folgt der ergreifende Satz: «Meine meisten Schicksale lagen in den Verhältnissen meines Lebens; und der letzte Gang nach Sizilien war vielleicht der erste ganz freie Entschluß von einiger Bedeutung.» Seine Erfahrungen hat Seume schließlich noch einmal in den 1806/07 niedergeschriebenen ‹Apokryphen› zusammengefaßt, auch dies ist eines der vergessenen Grundbücher aus der Zeit der «ehemaligen deutschen Bildung», zu der die politische doch wohl auch gehört, weil keine Bildung in Verhältnissen möglich ist, die unabhängig und menschlich zu sein nicht gestatten. «Wenn ich die Menschen betrachte, möchte ich der Despotie verzeihen; und wenn ich die Despotie sehe, muß ich die Menschen beklagen. Es wäre eine schwere Frage, ob die Schlechtheit der Menschen die Despotie notwendig oder die Despotie die Menschen so schlecht macht.»

Daher auch die folgende Forderung, in der sich die Antwort auf die gestellte Frage schon andeutet: «Der vernünftige Bürger muß sich erst als reinen Menschen denken. Es ist das Kriterion der Vollendung des Staats, daß der Zivism durchaus kein Recht der Humanität beleidige.»

An Männer wie Forster oder Seume schließt nicht nur der in der Geographie verdrängte und daher fast unbekannte Alexander von Humboldt an, sondern auch ein Autor, der bis vor kurzer Zeit nicht einmal dem Namen nach bekannt gewesen ist: Carl Gustav Jochmann. 1828 veröffentlichte er anonym seine ‹Stylübungen›, eine Folge von hundert Aphorismen als Anhang zu seinen Betrachtungen ‹Über die Sprache›. Da er nun die Sprache gesellschaftlich verstand, wurden die ‹Stylübungen› zu Einübungen in politisches Denken und Sprechen und Handeln. So heißt es unter dem Titel ‹Das Naturrecht›: «Jedes gesellschaftliche Unglück ist eine Ungerechtigkeit, und das Naturrecht – das Recht glücklich zu seyn. Die Erklärung steht in keinem Lehrbuche, aber in jedem Herzen; sie ist die unbequemste, aber auch die verständlichste, die es giebt, und die Geißel, die uns züchtigt – aber vorwärts treibt.»

Politische Erfahrung kristallisiert sich in der Betrachtung über ‹Die erwachsene Revolution›: «Die Revolution ist zur Besinnung gekommen, und hat sich von metapolitischen Schwärmereien zu den Geschäften des Lebens gewandt, wie der Mann, nach einer durchtobten oder verträumten Jugend, zum nüchternen aber wohlthätigen Erwerb. Dieses Geschlecht wendet seine Blicke nicht länger nach Athen oder Sparta, sondern nach Manchester und Birmingham. Es will die Freiheit, aber nicht als Zweck, sondern als Mittel seines Wohlseyns; und nicht dieser oder jener politische Glaube, des Glücks ist hinführo die Bedingung des politischen Friedens. Von Umtrieben und Verschwörungen hat schwerlich etwas zu fürchten, wer auf seinem Throne oder in seiner Werkstatt einem Bedürfnisse der Menschen entspricht; aber was überflüssig ist, vermag nichts vor dem geräuschlosen Untergange in eigner Hinfälligkeit zu bewahren. Sie sterben natürlichen Todes, die Mißbräuche die man für verjährt ausgeben möchte, und die doch nur veraltet sind.»

Die Entwicklung ist unaufhaltsam, auch wenn es gewaltsame Versuche gibt, sie aufzuhalten, es gilt nur, die Signale der Epoche zu lesen und richtig zu deuten. «Die zweite Entdeckung» nennt Jochmann das folgende Wort über Amerika: «Die Entdeckung Amerika's hat uns eine neue Welt gezeigt, die Befreiung Amerika's etwas größeres – eine neue Zeit.»

Es ist vielleicht besser, hier abzubrechen, damit keine Anthologie entsteht, die sich dann wieder vor die Sachen stellt, um die man sich deshalb nicht zu kümmern braucht, weil man den Auszug so bequem vor Augen hat. Dann aber steht das Hörensagen wieder vor den Worten.

Vielleicht wird man lächelnd noch dazu bemerken, daß dies ja alles nur Aufklärung sei, über deren Unzulänglichkeit man sich inzwischen hinreichend habe aufklären können. Freilich läßt sich's im Dämmern sehr viel besser träumen, manch einer scheut das Licht des Tages und freut sich jener Gleichheit, in der alle Katzen grau sind. Allerdings war hier von Aufklärung die Rede, von jener, die bis in den Vormärz hinein sich fortsetzt und auch in den folgenden Jahrzehnten nicht ganz vergessen oder unterdrückt werden konnte, die der Klassik wie der Romantik zugrunde liegt und die bei Nietzsche als invers erscheint, erscheinen mußte. Denn die Verdächtigung der Aufklärung war ihm durchaus verdächtig und keineswegs seine Sache. Diese Aufklärung ist in Deutschland fast nicht bekannt und daher zuwenig wirksam geworden. Zu einem Bewußtsein von Tradition aber würde es gehören, daß man sie erkennt und anerkennt, achtet und modifiziert, eben weil Vorbildlichkeit und Tradition kein Magazin sein kann, das man nach Belieben plündert wie die Heilige Schrift für die programmierte Predigt und das man versiegelt, wenn man Unruhe zu befürchten meint.

Der bestehenden Konvention, die es versteinern läßt, das Vorbild entreißen und es, meinetwegen auch torsohaft, wieder lebendig machen, das erst kann Tradition genannt werden, und das ist der Umgang mit dem, was klassisch heißen darf in jenem Sinne, der nicht nur einen bestimmten Stil erfaßt. So wirkt das Vorbild auch als Nachbild. Allein als Nachbild kann es Vorbild bleiben.

Steht die Vergangenheit vor uns? Jedenfalls scheint es zuweilen so. Es geht niemals darum, sie zu bewahren, sondern einzig darum, sie immer wieder zu entdecken. Es kann sogar sein, daß unsere Vergangenheit reicher ist als unsere Zukunft. Wieviel Vergangenheit wir haben – nicht be-sitzen! –, das können wir wissen, unsere Zukunft können wir, im Guten wie im Schlechten, kaum berechnen. Es könnte also sein, daß die Vergangenheit als einst Gewußte und Gewisse – was sie noch nicht ist – üppiger und umfassender ist. Sie ist reich auch an Entdeckungen, die sie uns anbietet. Vielleicht besitzen wir ohne sie weder Hoffnung noch wirklich eine Zukunft außer der von Handeltreibenden und Hundezüchtern.

Die Erfahrung, die wir stets neu mit der Vergangenheit machen, bestimmt das Gewebe unserer Zukunft, an dem wir auch wirken, ohne es zu wissen.

Michael Schneider
Bertolt Brecht – Ein abgebrochener Riese
Zur ästhetischen Emanzipation von einem Klassiker

1. Symptome und politische Ursachen der heutigen Brecht-Müdigkeit

Wenn man den Matadoren der bundesdeutschen Literatur- und Theaterkritik glauben darf, dann ist das Theater hierzulande und sein Publikum dabei, sich von einem Dramatiker endgültig zu verabschieden, der vor kurzem noch als der größte deutsche Dramatiker dieses Jahrhunderts galt: von Bertolt Brecht. Wie Hellmuth Karasek in seinem jüngsten Buch ‹Bertolt Brecht – der jüngste Fall eines Theaterklassikers› konstatiert, «existiert es jedenfalls, das ‹Brecht-ist-tot-Gerede›, das erschlaffte Achselzucken über einen Autor, von dem man jetzt wohl ein wenig kleinlaut sagt, man habe ihn etwas voreilig zu dem Dramatiker dieses Jahrhunderts hochstilisiert»[1]. Anzeichen einer sich mehr und mehr ausbreitenden Brecht-Müdigkeit waren freilich schon früher zu bemerken.[2] Nicht nur bei den Theaterkritikern, auch bei vielen Literaten, Regisseuren, Dramaturgen und Schauspielern, für die Brecht einst der große Autor war, ist sie festzustellen; der Dramaturg und Regisseur Ernst Wendt hat dafür unter anderem folgende Erklärung: «Man getraut sich kaum, es zu sagen, aber es will heraus an dieser Stelle: mir, und ich glaube auch vielen anderen Theatermachern, kommen die meisten brechtschen Figuren als eigentlich sehr spießige vor. Sie getrauen sich nichts, sie bleiben in jeder Situation ungefährdet, nie können sie sich verlieren . . . eine solche Erkenntnis [wirft] natürlich auch einen Schatten auf Brecht selber. Verbarg sich nicht hinter dem aufrührerischen Gestus eine imgrunde spießige Natur?»[3]

Wie sagte doch der arme B. B. in einem seiner Epigramme? «Den Haien entrann ich / Die Tiger erlegte ich / Aufgefressen werde ich / Von den Wanzen.»[4] Es scheint, die Stunde der Wanzen ist nun gekommen! Doch bevor wir uns nach ihrer Verdauung erkundigen – denn immerhin ist es ja ein ziemlicher Brocken, den sie da auffressen –, wollen wir zunächst fragen, wie es zu der neuerlichen Treibjagd auf jenen berühmten «Elefanten» denn gekommen ist, mit dem sich Herr Keuner alias B. Brecht so gern verglich. Bekanntlich war ja der Dickhäuter, der den Wanzen des bundesdeutschen Literatur- und Theaterdschungels jetzt zum Fraß vorgeworfen wird, ein *zoon politicon* im wahrsten Sinne des Worts, das heißt ein politisches Tier, und zwar eines von der radikalen Sorte. Darum sind wohl auch die Gründe und Motive für die postume Leichenfledderei des radikalen Dickhäuters zuallererst im Politischen zu suchen.

Schon immer war *das Verhältnis der Deutschen zu Bertolt Brecht ein Barometer ihres politischen Bewußtseins*; die Höhe- und Tiefpunkte in der allgemeinen Brecht-Rezeption markierten immer auch die Wendepunkte im politischen Klima dieses Landes. So hatten in den fünfziger Jahren, bei Einbruch des «Kalten Krieges», gerade die antifaschistischen und antimilitaristischen Stücke Brechts eine enorme ideologische Sprengwirkung gegen die verharnischten Verhältnisse der restaurierten und wiederaufrüstenden Bundesrepublik. So sehr das westdeutsche Kultur-Bürgertum damals auch bemüht war, Thomas Mann und Zuckmayer als die «wahren Dichter» gegen Brecht, den «Ideologie-Schreiber» und «Lehrstück-Verfasser» auszuspielen; für die vom Adenauer-Staat schon wieder ins politische Abseits gedrängten Antifaschisten und Radikaldemokraten war Bertolt Brecht die große Identifikationsfigur unter den aus der Emigration heimgekehrten deutschen Dichtern. Brechts Stücke mußten im Westen allerdings erst gegen einen antikommunistischen Brecht-Boykott durchgesetzt werden; ihre Aufführungen kamen antifaschistischen Demonstrationen gleich gegen ein revanchistisches, schein-entnazifiziertes Bürgertum, das das Braunhemd nur «geweißt» (bzw. geschwärzt) und die SS-Halskrause mit dem Stehkragen vertauscht hatte. Allerdings verfehlten Brechts Klassenkampfstücke (‹Die Tage der Kommune›, ‹Die heilige Johanna der Schlachthöfe› und andere) aber schon damals ihren eigentlichen Adressaten: die Arbeiterschaft, die, geschwächt und desorganisiert durch den Faschismus, einen hoffnungslosen Kampf gegen die westdeutsche Restauration geführt hatte und nunmehr, aller Politik überdrüssig, ihre verbleibenden Energien in einen heroischen Wiederaufbau investierte. So blieb Brechts Wirkung im Westen im wesentlichen auf oppositionelle Künstler- und Intellektuellen-Kreise beschränkt, während der Stückeschreiber in der DDR, vor allem durch die hervorragenden Aufführungen des Berliner Ensembles, schon bald zum neuen sozialistischen Klassiker avancierte.

In der Bundesrepublik erreichte die Identifikation mit Brecht einen neuen Höhepunkt in der antiautoritären Revolte von 1968, wobei sich ein Großteil der rebellierenden studentischen Jugend erstmals offen zu Brecht als *dem* kommunistischen Dichter, dem Dichter des Klassenkampfes, bekannte; während doch bis dato die westdeutschen

Kulturverweser ihren ganzen Ehrgeiz darein setzten, Brecht – wie dieser selbst mit seinem ‹Guten Menschen von Sezuan› getan hatte – in zwei Hälften zu teilen: in eine gute, poetische und in eine schlechte, politische Hälfte. Diese radikaldemokratische bis sozialistische Intellektuellen-Bewegung, die sich als neue Avantgarde begriff und nun stellvertretend für die durch Kalte Kriegs-Propaganda taubgeschlagene und durch Konsumzauber eingeschläferte Arbeiterklasse auf die Straße ging, erkannte sich in den revolutionären Protagonisten der Brechtschen Stücke, in der ‹Mutter›, in ‹Matti›, in den Pariser Kommunarden usw. begeistert wieder; was seinen Ausdruck unter anderem in der emphatischen Aufnahme von Peter Steins Schaubühnen-Inszenierung der ‹Mutter› (1970) mit Therese Giese in der Titelrolle fand.

Das westdeutsche Theater, das bis dahin wesentlich von den existentialistischen Dramatikern und ihren absurdistischen Clownerien (Ionesco) bestimmt war, nahm die neuen politischen Impulse und Bedürfnisse der Studentenbewegung auf und wechselte Anouilh, Sartre, Camus, Ionesco und Beckett gegen Brecht und die an ihm orientierten sozialkritischen Dramatiker aus. Der Brecht-Boykott der fünfziger Jahre war nun einem regelrechten *Brecht-Boom gewichen, der ebenso Symptom eines sich radikalisierenden politischen Bewußtseins* (vor allem in der jüngeren Generation) *wie Symptom für die schier unbegrenzte Verdauungsfähigkeit der bundesrepublikanischen Kulturapparate war*. Das bürgerliche Theaterpublikum schien selbst die widerborstigsten, grätigsten Stücke Brechts wie Marmelade zu schlucken, ohne auch nur im geringsten an ideologischem Bauchgrimmen zu leiden. Die kulturelle Vereinnahmung des marxistischen Stückeschreibers vollzog sich durch den gleichen halb ironischen, halb sakralen Akt, durch den auch seine ‹Heilige Johanna der Schlachthöfe› von den Chicagoer Börsenjobbern am Ende vereinnahmt wird: So wie diese just in dem Moment, da sie die Notwendigkeit der revolutionären Gewalt erkannt hat und propagieren will, von Pierpont Mauler, dem Fleischkönig Chicagos, «heiliggesprochen» wird, so wurde auch B. Brecht just in dem geschichtlichen Augenblick, da er an den westdeutschen Bühnen zum politischen Sprengsatz zu werden drohte, von den Kulturvätern der Bundesrepublik zum Klassiker der deutschen Literatur kanonisiert.

Für diejenigen allerdings, die in Brecht primär den Dichter des Klassenkampfs und nicht den Klassiker sahen, blieb sein Werk nicht ohne Wirkung. In den offensiven Jahren der Studentenrevolte war Brecht nicht nur der meistgelesenste deutsche Autor; er übte auch auf die politische und ästhetische Bewußtseinsbildung der «Neuen Linken» einen nachhaltigen Einfluß aus; sowohl die politische Lyrik (Enzensberger, Fried, Delius, Schütt und andere) als auch die politische Dramatik jener Zeit (Weiß, Kipphardt, Forte, Dorst und andere) war thematisch und ästhetisch wesentlich an Brecht orientiert.

Mit dem Niedergang und endgültigen Zerfall der Studentenbewegung in den Jahren 1972/73, von den Massenmedien als «Tendenzwende» gefeiert, *ging auch dem Brechtschen Werk der reale gesellschaftliche Bezugspunkt wieder verloren*; es geriet nun zunehmend in den Windschatten jener literarischen Modeströmungen, die unter dem Etikett «Neue Sensibilität», «Neue Innerlichkeit», «Neue Natürlichkeit» usw. den Markt überschwemmten. Ein Teil der Links-Intellektuellen und Künstler, die nach ihrem kurzen revolutionären Rausch von einem langen Katzenjammer ergriffen wurden, tauschten nun den marxistischen Stückeschreiber Brecht gegen die alten und neuen Sensibilisten wie H. Hesse und P. Handke ein. Die Literaten unter ihnen, die einst flammende Gedichte gegen die griechische Militärdiktatur geschrieben und sich in den «Werkkreisen der Literatur der Arbeitswelt» engagiert hatten, widmeten sich nun wieder ganz der Intimpflege ihrer kostbaren Innerlichkeit.

Es ist klar, daß *diese neueste Seelen-Stimmung, dieser trübe Solipsismus und kokette Nihilismus,* der da neuerdings wieder die Bücher, die Theater und die Kinos füllt, *sich schließlich und endlich auch in einer allgemeinen Brecht-Allergie,* um nicht zu sagen: Brecht-Antipathie, *entladen mußte.* Diese ist gewissermaßen nur das literarische Pendant zu jenem neoexistentialistischen Ekel an Politik, Wissenschaft und Aufklärung, der in Frankreich jüngst zur «Neuen Philosophie» erhoben wurde und nun auch unter den bundesrepublikanischen Intellektuellen, Künstlern und Literaten die Runde macht. Die Selbstdemontage eines Teils der «Neuen Linken» äußert sich zur Zeit in einer masochistisch-arroganten Bilderstürmerei, der die großen Säulenheiligen von einst – Marx, Lenin, Mao und jetzt auch B. Brecht – der Reihe nach zum Opfer fallen.

So notwendig und historisch überfällig die Infragestellung und kritisch-materialistische Auseinandersetzung mit dem Werk Brechts auch ist, so fatal ist die sich neuerdings abzeichnende pauschale Verwerfung seines Werks und seiner ästhetischen Methode. Unseren zeitgenössischen Dramatikern bliebe von Brecht – weiß Gott! – noch viel zu lernen übrig; allein schon, was den hohen technischen Standard und formalen Reichtum seiner Stücke anbelangt; hat doch Brecht den gesamten dramatischen Formenfundus der Antike, des elisabethanischen Theaters und der deutschen Klassik seinem Werk einverleibt.

Nun wird bekanntlich die literarische Konjunktur nicht (oder nur in seltenen Fällen) von den Literaten selbst bestimmt. Also darf man sich auch nicht darüber wundern, daß *die im Zuge der «linken Melancholie» sich ausbreitende Brecht-Allergie nunmehr von der bürgerlichen Literatur- und Theaterkritik auf den Begriff gebracht und im negativen Sinn «vermarktet» wird.* Den langzeit schleichenden, inoffiziellen «Wertverfall» des Brechtschen Werkes mußte die Kulturbörse natürlich eines Tages veröffentlichen, damit die vielen kleinen Angestellten und Agenten des Kulturbetriebs wieder wissen, wo es langgeht. Der offizielle Trendwechsel in Sachen Brecht vollzog sich denn auch, in prominentem Rahmen, auf dem Brecht-Kolloquium im Frankfurter Römer-Saal (vom 28. 9. bis 30. 9. 1978), das – sieht man von den vereinzelten Protesten der Brechtologen und einiger Literaturwissenschaftler ab – sehr schnell den Charakter eines «Brecht-Tribunals» annahm. Alle Argumente, die gegen Brecht sprachen, wurden eifrigst bilanziert; wer oder was noch für Brecht sprach, das ging schnell unter. Bezeichnend für den Stil und das Niveau dieser «Abrechnung» mit Brecht waren die Kommentare einiger prominenter Theaterregisseure; sie begründeten ihren «Brecht-Überdruß» – man höre und staune – damit, daß sie ihre derzeitige «persönliche Seelenlage» nirgendwo im Brechtschen Werke wiederfänden. Zum Glück hat Brecht kein Material geliefert für progressistische Regiegiganten, die ihren ganzen Ehrgeiz darein setzen, ihre höchsteigene Seelenprovinz in Szene zu setzen. Kein Wunder, daß diese Regisseure eifrig Schützenhilfe von der bürgerlichen Literatur- und Theaterkritik erhielten, die schon seit Jahren daran arbeitet, den literarischen Riesen Brecht gegen die neueste Garnitur sensibler Gartenzwerge auszuwechseln – natürlich mit dem Ziel, die Politik, das heißt die Änderbarkeit der Verhältnisse, die ja Brechts großes Thema war, wieder aus der Schaubühne zu verbannen und *die Literatur auf dem Wege der Verinnerlichung zu reprivatisieren.*

Nach drei Prozeßtagen ließen die «Oberrichter» des Frankfurter Brecht-Tribunals das Urteil durch die Presse verkünden. Peter Iden von der *Frankfurter Rundschau* hatte seinen großen Tag: «Da hatte der Kongreß ihn nun dingfest gemacht: Brecht als den großen (unerträglichen) Vereinfacher, der den heutigen Regisseuren keinen Freiraum zur Selbstdarstellung (Jürgen Flimm) läßt; als den Verhinderer für die nachfolgende Generation von Autoren (Tankred Dorst), die unter seinem Schatten zu leiden haben – also: Brecht, erkannt als ein Überflüssiger! . . . Was bleibt von der Veranstaltung? Sie hat die Zweifel an Brecht, mit denen Wallmann [der CDU-Oberbürgermeister; Anm. d. Verf.] den Kongreß eröffnete, bestätigt. In der Provinz werden die Stücke noch gespielt, größere Häuser vermeiden sie . . .»⁵ Brecht: überflüssig! Brecht: ab in die Provinz! Solche Slogans aus dem Munde eines Papstes der bundesdeutschen Theaterkritik beweisen nur eines: *die zunehmende Provinzialisierung der Kultur (und der Kulturpolitik) in diesem Lande.*

2. Werkimmanente (ästhetische) Gründe für die heutigen Schwierigkeiten mit Brecht

Indessen machte man es sich zu leicht, würde man die gegenwärtige Brecht-Müdigkeit einzig und allein auf den politischen Wetterumschlag im Lande, auf die von der bürgerlichen Literatur- und Theaterkritik sorgsam gehegte und gepflegte «linke Melancholie» und auf die opportunistischen Anpassungsmanöver gewisser Literaten, Regisseure und Kritiker an die neue literarische Konjunktur zurückführen. Das nachlassende Interesse an Brecht ist nicht nur Symptom eines allenthalben um sich greifenden politischen Bewußtseinsverfalls, sondern hat *auch* Gründe, die im Werk Brechts und dessen Ästhetik liegen. Damit komme ich zum eigentlichen Thema meines Aufsatzes. Nach dem Frankfurter Brecht-Kolloquium habe ich mich allerdings gefragt, ob der Zeitpunkt für eine kritisch-materialistische Auseinandersetzung mit Brecht nicht falsch gewählt sei; ob nicht der produktive Zweifel an gewissen ästhetischen Positionen seines Werkes, der mich seit längerem beschäftigt, just diejenigen bestätigt, die den Denkmalsturz des Dichters gerade jetzt als kulturpolitische Heldentat feiern. Kurzum: ich bekam Angst vor dem Beifall von der falschen Seite. Ich meine jedoch, die Linke hat aus dieser Angst es allzuoft den falschen Leuten überlassen, den Finger auf die richtige Stelle zu legen. Bloß nichts über die Berufsverbote in der DDR sagen! Springer könnte daraus Kapital schlagen! Bloß nichts gegen B. Brecht sagen, das bürgerliche Feuilleton könnte daraus Kapital schlagen! In Wirklichkeit schlägt Springer eben auch daraus Kapital, daß es den Anschein hat, diejenigen, die hierzulande gegen Berufsverbote kämpfen, seien mit den Berufsverboten drüben ganz einverstanden. Und das Feuilleton schlägt eben auch daraus Kapital, daß es den Anschein hat, die Kultur-Linke hierzulande identifiziere sich nach wie vor nicht nur mit dem Marxisten, sondern auch mit dem Vulgärmarxisten Brecht. *Im Denken und im Werk Brechts die vulgärmaterialistischen Momente aufzuzeigen*, mit denen wir uns heute *nicht* mehr identifizieren können, das sollten wir – so meine ich – nicht dem Feuilleton oder der bürgerlichen Literaturkritik überlassen, die mit dem Vulgärmarxisten zugleich auch den Marxisten Brecht über Bord kippt (wie auch Karasek in seinem jüngsten Buch tut, das gleichwohl sehr aufschlußreiche und differenzierte Erkenntnisse zu einzelnen Figuren Brechts enthält). Die politischen und kulturpolitischen Anschläge des Gegners auf ihre großen Identifikationsfiguren – ob sie nun Lenin oder Brecht heißen – pflegt die Linke zumeist dadurch abzuwehren, daß sie ihr Bekenntnis zu diesen Figuren treuherzig erneuert. Diese Bekenntnisliturgie treibt sie aber nicht nur in die Defensive, sondern verhindert auf die Dauer auch die kritische Überprüfung und notwendige Infragestellung ihrer Vorbilder, deren Vorbildfunktion durch die geschichtliche Entwicklung vielleicht schon relativiert, wenn nicht gar überholt worden ist. Das starre Festhalten an den linken Vorbildern als unwillkürlicher Reflex auf die Anschläge von rechts (oder sogar aus den eigenen Reihen) ist zwar verständlich, aber auf die Dauer wenig produktiv.

Von daher ist zu fragen, ob in der gegenwärtigen Brecht-Müdigkeit nicht auch *die Keime eines neuen ästhetischen Bewußtseins, die Anzeichen einer ästhetischen Emanzipation von Brecht und seiner Dramaturgie* stecken, die ja für eine ganze geschichtliche Epoche die Entwicklung der Dramatik in Ost und West bestimmt, um nicht zu sagen: dominiert hat. Für diese These spricht, daß auch unter DDR-Schriftstellern, die es kaum nötig haben, der «neuesten Stimmung im Westen» nachzulaufen, eine Abnabelungstendenz von Brecht im Gange ist. Nach Werner Mittenzwei ist diese Tendenz «weder Ausdruck einer Mode noch eine bloß individuelle, rein zufällige Erscheinung. Vielmehr ist sie Teil eines umfassenden Prozesses, der sich in den siebziger Jahren vollzog und den man [. . .] als die ästhetische Emanzipation der sozialistischen Literatur bezeichnen könnte [. . .]. Brechts Stellung in der deutschen Literatur und der Weltdramatik veränderte sich zwar nicht. Auch seine Ästhetik erwies sich nicht als erledigt [. . .]. Deutlich wurde aber eins: Eine veränderte gesellschaftliche Situation braucht neue ästhetische Überlegungen, neue methodische Schritte. Das bedeutet zwangsläufig auch ein Infragestellen der Kunst und der kunsttheoretischen Lösungen Brechts.»[6]

Dies vollzieht sich zur Zeit am radikalsten gerade unter jenen DDR-Schriftstellern, für die Brecht einst das große Vorbild war und die sich lange Zeit als dessen Schüler begriffen haben: bei Autoren wie Peter Hacks und Heiner Müller (aber auch bei Autoren wie Stephan Hermlin und Günter Kunert, die nicht aus der Brecht-Schule kommen). Das bewußte Abrücken der Schüler von dem großen Meister ist freilich nicht gleichzusetzen mit der weitgehend konjunkturbedingten Brecht-Antipathie der eingangs zitierten Kritiker, Literaten und Regisseure, für die die Politik, das heißt die Änderbarkeit der Verhältnisse, kein Thema der Literatur mehr ist. Sie verwerfen Brecht zumeist, ohne durch ihn hindurchgegangen zu sein. Es ist aber ein großer Unterschied, ob man Brecht noch vor sich, oder – wie Hacks und Müller – bereits hinter sich hat.

Schon 1965 sagte Hacks in einem Interview mit *Theater der Zeit*: «Alle guten Leute hier haben in einer Periode des episch-soziologischen Theaters gelernt, gesellschaftliche Vorgänge auf der Bühne darzustellen und können jetzt darüber hinausgehen. Jetzt können sie große Geschichten von Leuten erzählen, ohne die Tatsache zu vernachlässigen, daß diese Leute in einer Gesellschaft angesiedelt sind.»[7] Inzwischen begreift sich Peter Hacks bekanntlich als Repräsentant eines neuen sozialistischen Klassizismus, dem freilich die geschönte Vorstellung einer prästabilisierten Harmonie der DDR-Gesellschaft zugrunde liegt. Da es – nach Auffassung von Hacks – in der DDR-Gesellschaft keine antagonistischen Widersprüche mehr gibt, die noch – wie im Frühwerk Heiner Müllers – zum Gegenstand der Dramatik werden könnten, mußte er sich auch von der Brecht-Dramaturgie vollends entfernen – bis auf einen halben Punkt. «Der halbe Punkt», schreibt Hacks 1975, «ist der, daß Brecht gelehrt hat, jede Rolle habe, über den privaten Charakter hinaus, eine genaue Definition ihres sozialen Ortes zu enthalten, Brecht hat diese Wahrheit aufs unleidlichste übertrieben, indem er seine armen Bühnengestalten zwang, ihre wissenschaftliche Definition fortdauernd ausdrücklich zu erwähnen. Seine Leute waren keine Leute, sondern es waren Brechts Ideen von Leuten, die sich da, more sociologica, von Beweis zu Beweis hin durch eine dramaturgisch dürftige Fabel schlußfolgern mußten.»[8]

Heiner Müllers Kritik an Brecht kommt zwar nicht so kaltschnäuzig daher wie die von Hacks, der gewissermaßen Brecht gegen Goethe eingetauscht hat und sich seither in der Rolle des legitimen Nachfolgers des Weimarer Klassikers gefällt; doch bekundet auch Müller sehr deutlich seine neuerliche Distanz zum Brechtschen Werk: «Was ich an Brecht – wenn man ihn mit Shakespeare vergleicht – im Moment ein bißchen langweilig finde, ist, daß er Figuren kleinmacht. Das mag in einer anderen historischen Epoche richtig gewesen sein. Jetzt kommt es, glaube ich, mehr darauf an, den subjektiven Faktor wichtig zu machen.»[9]

Hacks und Müller bezeichnen hier bereits die wesentlichen Barrieren, die uns den Zugang zu und den Umgang mit den Stücken Brechts neuerdings erschweren: Die *zuweilen penetrante Didaktik seiner Fabelführung*, die die einzelnen Figuren oft zu dramaturgischen Marionetten eines vorher bestimmbaren Geschichtsablaufs degradiert; die damit zusammenhängende *Vernachlässigung des «subjektiven Faktors»*, das heißt die Beschneidung des subjektiven Spiel- und Empfindungsraumes der Figuren, deren Binnen-Widersprüche zugunsten des sozialen Hauptwiderspruchs: Individuum–Gesellschaft zumeist gekappt werden; schließlich *die rigorose Distanz des Autors zu seinen eigenen Geschöpfen*, in denen die Spuren der eigenen Biographie wie ausgelöscht scheinen.

‹Verwische die Spuren› heißt ein frühes Gedicht von Brecht; es liest sich wie eine Aufforderung des Autors an sich selbst, die Züge der eigenen Biographie in seinem Werk möglichst zu tilgen. In der Tat ist die rigorose Objektivierung der eigenen Subjektivismen im Dienste einer sozialen Idee der auffälligste Zug am Leben und Werk B. Brechts. Seinem «Leben (und Schreiben) in der dritten Person» verdanken wir einerseits ein Werk, in dem Literatur und materialistische Wissenschaft, Poesie und revolutionäre Politik wie nie zuvor in der deutschen Literatur eine Einheit bilden; andererseits sehen wir heute – mit zwanzigjährigem Abstand – auch die *Spesen, die die seit Büchner wohl radikalste Erneuerung des deutschen Dramas durch B. Brecht gekostet hat.* Diese Spesen sind beträchtlich, und doch verfehlt jede Literaturkritik ihren Sinn, wenn sie – wie zur Zeit die westdeutsche – nur die Spesen der Brecht-Dramaturgie in Rechnung stellt, ohne die *Leistungen der mit ihr verbundenen ästhetischen Umwälzung* zu würdigen (und ohne diese Umwälzung samt ihren Spesen in ihren historisch-politischen Zusammenhängen zu reflektieren). Und wenn wir hier den Versuch machen, die verschiedenen Abbruchstellen in der Biographie und im Werk Brechts zu skizzieren, so vergessen wir doch keinen Augenblick, daß es sich hierbei um die Abbrüche eines Riesen (der Literatur) handelt.

3. ‹Baal› und die Gefühlsverwirrungen des armen B. B.

Das Leben und Schreiben in der dritten Person, das heißt im Dienste einer sozialen Idee, war Brecht keineswegs angeboren, sondern ist – wie auch die jüngste Untersuchung Karaseks belegt – das Ergebnis einer ungewöhnlichen, langdauernden Selbstdisziplinierung, die bislang kaum ins Blickfeld der Brecht-Forschung geraten ist. *Was der junge Brecht da mit großen Mühen in sich disziplinierte und objektivierte, war die Titelfigur seines ersten großen Stücks: das war ‹Baal›.* In der Tat ist die Baal-Figur, so sehr ihr Schöpfer auch bemüht war, jeden persönlichen Zusammenhang zu ihr zu leugnen, *der* Schlüssel zum Verständnis für Brechts Persönlichkeits- und Werkentwicklung.

Es gibt zwei sehr gängige Arten, ‹Baal›, diesen genialen dramatischen Erstling Brechts, gründlich mißzuverstehen. Die eine sieht in Baal den antibürgerlichen Fleischklotz, den schmatzenden, gierig schlingenden, materialistischen Genußmenschen, wie ihn sich der Philister in seinen schamhaften Träumen vorstellt. «Der Philister versteht unter Materialismus Fressen, Saufen, Augenlust, Fleischeslust, hoffärtiges Wesen, Geldgier, Geiz, Habsucht, Profitmacherei und Börsenschwindel, denen er selbst im stillen frönt.»[10] So goutieren auch die Philister der Literatur ‹Baal› für gewöhnlich mit der ihnen eigenen Doppelmoral: Einerseits verurteilen sie dieses «Vieh», diesen «Kloß, der einst am Himmel Fettflecken hinterlassen wird», für seine hemmungslose Ich- und Genußsucht; andererseits verfolgen sie mit gierigen, süchtigen Augen, wie Baal angeblich von Rausch zu Rausch, von Orgie zu Orgie durchs Leben taumelt. Dieser zwiespältige Blick auf Baal, der zwischen lüsterner Sehnsucht und moralischem Schaudern hin und her schwankt, ist für gewöhnlich auch der Blick der bürgerlichen Literaturkritik.

Die andere, zweite Art, ‹Baal› gründlich mißzuverstehen, ist die von links. Sie sieht in Baal einen kühnen Vorgriff auf den «neuen Menschen», der, von allen kleinbürgerlichen Ängsten und Hemmungen befreit, sich im Genuß der Leiber, der Landschaft und des Himmels voll auslebt. Baals Irrtum besteht, nach dieser linken Version, nur darin, daß er diese Freiheit unter den bestehenden gesellschaftlichen Verhältnissen verwirklichen will.[11] Beiden Interpretationen, der (klein)bürgerlich-philisterhaften, als auch der (vulgär)materialistischen, ist eines gemein: sie sehen in Baal – die eine mit einem Anflug von Schaudern, die andere mit verklärtem sozialistischem Fernweh – die ungebrochene, unbeschnittene vitale Saft- und Kraft-Natur, die, alle moralischen Skrupel hinter sich lassend, aus dem Leben ein Fest machen will.

Daß Baal durchaus Züge einer befreiten Natur, Züge eines neuen Adam hat, der «jung und nackt und ungeheuer wundersam»[12] fällt und zu Fall bringt ohne ein Gefühl der Scham und der Sünde, soll hier ohne weiteres eingeräumt werden. Doch ist Baals Genußsucht von durchaus zwiespältiger Art; sie ist Ausdruck nicht nur seiner Freiheit, sondern auch seiner Unfreiheit, und zwar da, wo sie zur Selbstbetäubung wird. Wenn Baal Menschen und Frauen verschlingt wie ein gefräßiges Tier und sie wieder ausspuckt, nachdem er ihnen die Lebenssäfte ausgesogen hat, dann sehen wir hier nicht den «neuen Menschen», sondern Entmenschung, nicht vitale Natur, sondern Denaturierung am Werk. Zwar hat Brecht seine Titelfigur nach dem syrischen Erd- bzw. Glücksgott benannt; und doch ist Baal immer dann todunglücklich, wenn er vom liebenden Menschen zum gefräßigen, bloß genießenden Tier herabsinkt[13]: «Lieben ist besser als genießen» sagt er zu Johannes. Baals Problem besteht darin, *daß er eigentlich wie ein Mensch, wie ein Gott lieben will und doch nur wie ein gefräßiges Tier genießen kann.* Wenn man von Baals Selbststilisierungen als einer genießerischen Voll-Natur (vor allem in dem Eingangs-«Choral vom großen Baal») einmal absieht, dann erscheint er uns vielmehr als ein Gehetzter, ein Getriebener, ewig auf der Suche nach einem Menschen, in dem er Wurzeln schlagen kann.[14] Den «Himmel voller Bäume und Leiber über sich» ist er dennoch *auf der Suche nach e i n e m Leib mit einem G e s i c h t, in dem er sich verankern kann. Aber er kann es nicht*; denn er weiß noch nicht, ob dieses Gesicht weibliche oder männliche Züge tragen soll. Nicht seine Genußsucht, seine Zerrissenheit zwischen der Liebe zum Mann und der Liebe zur Frau, sein *psychischer Hermaphrodismus* ist das Charakteristische an Baal.

Zuerst versucht er es mit den Frauen, obwohl ihn schon zu Anfang Ekarts Flehen, mit ihm in die Wälder zu gehen («Wie zwei weiße Tauben fliegen wir selig ins Blau»), hart anficht. Baal: «Luise! Luise! Einen Anker! Laßt mich nicht mit dem! Kommt mir zu Hilfe, Kinder! (und zu Ekart). Es ist zu früh, Ekart! Es geht noch anders!» (S. 16/17). Die Frauen aber sind Baals hohem Liebes-Ideal, «in der Angst und Seligkeit der Kreatur zum Gott zu werden», nicht gewachsen. Die Jungfrau Johanna verdirbt ihm die Liebe durch ihre kleinbürgerlichen Skrupel und Gewissensbisse, die sie nach der Vereinigung überkommen. Baal spuckt sie aus: «Denn wenn Ihr die Liebe nicht aushaltet, speit Ihr Euch nur!» (S. 11). Johanna geht ins Wasser. Baal sucht seine Enttäuschung und seine Schuldgefühle zu betäuben, indem er wieder pfundweise Fleisch verschlingt (die beiden Schwestern), aber er wird nicht satt davon: «Ich bin ganz ausgehöhlt, aber ich habe Hunger wie ein Raubtier» (S. 24). Baal ist gewissermaßen der umgekehrte «Hungerkünstler», denn er wird aus dem selben Grunde zum Vielfraß, aus dem der Kafkasche die Nahrungsaufnahme verweigert: Weil er das nicht bekommt, was er eigentlich will. Baal, wieder allein und von seiner Wirtin gekündigt, schleppt wieder ein Weib in seine Höhle. «In der hölzernen Kammer lagen Kaskaden von Leibern, aber jetzt will ich ein Gesicht» (S. 26). Dieses Gesicht, in dem er sanft Wurzeln schlägt, heißt Sophie Barger. Er arbeitet für sie – als Balladensänger – in einem Nachtcafé. Aber Sophie betrügt ihn: erst mit dem Kellner Lupu, dann mit seinem besten Jugendfreund Ekart.

Jetzt zieht Baal seine Wurzel aus der schwangeren Sophie wieder heraus. «Du hast gewollt, daß ich Dich ausspeie!» (S. 45). Er wendet sich endgültig Ekart zu: «Ich mag kein Weib mehr» (S. 52). Eifersüchtig bewacht Baal nun seinen Geliebten; dessen Amouren (mit Frauen) kränken ihn zwar mehr als die Untreue seiner verflossenen Geliebten, doch läßt er Ekart deswegen nicht fallen. Seine Liebe zum Mann erweist sich als stärker, als dauerhafter: «Jetzt halte ich Dich, es gibt mehr als Weibernähe» (S. 46). Baal kämpft um Ekarts Liebe, wie er nie zuvor um die Liebe einer Frau gekämpft hat. Verzweifelt versucht er, die Frauen wegzuräumen, die Ekarts Weg immer wieder kreuzen. Zum Gott in der Liebe kann Baal nur werden, wenn er keine anderen Götter neben sich hat. Man sieht: Baal ist, was die Liebe betrifft, das Gegenteil von einem «Materialisten». Denn er hat eine ganz *reine*, *ideale* Vorstellung von Liebe, die ihn ungeheuer verletzbar macht. Jedenfalls ist seine Haut nicht so dick wie er, der ja den Spitznamen «Elefant» trägt, von sich glauben machen möchte. Auch Ekarts Seitensprünge erträgt er nur bis zu einer gewissen Grenze. Als dieser in der Branntweinschenke mit einer Kellnerin, die Sophies Züge trägt, herumpoussiert, während Baal seine Lieder vorträgt, geht ihm die Sicherung durch. Er wirft sich auf den Freund und ersticht ihn. Die gekränkte Liebe macht Baal am Ende – wie Woyzeck – zum Mörder. Mit der Wurzel, die er in Ekart geschlagen hat, reißt er zugleich seine Lebenswurzel aus. Baal, einst den «Himmel voller Bäume und Leiber über sich», und jetzt um *eines* unreinen Leibes willen aus dem Himmel seiner Liebe gefallen, verendet im Wald wie eine Ratte.

‹Baal› – das ist keineswegs die lyrische Ekstase einer selbstbewußt genießerischen Voll-Natur, die nur ihrer Amoralität und Asozialität wegen zugrunde geht; Baal ist vielmehr, und wenn noch so viele literarische Vorbilder von Verlaine bis Rimbaud, von Villon bis Wedekind bei seiner Geburt Pate gestanden haben, eine *Chiffre für die existentiellen Gefühlsverwirrungen des jungen Brecht.* Selbst wenn dieser jeden autobiographischen Zusammenhang mit der Baal-Figur leugnete und sein Stück als materialistische Erwiderung auf Johsts expressionistisches Genie-Drama ‹Der Einsame› (dessen Hauptfigur der Dichter Grabbe war) verstanden wissen wollte: es ist *sein* Stück; das erste und einzige Stück, das er sich ganz aus dem eignen Fleisch geschnitten hat (sieht man von den Anleihen bei François Villon einmal ab), die ja mehr Baals Selbststilisierung dienen); ein tieftrauriges, eher verzweifeltes denn ein Aufbruchs-Stück, eher Büchners ‹*Woyzeck*› denn Wedekinds ‹*Lulu*› verwandt; die erste und letzte Tragödie, die Brecht geschrieben hat. Er wußte warum.

4. Die rationalistische Bewältigung der ‹*Baal*›-Krise

Eigentlich gibt es für uns «Nachgeborene» nur den jungen und den alten Brecht. «Der eine, das ist der Brecht der Schwabinger und Berliner Bohème; der Bürgerschreck und *poète maudit* der überschäumenden zwanziger Jahre, ein raubvogelartiges Kraftgenie, das zur Gitarre Lieder zum besten gab, die Zigarre nie im Mund ausgehen ließ, schlecht rasiert war, sich in schwarz glänzendes Leder kleidete, die Schiebermütze auf dem Kopf. Das ist der Brecht, der Menschen an sich zog und verbrauchte, Frauen wie Freunde, ein Autor zwischen Wedekind und neuer Sachlichkeit, der das Oh-Mensch-Pathos des Expressionismus zynisch verhöhnte und beerdigte. Der andere, das ist der Brecht der späten Jahre, ganz chinesischer Weise und freundlicher Lehrer ... Dem provokanten Proletkult-Look der zwanziger Jahre entspricht und widerspricht jetzt eine unauffällige proletarische Schlichtheit, halb mönchische Uniform, halb Arbeitsanzug eines Theater-Ingenieurs.»[15] Zwischen diesen beiden Bildern fehlen, so scheint es, die Übergänge; wohl auch deshalb, weil die Metamorphose des jungen «baalischen» in den alten abgeklärten Brecht sich in der Emigration, das heißt unter Ausschluß der Öffentlichkeit, vollzog. Und dennoch ist der Bruch zwischen beiden Selbstdarstellungen Brechts, die fast übergangslose, gleichsam magische Verwandlung des einen in den anderen, auffällig.

Man kann sich vorstellen, daß Brechts «baalischer» Drang zur radikalen Selbstverwirklichung, der sein literarisches Pseudonym in den Abgrund riß, in dem Maße, wie er literarisch und politisch Partei für die sozialistische Bewegung ergriff, mit seinem neu inthronisierten sozialen Gewissen schwer in Konflikt geraten mußte. Es hat den Anschein, daß Brecht diesen existentiellen Konflikt dadurch beigelegt bzw. vorzeitig «harmonisiert» hat, daß er seine baalisch-wilden Triebe gleichsam in Fesseln legte und dem Urteilsspruch seines marxistischen Gewissens überantwortete. Für den sozialistischen Stückeschreiber hieß Baal fortan nur noch «der böse Baal, der asoziale», von dem er sich mit einer Härte distanzierte, aus der gleichwohl noch die Lustangst vor dem eigenen Frühwerk spricht. Zwar ließ ihn das Baal-Thema sein Leben lang nicht los; doch war die Annäherung an diese nunmehr verbotene Frucht nur noch auf dem Umweg über soziologisch-marxistische Begründungen möglich: «Die Lebenskunst Baals», schreibt Brecht viele Jahre später, «teilt das Geschick aller Künste im Kapitalismus: sie wird befehdet. Er ist asozial, aber in einer asozialen Gesellschaft»[16], eine, weiß Gott, dürftige Erklärung, die Baal – diesen zerrissenen Gefühlsriesen, der zwischen all seinen «weißen Leibern» unter den «violetten Himmeln» doch keine Wurzeln schlagen kann – im nachhinein zum Lebenskünstler hochstilisiert.

Indem Brecht sein eigenes Geschöpf gleichsam verleugnete bzw. mit mühsam geklitterten marxistischen Argumenten zu rationalisieren suchte, rationalisierte bzw. *verleugnete er zugleich einen wesentlichen Teil seiner früheren Identität.* Dieses Stück Selbstverleugnung war nur durch eine ungeheure Selbstdisziplinierung zu leisten, welche die Form einer steinernen Objektivierung im literarischen Werk annahm. Auf dem Wege zum sozialistischen Dramatiker ließ Brecht das «baalische» Kernstück seiner Biographie gewissermaßen hinter sich; sei es, weil es in das Weltbild des sozialistischen Humanismus nicht mehr paßte; sei es aus Angst vor der gesellschaftlichen Tabuisierung jener homoerotisch geprägten Gefühlslandschaft, die Baal durchwanderte. Damit aber legte er einen konstitutiven Bereich seiner eigenen Subjektivität, ja, gerade ihre gefühlsträchtigsten, gefährdesten Bezirke still (was ihm freilich nie ganz gelingen sollte)! Er schnitt sich gewissermaßen den Teil seiner bürgerlich-antibürgerlichen Gefühlsvergangenheit ab, der zu seiner selbst gewählten öffentlichen Rolle nicht mehr paßte.

Es ist vielleicht kein Zufall, daß Herr Keuner alias der Brecht der mittleren Jahre, anknüpfend an den «Elefanten» Baal, sein Selbstbildnis wiederum im Bild des Elefanten stilisierte. Doch dieser Elefant war nun, im Gegensatz zu dem leicht verletzbaren jungen Möchte-Gern-Dickhäuter, wirklich ein Dickhäuter. «Er hat eine dicke Haut, darin zerbrechen die Messer.»[17] Es ist klar, daß sich bei so starkem psychischem Dicken-Wachstum jede Art von besonderer «Einfühlung», sei es in die eigenen Leiden, sei es in die Leiden anderer gleichsam wie von selber verbot. «Ich glaube, ich bin nicht sehr begabt zu leiden»[18], notierte schon der junge Brecht in sein Tagebuch. Schon früh strebte er «nach einer Objektivierung, die nachvollziehendes Mitleiden mit Erlebtem ebenso ausschloß wie das Waten in Erfühltem . . . Die Distanz zwischen sich und seinen Figuren ist geschaffen. Sie sollte sich zu der einen großen Theatertheorie Brechts auswachsen, die es uns wie von selbst verbietet, auch danach zu fragen, wieviel Autobiographie in die Brechtschen Helden eingeflossen sei . . .»[19] Wenn auch Brechts Theatertheorie primär politisch-didaktischen Erwägungen entstammt, die Karasek hier unterschlägt, und seine Entwicklung zum sozialistischen Stückeschreiber in erster Linie objektive Gründe hatte, das heißt Ausdruck seiner politischen Bewußtwerdung (in die Notwendigkeit des Klassenkampfes, des Sozialismus als einzig konsequenter Alternative zum Faschismus usw.) war, so steckt doch in dem *jähen Frontwechsel vom «baalischen» Gefühlsmenschen zum marxistischen Rationalisten* auch eine subjektive Motivation, die Brecht freilich nie hat durchblicken lassen. Dieser Frontwechsel, so richtig und politisch fortschrittlich auch immer, war zugleich eine *Schutzhaltung*, eine Art Reaktionsbildung *gegen die Anfechtungen und Gefährdungen seiner eigenen Gefühlsvergangenheit*. Indem Brecht den «wissenschaftlichen Sozialismus» auf sein literarisches Banner schrieb, panzerte er sich zugleich gegen die kleistischen Gefühlsverwirrungen seiner Jugend ab. Gewappnet mit dem Schild der materialistischen Vernunft führte er einen schonungslosen Kampf gegen sich selbst, das heißt gegen jene Stimmungen und Gefühle, die ihn noch einmal in den Strudel seiner «baalischen» Leidenschaften zu reißen drohten. Das ist auch an der Entwicklung seiner Lyrik abzulesen, die zunächst noch voller Irritationen und existentiellen Verunsicherungen steckt, in der rauschhafte Aufschwünge mit tief depressiven und nihilistischen Stimmungen abwechseln, dann aber immer mehr in den Dienst «gesicherter» sozialer und politischer Themenstellungen tritt.

Wohl verstanden: Nicht Brechts Engagement für die «Dritte Sache» an sich, sondern *die rigorose Form dieses Engagements*, die erbarmungslos puritanische Strenge, mit der der Dichter sein persönliches

Leben, seine Sehnsüchte, Ängste, Träume, Leidenschaften der «Dritten Sache» unterordnete, hat Züge einer Reaktionsbildung gegen frühe Gefährdungen, zugleich *Züge einer auferlegten augustinischen Selbstbuße*, einer nachträglichen Wiedergutmachung an den zerstörerischen und selbstzerstörerischen Ausschweifungen seiner «baalischen» Vergangenheit. Mit dieser Feststellung oder vielmehr Hypothese soll Brechts Engagement für den Sozialismus in keiner Weise relativiert oder entwertet werden (worauf letztendlich Karasek – und erst recht Peter Hamm in seiner boshaften Kritik an Brechts frühen Tagebüchern[20] – hinauswill), sondern nur der «subjektive Faktor», der bei diesem Engagement mitwirkte, ins rechte Licht gerückt werden.

Tatsächlich scheint Brecht eine ähnliche Entwicklung durchlaufen zu haben, wie gerade jener Dichter, für dessen ‹Baden in Gefühlen› er schon als Augsburger Theaterkritiker nur Spott und Hohn übrig hatte: wie Friedrich Schiller nämlich. So wie Schiller, wie Ernst Bloch ausgeführt hat[21], nach seinem feurig-anarchistischem Frühwerk (‹Die Räuber›, ‹Kabale und Liebe›, ‹Fiesco›) vorzeitig durch die Kühlung der Weimarer Klassik gegangen ist, so scheint auch Brecht *vorzeitig durch die Kühlung der marxistisch-leninistischen Vernunft gegangen* zu sein. Auf die Weise fand der empfindsame, leicht kränkbare und aufbrausende junge Dichter, den die Gier der Selbstverwirklichung an den Rand des Abgrunds getrieben hatte, zwar Halt und dauerhafte Orientierung und gewann sein Werk jene Helle und luzide Klarheit, für die es weltberühmt ist; aber der vulkanische Brecht, der noch im ‹Baal› poetische Bilder, unbekümmert ob ihrer sozialen Zulässigkeit, ausspuckte wie glühende Lava, war merklich abgekühlt.[22]

Dennoch hat Brecht jenen «feurigen Dreckkloß», wie er seinen ‹Baal› nannte, aus seinem Werk nie ganz verbannen können. Zum Glück für die Nachwelt! Denn aus heutiger Sicht erscheinen uns gerade diejenigen Stücke und Figuren Brechts am geglücktesten und lebendigsten, in denen bestimmte Züge des «baalischen» Lebensgefühls, wenn auch zumeist in verschobener und sublimierter Form, überwintert haben. So begegnen wir der unbedingten Genußsucht Baals selbst noch in den abgeklärtesten Stücken des sozialistischen Klassikers wieder: Im Galilei, der seinen unstillbaren Welthunger in immer neuen Erkenntnissen sublimiert, der Denken als sinnlichen Genuß und alle sinnlichen Genüsse als Denkantriebe auffaßt; in dem schnapsaufenden, fleischhungrigen Puntila, der seine Bräute zum Teufel wünscht und vergeblich versucht, sich seinen Knecht Matti zum Freund zu machen; in dem Fleischkönig Pierpont Mauler, der sein blutiges Geschäft aufgeben will, weil er ein Mensch und kein Ausbeuter sein möchte, am Ende aber mit noch volleren und noch blutigeren Händen vom Fleischmarkt zurückkehrt, nachdem er seine besten (Geschäfts-) Freunde ruiniert hat; in dem besoffenen Wirrkopf und Traumtänzer Azdak, der sich um der Gerechtigkeit willen bestechen läßt und so erst eine humane Rechtsprechung ermöglicht; in dem Physiker Ziffel, der alle Tugenden wie Vaterlandsliebe, Gerechtigkeitsliebe, Tapferkeit, Opferbereitschaft, Fleiß, Disziplin usw. satt hat und von einer Gesellschaft träumt, in der der Mensch fauler, feiger, wehleidiger, kurz: glücklich sein kann; und selbst noch in «Fatzer», der die Revolution, und damit das Glück auf Erden sofort, ohne Aufschub, ohne Vertagung auf einen St. Nimmerleinstag will. Diese Stücke und Figuren sind gewiß diejenigen, wo am meisten Autobiographisches eingeflossen ist; allerdings durfte dies nur geschehen unter der Bedingung, daß die «baalisch-asozialen» Momente nun entweder eindeutig als Attribute gesellschaftlicher Ausbeutertypen erschienen (Puntila, Mauler, Don Juan), mit denen das klassenbewußte Proletariat schon aufräumen werde, oder aber sie wurden zu menschlichen Schwächen umstilisiert, die sich große Leute leisten können, ja, sogar eine Bedingung ihrer Produktivität (Galilei, Ziffel) sind bzw. gerade als Schwächen zu Stärken werden, die humane Entscheidungen in einer inhumanen Gesellschaft erst ermöglichen (Azdak).

Wenn hier mit besonderem Nachdruck auf die «baalischen» Momente hingewiesen wurde, die sich in Brechts mittlerem und Spätwerk erhalten haben, so soll damit keineswegs jener bürgerlichen Literaturkritik Vorschub geleistet werden, die nur allzu gern den jungen «baalischen» Brecht, den sie zum vitalen Kraftprotz hochstilisiert, gegen den angeblich blutleeren marxistischen Lehrstück-Schreiber ausspielt.[23] Dagegen bleibt festzuhalten, *daß das marxistische Engagement ganz wesentlich zu Brechts Identität gehört*; daß dieses Engagement, auch wenn es den Lyriker und Poeten Spesen kostete, für den Dramatiker und Theoretiker eine ungeheure Bereicherung darstellte und dessen Stoffwahl und Ästhetik entschieden beeinflußte. Erst sein soziales und politisches Engagement prägte seinen mittleren und späten Stücken jenen tiefen Humanismus ein, der seinem «baalischen» Frühwerk jedenfalls noch fehlt. Das Werk des sozialistischen Klassikers kann man auch als den Versuch interpretieren, den Idealismus und das Lustprinzip, an dem sein Baal zugrunde ging, über den Sozialismus zu verwirklichen. *So gesehen war der Marxismus für*

Brecht nicht nur ein Kälte-, sondern auch ein «Wärmestrom» (E. Bloch). Der Riese Brecht kühlte zwar in den Tiefen ab, dort, wo die Wurzeln der Gefühle sitzen; dafür erwärmten sich bei ihm die oberen Zonen, wo das Sozialgefühl, die Solidarität und die politischen Instinkte sitzen.

5. Der Mann Brecht und seine idealisierten Frauengestalten

«Es ist besser mit einem Freund als mit einem Mädchen», lautet eine frühe Tagebucheintragung Brechts. Die Freundschaft hat für ihn wohl immer eine größere Rolle gespielt als die Liebe. Das spiegelt sich auch in seinem Werk. Baal hat, wie gezeigt, ein viel intensiveres Verhältnis zu seinem Freund Ekart als zu den Frauen. Das ‹Dickicht der Städte› handelt von einer zur Todfeindschaft pervertierten Männerfreundschaft, das ‹Leben Eduard des Zweiten› von einer unglücklichen Liebesgeschichte zwischen Männern. Im ‹Leben des Galilei› hat die Beziehung zwischen dem Meister und seinem Schüler Andreas mehr Gewicht als die zwischen dem Vater und seiner Tochter Virginia; und auch im ‹Puntila› kommen die herzlichsten Töne aus Männerherzen und gelten – allen Bräuten zum Trotz – dem Manne, der bald Freund, bald Feind ist. Ja, selbst noch in einer so streng objektivierten Parabel wie ‹Der aufhaltsame Aufstieg des Arturo Ui› hat Brecht dem Thema der verratenen Männerfreundschaft, wenn auch in parodistisch-karikierender Absicht, immerhin eine ganze Szene gewidmet (vgl. Romas Alptraum, worin er seinen Freund Ui verflucht).
Läßt man nun die Galerie der Brechtschen Frauenfiguren an sich vorüberziehen, so fällt etwas Merkwürdiges auf: Sie wirken fast alle ungeheuer stilisiert, maßgeschneidert und eben dadurch irgendwie fern, fast unwirklich; als seien sie mehr aus dem Stoff gemacht, aus dem die Märchen und Legenden sind – eine erstaunliche Eigenart bei einem so wirklichkeitsbezogenen Schriftsteller wie Brecht. Im Gegensatz zu seinen Männergestalten, die er viel mehr aus dem wirklichen Leben und aus der eigenen Haut geschnitten hat, haben seine Frauen-Gestalten zumeist etwas Legendäres und Idealisches an sich. Das gilt für Brechts Prostituierte ebenso wie für seine Jungfrauen und Mütter.
Seinen Huren, etwa Jenny oder Shen Te, pflegte der Autor jedenfalls echtere Gefühle zuzubilligen als den sogenannten anständigen Frauen. In Gestalt seiner Freudenmädchen geißelte der junge Brecht die bürgerliche Ehe als «Besitzverhältnis», in dem sich die Frau oft auf

ganz andere Weise prostituieren muß. Dabei aber romantisiert er die wirklichen Prostituierten in zweierlei Hinsicht: Erstens haben diese in der Regel ganz «bürgerliche» Sehnsüchte nach dem *einen* Mann, nach Heim, Herd und Familie; zweitens stumpft die Prostitution, wie viele Untersuchungen ergeben haben, die sexuelle und seelische Empfindungsfähigkeit ab; Ausdruck einer allmählichen Identitätszerstörung, die bis zum Selbstmord gehen kann. (Nicht umsonst ist die Selbstmordrate unter Prostituierten besonders hoch.) Die ‹*Hure mit Herz*› war für den jungen Brecht denn auch eher ein literarischer Topos für (von bürgerlichen Schamgefühlen) befreite Sinnlichkeit denn eine realistische Figurenfindung.

So idealisiert wie seine Freudenmädchen erscheinen auch seine Jungfrauen und Mütter; nur mit umgekehrtem Vorzeichen: Sind jene frech-fröhliche Phantasiegestalten, beschwingt-exotische Bilder einer tabufreien Sexualität, so erscheinen uns diese als zumeist völlig entsexualisierte Wesen, *die nur noch die selbstlose, aufopfernde Liebe kennen*: Entweder in Form der reinen, geschlechtslosen Mutterliebe (Grusche im ‹*Kaukasischen Kreidekreis*›) oder in Form der allgemeinen Menschenliebe, der Liebe zur «Dritten Sache» (‹*Die heilige Johanna der Schlachthöfe*›, die ‹*Mutter*›).

So läßt Brecht die proletarische Mutter Pelagea Wlassowa, die zunächst nur aus Liebe zu ihrem Sohn Pawel Flugblätter in die Fabrik einschleust, obwohl dies ihrer Auffassung von Recht und Ordnung zutiefst widerspricht, einen Lernprozeß durchlaufen, der nur dadurch glaubhaft wird, daß «das augenscheinlich individuellste menschliche Verhältnis, das Verhältnis zwischen Mutter und Kind, zum allgemeinsten Verhältnis umgeformt (wird) . . . So erlischt der Kampf der Mutter für den Sohn auch nicht mit dem Tod des Sohnes – ganz im Gegenteil, Brecht formuliert die scheinbare Paradoxie, daß sie erst jetzt, wo die Aufgabe für den einen Sohn eigentlich hinfällig geworden ist, allgemein mütterlich handeln kann, das heißt: als die Mutter aller Söhne.»[24] Diese «abstrahierte», ins Allgemein-Menschliche gewendete Mutterliebe gerät nun aber nicht mehr – wie noch bei Gorki – mit der individuellen Liebe zu dem *einen* Sohn in Konflikt; als die Gorkische Mutter von einem Freund Pawels besucht wird, ertappt sie sich zum Beispiel dabei, daß ihr das Schicksal ihres (inzwischen verhafteten) Sohnes mehr am Herzen liegt als das seiner Mitgenossen; über diese «Bevorzugung» empfindet sie Scham. Bei Brecht aber geht die Mutter, einmal auf dem Weg des «richtigen Bewußtseins», nicht mehr in die Irre; selbst dann nicht, als sie vom Tod ihres

Sohnes erfährt. Dabei wäre es durchaus realistisch, wenn sie im ersten Schmerz auch an der «Dritten Sache», die solche grausamen Opfer kostet, irre würde, ja, vielleicht sogar der Partei die Schuld am Tode ihres Sohnes gäbe. Solche Anfechtungen hat sie bei Brecht nicht zu bestehen. Der Standpunkt der Partei, für die Pawel als ein Genosse unter vielen ersetzbar ist, und der Standpunkt der Mutter, für die der eine, besondere Sohn unersetzbar ist, wird vom Autor nicht als Widerspruch (schon gar nicht als Antinomie) behandelt. Vielmehr hat sich die Mutter rechtzeitig zum Standpunkt der Partei durchgearbeitet, wodurch ihr der eigene Sohn ersetzbar wird. Damit aber hört sie auf, als individuelle Mutter – mit ihrer individuellen Liebe zu und ihrem individuellen Leiden um ihren Sohn – zu existieren. *Der Widerspruch zwischen der individuellen und der politischen Existenz der Mutter wird dadurch «gelöst», daß die eine Seite dieses Widerspruchs (die der individuellen Existenz) gekappt wird,* ein für die Brecht-Dramatik ziemlich typischer Vorgang. Dadurch aber bekommt die Mutter, deren Materialismus uns der Autor gerade demonstrieren will, jene abstrakt-idealischen Züge, die sie uns – darin nicht unähnlich den Schillerschen Frauengestalten – irgendwie entrückt und fern erscheinen lassen.

Brecht, der wie kaum ein anderer Schriftsteller seiner Zeit gegen die bürgerlichen Verzichts- und Opfer-Ideologien angekämpft und uns immer wieder gelehrt hat, daß man ohne eine gehörige Portion Selbstsucht und Egoismus in dieser wölfischen Welt nicht überleben kann, hat diese Lehre offenbar nur seinen Männergestalten auf den Leib geschrieben. Von seinen Frauen – sowohl von denen, die mit ihm lebten und arbeiteten, als auch von denen, die er zu Papier brachte – erwartete er ganz selbstverständlich jene aufopfernde Liebe, vor der doch Herr Keuner, der Physiker Ziffel und der chinesische Weise Meti so beredt zu warnen pflegten. Es hat den Anschein, als ob der Autor *sein soziales Gewissen überwiegend an seine Frauengestalten delegiert hat* (mit Ausnahme der ‹Mutter Courage›, die ja Brecht auch eindeutig als Kleinbürgerin charakterisiert hat), während die selbstsüchtig-genießerischen Eigenschaften Baals immer doch ein Privileg seiner Männergestalten blieb.

Nicht nur der Dichter, auch der Mann Brecht gestand sich – wie Klaus Völker berichtet – durchaus Vielfalt zu, wo er weibliche Einfalt forderte. Und wehe, wenn seine Frau(en) sich die gleichen Rechte anzumaßen schien(en), die der junge Meister ganz selbstverständlich für sich selbst in Anspruch nahm!

Daß Brecht zwischen Liebe und Sexualität streng zu trennen wußte, spiegelt sich auch in der fast stereotypen Klassifizierung seiner Frauengestalten in: Huren, Jungfrauen und Mütter. Was in seinem Werk fehlt, ist die *liebende* Frau, *das heißt, die Frau, die alle wesentlichen Rollen: Geliebte, Freundin (bzw. geistige Partnerin) und Mutter in sich vereint.* Darum laufen auch die Liebesgeschichten bei Brecht «je und je ins Leere (‹Puntila›, ‹Sezuan›, ‹Galilei›). Der Fisch gelangt nicht in den Topf – um eines der hintergründigsten Bilder von ‹Mann ist Mann› zu zitieren. Es fehlt durchaus das junge Paar, das in seiner Verbindung die Welt verändert oder an der versuchten Weltveränderung zugrunde geht. Sowohl im ‹Kreidekreis› wie im ‹Guten Menschen von Sezuan› wird das Mädchen, kaum ist das Liebesverhältnis ungefähr exponiert, bereits als Mutter vorgestellt, in der Mutterrolle gezeigt, wird es zur Mutter transfiguriert. Und die Beziehung Matti–Eva scheitert explizit an der imaginären Gegenwart von Mattis Mutter, vor welcher Eva nicht zu bestehen vermag.»[25]

Konnte sich Brecht die liebende Frau, die Wollust und Mütterlichkeit, Eros, Intelligenz und Charakter in sich vereint – ein Frauentypus, wie ihn etwa Shakespeare in seinen Lust- und Trauerspielen (Rosalinde, Viola, Julia und andere) gestaltet hat, nicht vorstellen? Oder hat er diesen Frauentypus, in dem mehr Zukunftsmusik liegt als in seinen asexuellen Jungfrauen und seinen sozialistischen Müttern, nicht gestalten *können*, weil er selbst *seine diversen Frauen einer ziemlich strikten Arbeitsteilung unterworfen hat*: in die (legitime) Ehefrau, die Mitarbeiterin (Freundin) und die Bettgenossin a part!?[26]

Die existentiellen Verwicklungen, die sich für seine Mitarbeiterinnen aus seiner «polygamen Veranlagung» (Völker) und seiner kollektiven Arbeitsweise ergaben (etwa im dänischen Exil, wo er nebst der Weigel auch noch mit Margarete Steffin und Ruth Berlau zusammen lebte), hat er nie jedenfalls thematisiert.

Brecht schien, so groß auch sein Bedarf an Frauen war, die Frauen dennoch schlecht gekannt zu haben. Schreibend stand er gewissermaßen neben ihnen, nicht sie, vielmehr die Ideen beschreibend, die er von ihnen hatte. Der folgende Traum von Ruth Berlau sagt darüber mehr aus als jede biographische oder Werk-Analyse: «Das Dach stürzt ein. Und ich merke, daß ich brenne. Komisch, daß die Haare um meinen Schoß vom Feuer zuerst gefangen wurden. Das kann ich löschen – ich greife hin mit beiden Händen, versuche die schönen Flammen auch mit der Nässe meines Schoßes zu löschen. Meine rechte Hand heb ich hoch, wie eine Fackel brennt meine Hand. Ich zeig auf ihn – weil jetzt bist Du dazugekommen. Paar Meter entfernt stehst Du und sprichst mit vielen Leuten. Du schaust schräg herüber, sprichst dann weiter eifrig. Ich schnappe Sätze auf: Es geht für Dich um Leben und Tod Deiner Werke. Doch zeig ich noch einmal die Fackel her, meine brennende rechte Hand und rufe leise durch die Nacht: ‹Bertolt›! Noch einmal schaust Du dich um und sagst drohend zu mir: ‹Wenn Du zu kalter Asche kehrst, ist's aber aus. Davon hab ich nichts.› Ich versuche Dir ein Zeichen zu geben: In Kassiopeia fehlt ein Stern, der hat das Feuer angezündet, dieser fehlende Stern hat mich getroffen. Du schüttelst den Kopf, schaust nicht einmal rauf zum Himmel. Ich merke, Du glaubst, ich bin wieder mal irre, und Weigel greift Dir in Deinen Arm und sagt: ‹Hol die Feuerwehr, nur die Feuerwehr hat damit was zu tun. Wenn es brennt, muß man die Feuerwehr holen. Du kannst nichts helfen.› Schnell sehe ich Dich Order geben, man muß die Feuerwehr anrufen. Da fällt der zweite Stern von Kassiopeia. Aber schon ist die Feuerwehr da und nimmt mich rein und deckt mich zu.»[27]

Vielleicht war Brechts weitgehend instrumentelles Verhältnis zu Frauen seine mangelnde «Einfühlung» in ihre Sehnsüchte, Leiden und Leidenschaften der Grund dafür, daß er – außer seinen «Müttern» – keine wirklich großen Frauengestalten geschaffen hat. Polly, Jenny, Johanna Dark, Grusche, Shen-Te, Eva usw. – was sind sie doch, verglichen mit den Frauengestalten bei Shakespeare, Balzac, Goethe, Tchechow, Tolstoi und Gorki für schmale Erfindungen!

6. Verkürzte Aneignung des «klassischen Erbes». Brecht und die «protestantische Ethik»

Die Einengung der Subjektivität der Figuren in den mittleren und späten Werken Brechts ist indessen nicht nur auf jene unmittelbaren «Abbrüche» zurückzuführen, die man in seiner Biographie und in seinem Verhältnis zu Frauen aufzeigen kann; sie hat – mittelbar – auch etwas mit seiner spezifischen Aneignung bzw. «Aufhebung» des klassischen Erbes zu tun. Von Brechtologen und Literaturwissenschaftlern ist wiederholt darauf hingewiesen worden, daß Brechts Werk – wie kaum ein anderes – in den Traditionen der (deutschen) Klassik wurzelt.[28] Bezeichnend für Brechts Verhältnis zur Klassik ist jene Anekdote, nach der der Schüler Brecht, als man das Standbild Schillers für Kriegszwecke einschmolz, sich in die frei werdende Nische des Augsburger Stadttheaters stellte und erklärte, er werde nunmehr diesen Platz in der deutschen Dramatik einnehmen.

Und tatsächlich stellte sich Brecht dem herausforderndem Anspruch der Klassiker mit einer ebenso herausfordernden Kampfansage. Wenn nach einem Wort von Gramsci die Tradition «der Bleimantel und poetische Produktivkraft zugleich ist», so mußte Brecht diesen Bleimantel erst einmal abschütteln. Er mußte sich zunächst gegen die Tradition stellen, um Tradition zu gewinnen. Denn etwas Neues durchzusetzen heißt, sich zunächst einmal vom Alten abzusetzen. Brecht tat dies vornehmlich *auf dem Wege der Parodierung und Travestierung des klassischen Humanismus* und seines abstrakt-idealen Freiheits- und Persönlichkeitsbegriffs. Diese spezifische Aneignung des «Erbes» durch die parodistische Umstülpung der Vorbilder, bei der diese, wie Hegel durch Marx, vom Kopf auf die Füße gestellt werden, ist gewiß eine der größten und kühnsten Leistungen der Brecht-Dramatik. Brecht wollte zeigen, daß die Themen der Klassik Weltflucht waren oder jedenfalls geworden waren und daß sich die eigentlichen Tragödien in der Epoche des Hochkapitalismus auf sozialem und ökonomischem Gebiet abspielen. So versetzt er seine ‹Heilige Johanna› aus dem Schillerschen Ideenhimmel in die kapitalistische Hölle von Chicago und läßt diese scheiternd demonstrieren, daß das humanistische Ideal «Edel sei der Mensch, hilfreich und gut» gegenüber den Zwangsgesetzen der kapitalistischen Ausbeutung zum rührenden Anachronismus wird; wobei er – aller ästhetischen Pietät zum Hohn – den schmutzigen Geschäften des Fleischkönigs Pierpont Mauler das klassische Versmaß umhängt und den Zusammenbruch der Börsen, Banken und Fabriken in Hölderlin-Versen exekutiert. Überhaupt erweist sich Brechts literarisches Genie vor allem darin, wie er den gesamten Formenfundus der abendländischen Literatur – von Sophokles bis Shakespeare, von Goethe bis Hölderlin – aufbewahrt und für seine Zwecke «umfunktionalisiert» hat – eine in der deutschen Dramatik einzigartige Form der Aneignung.

Und doch ging Brechts materialistische Umstülpung der klassischen Vorbilder nicht ohne Spesen ab. Die *unerbittliche Reduktion seiner Themen auf ihren politökonomischen Interessenzusammenhang* – als radikale Antwort auf eine Literatur, die ökonomische und soziale Fragen überhaupt leugnete, verschwieg oder verharmloste – verleiht manchen Stücken Brechts jenen vulgären Beigeschmack, auf den wir heute vielleicht empfindlicher als früher reagieren. Schon in seinen Anmerkungen zu ‹Trommeln in der Nacht› schrieb Brecht: «Ich war also bereit, die Liebesgeschichte zu liefern, aber natürlich interessierte mich daran hauptsächlich die Besitzfrage.»[29] Zwar wandte sich Brecht gegen die weltentrückte, die materiellen Lebens- und Klassenverhältnisse überfliegende Ideal- und Kitschsicht der Liebe, die die Liebenden am Ende eher kaputt als glücklich macht; so parodiert er in der ‹Dreigroschenoper› oder in ‹Mahagonny› mit beißendem Spott die von der deutschen Klassik und Romantik überkommenen Liebesbegriffe, die das wilhelminische Bürgertum nur noch als Gefühlskitsch reproduzieren konnte. Doch bleibt seine wohltuende Korrektur der klassisch-romantischen Liebesbegriffe vielfach in einem *platten Materialismus stecken, der die Figuren nicht nur klein, sondern auch zu vulgärmaterialistischen Schablonen macht*, die so in der Wirklichkeit nicht vorkommen.

Ein Beispiel dafür bietet die verunglückte Liebesgeschichte im ‹Puntila›. Matti, der aufgeklärte Knecht, in den sich Eva, die Tochter des reichen Gutsbesitzers, verliebt, behält von Anfang bis Ende den Kopf oben. Er geht wohl mit Eva nachts zum Fluß, zum «Krebsfang»; doch ihren Heiratswunsch schlägt er aus; als gestandener Materialist weiß Matti natürlich, daß die Ehe zwischen reich und arm nur schiefgehen kann; zumal die verwöhnte, luxuriöse Gutsbesitzerstochter, wie er ihr in der sogenannten Brautprobe beweist, den schweren Lebensbedingungen eines Chauffeurs nicht gewachsen ist. Denken wir an ein thematisch verwandtes klassisches Stück, etwa an Schillers ‹Kabale und Liebe›, so steckt in dem überschwenglich-idealistischem Versuch Luises und Ferdinands, den Klassenwiderspruch in der Liebe zu überwinden, den sie in der Wirklichkeit nicht überwinden können, jedenfalls mehr Realismus des Gefühls (und auch mehr Utopie) als in dem präventiven, so furchtbar klassenbewußten Laufpaß, den Matti der Gutsbesitzerstochter gibt. Realistisch wäre vielmehr, daß sich Matti erst mal bis über beide Ohren in die hübsche Eva verliebt, daß ihm darüber sein klassenbewußter Witz erst mal abhanden kommt und er, anstatt so geistreich daher zu räsonieren: «Warum wollen's denn sicher sein? Sie sollen doch nicht ihr Geld anlegen . . . Ich mag die Frauen unsicher!»[30] – nur noch stammeln kann: «Ich will dich, Eva, und keine andere!» Realistisch wäre, wenn seine Liebe mit seinem besseren Wissen, mit seinem Klassenbewußtsein in Konflikt geraten würde, anstatt die Erkenntnis (daß die Liebe zwischen arm und reich nicht geht) gleich im Kopf zu haben, ehe er noch seinen Kopf verliert. Dann wäre Matti auch zu einem gleich starken, dramatischen Gegenpart zu seinem Herrn, dem Puntila geworden, der ja auch zwischen zwei Seelenzuständen hin und her gerissen wird: zwischen dem Zustand der Trunkenheit, in dem allein er noch zu Freundschaft, Liebe, Poesie und

Menschlichkeit fähig ist; und dem nüchternen Zustand, in dem er wieder in seine «ökonomische Charaktermaske» als Gutsbesitzer zurückschlüpft. Doch im Gegensatz zu seinen «baalischen» Ausbeuterfiguren, die ihren theatralischen Reiz und Reichtum ihrer Widersprüchlichkeit verdanken, *hat Brecht seine fortschrittlichen Proletarier zumeist gerade dort «abgebrochen», wo sie sich selbst in Widersprüche, etwa in einen Konflikt zwischen ihrer klassenbewußten Ratio und ihrem klassenunbewußten Gefühl, verwickeln könnten*; vielleicht auch aus Angst, daß solche Konflikte in der Realität nicht immer zu einem guten Ende führen. Denn nicht alle Fortschrittsmänner, und schon gar nicht alle fortschrittlichen Proletarier, sind aus dem trocken-idealen Holz Mattis geschnitzt, der seine Gefühle so rigoros seinem Klassenbewußtsein unterordnen kann. Dialektiker, der er war, hat Brecht so gerade *seinen «positiven Helden»*, denen doch die Zukunft gehören sollte, *die Dialektik ausgetrieben*, indem er sie vom Ballast der «(klein)bürgerlichen» Leidenschaften befreit hat.

Brechts materialistische Kritik an den hohen, idealen Gefühlen der Klassik und am Gefühlskitsch des wilhelminischen Bürgertums blieb selbst noch weitgehend in bürgerlichen bzw. vulgärmaterialistischen Vorstellungen von Liebe, Leidenschaft usw. befangen. Seine Fortschrittsmänner und -frauen lieben immer «vernünftig», das heißt das Risiko ihres Gefühls genau kalkulierend; damit aber reproduzieren sie auf der Gefühlsebene gerade jene Verdinglichung, von der die gesellschaftlichen Beziehungen im Hochkapitalismus ohnehin geprägt sind. Darin war Brecht, jener radikale Kritiker des Kapitalismus, selbst noch ein Kind des kapitalistischen Zeitalters, das – wie Marx gezeigt hat – auch die irrationalen Gefühle, Triebe und Leidenschaften zunehmend der «kalkulierenden Vernunft» des Marktes unterwirft. Brechts ‹Materialismus in der Liebe› hat daher mehr Züge der alten «protestantischen Ethik» (Max Weber) und ihrer Sparsamkeit (in materieller und emotionaler Hinsicht) denn Züge einer neuen sozialistischen Liebesmoral. Daß Brecht nicht immer so dachte und fühlte, zeigt sich an seinem Frühwerk, vor allem im ‹Baal›, der sich durchaus noch – ohne Sicherheiten für die eigene Haut – verströmen kann (wenn auch eher in eine Männer- denn in eine Frauenseele).

Wenn der Prozeß der dialektischen «Aufhebung» nach Hegel dreierlei bedeutet: nämlich «zerstören», «aufbewahren» und «auf eine höhere Stufe heben», dann hat Brecht das klassische Erbe nur bedingt «aufgehoben». Zwar hat er in vielen seiner Stücke den klassischen Humanismus und Idealismus einer wohltuenden materialistischen

Korrektur unterzogen und in diesem Sinne «zerstört»; auch hat er den reichen ästhetischen Fundus des Erbes für sein eigenes Werk – wie kaum ein anderer deutscher Dichter – fruchtbar gemacht und in diesem Sinne «aufbewahrt»; doch hat er *die hochentwickelte Gefühls- und Liebeskultur der Klassiker,* die Utopien einer vom Kalkül und Interesse befreiten Beziehung zwischen den Geschlechtern, wie sie in den besten Dichtungen Shakespeares, Goethes, Balzacs, Tolstois usw. «aufgehoben» sind, *auf vulgäre Weise negiert.* Die skizzierten Abbrüche in seiner Biographie als auch sein auf Distanz bedachtes Verhältnis zu Frauen haben den Dichter wohl daran gehindert, sich der klassischen Gefühlskultur anders denn auf parodistische Weise zu nähern. Es ist klar, daß die (an die Frauen adressierte) Devise des jungen Brecht: «In mir habt Ihr einen, auf den könnt Ihr nicht bauen»[31] auch eine Verweigerung, eine Art Affektsperre gegenüber jener leidend-leidenschaftlichen Bekenntnisliteratur darstellte, wie Goethe sie in den ‹Leiden des jungen Werther› und in den ‹Wahlverwandtschaften› zur Hochblüte gebracht hat. Darum verkörpern auch die Liebespaare bei Goethe oder Shakespeare, etwa Orlando, der auf der Suche nach seiner Rosalinde «Zungen an die Bäume hängt» (das heißt den ganzen Wald mit seinen Liebesgedichten bestückt) mehr erotische Utopien als in Mattis allzu vernünftigen Räsonnements über die Liebe und das Geld.

7. Im Bann des Sowjetmarxismus: Hitler, Ui und der «subjektive Faktor»

Die Auflösung der subjektiven Befindlichkeiten in politökonomische Wesenheiten – diese Eigenart der mittleren und späten Brecht-Dramaturgie – gründet nicht zuletzt auch in einer *Marxismus-Rezeption,* die, den historischen Umständen entsprechend, entschieden *vom Sowjetmarxismus und dessen ideologischen Verkürzungen geprägt* war. Unter der Ägide Stalins war der wissenschaftliche Sozialismus von Marx und Engels zu einer objektivistischen Doktrin verkümmert, die mit dem Subjekt zugleich dessen Psychologie liquidierte. Die *Eskamotage des «subjektiven Faktors»,* die sich unter anderem auch in scharfen Verdikten gegen die Freudsche Psychoanalyse und die deutschen Freudo-Marxisten (W. Reich, E. Fromm, S. Bernfeld und andere) äußerte, fand ihren Höhepunkt in der stalinistischen Faschismustheorie. Für die stalinistische Dritte Internationale und die von ihr abhängige KPD war der Faschismus die offene, terroristische Diktatur der reaktionärsten, militaristischsten und chauvinistischsten Fraktion des Finanzkapitals (nach Dimitroff). Diese Definition war zwar nicht falsch, jedoch in zweierlei Hinsicht verkürzt: Erstens konnte sie nicht erklären, warum der Faschismus als kleinbürgerliche *Massen*bewegung auftrat, die zunächst eine gewisse ideologische und politische Eigendynamik entfaltete (sogar mit einer deutlich antikapitalistischen Komponente), bevor sie vom großen Finanz- und Rüstungskapital für deren politische Zwecke funktionalisiert wurde. Zweitens waren die stalinistischen Theoretiker blind für «die subjektiven Bedingungen der objektiven Irrationalität» (Adorno), das heißt für die psychischen und psychopathologischen Reservoirs, aus denen sich die Bewegung der Nazis speiste (und die W. Reich in der ‹*Massenpsychologie des Faschismus*› glänzend analysiert hat).

Gewiß war Hitler letzten Endes der Agent der Kapitalinteressen, der bezahlte Büttel der Ruhrindustriellen, der die Arbeiterbewegung zu zerschlagen und die Verwertungskrise des Kapitals über die Aufrüstung und schließlich den Angriffskrieg aufzufangen hatte. Hitler war aber auch der Mann, in dem die Rachephantasien und latenten (Größen-)Wahnvorstellungen des deklassierten, durch die Wirtschaftskrise ruinierten Mittelstands ihren manifesten Ausdruck fanden; und zugleich der Mann, der seine höchsteigene Pathologie mit Hilfe eines riesigen propagandistischen Apparats in gespenstischer Weise zu vergesellschaften verstand. Ersteres machte ihn zur großen Identifikationsfigur, letzteres zur großen Projektionsfigur von mehreren Millionen Deutschen, was sich durch die Agententheorie allein nicht erklären läßt. Das Manko der kommunistischen Bewegung lag unter anderem darin, daß sie diese irrationalen Gefühls- und Ideologiekomplexe, die die Masse an den «Führer» banden, *nicht* zum Gegenstand der antifaschistischen Propaganda und Aufklärung gemacht hat, wie schon E. Bloch kritisierte: «Eine allzu abstrakte Linke hat die Massenphantasien unterernährt ... Die Nazis sprechen betrügend, aber zu Menschen, die Kommunisten völlig wahr, aber nur von Sachen.»[32]

Auch der Kommunist Brecht sprach in seinen antifaschistischen Parabelstücken (‹*Die Rundköpfe und die Spitzköpfe*›, ‹*Der aufhaltsame Aufstieg des Arturo Ui*›) «völlig wahr, aber nur von Sachen»; standen diese doch ganz im Bann der stalinistisch verkürzten Faschismustheorie. So lobenswert auch immer Brechts didaktische Absicht war, komplizierte geschichtliche Zusammenhänge auf ihre wesentlichen Elemente zu reduzieren und damit auch dem normalen Publikum durchschaubar zu machen, so kam es hierbei doch zu einer *doppelten Vereinfachung.*[33] Die Wissenschaft, an der Brecht sich orientierte, war bereits eine vereinfachte: der um die (massen)psychologische Dimension verkürzte Sowjetmarxismus, der ein relativ einfaches Erklärungsmodell des Faschismus anbot. Diese wissenschaftliche Vereinfachung bzw. Verkürzung wurde dann bei der Übertragung in die Parabel noch einmal – ästhetisch – vereinfacht.

Daß uns heute ein Stück wie der ‹Arturo Ui› so merkwürdig krud und konstruiert erscheint, liegt aber nicht so sehr an der ästhetischen Vereinfachung, an der vom Autor virtuos gehandhabten Parabeltechnik, die Hitler in ‹Arturo Ui›, seine «nationale Erhebung» in einen «Karfioltrust», das «Dritte Reich» in die Gangsterstadt Chicago übersetzt; es liegt vielmehr an dem vom Parabelcharakter relativ unabhängigen *vulgärmaterialistischen Reduktionismus der Geschichte und ihrer führenden Gestalten.* «Keine Angst vor der platten Wahrheit», bemerkt Brecht zu seinem Stück, «wenn sie nur wahr ist. So wenig das Mißlingen seiner Unternehmungen Hitler zu einem Dummkopf stempelt, so wenig stempelt ihn der Umfang dieser Unternehmungen zu einem großen Mann. Die herrschenden Klassen im modernen Staat bedienen sich bei ihren Unternehmungen meistens recht durchschnittlicher Leute.»[34] Einerseits war Hitler durchaus der Durchschnittsmensch, als den Brecht ihn sah: Ein schon auf der Realschule gescheiterter, heruntergekommener, arbeitsloser Kleinbürger mit dem charakteristischen Zug zum Höheren (er wollte Kunstmaler werden, konnte aber bestenfalls Postkarten kopieren), dessen Weltbild zwischen Männerheim und Obdachlosenasyl geprägt wurde und der sich für alle erlittenen Kränkungen und Versagungen an der Welt noch einmal zu rächen hoffte – eine gestrandete, ressentimentgeladene Dutzend-Existenz, wie die zerfallende Donau-Monarchie und die Weimarer Republik sie en masse erzeugten.

Andererseits – und hier beginnt die außergewöhnliche, monströse Seite seiner Biographie – war Hitler ein extrem narzistischer, hochgradig gemütskranker Mensch, der sich schon früh in eine reine, von Karl May und Kriegsspielen geprägte Phantasiewelt flüchtete und – wie E. Fromms Untersuchungen ergeben haben – immer kurz vorm Ausbruch in die Psychose stand. Wäre Hitler nur der Durchschnittsmensch gewesen, für den Brecht ihn hielt, so wäre er früher oder später an dem klaffenden Widerspruch zwischen Phantasie und Wirklichkeit zerbrochen und nicht die Reichskanzlei, das Irrenhaus wäre sein Schicksal geworden. Doch Hitler fand einen anderen Ausweg aus diesem Konflikt, der – nach Fromm – nur außergewöhnlichen, ebenso talentierten wie psychopathischen Persönlichkeitsstrukturen möglich ist: «Sie können versuchen, die Realität so umzuwandeln, daß ihre grandiosen Phantasien sich als real erweisen. Das erfordert aber nicht nur, daß der Betreffende Talent hat, sondern auch, daß die historischen Umstände dies ermöglichen. Meist steht diese Lösung politischen Führern in sozialen Krisenperioden offen. Wenn sie die Begabung haben, die große Masse anzusprechen, und wenn sie geschickt genug sind, sie organisieren zu können, können sie die Realität ihren Träumen anpassen. Häufig rettet sich der Demagoge, der sich noch diesseits der Grenze zur Psychose befindet, dadurch vor dem Wahnsinn, daß er Ideen, die zunächst ‹verrückt› schienen ‹vernünftig› erscheinen läßt. In seinem politischen Kampf wird er nicht nur von der Leidenschaft zur Macht angetrieben, sondern auch *von der Notwendigkeit, sich vor dem Verrücktwerden zu retten.*»[35]

Natürlich wollte Brecht mit seinem ‹Arturo Ui› den bürgerlichen Faschismusbegriff, der das Dritte Reich und den Zweiten Weltkrieg aus der «dämonischen Persönlichkeit» des «Führers» ableitete (wie neuerdings auch wieder H. C. Fests Film ‹Hitler – eine Karriere›), materialistisch demontieren, das heißt vom Kopf auf die Füße stellen; allerdings um den Preis, daß in seiner geistreichen politökonomischen Lektion über den Aufstieg des Faschismus die Biographie der Schlüsselfigur gleichsam verschwindet. In der parabolischen Verkleidung des ‹Ui› stellt Brecht nur den äußeren, politischen Kampf Hitlers um die Macht im Staate dar; die innere psychische Frontsituation dieses zwischen Realität und Wahn hin- und hergerissenen Kleinbürgers, der schließlich, «um sich vor dem Verrücktwerden zu retten», alle Hebel in Bewegung setzte und die Spielregeln der Machtergreifung in der krisengeschüttelten Zweiten Republik: Intrige, Lüge, Raub, Erpressung, Mord mit einer Rigorosität handhabe wie nur noch Shakespeares Richard der Dritte und dennoch all diese blutigen Geschäfte geschickt zu delegieren wußte, so daß er vor sich selbst und vor dem deutschen Volk immer mit reinen Händen dastehen konnte – *diese monströse Eigendynamik der Person Hitlers, der der deutsche Kleinbürger par excellence und zugleich die monströse Negation* des (normalerweise schwankenden, skrupelosen und daher handlungsunfähigen) *Kleinbürgertums* verkörperte, *hat Brecht nicht thematisiert* bzw. seiner politökonomischen Didaktik zuliebe aufgeopfert.

Um den «Respekt vor den großen Tötern (zu) zerstören» und diese «durchaus preiszugeben, und vorzüglich der Lächerlichkeit»[36], hat

Brecht sich zumeist der Mittel der Satire und der Parodie bedient. Hitler war für ihn der «Wie-heißt-er-doch-gleich?», und über seine vegetarische Lebensweise hat er manchen schönen Witz gemacht. Doch sind die Spesen dieses Verfahrens ziemlich hoch: Bei der didaktisch-parodistischen Verarbeitung einer Figur wie Hitler gehen deren *realistische Tiefendimensionen notwendig verloren*; die Figur wird flach.

Gerade Hitlers Vegetariertick bietet dafür ein Exempel. Hinter diesem Tick, auf den ersten Blick ein harmloses, leicht zu bespöttelndes Acessoire seines Charakters, verbarg sich gerade dessen eigentliche Wahrheit, dessen Wesen. Nach E. Fromm wurde Hitler erst zum Vegetarier nach dem Selbstmord seiner Nichte Geli Raubal, die seine Geliebte war. «Mit seiner Fleischabstinenz sühnte er seine Schuld an ihrem Selbstmord und bewies sich, daß er nicht fähig war zu töten.»[37] Auch nach der «Machtergreifung» war Hitler niemals bei einem Mord oder einer Hinrichtung zugegen. Als Röhm, bevor er umgebracht wurde, darum bat, der Führer selbst sollte kommen und ihn erschießen, wußte er, was er sagte. Auch seine Generale suchten später vergeblich, Hitler je zu einem Frontbesuch zu bewegen. Doch wich er Frontbesuchen nur deshalb aus, weil er den Anblick Toter und Verwundeter nicht ertragen konnte. «Solange Hitler nur Befehle erteilte und unterschrieb, hatte er nur geredet und unterschrieben. Mit anderen Worten, ‹er› hatte kein Blut vergossen, solange er es vermied, die Leichen in Wirklichkeit zu sehen.»[38]

Hitler, der größte Schlächter und Massenmörder dieses Jahrhunderts, *mußte sich fortdauernd selbst beweisen, daß er unfähig war zu töten* und daß nicht «er» für das Blutvergießen verantwortlich war. An dieser Lebenslüge hing, wie an einem Faden, sein Selbstverständnis und sein Selbstbewußtsein als «Führer» des deutschen Volkes. Wie platt nimmt sich dagegen Brechts ‹Arturo Ui› aus, der – ein ganz gewöhnlicher Chicago-Gangster – ohne Skrupel morden kann, während das Charakteristische des «Führers» gerade in der unaufhörlichen wahnhaften Ableugnung seiner eigenen Destruktivität lag. Die psychologische bzw. pathologische Eigendynamik der Hitler-Figur aber macht sie erst zu einer realistischen – und darüber hinaus – zu einer dramatischen, das heißt wirklich kunstfähigen Figur und steht gar nicht im Widerspruch zu der von Brecht zu Recht geforderten Aufklärung der politökonomischen Zusammenhänge, in denen der Aufstieg Hitlers zur Macht gesehen werden muß. Doch *auf die monströse, irrationale Seite dieses Kapital-Agenten*, auf die relative Eigengesetzlichkeit seiner Pathologie, die als vergesellschaftete, zur «materiellen Gewalt» wurde, *hat sich Brecht, darin ein Opfer seines Rationalismus und seines ökonomistisch verkürzten Marxismus-Verständnisses, nicht eingelassen.*

8. Die Spesen der Aufklärung. Brechts Fortschrittsoptimismus

Bekanntlich wollte Brecht, anknüpfend an die großen literarischen Traditionen der europäischen Aufklärung aus der Literatur wieder ein Instrument der Aufklärung und der sozialen Pädagogik machen. Darin war er durchaus ein Erbe Lessings (oder auch Diderots). Er selbst definierte sein Theater als das «Theater eines wissenschaftlichen Zeitalters», was oft dahingehend mißverstanden wurde, er plädiere für ein «wissenschaftliches Theater». Wie Peter Hacks bemerkt, ist aber Brechts Literatur nicht so sehr die des wissenschaftlichen Zeitalters, vielmehr «die Literatur im Zeitalter der *Einführung* der Wissenschaft»[39], wobei hier unter Wissenschaft die materialistische Gesellschaftswissenschaft verstanden wird. Brecht lebte in Zeiten, da diese noch keineswegs Allgemeingut war, vielmehr im Nebel bürgerlicher und faschistoider Ideologien darniederlag. Angesichts des drohenden Faschismus und der relativ niedrigen gesellschaftlichen Aufklärungsrate mußte auch die materialistische Wissenschaft, die «Aufhellung des sozialen Kausalnexus» zum bevorzugten Gegenstand einer politisch verantwortungsbewußten Kunst werden. *Die «finsteren Zeiten» zwangen so einen geborenen Poeten wie Brecht aufs Katheder der Aufklärung.* Hacks: «Brecht beherrschte die Wissenschaft und erkannte ihre Notwendigkeit ... und er fand eine seiner Aufgaben darin, sein Publikum mit ihr bekannt zu machen. *Eine solche Haltung ist nicht falsch, sie ist historisch.*»[40]

Und sie kostet – leider – ihre Spesen. Die Kunst, die nun stellvertretend für die Parteien, Gewerkschaften, Bildungsinstitutionen usw. die Aufgabe der politischen Erziehung mitübernahm, mußte oft genug ihr ureigenstes Gebiet verlassen, um das «Aushilfsmädchen» für die darniederliegende Gesellschaftswissenschaft zu spielen. So glaubte Brecht, sein bürgerliches Theaterpublikum in der ‹Heiligen Johanna› mit dem Krisenzyklus des Kapitals oder im ‹Arturo Ui› mit der materialistischen Faschismustheorie vertraut machen zu müssen, obgleich es sehr fraglich ist, ob diese Gegenstände wirklich kunstfähige Gegenstände sind. Immerhin: Brecht hat durch seine stilistische Meisterschaft, durch die travestierende Einkleidung dieser an sich «niedrigen», kruden Stoffe aus dem reichen ästhetischen Fundus des antiken, des elisabethanischen und des klassischen Theaters diese am Ende doch noch zu kunstfähigen Stoffen gemacht; wenngleich die Schweißspuren dieser poetischen Kraftakte manchen Stücken noch anhaften.

Allerdings hat Brechts Wissenschaftsgläubigkeit ihn die spezifischen Wirkungsweisen der Kunst zugunsten der Wissenschaft zuweilen übersehen lassen. Zwischen einem Galilei, der die Gesetze der Himmelskörper beobachtet, und einem Schriftsteller, der aus der Wirklichkeit die gesellschaftlichen Bewegungsgesetze ableitet, bestand für ihn kaum noch ein Unterschied. Der Einzug der Wissenschaft in die Kunst führte aber auch bei Brecht nicht immer zu einer besseren Gestaltungsweise, sondern oft nur *zur besseren Illustration der wissenschaftlichen (politökonomischen) These mit Hilfe der Kunst.* Der Poetisierung an sich unpoetischer Gegenstände, die dem Bereich der Wissenschaft entlehnt sind, sind eben auch immanente Grenzen gesetzt, wie groß auch immer das Talent des Poeten sein mag.

Zwar muß der Künstler im Zeitalter der Wissenschaft die Wissenschaft beherrschen (wenn er nicht in jenen Agnostizismus verfallen will, der die gegenwärtige sensible Literatur von Peter Handke bis Botho Strauß beherrscht); nur darf er sie nicht propagieren. Tut er es dennoch oder glaubt er, es in «finsteren Zeiten» dennoch tun zu müssen, so zahlt er seinen Preis; denn später, wenn die Zeiten nicht mehr gar so finster sind, das heißt, die gesellschaftliche Aufklärungsrate entweder höher liegt oder aber soziale Aufklärung aus konjunkturellen Gründen nicht mehr gefragt ist – wie es im Augenblick der Fall zu sein scheint –, bekommt er den Unmut des Publikums und seiner Kritiker zu spüren, die sich nun nicht mehr «belehren» lassen wollen. Daß Brecht, weiß Gott!, in guter Absicht, in jenen «finsteren Zeiten» das Katheder auf die Bühne brachte, das läßt die bürgerliche Literaturkritik – von Benjamin Henrichs bis Hellmuth Karasek, von Peter Iden bis Günter Rühle – ihn heute büßen.

Es ist allerdings, wie wir einräumen müssen, nicht nur die direkte Erziehungsfunktion des Brecht-Theaters, sondern auch der hinter ihr stehende *ungebrochene Fortschrittsoptimismus seines Begründers*, auf den wir heute empfindlicher reagieren als früher. *Im Weltbild Brechts*, der darin ein Schüler Hegels war, *gibt es sozusagen nur die Aufklärung – ohne die «Dialektik der Aufklärung»* (Adorno/Horkheimer). Das «Erschrecken an der Aufklärung»[41], am Fortschritt der Wissenschaft, der Technik usw., wie es Hahn bei der Entdeckung der Kernspaltung und Oppenheimer bei ihrer militärischen Nutzanwendung verspürt haben, ist dem Denken des Brechtschen Galilei völlig fremd. Brecht glaubte, wie der Christ an die Auferstehung, an die totalen Meisterungsmöglichkeiten des menschlichen Lebens und an die völlige rationale Durchdringung der Welt mit Hilfe der materialistischen Wissenschaft. Er glaubte, daß die Wissenschaft den Planeten endlich bewohnbar machen würde. Wir erleben heute allerdings gerade das Gegenteil: Daß die Welt durch die immer perfektere wissenschaftlich-technische Ausnutzung der Naturkräfte im Dienste des Profits und eines zügellosen Wirtschaftswachstums immer unbewohnbarer wird und die Menschheit an den Rand einer ökologischen Katastrophe treibt, deren Folgen noch nicht abzusehen sind. In der kapitalistischen wie leninistischen Fetischisierung der Produktivkräfte, die im industriell rückständigen Rußland vielleicht ihre historische Berechtigung hatte, erkennen wir heute eine der Hauptursachen für jene irreversiblen ökologischen Gleichgewichtsstörungen, mit denen die hochentwickelten Industriegesellschaften des Westens (aber auch zunehmend die des Ostens) den Fortschritt bezahlen müssen.

Vor diesem Hintergrund können wir auch *Brechts leninistische Vergötzung der Produktivität,* seinen ungebrochenen Glauben an die schrankenlose Ausnutzbarkeit der Naturkräfte, wie er unter anderem auch in dem berühmten Vorspiel zum ‹*Kaukasischen Kreidekreis*› zum Ausdruck kommt, nicht mehr teilen. Im Streit um das Tal, bei dem die Mitglieder des Ziegenkolchos ihre berechtigten Besitzansprüche zugunsten der Pioniere des Obstbau-Kolchos freiwillig abtreten, die das Tal bewässern und sogar durch den Bau eines Staudamms elektrifizieren wollen – in diesem Streit sind wir heute eher geneigt, die Haltung des alten Ziegenbauern einzunehmen, der befürchtet, das Tal nach der Bewässerung nicht mehr wiederzuerkennen: «Du wirst einen Garten sehen», versichert ihm zwar der Agronom (in einer älteren Fassung des Stücks), doch die zweideutige Antwort des Bauern lautet: «Gnade Euch Gott, wenn es nicht ein Garten ist!» Nun – der skeptische Ziegenbauer, dessen «Obstgarten» inzwischen zugunsten des Baus von Staudämmen, Autobahnen oder Atomkraftwerken einplaniert worden ist, sollte mit seiner Skepsis recht behalten![42]

Auch gewisse Aspekte der Brechtschen Kapitalismuskritik scheinen uns heute historisch überholt; und zwar soweit diese sich noch auf die Marxsche Verelendungstheorie stützt; so etwa in der ‹*Heiligen Johanna*›, wo noch die hungernden und frierenden Arbeitslosenheere eines

Manchester-Kapitalismus die Bühne bevölkern. Der Spätkapitalismus hat ja aus dem großen wirtschaftlichen Zusammenbruch von 1929 gelernt und durch ein kompliziertes wirtschaftspolitisches Instrumentarium (staatliche Arbeitsbeschaffungsprogramme, antizyklische Konjunkturpolitik, Sozialversicherungssystem usw.) seine periodisch aufbrechenden Krisen zwar nicht beseitigen, doch immerhin «dämpfen» können. Jedenfalls sieht sich die Arbeiterschaft heute nicht mehr, auch nicht in Krisenzeiten, der absoluten ökonomischen Verelendung ausgesetzt; die Formen ihrer Verelendung haben sich vielmehr gewandelt: Sie äußert sich weniger in Hunger, Armut, Obdachlosigkeit usw., wie noch zu Brechts Zeiten, sondern unter anderem in ganz neuen horrenden Krankheitsbilanzen; in der steigenden Rate von «funktionellen» Störungen und Organneurosen (Magen-, Gallen-, Herz- und Kreislaufkrankheiten), von psychosomatischen und Suchtkrankheiten (Alkoholismus, Drogen- und Tablettensucht), von psychotischen Zusammenbrüchen (vgl. die hohe Schizophrenenrate in der werktätigen Bevölkerung), die selbst wiederum unmittelbare oder mittelbare Folgeerscheinungen der zunehmenden Entfremdung der Arbeit infolge fortschreitender Rationalisierung und Automatisierung des Produktionsprozesses sind.[43] Angesichts der zunehmenden *psychischen Verelendung* ganzer Bevölkerungsschichten inmitten unserer «Wohlstands- und Überflußgesellschaft» *greifen auch Brechts materialistische* Slogans: «Nur wer im Wohlstand lebt, lebt angenehm» oder: «Erst kommt das Fressen, dann kommt die Moral» *notwendig zu kurz.* In den Ländern der Dritten Welt dagegen, wo die Massen noch von der absoluten ökonomischen Verelendung bedroht sind, bleibt Brechts traditionelle Kapitalismuskritik nach wie vor aktuell. Dies ist vielleicht auch der Grund dafür, daß Brecht-Stücke in diesen Ländern zur Zeit einen wahren Boom erleben (vgl. das letzte Brecht-Festival in Kalkutta im Sommer dieses Jahres), während in den Metropolen des Kapitalismus ihre politische Sprengwirkung deutlich nachzulassen scheint.

Schließlich und endlich können wir Heutigen in Brechts «Lob des Kommunismus» das auch durch die Erfahrung des Stalinismus kaum gebrochen wurde, nicht mehr vorbehaltlos einstimmen. Auch wenn Brecht gewisse politisch-ideologische Deformationen und Fehlentwicklungen im stalinistischen Rußland wohl registriert hat[44], so hat er doch das ganze Ausmaß der sowjetischen Degeneration, sowohl im Überbau als auch in der sozio-ökonomischen Basis der UdSSR, noch nicht übersehen können bzw. nicht mehr sehen wollen. Vor den ungeheuren und unnötig blutigen Spesen der «ursprünglichen sozialistischen Akkumulation» unter der Ägide Stalins verschloß auch der Marxist Brecht die Augen. Seit seinen Marxismus-Studien Ende der zwanziger Jahre hat sich der Dichter offenbar keinen großen ideologisch-politischen Verunsicherungen mehr ausgesetzt. Weder die Moskauer Prozesse, bei denen die ganze alte Garde der Bolschewiki über die Klinge sprang, noch der Stalin–Hitler-Pakt, über dem selbst gestandene Kommunisten wie Paul Nizan den Verstand verloren, haben Brechts Weltbild mehr erschüttern können. Er, der das ‹Lob des Zweifels› gesungen hatte, geriet nie in die Gefahr, zweifelnd zu verzweifeln. Er behielt den Kopf immer oben. Diese Haltung, so imponierend auch immer, hat für uns «Nachgeborene» etwas Gezwungenes, Aufgesetztes; auch wenn sie vielleicht in jenen «finsteren Zeiten» eine Bedingung des Überlebens, ja die Bedingung dafür war, daß wenigstens einer unter den emigrierten deutschen Dichtern seine Virginia – und seinen wunderbaren Humor – nicht ausgehen ließ.

9. Über die individuelle und die kollektive Emanzipation (Goethe und Brecht)

Die größte Provokation, die Brecht dem bürgerlichen Selbstverständnis seiner Zeit zugefügt hat, lag wohl darin, daß er den Begriff des Individuums, auf dem die abendländische Kultur seit Shakespeare und Goethe fußt, unerbittlich demontiert hat. Im sogenannten Kölner Rundfunkgespräch von 1928 antwortet Brecht auf die Frage des Kritikers Ihering, ob er denn alle Dramen, die Schicksale des Individuums behandelten, also Privattragödien seien, abbauen wolle: «Ja, die großen Einzelnen! Die großen Einzelnen waren der Stoff, und dieser Stoff ergab die Form dieser Dramen. Es war die sogenannte dramatische Form . . . Spätere Zeiten werden dieses Drama ein Drama für Menschenfresser nennen und werden sagen, daß der Mensch am Anfang als Dritter Richard mit Behagen und am Ende als Fuhrmann Henschel mit Mitleid gefressen, aber immer gefressen wurde.»[45] Brecht demonstrierte in seinen Stücken die Untauglichkeit des alten Individuumbegriffs in einer Epoche tobender Klassenkämpfe und Kriege, in der das Individuum entweder der imperialistischen Kriegsmaschine einverleibt oder aber im kollektiven Kampf der um ihre Befreiung ringenden Klassen und Völker «aufgehoben» wurde. Schon in ‹Mann ist Mann›, wo die Verwandlung des Packers Galy Gay in eine «unpersönliche Kampfmaschine» vorgeführt wird, demontierte Brecht den «oberflächlichen Firnis des Individualismus in unserer Zeit»[46], den sich ohnehin nur die besseren Kreise leisten konnten. Aber auch vom Standpunkt des um seine Befreiung kämpfenden Proletariats war – für Brecht – der alte bürgerliche Individualismus mit seinem idealistischen Freiheitsbegriff unbrauchbar und obsolet geworden. So sagt der radikale Kommunarde Vargin (aus: ‹Die Tage der Kommune›) in seiner Brandrede im Stadthaus der Kommune: «Wenn Ihr die Freiheit wollt, müßt Ihr die Unterdrücker unterdrücken und von eurer Freiheit soviel aufgeben, als dazu nötig ist!»[47] Oder wie es im Refrain des Lieds der Kommunarden heißt: «Keiner oder alle. Alles oder nichts. / Einer kann sich da nicht retten. Gewehre oder Ketten / Keiner oder alle. Alles oder nichts.»[48] Die Aufgabe der individuellen Freiheit zugunsten der kollektiven Befreiung kann – wie Brecht in seinem berühmt-berüchtigten Lehrstück ‹Die Maßnahme› zeigt – in bestimmten historischen Situationen (etwa der illegalen Arbeit im feindlichen Land) sogar so weit gehen, daß der «einzelne Genosse», der durch voreilige, unüberlegte, ultrarevolutionäre Handlungen die Parteiarbeit gefährdet hat, mit seiner eigenen Liquidierung einverstanden ist (was sich heute allerdings wie eine makabre, vorweggenommene Rechtfertigung der Moskauer Prozesse liest).

Brecht erkannte früh, daß ihn der Faschismus in eine Auseinandersetzung auf Tod und Leben verwickeln würde, den er als einzelner, als schriftstellerndes Individuum nicht bestehen konnte, sondern nur als Teil einer großen Bewegung, die ihm auch seine literarischen Sujets vorgab und ihm kein Ausweichen mehr in luxurierende Themen, in individuelle Träumereien, Liebesromanzen, Naturschwärmereien usw. mehr gestattete; obwohl auch ihn der erzwungene Verzicht auf die luxurierenden Themen der Kunst, die ja die Kunst eigentlich erst ausmachen, hart ankam: «Was sind das für Zeiten, wo ein Gespräch über Bäume fast ein Verbrechen ist, weil es das Schweigen über so viele Untaten einschließt!»

Von dieser Position aus, der rigorosen Unterordnung seiner literarischen Produktion unter das Primat der Politik, bestimmte sich auch Brechts polemisches Verhältnis zu den deutschen Klassikern, die vor den brennendsten politischen Fragen ihrer Zeit ins Ästhetische, ins «Reich des schönen Scheins» ausgewichen seien. Vor allem Goethe warf Brecht ästhetischen Eskapismus vor, kritisierte seinen «Aristokratismus», nannte ihn einen «Fürstenknecht» und bezichtigte ihn, hinsichtlich seiner Einstellung zur Französischen Revolution des «politischen Reformismus». Tatsächlich war das Verhältnis der Weimarer Klassiker zur Französischen Revolution durchaus zwiespältig, und es ist – nach den jüngsten Untersuchungen des DDR-Literaturwissenschaftlers Wolfgang Harich über Jean Paul, den literarischen und politischen Opponenten der Weimarer Klassiker[49] – durchaus fraglich, ob deren ästhetisches Programm nicht eine allzu glatte Konzession an die feudalen Macht- und Herrschaftsverhältnisse war. Werner Mittenzwei in seiner Rezeption des Harich-Buches: «Die menschliche Emanzipation voranzutreiben, ohne die politische zu wollen, und sich für sie im Rahmen der bestehenden gesellschaftlichen Möglichkeiten einzusetzen, konnte nicht ohne nachteilige Auswirkungen bleiben. Goethe und Schiller retteten sich als Dichter. Die Lösung, die sie fanden, ist nicht nur zu loben und nicht nur zu tadeln. Nach den Folgen, nach dem Preis dieser Entscheidung ist zu fragen.»[50]

Wie hoch auch immer dieser Preis war, so kann doch Goethes Rückzug aus der Politik – und damit auch von politischen Themenstellungen – nicht nur unter politischen Gesichtspunkten betrachtet werden. Denn wie der Dichter im ‹Tasso› gezeigt hat, *bestehen zwischen der poetischen Aneignung (Tasso) und der politischen Aneignung (Antonio) der Welt*, die auf ihre Änderung bzw. Besserung aus ist, *gravierende Unterschiede*; beide Aneignungsformen stehen durchaus im Widerspruch zueinander und schließen sich in bestimmten historischen Situationen sogar aus. Das scheint auch Brecht gesehen zu haben, wenn er in sein Arbeitsjournal notiert: «Dem Goethe floß aus seiner Zeit mehr zu als dem Schiller. Er besorgte die private, nicht die politische Befreiung, nicht die des Kollektivs, sondern die des Individuums. Im Ideologischen sehen wir deshalb den Schiller reichlicher versehen mit Zeitgemäßem.»[51]

Vermutlich kam Goethe in der poetischen Weltaneignung und in der individuellen (menschlichen) Emanzipation deshalb weiter als Brecht, weil er auf die politische, das heißt kollektive Emanzipation verzichtete bzw. vor dieser Aufgabe resignierte (angesichts der relativen Rückständigkeit und Schwäche der bürgerlich-revolutionären Kräfte in Deutschland und auch angesichts der hohen Spesen, die ein aktives politisches Engagement für sein persönliches Leben und Schaffen als Dichter bedeutet hätte). Umgekehrt Brecht: Da er – ähnlich wie Jean Paul – die revolutionäre Politik, das heißt die Emanzipation des Kollektivs in den Mittelpunkt seines literarischen Schaffens stellte (worin er objektiv bestärkt wurde durch die Existenz einer hochentwickelten, wenn auch durch Zersplitterung geschwächten Arbeiterbewegung, auf die er seine ganze Hoffnung setzte), *kam er auch in der poetischen Weltaneignung nicht so weit wie Goethe* bzw. mußte er an seiner individuellen Emanzipation deutliche Abstriche machen. Der antikapitalistischen und antifaschistischen Aufklärung, in deren Dienst er ab 1928 seine literarische Produktion stellte, opferte er wesentliche Themen der Literatur auf, vor allem jene Dimensionen der «Empfindsamkeit», die Goethe für sich selbst voll ausgeschöpft hat. Brechts Invektiven gegen Goethe (die er erst nach seiner Rückkehr aus dem Exil eingestellt hat) sind daher auch nicht ganz frei von Eifersucht; leistete sich der Weimarer Klassiker in seiner schönen Abgeschiedenheit doch jenen Luxus «baalischer» Selbstverwirlichung, den sich der sozialistische Klassiker in einer Epoche tobender Klassenkämpfe und Weltkriege unter großen Mühen gerade abgewöhnt hatte.

Daß Brecht vielmehr «der Not gehorchend als dem eigenen Triebe» (Schiller) sein poetisches Schaffen in den Dienst der politischen Emanzipation stellte, bezeugen seine früheren Unmutsäußerungen gegen ein allzu politisches Leben. So schrieb er noch in der Zeit seiner marxistischen Untersuchungen: «Ich will zum Beispiel leben mit wenig Politik. Das heißt, ich will kein politisches Subjekt sein. Aber das soll nicht heißen, daß ich ein Objekt von zuviel Politik sein will. Da aber die Wahl nur lautet: Objekt von Politik zu sein oder Subjekt, nicht aber: Kein Objekt, kein Subjekt oder Objekt und Subjekt, muß ich wohl Politik machen, und die Menge davon bestimme ich auch nicht selber.»[52] Wenn Brecht sein Leben durch die Politik auch nicht verlor, so ging durch sie doch seinem Dichterleben einiges verloren. Dies ist ihm wohl manchmal auch bewußt geworden: «Was mich lange Zeit behinderte bei der Produktion für die Bühne: Ich war willens, eine Parabel zu erzählen zur allgemeinen Belehrung, aber nicht Leben zu imitieren, wie es sich widerspruchsvoll aufwirft, oder gar die Empfindungen zu erregen, um damit die erschlafften Gemüter zu massieren . . . Hätte ich nicht diese Vorstellung gehabt, könnte ich weit naivere und blühendere Stücke gemacht haben, auch verzweifeltere.»[53]

In jener Epoche zugespitzter Klassen- und Völkerkriege, in der Brecht lebte und dichtete, mag seine Haltung: die individuelle menschliche zugunsten der kollektiven Emanzipation zurückzustellen, ihre historische Notwendigkeit und Gültigkeit gehabt haben. Doch für uns «nachgeborene» Schriftsteller und Künstler kann diese

Haltung nicht mehr ohne weiteres als Vorbild dienen. Erstens sehen wir heute, deutlicher als früher, die Kosten einer solchen Haltung – selbst bei einem Genie wie Brecht; um wieviel höher werden diese erst bei kleineren Talenten ausfallen, die nicht über die poetischen Ressourcen eines Bertolt Brecht verfügen!? Zweitens leben wir zur Zeit in einer Phase, in der die Klassenauseinandersetzung stagniert; das westeuropäische Proletariat scheint sich mit dem Klassenkompromiß, sei es in Form der «sozialen Partnerschaft», sei es in Form des «historischen Kompromisses», vorerst abgefunden zu haben. Eine revolutionäre Avantgarde, von der der Schriftsteller eine neue politische Aufgabenstellung beziehen könnte, ist nicht in Sicht. Drittens ist der Spätkapitalismus dabei, die letzten Rudimente individueller Selbstverwirklichung und Kreativität aus dem Bereich der (Lohn)Arbeit als auch der Privatsphäre zu verbannen. Die Standardisierung und Uniformierung der gesellschaftlichen Verkehrs- und Verhaltensformen bis in die Intimsphäre hinein, die Normierung der ästhetischen und erotischen Leitbilder, die Nivellierung des Geschmacks und der Empfindungen (auch innerhalb der sogenannten linken Gegenkultur) nehmen heute so beängstigende Ausmaße und Formen an, daß im Prinzip *jeder Versuch zur Individuation auf dem Gebiet der Kunst, der Sitten und Gebräuche erst einmal gefördert werden muß*. Viertens läßt sich auch in den Staaten, in denen die soziale Revolution gesiegt hat oder per Dekret eingeführt wurde, bislang noch keine Entwicklung auf jene «höhere Art der Individualität» ausmachen, die Marx als Utopie der kommunistischen Gesellschaft vorschwebte. Im Gegenteil: Der «primitive Kommunismus» (nach Marx die erste Stufe der Aufhebung des Privateigentums und des von ihm abgeleiteten Individuumsbegriffs) mit seinen gleichmacherischen Tendenzen und der zur ästhetischen Doktrin erhobene «sozialistische Realismus» haben den Individuationsprozeß auf dem Gebiet der Kunst, der Liebe und der Sitten allenthalben blockiert.

Brecht folgte in seiner polemisch-aufklärerischen Demontage des bürgerlichen Individuumsbegriffs noch dem Marxschen Satz, «daß die höhere Entwicklung der Individualität durch einen historischen Prozeß erkauft wird, in dem die Individuen geopfert werden»[54]. Marx meint hier mit «opfern» nicht etwa «liquidieren» (wie ihn böse Zungen auslegen könnten), sondern «aufheben», «negieren» im dialektischen Sinne. Brechts Werk führt diesen historischen Prozeß der «Aufhebung» des alten (bürgerlichen) Individuums exemplarisch vor; allerdings nur in seinen ersten beiden historisch gegenwärtigen

Stufen bzw. Formen: Sowohl in Form seiner Zerstörung (Beispiel: ‹Mann ist Mann›) als auch in Form seines Aufgehens im sozialistischen Kollektiv (Beispiel: ‹Die Tage der Kommune›) als der primären, noch primitiven Stufe seiner Vergesellschaftung. In beiden Fällen *verschwindet das Individuum*, das eine Mal im negativen, das andere Mal im positiven Sinne. *Was Brechts Werk noch nicht enthält, ist* die dritte Stufe der dialektischen Negation: *Die «Aufhebung» des Individuums im Sinne des «Auf-Eine-Höhere-Stufe-Hebens»*, wodurch dieses überhaupt erst wieder als Individuum *erscheinen* kann. *Jene «höhere Entwicklung der Individualität» (Marx) lag außerhalb des Brechtschen Horizonts* und der Brechtschen Gestaltungsweise. Um sie literarisch zu antizipieren reichte das Studium der Kollektivierungsprozesse in der Sowjetunion, das Studium der Werke Tretjakows etc. nicht aus. Dazu hätte es eines doppelten Rückgriffs bedurft: Zum einen des Rückgriffs auf die eigene Subjektivität, auf den ersten großen Versuch poetischer Weltaneignung im ‹Baal›, den sich der «Dichter der dritten Person» zwar immer wieder vornahm und doch immer wieder liegenließ; zum anderen des Rückgriffs auf die hochentwickelte aristokratische und frühbürgerliche Individualkultur des 18. und 19. Jahrhunderts, auf die Werke Goethes, Balzacs, Stendhals, Flauberts, Tolstois, Turgenjews, Tschechows und andere. Doch gerade diese literarischen Gipfelpunkte des abendländischen Individuationsprozesses konnte oder mochte Brecht sich und seinem Werk nicht (mehr) einverleiben.

Für uns «Nachgeborene» kann es sich jedenfalls nicht mehr darum handeln, unsere ohnehin schon geschrumpfte und beschnittene spätbürgerliche Individualität der «Dritten Sache» aufzuopfern; im Gegenteil: Dieser dienen wir am ehesten damit, daß wir wieder *in der ersten Person leben und schreiben,* das heißt: schon im Schoße der alten Gesellschaft unsere individuelle menschliche Emanzipation im Rahmen der kollektiven Emanzipation soweit wie möglich treiben. Nur so können wir dazu beitragen, daß der Sozialismus von morgen statt einer Notgemeinschaft von plattgewalzten Individuen *die Verwirklichung des «reichen Individuums im Kollektiv»* (Marx) wird.

Anmerkungen

1 Hellmuth Karasek: Bertolt Brecht. Der jüngste Fall eines Theaterklassikers, Kindler 1978, S. 123

2 Vgl. Peter Hamm: Der wahre und die Ware Bertolt Brecht oder: Die umgeschlagene Brecht-Stimmung. In: Frankfurter Rundschau, 6. 9. 1975; Benjamin Henrichs in: Die Zeit, Nr. 22, 7. 5. 1976; Peter Iden: Die pessimistischen Rebellen. In: Frankfurter Rundschau, 27. 9. 1977

3 Ernst Wendt: Zum 80. Geburtstag von Bert Brecht. Gesendet vom Hessischen Rundfunk, 10. 2. 1978

4 Bertolt Brecht: Gesammelte Werke in 20 Bänden. Hg. vom Suhrkamp-Verlag in Zusammenarbeit mit Elisabeth Hauptmann, Frankfurt a. M. 1967, X, S. 942

5 Peter Iden: Keine Zukunft für den armen B. B.? In: Frankfurter Rundschau, 2. 10. 1978

6 Werner Mittenzwei: Der Realismus-Streit um Brecht III. In: Sinn und Form, Beiträge zur Literatur, Rütten & Loening, Berlin 1977, 2. Heft, S. 363 und 374

7 Peter Hacks in: Theater der Zeit, Berlin 1965

8 Peter Hacks, zitiert nach Mittenzwei, a. a. O., S. 362

9 Heiner Müller in: Die Zeit, Nr. 22, 24. 5. 1974

10 Friedrich Engels, zit. nach Klaus Völker, Bertolt Brecht. Eine Biographie, München 1976, S. 56

11 Vgl. beispielsweise Völker, a. a. O., S. 56/57

12 Bertolt Brecht: «Baal». In: Gesammelte Werke Bd. 1, a. a. O., S. 3. Die im folgenden in Klammern angegebenen Seitenzahlen verweisen auf diese Ausgabe

13 Vgl. Baals Gespräch mit seinem Schüler Johannes, ebd., S. 11, 13

14 Vgl. die Geschichte des Bettlers, die ein Gleichnis auf Baal ist, ebd., S. 48

15 Karasek, a. a. O., S. 9

16 B. Brecht, GW, XVII, 947

17 B. Brecht: Geschichten, Suhrkamp 1962, S. 178

18 B. Brecht: Tagebücher 1920–1922, Suhrkamp-Verlag 1975

19 Karasek, a. a. O., S. 27

20 Vgl. Hamm, a. a. O.

21 E. Bloch: Weimar als Schillers Abbiegung und Höhe. In: Literarische Aufsätze, Suhrkamp 1965

22 Diese Abkühlung hat auch dort noch ihre Frostspur hinterlassen, wo der Poet und Lyriker Brecht zu uns spricht. In einer jüngst erschienenen Arbeit hat Peter von Matt auf die enorme Bedeutung der Kälte-Chiffre für die Brechtsche Poetik aufmerksam gemacht. Vgl. Peter von Matt: Brecht und der Kälteschock. Vortrag vor dem Kongreß der Internationalen Brecht-Gesellschaft in Montreal (3.–5. Oktober 1974)

23 Wie auch jüngst wieder Benjamin Henrichs in: Die Zeit, Nr. 20, 7. 5. 1976

24 Karasek, a. a. O., S. 67

25 von Matt, a. a. O.

26 Vgl. hierzu Völker, a. a. O., S. 144

27 Ruth Berlau: Aus dem Nachlaß, zit. nach: Material Brecht-Kontradiktio-
nen 1968–1976, Broschüre aus Anlaß des 4. Kongresses der Internationalen Brecht-Gesellschaft, vom 17. bis 20. Nov. 1976 in Austin, Texas

28 Vgl. hierzu Werner Mittenzwei: Brechts Verhältnis zur Tradition, Akade-
mie-Verlag, Berlin 1972

29 B. Brecht, GW XVII, S. 964

30 B. Brecht, GW, IV, S. 1649

31 B. Brecht, GW, VIII, S. 261

32 E. Bloch: Erbschaft dieser Zeit, Frankfurt a. M. 1962, S. 149 und 153

33 Vgl. hierzu Hans Dieter Zimmermann: Thesen zum Frankfurter Brecht-
Kolloquium vom 28. 10. bis 30. 10. 1978

34 B. Brecht: Der aufhaltsame Aufstieg des Arturo Ui, Edition Suhrkamp
144, S. 130/131

35 Erich Fromm: Adolf Hitler. Ein klinischer Fall von Nekrophilie. In:
Anatomie der menschlichen Destruktivität, Deutsche Verlags-Anstalt,
1974, S. 355

36 Brecht, Arturo Ui, a. a. O., S. 130

37 Fromm, a. a. O., S. 367

38 Ebd., S. 368

39 Peter Hacks: Literatur im Zeitalter der Wissenschaften. In: Die Maßga-
ben der Kunst, Gesammelte Aufsätze, Claassen 1977, S. 54

40 Ebd., S. 55

41 Hartmut Lange auf dem Brecht-Kolloquium in Frankfurt vom 28. Oktober bis zum 30. Oktober 1978

42 Vgl. hierzu auch das Referat von Klaus Völker. Der Kaukasische Kreidekreis. Gehalten zum Brecht-Kolloquium in Frankfurt

43 Vgl. hierzu mein Buch: Neurose und Klassenkampf, 3. Teil: Kapitalver-
wertung und psychische Verelendung, Rowohlt 1973

44 Vgl. hierzu die vielen kritischen Bemerkungen Brechts zum Stalinismus,
zum Russisch-Finnischen Krieg, zum Verfall der Dialektik usw. im Arbeitsjournal. Hg. von Werner Hecht, Suhrkamp 1975

45 B. Brecht, GW, XV, S. 149

46 B. Brecht, GW, XVII, S. 974

47 B. Brecht, GW V, S. 2179

48 B. Brecht, GW V, S. 2181

49 Vgl. Wolfgang Harich: Jean Pauls Revolutionsdichtung. Rowohlt 1975

50 Mittenzwei, a. a. O., Teil III, S. 357

51 B. Brecht: Arbeitsjournal, S. 166

52 B. Brecht, GW, XX, S. 66 ff

53 B. Brecht: Arbeitsjournal, S. 180

54 Karl Marx: MEW, Bd. 26, S. III

Julia Kristeva
Die Aktualität Célines*

Dieser Vortrag wäre auch als ein Romanausschnitt Célines denkbar, wenn Sie ihm die karnevalistische und apokalyptische Vision hinzufügen würden, in der Céline jede gesellschaftliche Erscheinung offenlegt – unserem konformistischen Vorverständnis zum Trotz. Er hat unsere Annäherungsversuche vorausgesehen: «Ich werde in die Abiturthemen eingehen . . . in die Geschichtsschreibung der Kommunisten, der asiatischen wahrscheinlich»[1] Stets noch hinken unsere Diskurse, Institutionen, Universitäten, Parteien hinter der Musik, dem Lachen Célines her – er zerstäubt sie durch den Stil.

Was einzig das Überleben des Althergebrachten rechtfertigt, und weshalb allein wir mit moralischer Hartnäckigkeit daran festhalten dürfen, ist der Umstand, daß Céline nur um den Preis eines fundamentalen, zugleich subjektiven und politischen Irrtums – eines «Schnitzers» nach seinen Worten – diese zweckrationale, institutionalisierte, Wahrheit und Wissen besitzende Welt durchquert hat: dieses für die Geschichte des 20. Jahrhunderts symptomatische Mißverständnis ist der Faschismus, der Antisemitismus.

Céline hat also eine doppelte Aktualität: Erstens: seine Sprache überlebt nicht nur als einzige die Erschütterungen des Zweiten Weltkriegs, sie ist auch der einzige Zeitgenosse jener subjektiven, städtischen und sprachlichen Dezentrierung der Identität, welche die moderne kapitalistische Gesellschaft angesichts von Massenmedien, Droge, Gewalt und ethnischen oder sexuellen Minderheiten empfindet; als ein zugleich tiefgreifendes und volkstümliches Unternehmen ist Célines Stil der Diskurs der Modernität, Brennpunkt der schreibenden Avantgarde. «Nach mir wird man keinen mehr lesen wollen! . . . ich bin der Gesegnete unter den Schriftstellern!»[2]

Zweitens und gleichzeitig: Dieser Ansturm gegen die Identität von Sprechendem und Sinn geht mit einer Krise einher, deren psychotischer Charakter betont werden darf, vorausgesetzt, man sieht in der Psychose nicht bloß gesellschaftspolitische Anteile, sondern die gesellschaftspolitische Dimension schlechthin, wenn gewisse unstabile Regulierungsmechanismen gesellschaftlichen Verhaltens (Recht, religiöse und ästhetische Sublimierungen etc.) zerbrechen. Mit anderen

---

* Vorträge (Kurzfassungen), gehalten an den Universitäten Yale und Columbia (November/Dezember 1976).

Worten: Céline breitet die subjektive und symbolische Basis des Faschismus aus – ein noch kaum erhelltes Problem, das nach der mehr oder weniger geleisteten Analyse seiner ökonomischen Basis auf der Tagesordnung steht und mit Hilfe Freuds aufzuklären ist. – «Zwischen mir und meinen Anklägern herrscht eine unüberbrückbare Kluft, eine Wesensverschiedenheit, ja, fast ein Geschlechtsunterschied.»[3]

Nach Céline und seit dem Zweiten Weltkrieg hat die moderne Gesellschaft andere Sprachen für jene Identitätskrisen gefunden, die früher zur Flucht in den Wahnsinn und das Mystische führten: die Droge, Rauschzustände, die Ästhetik der Grausamkeit (Western, Krimi, modernes Theater), Pornographie, Frauenbewegung.

Diese symbolischen Praktiken sind anfangs nur Randphänomene, werden aber rasch zu jedermanns Sache: das «System» perpetuiert sich, indem es sie an seinen Randzonen akzeptiert, von wo aus sie es heimlich modifizieren – eine unaufhörliche Gleitbewegung. Die Singularität der Praktiken, um die es sich handelt (jedes Subjekt ist allein mit «seiner» Lust, seinem Trieb, Anderssein, seiner Gewalt . . .), erfährt so nichtsdestoweniger eine massenhafte Realisierung: populär, populistisch. Ein symbolisches volkstümliches Gewebe ist im Entstehen begriffen, in dem jeder gleichwohl für sich bleibt: das Unbewußte erlebt keine «Kommunion», keine Kommunikation mehr.

Jede Gesellschaft konstituiert sich jenseits des Lustprinzips; deshalb gibt es nur eine lebenswerte Gemeinschaft – die der Genießenden außerhalb der Gesellschaft; indem sie sich aber als solche konstituieren, verurteilen sie sich dazu, zur Zielscheibe der Gesellschaft zu werden, die dafür als Bumerang die Botschaft erhält, eine Gesellschaft von Frustrierten zu bilden. Die Juden wissen, was es heißt, als Zielscheibe zu dienen.

Gemeinschaftsfern, volkstümlich und doch einzigartig: dies scheint das Charakteristikum all jener neuen Praktiken zu sein, die sich inmitten der Krise selber herausbilden – und eben dadurch den Faschismus hintertreiben, das heißt durch ihn hindurchgehen, aber sich seinen Institutionen entziehen.

Sowohl die Texte wie die Biographie Célines sind eine Antwort auf diese – inzwischen massenhaften – Eigentümlichkeiten. Vorwegnehmend zeigt er: die neuralgischen Stellen der Identität; einen meisterlichen diskursiven Sublimierungsversuch – einzigartig und bereits volkstümlich; die möglichen Trugbilder, die Ausweglosigkeit und den Zusammenbruch dieses Versuchs, sein Abgleiten in den Faschismus. Céline heute lesen bedeutet, auf den Grenzen in den Sublimierungsexperimenten der «Psychose» zu insistieren: Grenzen, die zwangsläufig in jeder symbolischen, volkstümlichen und einzigartigen Praxis vorhanden sind, gleichgültig, welche das Abendland nach den Mythen und nach der Religion (mitsamt ihren rationalistischen Deformationen, die Wissenschaft einbegriffen) erfindet. Das Problem des Faschismus ist demgegenüber nachgeordnet: Staat, Polizei, politische Verfolgung sind nur Institutionalisierungen eines tieferen, tiefer in die Beziehungen des Subjekts zur Sprache eingeschriebenen Problems, dessen nachdrückliche Hervorhebung Célines Verdienst ist – das Verdienst des avantgardistischen Abenteuers angesichts des Faschismus.

Bevor ich präziser darauf eingehe, wie Céline der psychotischen Krise (der «Modernität») begegnet, einen Sublimierungsversuch entwirft und dessen Zusammenbruch erfährt, möchte ich zunächst die Beziehungen zwischen dieser Identitäts- und Sinnkrise und der poetischen Sprache («Fiktion» und «Poesie») spezifizieren.

Die zwei großen Entdeckungen über das symbolische Funktionieren im 20. Jahrhundert, diejenigen Saussures und Freuds, bestehen in dem Nachweis, daß dort, wo man das Eine (Sinn) zu erkennen meint, drei zugegen sind («Ebenen» oder «Strukturen»). Der *Referent* – er ist als solcher nicht zu fassen; das Signifikat, das ihn willkürlich bezeichnet mittels des Signifikanten, das sich nicht weniger willkürlich darauf bezieht. Das Rätsel dieser «Willkür» – es bildet die endlosen Diskussionen der Linguisten. Das Faktum bleibt bestehen: jedes Sinnsystem konstituiert sich auf der Basis einer dreifachen Spaltung, es schließt sich nur willkürlich, seine Einheit-Identität ist vorläufig, die drei Stufen können verschiedenen Anordnungen unterliegen (genau das macht das Leben signifikanter Praktiken aus: so der Mythus, für Lévi-Strauss, als Anordnung einer Reihe von Signifikanten für dasselbe Signifikat und umgekehrt, ohne daß sie gänzlich und ein für allemal koinzidierten).

Die Dreiheit Freuds (Es, Ich, Über-Ich; Unbewußtes, Vorbewußtes, Bewußtes) oder Lacans (Reales, Imaginäres, Symbolisches) setzt eine *Spaltung* und ein *Innen/Außen* voraus und kann nur so funktionieren: Trieb und Begierde werden dann zu Übergangsbestimmungen des gemeinhin Abgegrenzten durch die Vermittlung des Objekts. Aber wenn sich die Begierde endlos und unbeschränkt bewegt, und wenn es die Permanenz dieser endlos-unbeschränkten Bewegung ist, die wahrzunehmen als Lust bezeichnet wird: so ist das jenen Furchen, Spalten, Rändern geschuldet, die die Signifikanz *schichten und exzentrieren.*

Es wäre etwas peinlich, diese elementaren Gegebenheiten der radikalen Entdeckung der Moderne (im oben definierten Sinn) Revue passieren zu lassen, wären ihre Verleugnungen nicht allzu geläufig. *Verleugnung der dreifachen Spaltung des Zeichens: die logisch-rationalistische Rationalität,* die sich als System auf *einer* Ebene konstituiert; die Konstituenten schließen sich zu einem beweisbaren Ganzen zusammen, ohne Außen natürlich und ohne Subjekt. *Verleugnung der dreifachen Spaltung des Subjekts:* der die rationelle Einheit des Individuums postulierende *Humanismus.* Beide Verleugnungstypen, Grundlage zweier spezifischer Diskursarten, ähneln sich: Mittel unter anderen, um die Einheit der Signifikanz zu sichern, aber anachronistische, allzu starre Mittel – nur noch Sperren, Hindernisse, häufig sogar offene und unglaublich repressive Feinde moderner Praktiken. Im Gegensatz dazu scheint die «poetische Sprache» (Fiktion-und-Poesie) die einzige signifikante Praxis, die jener Dreiheit (des Zeichens – des Subjekts) gerecht wird, welche dank ihrer Spalten funktioniert, aber, weit davon entfernt, sie in einer Einheit (des «logischen Systems» oder des «Menschen») zusammenzuschließen, eine Vorrichtung konstruiert, die, auch wenn sie totalisierenden Anschein hat, doch wesentlich unbestimmbar und unendlich ist.

A) Die poetische Sprache (Rhythmus, Musik, stilistische Effekte) bewegt sich auf der Grenze des *Sinns:* es gibt eine «Botschaft», aber sie konstituiert sich und zerrinnt zugleich. Der von Rhythmen durchfurchte Satz; die Morpheme, die Alliterationen entbinden – Auftauchen des Phonems als solchem: Musik; Gang durch das Phonem hindurch in die *semiotische Chora:* niedergelegte Triebsalven. Und Rückkehr zum Sinn. Unmöglich, den Trieb zu benennen, ständige Flucht des Referenten, Signifikat und Signifikant entwickeln sich und schrumpfen: Schürzen und Lösen dieses gordischen oder borromäischen Knotens des Sinns. Daß dieser in ein «System» (der Komposition des Werks) mündet, darf einen nicht täuschen: denn diese Komposition verweist auf mehrere andere (Intertext), so wie eine Nationalsprache seit dem Ende des 19. Jahrhunderts in den Praktiken der Avantgarde auf alle Sprachen und durch sie hindurch auf keine einzige verweist: auf das triebhafte Unbewußte jedes einzigartigen Lesers. Beispiele für diese durchschrittene und infinitisierte Dreiheit: von Mallarmé bis zu ‹*Finnegans Wake*› von Joyce.

Vereinfachend behaupte ich, daß die Revolution Célines in der Erweiterung der Grenzen der potentiellen Bedeutung liegt – er hat die *Semiotik und Symbolik* (*Rhythmus* und *fiktionalen Sinn*) einem Trieb verliehen, den die Krise der abendländischen Rationalität – Krise der Funktion des Vaters, Krise des Zeichens und des Sinns – ratlos umhertreiben ließ; Céline hat diesem Trieb eine Sprache gegeben (Freud: «der Todestrieb ist der triebstärkste»), ohne die er zurückerobert wird durch die Institutionen, die Ordnung, die Familie – er wird alsdann Realität (Staat, Familie, Konzentrationslager), statt daß er imaginär und symbolisch funktionierte. Céline ist sich dessen «bewußt» – wie sein permanentes Interesse für die «Emotion» beweist, der gegenüber das Wort sekundär ist («in meiner emotiven Métro! ich lasse nichts an der Oberfläche»[4]).

Céline schafft dem Trieb Raum durch die großartige *lexikalische* Bearbeitung des Französischen – den Argot. Diese lexikalisch-argotische Bearbeitung verfolgt nicht den Zweck, neue Vorrichtungen für den – eines verbrauchten Signifikanten beraubten – Trieb bereitzustellen (wie es Joyce mit seinen Wort-Verkettungen macht), sondern will den Wider-Sinn hervortreiben und, durch ihn hindurch, den Trieb-Nihilismus: «Der Argot ist eine Sprache des Hasses, die den Leser ganz schön verblüfft ... ihn vernichtet! ... ihn ausliefert! ... er ist ganz baff!»[5] Eine problematische Bearbeitung, die sich übrigens auch ihre eigenen Grenzen vorzeichnet (populistische Verführung, Verwerfung des Sinns), aber deren Hellsichtigkeit ich hinsichtlich der Tatsache hervorheben werde, daß das linguistische Regelsystem, so wie es die aktuellen Sprachtheorien untersuchen, eine dünne Abstraktion ist im Vergleich zu dem komplexen Prozeß einer heterogenen Signifikanz (Körper-und-Sinn).

Dennoch ist es sicherlich seine *Syntax*-Erfindung, die am radikalsten dazu beiträgt, die Heterogenität des signifikanten Prozesses zur Erscheinung zu bringen. – Durch die *Segmentierung* des Satzes in den ersten Romanen, die aus dem französischen Satz einen zweiteiligen Satz macht – mit zwei Intensitätsgipfeln –, wodurch er sich mehr der Struktur des *topic-comment* als der des *Subjekt-Prädikats* annähert («Im Chor zu singen macht sich besser bezahlt und ist künstlerischer denn als einzelner Statist»); durch die *Ellipsen* und die Reduktion der Syntax auf Syntagmen (Subjekte oder Objekte), als solche schwer identifizierbar, in der Reihe der letzten Romane (*«Toute la terre sursaute! pire! comme fend! ... et l'air! là ça y est! Restif n'avait pas menti ... broum! un autre! ... pas loin! ... on peut voir! les feux des*

canons! . . . rouges! . . . verts! . . . non! plus courts! des obusiers! . . .
tout sur la gare! . . .» [6]). Durch die Sprache hindurch ist es der Rhythmus, die Musik, welche den Widersinn chiffrieren, den Todestrieb: «Man muß auf dem Grund aller Musik das Lied ohne Noten hören, gemacht für uns, das Lied vom Tode.» [7]

B) Die poetische Sprache (narrativer «Inhalt», Fiktion, Phantasmen) – erforscht die Unmöglichkeit subjektiver Identität: durch die Erzeugung von «Personen» – Prisma der möglichen Identifaktionen/Projektionen; durch die Konflikte – Inszenierung der unmöglichen Harmonie eines Ensembles von Sprechern, durchquert von der Libido – dasselbe und das andere setzend – zerstörend – Libido, deren Gewalt, wenn sie dem Bedeutbaren entgeht, das heißt, wenn sie am Rande der Urverdrängung operiert, Tod heißt. Daher – der «Orchestermann» des «Neveu de Rameau.» Oder dieser Gipfel der unendlichen Fiktion-Identifikation auf dem Hintergrund der Libido, wo die Erotik der Tod ist als Grenze der philosophischen Vernunft – bei Sade. *Fiktion – endloses Abspulen der Identifikationen eines sprechenden Lebewesens*, triebgeleitet und nichtsdestoweniger rational. Scheinbare *Totalität* der Komposition bei Sade: aber Vorsicht – die «Monotonie» und das dunkle «Lachen» beweisen, daß das alles *unendlich* ist . . .

Die poetische Sprache realisiert also zwei Modalitäten: eine «musikalische» und eine fiktionale Sublimation (Joyce und Sade). Durchgang durch die Markierungspunkte und Spalten der Bedeutung – Endlosigkeit der Sprache der Begierde, zersprungene, offene Totalitäten.

C) Wenn die *Erzählung* jene Arbeit über die «kleinen Einheiten» der Sprache ablöst, dann ist es eine Erzählung, die aus der Tradition der *Apokalypse* und des *Karnevals* schöpft – konnten doch beide Gattungen (unter anderen Bedingungen der Identitäts- oder Rationalitätskrise) eine neue semiotisch-symbolische Vorrichtung bieten. «Man muß mehr als nur ein bißchen tot sein, wenn man wirklich lustig sein will! na! man muß dich losgebunden haben.» [8] Wenn es wahr ist, daß es in Célines Erzählungen eine neurotische Auffächerung an Sado-Masochismus gibt, so ist das keine Psychologie – die Identitäten der Charaktere scheitern, sie kennen weder eine psychologische noch eine narrative Logik: es dominiert die permanente und reversible Maske, die zerbrochene Kontinuität, von Blitzen durchschlagen, die Karnevals-Figuren Bakhtines sind überspannt durch die Apokalypse («die großen Ungeheuerlichkeiten, alles steht im heiligen Johannes! die kirgisischen Schriftgelehrten haben allerhand Streiche für euch in

Reserve!»⁹). *Apokalypse* – eine *Aussage*, für welche das Erzählen als Rationalisierung der Bewährungsprobe (vgl. die russischen Formalisten) nicht einer Instanz, genannt Gott, standhält und die, dem schreibenden Subjekt imaginär und symbolisch zugänglich, die Unendlichkeit des Prozesses der Signifikanz verdichtet. Gegenüber dieser *unendlichen* Signifikanz ist das *Erzählen* nichts – ‹*Reise ans Ende der Nacht*›; die *Begierde* hat kein Objekt mehr – und weil das letzte Objekt der Begierde der Tod ist, ist der Tod unmöglich; die *Lust* kann sich als solche nicht aussagen, sondern sich nur als «performativ» ankündigen – als Musik oder Lachen, ein den Sinn erdrückendes Spasma; und die der phänomenologischen Kontinuität beraubte *Zeit* zerbröckelt in Spitzen in dem Maße, wie das transzentale *Ego* zerbröckelt, das sie stützt. «Fröhlicher Gevatter Leiche lüsternes Gespenst!»¹⁰ «Die Subjekte erquicken! Sie sich winden und zappeln lassen im Takt! Sie mit der Flöte retten ist was anderes!»¹¹ «Das ist das Nornengespinst der Zeit ... die Zeit! die Stickerei der Zeit! ... das Blut, die Musik und die Spitzenwäsche! ... niemals ein Rüschchen Zeit ohne Note! ... die Stickerei der Zeit ist Musik ... Gedämpft vielleicht ... presto, und dann nichts ...»¹²

Ein unmögliches Erzählen also, eine *visionäre* Aussage (im etymologischen Sinn von «Apokalypse», Zerreißen, Wegnehmen eines Schleiers), den Diskurs maximal kondensierend, um in semiotischen Markierungen jenen unnennbaren Trieb hindurchgehen zu lassen, in welchem sich, falls dies nicht geschieht, die Transzendenz niederläßt – der Aufenthaltsort einer allgegenwärtigen Mutter oder eines toten Vaters. – «Ich kann erzählen, ich sende fern! Ich sehe nach nichts aus ich sehe in meinen Mauern! die Zukunft, die Vergangenheit! die Bösen! ... Ich schalte häufig auf Agonie!»¹³ Ein Text also, wo das Erzählen zu Syntagmen zusammengeschrumpft oder zu verstreuten Worten, die ihren Sinn dem Rhythmus, der Farbe übertragen – «der Dunstkreis der Atemzüge ... ein Strom von Federn ... blau ... grün ... rosa ... wie 'ne Kaskade von den Tribünen»¹⁴.

D) Es ist schwierig für die Vernunft, sich vorzustellen, daß das *Subjekt* zu dieser meisterhaften Infragestellung der Einheit fähig ist und, ohne Verwerfung des Einen – also ohne in die Psychose zu fallen – fähig zu einer neuen Re-Strukturierung. Rätsel der Erneuerung: des ewigen Abschieds.

Vielleicht wird einem die Schwierigkeit klar, die darin besteht, die Permanenz dieses Subjekts aufrechtzuerhalten: die endlose Kritik der Einheit – der väterlichen Funktion – und ihre unausgesetzte Rekonstituierung. Das Spiel braucht nur zum Stillstand zu kommen oder sich auf *eine* der Komponenten zu fixieren, so daß dann die Spalten (Referent – Signatum – Signans) zusammengeschweißt sind, eine bestimmte Schicht zensiert, eine andere aufgewertet wird: und schon ist auch die *Lust aus der Permanenz des Prozesses in eine partielle Identifikation* hineingerissen. Ob das nun der harmlose, ästhetisierende Ausgang mittels der Reduktion auf die «Form» (der Signifikant) ist oder irgendeine Identifikation mit einem allgegenwärtigen und stereotypen Wahnbild: unvermeidlich der *Fetischismus*, ein häufig zerbrechlicher Schutz, aber ein Schutz immerhin, denn das Spiel (der Formen, Personen, Wahnbilder) dauert an: gegen die Psychose, die nur *einen einzigen* Bereich anerkennen und daraus *alle* Lust ziehen will. *Ein einziger soll alles geben:* an Stelle von mindestens drei, die sie unendlich-vielfältig produzieren. Ein einziger, der die Lust inkarniert und zu ihrem Statthalter wird, nachdem sie jenem aus den Fugen geratenem Subjekt entglitten ist. Ein einziger – der Vater, der Ausländer, der Jude, der Virus, der Marsbewohner. Das «Delirium» totalisiert und kondensiert: Scheitern der Lust, Stillstand des Textes. Das Schreiben bricht ab. Oder es setzt sich fort in linguistischem Überschäumen, zum Beispiel in der Signifikant-Trieb-Domäne, aber mit blockiertem Signifikat: stereotype Armut des «Inhalts» in manchem Text der Avantgarde – Prototyp: ‹*Bagatelles pour un massacre*›[15] (*das Stereotype des Signifikaten sogar im glanzvollen Signifikanten: ist es vielleicht ein Symptom des Faschismus?*).

Angesichts solchen Scheiterns der Unbeschränktheit der Lust – ein Scheitern, das sich als *Partialisierung, partielle Fixierung* der Libido, der Sprache darstellt – sind die alten Systeme der signifikanten und subjektiven Kohärenz (die klassische Rationalität) im Recht: «vernünftig». Daß Willkür vorkommt und daß sie Lust erzeugt – sei's drum. Aber daß jemand oder daß etwas diese Willkür inkarniert und die Lust regiert: dieser Totalitarismus, bei dem die Lust ihr Scheitern eingesteht, wird zwangsläufig von der Vernunft überflutet, die weiß, daß sie die stärkste ist: als *Statthalterin einer Regulierung der Willkür* (eine Zwang ausübende, aber existente Regulierung, die, wenn sie nicht wirklich, doch immer wahrscheinlich ist): Statthalterin des Rechts. Angesichts des Einmündens der Lust in die institutionalisierte Willkür hat die Vernunft recht. Gewaltsame Rückkehr des Humanismus angesichts des psychotischen Scheiterns des Prozesses der Signifikanz. Wir ahnen lediglich die Komplexität des Verhältnisses Rationalismus/Faschismus/«Avantgarde» . . .

Mit anderen Worten: die unglaubliche Erweiterung der Grenzen des Bedeutbaren bei Céline bleibt beschränkt auf Grund der Undurchdringlichkeit der *Substanz* einerseits und des *Glaubens an das Nichts* andererseits. Es gibt den Arzt und den negativen Theologen in Céline. Ihm fehlt die Positivität des Arztes Rabelais, Renaissance-Positivität, die den Zusammenbruch der mittelalterlichen Transzendenz zu überwinden vermocht hat. Auch nach dem historischen Konkurs des transzendentalen Ego im 20. Jahrhundert noch Positives zu vermelden nicht nur als Form, sondern auch als Sinn: dies bleibt der Einsatz der Avantgarde, den Céline nicht gewagt hat. Das Delirium ist gerade das Scheitern dieser Positivität; es drückt sich in politischer Sprache aus: sei es mit der gezwungen-erzwungenen Hypostasierung einer Sinn-Ordnung ohne Kritik der neuen faschistischen Herren, sei es mit ambivalenter Haltung ihnen gegenüber (sie werden geschätzt und bekämpft zugleich), sei es mit der exaltierten Vision einer Vernichtung, die zu produzieren den Chinesen obliegt: Brest verwüstend, bevor sie sich in Cognac ersaufen, «in so perlenden Tiefen, daß nichts mehr übrigbleibt»[16].

Man hat die Struktur des Célineschen Textes mit dem Opfer verglichen. Außerhalb der Psychologie des Menschen Céline, der das Massaker herbeibeschwört, das nur eine Vision von Kritik ist, gibt es bei ihm gewisse Elemente der Logik des Opfers als eines anthropologischen Ritus: Im Gegensatz zum *Mythus*, der ein Syntagma oder eine Syntax herstellt, um eine Erfahrung zu rationalisieren, führt das Opfer eine vertikale Dimension Soma-Sinn ein und bearbeitet so auch die Dynamik des Zeichens, die Krise des Tiers im Menschen, der Körpersprache. Im Opfer, aber gegen ihn, gibt Céline ihm eine Sprache: das einzige Gegengewicht zur Transzendenz, das die Tatsache ernst nimmt, daß sie sich im Mord oder in der Psychologie verwurzelt, und das danach strebt, sie zunächst leichtgewichtig zu machen, im Text, um sie in der Musik, im Wider-Sinn zu vernichten.

Und hier – in dieser Vernichtung der Transzendenz, soweit sie jede subjektive und institutionelle Identität unterstützt – spricht sich das Delirium positiv aus als schwächliche (fiktionelle) Rationalisierung des Wider-Sinns. Die einzig lebenswerte Positivität nach dem Zusammenbruch der Transzendenz: wäre es nicht die analytische Positivität, die den Wider-Sinn, das Delirium ebenso auflöst wie die totalisierende Rationalität? Céline, im Gegensatz dazu, analysiert nicht: seine Positivität im Delirium (außer der «*Form*», wo er jeden psychoanalytischen Rekurs weit hinter sich läßt) besteht, was die *Bedeutung* anlangt, darin, das Delirium aufzuzwingen und zu bestätigen durch partielle Identifikationen, die sich für das Ganze halten. *Gegen die Analyse hat er jene totalisierende Partialisierung ausgespielt, die sich Politik nennt.*

«Enthusiasmus heißt viel delirieren. Ach! Freud hat gewiß viel deliriert – aber unser gegenwärtiges Delirium scheint einzig politischer Fanatismus zu sein – und das ist noch lächerlicher. Ich weiß es. Ich bin darauf reingefallen.»[17]

Auf der einen Seite der politische Dogmatismus. Auf der anderen: «Die Wahrheit genügt mir nicht mehr ... was nicht singt, existiert nicht für die Mistseele, die Realität, ich will in Musik sterben, nicht in Vernunft und nicht in Prosa ... das Tier im Mann (oder in der Frau) gibt mehr Lust als die sogenannte Vernunft.»[18] Und dennoch ist es die «nihilistische Schauspielerei», die er den amerikanischen Künstlern vorwirft – denselben, denen er eine einzige – der seinen benachbarten – Erfindung zuerkennt: den Jazz.[19]

Die Positivität nach Céline, die moderne Positivität der Bedeutung: wäre sie zuletzt nur eine analytische? Diese Schlußfolgerung scheint sich aus dem politischen «Schnitzer» Célines zu ergeben, verbunden mit der Feststellung einer Entgleisung sowohl des Textes und der Politik, auf welcher Entgleisung ich nunmehr und abschließend insistieren möchte, im Gegenzug zu Engagement-Theorien.

Es ist klar: wenn die enigmatische Schreibweise, höchste Sublimation des «für das ganze Leben vorläufigen» (Kafka-)Prozesses, allen möglich wäre, so würden die Subjekte und die Institutionen nicht das sein, was sie sind. Die Utopie besteht darin, die Singularität eines Artaud, Burroughs, Kafka, Joyce ... universalisieren zu wollen: jener, die nur die Grenzen des sozialen Ensembles markieren, indem sie zeigen, daß Zwänge erweitert werden können, um Krisen (der «Psychose») *Raum zu geben*, aber nie für alle. Célines «Faszination» ist wohl auch, unter anderem, einer «sozialistischen» Illusion geschuldet: allen aufzwingen, allen einreden wollen jene permanente Hinrichtung der Identität, die nur ein einziger eventuell durch Sublimation genießen kann. Die Utopie wäre die Verminderung jener – nicht nur historischen, sondern auch generischen (in die Logik des Gesellschaftlichen eingeschriebenen) – Divergenz zwischen einer singulären Praxis permanenter Veränderung (der Hinrichtung, der Lust) einerseits und des Systems linguistischer Kommunikation andererseits. Zwei Bereiche, die man früher das «Heilige» und das «Profane» nannte, unversöhnbar: ihr Nebeneinander zeigt, im Hinblick auf das Funktionieren

sozialer Systeme, die Spaltung des Subjekts. Die rationalistische welt-
liche Ideologie, deren bekannte Errungenschaften und Fortschritte
noch immer im Kurs sind, ist auf dieser Ebene zuweilen blind – was
ihr teuer zu stehen kommt: Einbruch des Faschismus. Die «moderne»
Literatur (im Sinne von «Zeitgenossin einer Krise»), die heute den
Platz des aus seinem Geheimnis und seinen totalitären Institutionen
herausgezogenen, also entheiligten Heiligen einnimmt, spielt bezüg-
lich der Politik die Rolle des Regulators, wenn sie sich als Parallele
weit entfernt hält: die Parallelen schneiden sich bekanntlich erst im
Unendlichen. Man kann das häufig katastrophale Zusammentreffen
(Wahnbild) beschleunigen: den Militantismus beschleunigen. Man
kann eine gewisse Trauer gegenüber der Entgleisung bewahren, zumal wenn sich die politische Zeitlichkeit in die Katastrophe stürzt und
wenn die Literatur – in ihrer gänzlich verschiedenen unendlichen
Zeitlichkeit – nicht in der Lage ist, sie auch nur momentan aufzuhalten, selbst wenn sie die Katastrophe bekämpft. Eine Trauer, die für
unsere in die Effizienz verliebte Rationalität etwas Naives hat – aber
von einer erschreckenden Richtigkeit ist, die jeden von uns auf die
Singularität unseres unbewußten Prozesses verweist. (Und eben das
ist die «politische Funktion» des Schreibens: Verhinderung des Real-
werdens – der Institutionalisierung, der Sozialisierung des Unbewußten: institutionalisiertes Unbewußtes = Faschismus.) Wie die welt-
umgreifende Richtigkeit von Joyce, der, nach der Niederschrift von
‹Finnegans Wake› inmitten des Ausbruchs des Zweiten Weltkriegs,
enttäuscht den Unverstand der Kommentare zur Kenntnis nahm und
Beckett fragte: «Wozu ist dieser Krieg gut?» Im Gegensatz zu Bek-
kett, der dachte, daß er nützlich und vernünftig sein müsse (wie das
wohl jede Sache für einen rationalisierenden Diskurs ist), war Joyce
überzeugt, daß er weder das eine noch das andere wäre. «Und das
Schlimmste war, daß er die Aufmerksamkeit der Welt von ‹Finnegans
Wake› ablenkte, in der die Unwichtigkeit von Kriegen im gesamten
Zyklus menschlicher Aktivität auf vollkommen klare Weise demonstriert wurde.»[20] Sublime Naivität, schmerzliche Wahrheit des «Verhältnisses» – des Mißverhältnisses Text/Politik.

(Aus dem Französischen von Christine Sautermeister-Noël)

Anmerkungen

1 Céline: Rigodon, Edition de la Pléiade, S. 921
2 Ebd., S. 855
3 Brief an P. Monier in: L'Herne, Céline-Sonderheft, S. 264
4 Céline: Entretiens avec le professeur Y, Gallimard, 1955, S. 104
5 Ebd., S. 72
6 Céline, Rigodon, a. a. O., S. 812: «Die Erde bebt! schlimmer! wie gespalten! . . . und die Luft! jetzt ist es soweit! Restif hatte nicht gelogen . . . brumm! noch einer! . . . nicht weit! . . . man sieht es! das Kanonenfeuer! . . . rot! . . . grün! . . . nein! viel kürzer! Kanonen! . . . alles auf den Bahnhof! . . .»
7 Céline: Reise ans Ende der Nacht, Edition de la Pléiade, S. 293
8 Céline: Entretiens avec le professeur Y, a. a. O., S. 67
9 Céline: Féerie pour une autre fois, Gallimard, 1952, S. 154
10 Céline: Guignol's Band, Ed. Folio, S. 137
11 Ebd., S. 138
12 Céline: Féerie pour une autre fois, a. a. O., S. 99
13 Ebd., S. 171
14 Ebd., S. 201–202
15 Antisemitisches Pamphlet Célines (Anm. d. Ü.)
16 Céline, Rigodon, a. a. O., S. 914
17 A. Hindus: L'Herne, 5. 8. 1943, Sonderheft über Céline, S. 121
18 Ebd., 30. 6. 1947, S. 118
19 Ebd., 2. 9. 1947, S. 125
20 Ellmann: James Joyce, frz. Übersetzung, Gallimard, 1962, S. 737

Dieter Schlesak
Wort als Widerstand
Paul Celans Herkunft – Schlüssel zu seinem Gedicht

I

Verfehlte Deutungsversuche, die ihre Gründe in der Bewußtseinslage der deutschen Öffentlichkeit in den fünfziger und sechziger Jahren hatten – in jener Verdrängung der Nazivergangenheit, die erst heute zur Debatte steht, in zwiespältigster Weise –, schufen ein völlig falsches, in die Restaurationszeit passendes Celan-Bild, das des raunenden, vom Himmel gefallenen Barden «ewiger Wahrheiten».

Wie groß die Erbitterung des davon Betroffenen war, läßt sich wohl am deutlichsten nachlesen in den Briefen, die Celan aus Paris, wo er im Exil lebte, nach Hause an seine Freunde in Bukarest schrieb. Vor allem die Briefe an den inzwischen verstorbenen Bukowiner Lyriker Alfred Margul-Sperber sind drastische Glossen zur westdeutschen Rezeption des Celan-Werkes. Diese Briefe – ein kleiner Teil wurde im Juli 1975 in der Bukarester Zeitschrift *Neue Literatur* veröffentlicht – sind eine nicht zu unterschätzende Deutungshilfe, um das tragisch zu nennende Unrecht, das die westdeutsche Germanistik und Kritik an diesem Autor begangen hat, wiedergutzumachen. Das Nazitrauma und die Unfähigkeit der Deutschen zu trauern – unter diesen beiden «Krankheiten» hat Paul Celan gelitten, sie haben ihn letztlich umgebracht. Es sind auch unsere Krankheiten; schon das Grund genug, solidarisch jenem Unrecht nachzugehen, mitzuhelfen, es aus der Welt zu schaffen.

Nicht zufällig begann diese Wiedergutmachung 1968 in der westdeutschen Germanistik: mit Peter Horst Neumanns Deutung ‹Zur Lyrik Paul Celans›. (Und diese Wiedergutmachung hat ihren vorläufigen Abschluß in einem Celan-Buch von Marlies Janz ‹Vom Engagement absoluter Poesie› Syndikat 1976, gefunden.)

Celan war sich sehr deutlich bewußt, daß seine über sich selbst hinausweisende alexandrinische, reinterpretative Zitatenbesessenheit eher ein Mehr als ein Weniger an Philologie nötig macht; ihm war, wie die Herausgeber der historisch-kritischen Celan-Ausgabe, Beda Allemann und Rolf Bücher, betonen: «viel daran gelegen . . . die künftige philologische Analyse der Genesis seiner Gedichte zu erleichtern» [*Text und Kritik*, Heft 53/54]. Philologie allein aber reicht nicht aus, denn das Zitieren und Verweisen ist so weit auf die Spitze getrieben, daß diese abbricht, Schweigen hörbar wird; und genau diese metaliterarische, metasprachliche Öffnung ist Celans Eigenart, die sich letztlich verbal nicht festlegen läßt, sondern Sprache bricht:

Bernd Witte bezeichnet [in seinem Aufsatz ‹Schattenland›, *Neue Rundschau* 1/1978] diese Gedichte als «Meditationen», wo eine inhaltliche Festlegung, Zweckhaftigkeit also, den Lese-Vollzug, der auf anderen Ebenen geschehen muß, zerstört:

Mit den Toten – und hier versäumt Witte, genau zu sagen, *welche* Toten gemeint sind – wird im «Medium des widerlegenden Zitats» die Welt totgesagt, wobei gleichzeitig Literatur, Tradition, ja, sprachliche Welt, die die menschliche Welt erst erschafft, totgesagt wird.

Tiefenlastige Deutung esoterischer Funde in diesem Gedicht, wie sie Joachim Schulze versucht, oder eine zu starke Betonung des politischen Engagements bei Marlies Janz greifen durch Fixierenwollen an den Intentionen des Dichters vorbei, meint Witte. Doch auch er geht auf die nicht zu übersehende *Verschränkung* dieser beiden Gegensätze, die gerade den Horizont unseres heutigen, in Sprache ausdrückbaren Wissens und unserer Erfahrung sprengt, nicht ein: die Unvorstellbarkeit des Todes und der Toten aber wird heute zur historischen Unvorstellbarkeit – sehr vieles in diesem Werk spricht dafür, daß hier für Celan die Zwänge zur metaliterarischen Öffnung zu suchen sind.

Das Zusammentreffen zweier seit der Aufklärung getrennter Kulturen in Celans Dichtung: «Geist» und «Politik», «exakt» und «human», «Engagement» und «Transzendenz», für Deutsche ein besonderes Problem – diese wesentliche Neuheit in der deutschen Poesie (sie kommt vielleicht nur noch bei Hölderlin in dieser Intensität vor) ist von den Interpreten endlich erkannt worden. Was aber nicht erkannt oder nur teilweise erkannt wurde, ist die Tatsache, daß Celans Leistung nur dann genau – auch philologisch genau – bestimmbar ist, wenn seine Herkunft, der Kulturkreis, aus dem er kommt, der seinen Lebensweg, seine Erfahrung, sein Denken bestimmt, als Ausgangspunkt der Analyse seiner aus sich selbst heraus kaum richtig (in seinem Sinne richtig) deutbaren Verse genommen wird. Daß Welten zwischen dieser, von ihm 1948 verlassenen Umwelt, nach der er sich immer zurückgesehnt hat, und der Welt seiner Interpreten liegen, die ihm immer fremd, ja unheimlich war, zeigt schon rein stimmungsmäßig ein Brief vom März 1962 nach Hause an seinen Freund Alfred Margul-Sperber, den ich hier auszugsweise wiedergebe:

«Mein lieber, mein guter Alfred Sperber, Von Herzen danke ich Ihnen – danken *wir* Ihnen – für Ihren Brief! Jetzt sind wir nicht mehr allein. (Denn nicht nur in der Bundesrepublik – auch *hier* haben wir niemanden.) Ich will Ihnen heute nicht allzu viele neue Lasten aufbürden – am liebsten würde ich Ihnen die Abschriften der *zahllosen* Briefe schicken, die ich in den letzten zwei Jahren geschrieben habe –: alle diese Briefe waren richtig, alle Adressaten waren falsch, bis auf Sie . . . Hans Mayer und einen Jugendfreund in . . . der Schillergasse in Czernowitz.»

Die Heftigkeit der Klagen des Vereinsamten, des Emigranten in Paris, wirken auf jemanden, der den Welt-Wechsel nicht selbst mitgemacht hat, damit auch Celans Lage nicht aus eigener Erfahrung nachvollziehen kann, sicher übertrieben, diese Verletzlichkeit vielleicht sogar krankhaft. Doch aus dieser Verletzlichkeit, die sowohl im Welt-Wechsel als auch in der vorhergegangenen Katastrophe, Grund der Welt-Teilung, ihre Ursache hat – ist ja gerade das selbst-heilende Bedürfnis entstanden, die ungewöhnlichsten dichterischen Aussagen zu machen.

Sie ist nicht ohne weiteres zu verstehen, diese Aussage, denn sie setzt eine viel intensivere Auseinandersetzung mit der Zeiterfahrung voraus als üblich, sie setzt Erkenntnisse voraus, die die Grenzen des bisher Erfahrbaren und Denkbaren überschreiten – denn es ist die Zeit von Auschwitz, Hiroshima und des Gulag.

«Ihr Paul (*Russkij poët in partibus nemetskich infidelium*)» – unterschreibt Celan einen seiner Briefe nach Hause: «Russischer Poet, abgefahren in deutsche Treulosigkeit.» Die Heimat des Deutschschreibenden jüdischer Herkunft, dessen Eltern in einem deutschen KZ umkamen, die Bukowina, wurde von Sowjetrußland annektiert! Doch der schmerzlichen und paradoxen Verschränkungen gibt es mehr: 1947 war Celan vor der rumänischen Volksrepublik in den Westen geflohen; er lebte jedoch nicht im Lande seiner Sprache, der Sprache jener, die seine Mutter ermordet hatten und die gleichzeitig die Sprache seiner Gedichte ist, die ihn am Leben erhielten, sondern er lebte in Paris. Er konnte sich auch nicht für Israel entscheiden, das ihm – wie sein letzter Band ‹*Zeitgehöft*› zeigt – mehr ein eschatologisch-historisches Symbol für ein Jenseits der Zeit war als ein Land, in dem er leben konnte; nach seiner ersten und einzigen Reise nach Israel, im Herbst 1969, beging er Selbstmord.

In solch einer Biographie heimisch zu werden, ihre Erfahrungen zu verkraften, sie nicht zu begütigen oder zu verdrängen – ist sicher nicht jedermanns Sache: So wurde Celans Dichtung, die als tiefsinnige politische Widerstandslyrik den brisantesten Zeitfragen der Epoche auf den Grund geht, in Westdeutschland um *alle* politischen Dimensionen verkürzt; nach gutem altem Rezept grub man sie, ähnlich wie Hölderlins Dichtung, ontologisch um und beraubte sie völlig ihrer Substanz. Celans Reizbarkeit und Verletzlichkeit wurde durch dieses Umlügen bis ins Unerträgliche gesteigert; und man kann diese Reizbarkeit nicht allein auf einen schändlich zu nennenden Plagiats-Vorwurf zurückführen: Der Vorwurf, Celan habe Verse Yvan Golls, dessen französische Gedichte er ins Deutsche brachte, einfach als eigene ausgegeben. Sicher, der Vorwurf war mit ein Auslöser schwerer Depressionen, doch mehr noch hat ihn die Tatsache getroffen, daß man ihm seine Verse einfach entfremdete, zur fremden Sache machte, zur Sache jener Leute, die ihm aus der Ferne wie die maskierten Nachfahren der Mörder seiner Eltern erscheinen mußten:

«Sie kennen die Umtriebe des Neonazismus in der Bundesrepublik. Im deutlichen Zusammenhang mit diesen Umtrieben erfolgt nun auch seit längerem der Versuch, mich und meine Gedichte zu zerstören. Zu diesem Zwecke bezichtigt man mich des Betrugs, der Erbschleicherei, des Plagiats. (Ich übertreibe nicht!)»

So schrieb Celan am 20. Juni 1960 an Sperber. Und am 8. Februar 1962:

«Die Herrn Goebbels-Mitarbeiter schreiben *heute* nicht mehr im ‹Reich› – sie sitzen unter anderem in der Kölner ‹Germania Judaica› (so Herr Professor Dr. Heselhaus) . . .

Nachdem ich als Person, also als Subjekt ‹aufgehoben› wurde, darf ich zum Objekt pervertiert, als ‹Thema› weiterleben: als ‹herkunftsloser› Steppenwolf zumeist, mit weithin erkennbaren jüdischen Zügen. Was von mir kommt, gelangt zur Redistribution – jüngst auch mein Judentum. (‹Weil nicht sein kann, was nicht sein darf.›) Diesem Spiel wird auch – fallen Sie jetzt nicht vom Stengel! – von seiten aller meiner (großen . . .) westdeutschen Verlage Vorschub geleistet.

Ich sage nicht mehr. Sie erinnern sich an Will Vesper: – die *anonyme* Lorelei. Ich bin ebenfalls – wörtlich, lieber Alfred Margul-Sperber! – *der, den es nicht gibt.*

Außerdem wird mein ‹Zusammenbruch› bekanntgegeben bzw. mein ‹Wahn-Sinn› (der Bindestrich kommt beim Herrn Apologeten vor, auch – denn einige Vorsicht ist immer noch geboten – die Gänsefüßchen . . .).

Ich bitte Sie, meine Manuskripte niemandem aus diesem so goldenen Westen zu geben. Vielleicht sollten sie eines Tages der Rumänischen

Akademie anvertraut werden . . .»

Die «anonyme Lorelei» meint den Verfemten, den Dichter, Juden und politischen Emigranten Heine, der in der restaurativen Bundesrepublik genausowenig galt wie die Emigranten aus dem Dritten Reich, die zum Teil ein bitteres Los bei der Heimkehr erwartete, von denen einige von neuem emigrierten. «Juden» aber steht bei Celan nicht nur für Dichter, sondern auch für alle Opfer und Verfolgten in dieser und in jeder Zeit. Und er, der der Emigrantenliteratur zuzurechnen ist, fühlte sich mit ihnen als Leidender solidarisch; er fühlte sich ausgestoßen und als Fremder, als der, der er wegen seiner Herkunft und vor allem, wegen seiner *ganzen Art zu denken war*, ein politisch Verfolgter:

«Eine Gauner- und Ganovenweise / gesungen zu Paris emprès Pontoise / von Paul Celan / aus Czernowitz bei Sadagora // Manchmal nur, in dunklen Zeiten, / Heinrich Heine, An Edom // Damals, als es noch Galgen gab, / da, nicht wahr, gab es / ein Oben. // Wo bleibt mein Bart, Wind, wo / mein Judenfleck, wo / mein Bart, den du raufst? // Krumm war der Weg, den ich ging, / krumm war er, ja, / denn, ja, / er war gerade. // Heia // . . .»

2

Dunkle Zeiten im Westen hinter Mattscheiben, wo es kein oben mehr gibt, dunkle Zeiten in seiner Heimat, im Osten: Ossip Mandelstam, der in Stalins Lagern ermordet wurde, widmet er seine ‹Niemandsrose›. In diesem Band heißt das Motto des Gedichts ‹Und mit dem Buch aus Tarussa›: «Alle Dichter sind Juden». Und im Gedicht ‹In der Luft› stehen die Verse:

«Groß / geht der Verbannte dort oben, der / Verbrannte: ein Pommer, zu Hause / im Maikäferlied, das mütterlich blieb . . .»

Auch der Vertriebene aus dem Osten wird mit den Verbrannten, den Toten, den in Rauch und Asche aufgegangenen *in eins* gesetzt, nur im Lied noch zu Hause, das über die Grenze zwischen Leben und Tod hinweg kommunizieren kann – jene Denk-Grenze durchstößt, die festgefahren und zur Norm erklärt, wohlbehütet von der Psychiatrie, eine politische Ordnung erst möglich macht: und Herrschaft, die dann diese Opfer fordert. In und nach «dunklen Zeiten» aber verschieben sich die Begriffe – ein Spalt wird sichtbar. Hölderlin ist an solch einem von ihm durchdachten Umbruch zerbrochen. Mit großer Wahrscheinlichkeit auch Paul Celan.

3

Die philologische Wiedergutmachung an Celan, das kürzlich erschienene Sonderheft von *Text und Kritik*, vor allem aber die großangelegte Analyse von Marlies Janz ‹*Vom Engagement absoluter Poesie*› (Syndikat 1976) sind zwar eine Wende in der Deutung, doch diesen «Wahn-Sinn» von Celan, der ein «engagierter» Wahnsinn war, fassen sie ebenfalls nicht. Besonders peinlich ist auch, daß nun – auf andere, auf linke Weise – ein Teil der Herkunft des Dichters unterschlagen wird: Marlies Janz weiß anscheinend nichts von Celans Flucht aus dem Osten, von der Mandelstam-Widmung, von den «großen Frostschüben» des «verscharrten Oktober» und von der «Stummvölker-Zone» in Celans Gedichten. Das geistige Klima, das ihn bestimmt, aus dem er herkommt, wird nicht untersucht, auch die Impulse nicht, die er von zu Hause mitgebracht hat. Wessen Sprache – und für wen spricht Paul Celan? In einem undatierten Brief an Sperber nach Bukarest heißt es:

«So steht Ihr Name da, wo er immer gestanden hat: Am Beginn dessen, was mich den Weg hat gehen lassen, den ich gegangen bin, mit Worten, mit den Worten unserer Sprache, der Ihren, der meinen. Sie sind mir immer ein Vorbild geblieben . . . In einem gewissen Sinne ist mein Weg noch einmal der Ihre, wie der Ihre beginnt er am Fuße unserer heimatlichen Berge und Buchen, es hat mich, den – um es mit einem Scherzwort zu sagen – ‹karpatisch Fixierten› weit ins Transkarpatische verschlagen.»

Sperber hat Celan einmal das einzige «lyrische Pendant zu Kafka» genannt; er ist wohl auch das einzige lyrische Pendant zur Frankfurter Schule – das weist Marlies Janz mit Akribie nach. An der deutschen Krankheit, dem Bruch zwischen Geist und Politik, Esoterik und Engagement leidet der Bukowiner Celan nicht. Auch der Kreis der Autoren in Bukarest, der sich nach dem Krieg um Alfred Margul-Sperber bildete, und zu dem auch Paul Celan gehörte, kennt die «Zeitlosigkeit» im Gedicht nicht mehr; die eigenen Erfahrungen verboten es. Diese Autoren wurden entweder ins Konzentrationslager am Bug deportiert, wie Celans Eltern, sein Jugendfreund Immanuel Weissglas und Alfred Kittner oder kamen wie er und Moses Rosenkranz selbst ins Internierungslager von Tăbăreştiv; Rosenkranz dann auch noch nach Sibirien. Alfred Sperber kam nur durch Fürsprache seiner Bukarester Freunde frei. Und die besten Gedichte schrieb diese Autorengruppe in der Hölle zwischen 1940 und 1944: Celan die ‹*Todesfuge*› – nachdem er von der Ermordung seiner Eltern erfahren hatte – und viele seiner bekannten frühen Gedichte, Weissglas seine Verse, die später im Band ‹Kariera am Bug› veröffentlicht wurden, Alfred Kittner seinen erschütternden Versband ‹Hungermarsch und Stacheldraht›. Und 1945 beging der begabteste Prosaautor der Gruppe, der Psychiater Robert Flinker, Selbstmord. Er wird jetzt im Westen neu entdeckt.

4

Auf ästhetische Gemeinsamkeiten (Metaphern wurden weitergereicht und ausgetauscht) haben auch westdeutsche Interpreten hingewiesen; so Heinrich Stiehler (in den *Akzenten* 1/1972) und Marlies Janz in ihrem erwähnten Buch. Doch Celan übernimmt nicht nur Bilder und Motive, sondern mit diesen auch Grundhaltungen, die er zum unverwechselbaren Celan-Vers umschmilzt. Vor allem in seinem bekanntesten Gedicht ‹Die Todesfuge›:
«. . . Er ruft spielt süßer den Tod der Tod ist ein Meister aus / Deutschland / er ruft streicht dunkler die Geigen dann steigt ihr als Rauch / in die Luft / dann habt ihr ein Grab in den Wolken da liegt man nicht eng / Schwarze Milch der Frühe wir trinken dich nachts / wir trinken dich mittags der Tod ist ein Meister aus / Deutschland . . .»
Der Freund Immanuel Weissglas hatte schon vorher in seinem Gedicht ‹Er› das chassidische exstatische Tanzen, Singen und Graben im Tod und als Übergang, als Auflösung der Grenze durch den Tod aufgenommen: «Wir heben Gräber in die Luft und siedeln / Mit Weib und Kind an dem gebotnen Ort. / Wir schaufeln fleißig, und die andern fiedeln. / Man schafft ein Grab und fährt im Tanzen fort.»
Wichtiger aber als die Metaphern-Ähnlichkeit ist die gemeinsame chassidische Auffassung vom Grab als Tor zu Gott. Im ersten Gedicht der ‹Niemandsrose› heißt es noch deutlicher als in der ‹Todesfuge›: «Ich grabe, du gräbst, und es gräbt auch der Wurm, / und das Singende dort sagt: Sie graben. // O einer, o keiner, o niemand, o du: / Wohin gings da's nirgendhin ging? / O du gräbst und ich grab, und ich grab mich dir zu, / und am Finger erwacht uns der Ring.»
Der Vers verknüpft, verehelicht – zum Schluß «erwacht» ein «Ring». Die «Verwerfung», die Erdverwerfung: beim Graben eines Grabes – hier als Verwerfung auch der Erde, aus der Adam, der Mensch, gemacht ist, so daß nur der eingehauchte Gottesatem übrigbleibt – ist eine wichtige Celan-Metapher: Gott verwirft die Menschen durch die historische Katastrophe, sie verwerfen sich durch ihre Taten selber; die Grenze zwischen Mensch und Gott wird durchlässig.

Im vielleicht wichtigsten Gedicht der ‹Niemandsrose›: ‹Psalm›, wird Gott aufgefordert, zum Menschen zu beten:
«Bete zu uns, denn wir sind nah . . .»
Und das Gedicht mit dem Titel ‹A la pointe acérée› – zur Grabschaufel verstählte Sprache (acérée) – ist dem großen Judenpogrom von 1938, der «Kristallnacht», gewidmet, genau an jenem Tag war Celan zum erstenmal nach Deutschland, nach Berlin, gekommen:
«Es liegen die Erze bloß, die Kristalle . . . // (Nach oben verworfen, zutage, / überquer, so / liegen auch wir. // Tür du davor einst, Tafel / mit dem getöteten / Kreidestern drauf: / ihn / hat nun ein – lesendes? – Aug.)
Und auch im Gedicht ‹In der Luft› aus dem Band ‹Die Niemandsrose› kommt dieses schreckliche Bild der Grabenden, der in Gaskammern Übereinanderliegenden vor; es ist für Celan gleichzeitig ein Öffnen, ein paradoxes Aufhalten der Zeit, eine Schwelle, es ist ein historischer Bruch aus der Tiefe des Unvorstellbaren, das im ungeklärten Hier-Bleiben sinnloser Schmerz ist:
«IN DER LUFT, da bleibt deine Wurzel, da, / in der Luft. / Wo sich das Irdische ballt, erdig, / Atem – und – Lehm. // Groß / geht der Verbannte dort oben, der / Verbrannte: ein Pommer, zu Hause / im Maikäferlied, das mütterlich blieb . . . // . . . schwer / in den Untiefen lagernd, die Leiber / zu Schwellen getürmt, zu Dämmen, – die // Furtenwesen, darüber / der Klumpfuß der Götter herüber – / gestolpert kommt – um / wessen / Sternzeit zu spät?»

5

Die wichtigsten Bilder und Impulse aber stammen aus dem Bukowiner Kreis; im Mittelpunkt stehen immer die Opfer der Geschichte, der Revolutionen, der Exile, der Lager und KZ Deutschlands und des stalinistischen Rußland: Mandelstam, Ossietzky, Liebknecht und Luxemburg und die vielen Namenlosen. Celan, der seine Eltern in solch einem Lager verloren hatte, fand in seinem älteren Freund Alfred Margul-Sperber eine Vaterfigur, die fast symbolisch das verkörperte, was er verloren hatte, was ihn schmerzte:
«L'heure de Sperber . . . offen nach allen Himmelsrichtungen, dieser unserer nicht nur postkakanischen Existenz – nach einigen Höllenrichtungen wohl ebenfalls.
. . . Ja, vieles ist, von weit und weiter als weit her gegenwärtig – Sie, lieber Alfred Sperber inmitten – »
«Postkakanisch» – Wir dürfen nicht vergessen, daß Celan herkunfts-

mäßig dem Prager Dichterkreis, Kafka vor allem, viel näherstand als der «reichsdeutschen» Literatur; er zählte sich zu dem im «Dritten Reich» diskriminierten Schrifttum; zu dem auch Heine gehörte. Celans biographische und Autoren-Herkunft hing buchstäblich in der Luft. In Westdeutschland gab es ganz offensichtlich kein Wiederanknüpfen an diese demokratische und revolutionäre Tradition, auch kein Anknüpfen an Exil- und Widerstandsliteratur. Celan vermutet, daß unterschwellig die «reichsdeutschen» Traditionen zwischen West-Berlin und München weiter raunen. Aber die sybillinischen Erklärungen, die er auf Fragen gab, weshalb er denn in Paris und nicht im deutschsprachigen Raum lebe, befriedigten niemanden.

Sein Exil war komplex, ließ sich nicht auf einen Nenner bringen: zu ihm gehörte auch der Umweltverlust, das unwirkliche Leben im westlichen Niemandsland einer verkünstelten Zivilisation, wo für den Vereinsamten die Träne zu Glas wird und zu Eis. Und in Spätgedichten ist dahinter sogar «Gasgeruch» wahrnehmbar. Zu Bachmanns, Erich Frieds, Nelly Sachs', Peter Weiß' Emigration sah er keine Parallele. «Häufig war auch davon die Rede, warum er als deutscher Dichter in Paris lebe . . . er . . . ja, es ist nicht so einfach . . . Vergebens hätten wir auch erwartet, daß er uns seinen Verfolgungswahn mit klaren Vernunftsgründen erkläre. Häufig erwähnte er, wie sehr seine sprachliche Isolierung der Ausarbeitung der dichterischen Sprache diene . . . (dann) habe ich verstanden, daß dieses (die Bukowina) . . . jene unmittelbare sprachliche und literarische Welt war, aus der Celans Dichtung, als deren Summe und Weiterführung, geboren wurde . . . und Celan glaubte . . . durch seine Pariser Isolierung die Bukowiner Situation neuerschaffen, stabilisieren zu können.»
So der jüdisch-ungarische Dichter aus Rumänien, János Szász, der Celan in Paris oft besucht hat, in einem Bericht, erschienen im November 1975 in der Bukarester *Neuen Literatur* unter dem Titel: ‹*Es ist nicht so einfach. Erinnerungen an Paul Celan*›. – «Es ist nicht so einfach» war ein Lieblingswort Celans. Er versuchte in seinen Gedichten *allen* etwas zu sagen, was er sonst *niemandem* sagen konnte:
«. . . bis das Bewußtsein endgültig unter dem unerträglichen Gewicht zusammenbrach.»
Es war das «absolute Exil», für das nur das «absolute Gedicht» gelten konnte, und dieses Exil rührte über schmerzliche persönliche Erfahrungen, von denen auch die *zu Hause* Lebenden nichts wußten, an die conditio humana selber:

«Auf Reisen // Es ist eine Stunde, die macht dir den Staub zum Gefolge, / dein Haus in Paris zur Opferstatt deiner Hände, / dein schwarzes Aug zum schwärzesten Auge. // Es ist ein Gehöft, da hält ein Gespann für dein Herz. / Dein Haar möchte wehn, wenn du fährst – das ist ihm / verboten. // Die bleiben und winken, wissen es nicht.» Auf einer Postkarte vom 10. November 1948 – ein Alfred Sperber gewidmetes Gedicht. Es bezieht sich deutlich auf die ‹Wilde Wanderschaft› des Älteren, auf dessen Flucht in seiner Jugend in den zwanziger Jahren, auf dessen Wanderschaft, die rastlose Flucht durch die Welt – bis in die USA, die aber mit Sperbers Heimkehr in die Bukowina endet. Hatte Celan nicht auch an den Älteren geschrieben, der dann ebenfalls *diese* Heimat, die Bukowina, später verlor:

«So steht Ihr Name da, wo er immer gestanden hat: Am Beginn dessen, was mich den Weg hat gehen lassen, den ich gegangen bin . . . in einem gewissen Sinn ist mein Weg noch einmal der Ihre.»

Das bezieht sich auch ganz konkret darauf, daß Sperber wegen seiner Gedichte, wegen seiner Herkunft in Nazideutschland verfemt war, vor allem wegen eines Gedichts ‹Der Fackelläufer›, in dem er den kopflosen Amoklauf des «Dritten Reiches» angreift. Sein Werk – das bei Insel erscheinen sollte – blieb in Deutschland unveröffentlicht, er ein «vergessener Dichter». Celans Paris-Gedicht, wo von der «Opferstatt deiner Hände» die Rede ist, und die Zeilen stehn:

«Dein Haar möchte wehn, wenn du fährst, das ist ihm / verboten. // Die bleiben und winken, wissen es nicht», diese Verse beziehen sich auf ein Jugendgedicht Sperbers, ‹Die Überfahrt›, in dem seine ‹Wilde Wanderschaft› – eben doch nur als eine Flucht aus den «verrosteten Wäldern Europas» geschildert wird, der Zwanzigjährige ist ein noch nicht Gezeichneter, ohne schwere Erinnerungen, wie andere auf dem Schiff:

«Und keiner war in der traurigen Schar, / der wie ich frei von Erinnerung war. // Mit brennendem Blick und flatternden Haaren / Bin ich in den dunklen Horizont gefahren.»

6

Celans endgültiges Exil aber war kein Abenteuer mit «brennendem Blick und flatternden Haaren» – was er erleben mußte, können auch die zu Hause gebliebenen Freunde nicht nachvollziehen: Sie «winken und wissen es nicht». *Seine* Erinnerung, die schwer wog, war durch Einsamkeit, vor allem aber durch den unvorstellbaren Weltwechsel, durch Sinn- und Wahrnehmungsverlust, die nur jemand, der aus dem

Osten kommt, atembeklemmend und wie einen Tod empfindet, gezeichnet; seine Erinnerung war ein «scharfes Messer» geworden, wie er einmal im Vers sagte. Hier, in der Luft, einer verpesteten Luft, die ihm wieder nach «Gas» riecht, ist die «Opferstatt deiner Hände», zu Hause nicht zu ermessen, nicht zu erfahren: ein «Wahrschinden» in der Hölle des Realitätsverlustes. Was bei diesem heutigen «Wahrschinden» (sogar schon an den bloßen Händen) abzulesen ist, steht in einer Schlüsselstelle, der ‹Engführung›, dem Hiroshima gewidmeten Pendant zur ‹Todesfuge›:

«Orkane. / Orkane, von je, / Partikelgestöber, das andere, / . . . war / Meinung. Wie / faßten wir uns / an – an mit / diesen / Händen?»

«Die Hände sind ja genaugenommen ‹phantomatisch›, sie bestehen ja *wirklich* nur aus riesigen Zwischenräumen des «Partikelgestöbers». Hände als Umkehr der Geste des Gebets erscheinen auch in einem anderen Sperber gewidmeten Gedicht, das Celan in seiner Rede zur Verleihung des Büchner-Preises (1960) an wichtiger Stelle zitiert:

«Stimmen vom Nesselweg her: / *Komm auf den Händen zu uns. /* Wer mit der Lampe allein ist, / hat nur die Hand, draus zu lesen.»

«Stimmen» sind meist die Stimmen der Toten, der Ermordeten, aber auch der Irren. Und an dieser Stelle der Büchner-Preis-Rede, wo Celan die Schicksalslinien der Hand meint: («hat nur die Hand draus zu lesen») – stellt er die Frage nach «dem Selben» und redet von der nun so äußerst kompliziert gewordenen «Heimkehr», die ja keine Rückkehr mehr sein kann, sondern nur noch eine *Wiederkehr* –: Denn:

«Das / Selbe / hat uns / verloren, das / Selbe / hat uns / vergessen, das / Selbe hat uns – –»

So steht es in der ‹Niemandsrose›. Heimkehr sei möglich nur noch durch «Sichvorausschicken», heißt es im ‹Meridian›, und *diese* «wilde Fahrt» von heute begann mit dem «20. Jänner», dem Tag der «Wannseekonferenz» zur «Endlösung der Judenfrage». Es ist genau das Datum, an dem auch Büchners kranker Lenz durchs Gebirge geht, Lenz gern auf dem Kopf gehen möchte, um den «Himmel als Abgrund» unter sich zu sehen! Die ver-rückte Zeit ergibt Öffnungen.

7

Celan hatte Sperber nicht nur seinen Dichternamen «Celan», ein Anagramm seines Familiennamens Antschel, zu verdanken, Sperber inspirierte ihn auch zu seiner Geschichtsauffassung: Umkehr der Zeit, Gang durch die Hölle des Exils bis zur «Erlösung», der Aufhe-

bung von Zeit. Das Modell dafür ist der jüdische Exodus: das Exil und die Heimkehr; Geschichte als Realisierung dieser Heimkehr, jenseits von Fremde und «Weltzeit»: – siebenmal sieben Tage nach Ostern ist Pfingsten: Kairos des Pneuma, des «Gottesatems». Sperber hatte dieses Motiv zum Beispiel in sein Gedicht ‹Der Tod Mosis, Nach einer chassidischen Sage› aufgenommen. Im Vers ist jener Tag beschrieben, den es angeblich schon einmal gegeben haben soll: jene Neuerschaffung der Welt, die radikale Revolution, die die Zeit umkehrte, sie aufhielt: als Moses ins «Feuer einging», «jenseits seiner Hirtenzeit» war – und Gottes «blaues Licht» zu «singen» begann. Sowohl Sperber als auch Celan deuten in ihren Poesien jedoch diesen Prozeß revolutionär, als Geschichtsprozeß, der dieses Ereignis von neuem vorbereiten soll. Die Bibel wird radikal umgedeutet. Celans Anti-Bibel ‹Die Niemandsrose›, in der sich durch: «Verwerfung» – Verstoßung und Öffnung – die Annäherung der Ebnen: Weltzeit und Transzendenz vollzieht, ist als Grundgedanke schon in Sperbers ‹Ketzerevangelium› vorgebildet. Im ‹Ketzerevangelium› ist Jesus der Revolutionär: «Genosse Jesus mit dem roten Bart, / Schläflockenjude mit den Sommersprossen, / Herzbruder unserer wilden Wanderfahrt» . . .
Eine Bewegung, die von weit herkommt, denn
«Vieles ist, von weit und weiter als weit her, gegenwärtig»,
wie Celan an Sperber schrieb. Und im Gedicht heißt es:
«Ge- / trunken hast du, / was von den Vätern mir kam / und von jenseits der Väter / – – Pneuma.» («Benedicta.»)

8

Aber der Weltprozeß, die Teilnahme an ihm, dieses: «Trinken» trägt Schmerz in sich, Zerstörung; Stirb-und-Werde ist Vorbedingung, um zur Erlösung zu kommen, sich zu Ende zu bringen und zu einem neuen Anfang. Dieser Anfang aber ist heute *nicht mehr* als eine Hoffnung. Das Trinken der: ‹Schwarzen Milch der Frühe› in der ‹Todesfuge›, ist es *solch* ein Sterben? Schon bei Sperber war dieses «Trinken» (in Erinnerung an seine tote Mutter) in einem Vers vorgebildet – die tote Mutter fragt im Sperber-Vers:
«Willst du nicht mein Kind, / Von der dunklen Milch des Friedens trinken?» Durch die Ereignisse nach dem «20. Jänner», durch die furchtbaren Umstände, unter denen Celans Mutter ein Opfer der Geschichte wurde, wird der Mutter-Tod – auch bei Immanuel Weissglas wie bei Sperber ein wichtiges Motiv, um den *endgültigen* Heimatverlust anzudeuten – bei Celan als das bei *jedem* Tod Undenkbare, zu

einem *allgemein Undenkbaren.* Dieses Allgemeine, also geschichtlich Undenkbare, ist nur auf einer anderen Ebene aufzulösen, und diese Lösung wird nötig, um überhaupt noch weiterleben zu können. Aber bis zur: «dunklen Milch des Friedens» ist noch ein langer, schrecklicher Weg:

«Schwarze Milch der Frühe wir trinken dich nachts . . . // er ruft streicht dunkler die Geigen dann steigt ihr als Rauch / in die Luft / dann habt ihr ein Grab in den Wolken da liegt man nicht eng . . .»

Und dieses: «Grab in den Wolken» wird: «geschaufelt». Rauch, Eis und Schnee, vor allem Eis und Schnee, eisige weiße Kälte der ukrainischen Steppe, sind Bilder, die auch bei Weissglas (zum Beispiel im Gedicht ‹Schneetod›) und bei Sperber auftreten. Sie werden mit dem weißen Greisenhaar der Toten verbunden. Das Wintergefühl der bitteren Kälte – klingt als Todesgefühl bei Sperber im Gedicht ‹Schwarz und Weiß› an:

«Und steht dir solche Nacht nicht zu Gebot / – Denn diese Nächte starben mit den Herzen –, / So gib mir einen Tag, weiß wie der Tod, / Von weißem Schneewehn, daß die Augen schmerzen.»

Bei Celan wird das Weiß von Eis, Schnee und Gletscher im Laufe der Exiljahre immer stärker verdichtet, das Bild, das *Element* Eis, Schnee wird in Richtung jener: «Atempause», in Richtung jener hoffnungsvollen Lücke in der ver-rückten Zeit gebracht – dahin, wo Schock und Verstummen ist. Bei Sperber heißt es noch – im Gedicht ‹Schnee› – über die tote Mutter:

«So schneit die weiße Zeit, / so reiht sich Jahr an Jahre. / Dein Mund verstummte lang . . . / Und deine Stimme leiht / dem Winter den Gesang, / darin ich dich bewahre.»

Bei Celan in verdichteter und ins Messianische gewandter Form im Gedicht ‹Spät und tief›:

«Ihr mahlt in den Mühlen des Todes das weiße Mehl der / Verheißung, / ihr setzet es vor unsern Brüdern und Schwestern – / wir schwenken das Weißhaar der Zeit . . .

9

Dieses «Weißhaar der Zeit» wird dann später: zur «Schrunde der Zeit». Celan destilliert ein Konzept daraus, das in reflexiver Sprache kaum wiederzugeben, nur zu verraten ist: eisige Mutter-Sprache, die die Sprache verschlägt, im *Reim* erlebten Sinn ausdeutet, hindurch durch die: «Finsternisse» «todbringender Rede», wie es in einem Vortrag heißt. Und in einem frühen Gedicht, das 1970 in der *Neuen*

Literatur erschienen ist:

«Und duldest du, Mutter, wie einst, ach, daheim, / den leisen, den deutschen, den schmerzlichen Reim?»

Denn auf deutsch wurde auch der Befehl gegeben, als Rauch aufzusteigen! Ver-rücken der Zeit: Tod ist – Eingehen ins Mineralreich, in Kristalle, Schneekristalle, auch dort ist der gefrorene Funke Gottes, ist: «Ziw»: in diesem Schweigen: in mineralischer Stille ist Licht ungestört. «. . . diesseits und jenseits des Sterbens: / Du bleibst, du bleibst, du bleibst / einer Toten Kind . . . / vermählt einer Schrunde der Zeit, / vor die mich das Mutterwort führte . . .»

Die Toten sind, so Celan:

«die Fremden und Freien», die «Meister von Eis und von Stein».

Alles Geschehen ist durch die Schock-Erfahrung verändert, alles ist: «zeittief gegittert» – ein Fallen ins Kristall: durchs «Schneebett» hindurch; alles wird zur ‹*Engführung*›, zum letzten Teil der Fuge.

Diese Auffassung von Sprache, von Reim und Gedicht, weist weit über das Ästhetische und über Literatur hinaus. Es ist ein Fragen aus der Todeserfahrung heraus, nach dem, was ist, nach seinem Geheimnis, nach dem Ernst *jedes* Augenblickes, aller Dinge. Denn, was *ist* diese meine Hand . . .

«Wie / faßten wir uns / an – an mit / diesen Händen?»

Wenn Sinn sein soll im Tode der vielen Opfer, muß die schier aberwitzige Hoffnung, daß die *heute* für gültig gehaltenen Naturgesetze aufgehoben werden können, eine Chance haben:

«. . . es komme, was niemals noch war! // Es komme ein Mensch aus dem Grabe.»

Und für diese verzweifelte Forderung nach Gerechtigkeit:

«Man redet umsonst von Gerechtigkeit, solange das größte der Schlachtschiffe nicht an der Stirn eines Ertrunkenen zerschellt ist» – muß etwas anderes wahr sein, als das, was uns unser Alltagsverstand, unsere eingeübte Gewohnheit des Augenscheins diktiert.

«Krokus, vom gastlichen / Tisch aus gesehn: / zeichenfühliges / kleines Exil / einer gemeinsamen / Wahrheit, / du brauchst / jeden Halm.» So lautet ein aufschlußreiches Gedicht aus dem Band ‹*Zeitgehöft*›.

Im Krokusgedicht klingt ein Schlüsselbegriff Celanscher Poesie an: Heimführung aus dem Exil.

Am deutlichsten wird der Celansche Schlüsselbegriff mit dem Atom und dem Atomzeitalter in Beziehung gesetzt im Zyklus ‹Engführung›, dort heißt es: «Orkane. / Orkane, von je, / Partikelgestöber, das andere, / du / weißts ja, wir / lasens im Buche, war / Meinung. // War, war / Meinung. Wie / faßten wir uns / an – an mit / diesen / Händen?»

Auf dem Boden zu «stehen», einen Tisch zu «sehen», die Hand «anzufassen», all das ist rätselhaft; auch im offenen Auge findet dauernd ein rätselhafter Übergang vom Subatomaren zum Augenbild statt, von dem niemand weiß, wie er zustande kommt.

Die Sinne werden «gespeist» durch Gruppen von Ereignissen, die wir immer noch «Materie» nennen, die aber ins Bodenlose reichen und rational nicht faßbar sind. Sie rühren in der Erkenntnis der neuen physikalischen Theorien an einen höheren Bereich der Wirklichkeit.

Die Irrealität des uns Faßbaren verbirgt etwas anderes; das Vergängliche ist nur ein Gleichnis: «Nicht an meinen Lippen suche deinen Mund, / nicht vorm Tor den Fremdling, / nicht im Aug die Träne . . . // . . . sieben Rosen später rauscht der Brunnen.» – Das frühe Gedicht ‹Kristall› nimmt dieses alte Thema auf, deutet an, metaphorisch freilich, wo die «Heimführung» zu suchen ist, wo das Exil zu Ende geht: die Metapher aber greift bei Celan, auch wenn sie so «un-zeitgemäß» wirkt, viele abstößt, zurück, greift durch die Zeit hindurch, ist keine schöne «verallgemeinernde Kommunikationsstruktur», sondern neugefundener *realer* Sinn von Überlieferung: die Rose ist das alte Symbol der Kabbala für die «Schechinah», die «Einwohnung Gottes in der Welt»; und die Zahl sieben: «Sieben Herzen tiefer pocht die Hand ans Tor, / sieben Rosen später rauscht der Brunnen» – Schlüssel für das esoterische Körpermodell, die sieben psychischen Zentren des Erweckungsprozesses in den meisten Meditationstechniken alter Religionen, die heute neue Aktualität gewinnen. (Darüber und über Celans Stellung dazu wird noch zu sprechen sein.)

Im Prinzip aber führt diese Frage zur quälenden Überlegung: Welchen Sinn hat die Katastrophe? Der Blick Celans fällt bei dieser Überlegung auf eine zwingende Not-Wende und auf jene Öffnung durch Krisis, die den Blick in Bereiche frei werden läßt, die bisher als fahle Wortleichen in Theologie und Literatur eingesargt waren.

Der Verszyklus ‹Engführung› ist wie die ‹Todesfuge› ein Versuch, mit Literaturmitteln die Literatur zu überschreiten, jene Öffnung zu zeigen: die Verschränkung von Katastrophe und Erlösung durch den furchtbaren Schock, Katharsis durch kollektive Tragödie, die totale Zerstörung der gewohnten Umwelt im absoluten Grauen. Die Frage, die dabei auftaucht: Ist Auschwitz, ist Hiroshima, damit das *Unvorstellbare*, das unsere Zeit bestimmt, überhaupt darstellbar – ist berechtigt. Die alte Begrifflichkeit und die seit der Aufklärung säkularisierte Vorstellungsweise, damit auch Literatur, die sich nur auf dieser Ebene bewegt – sie sind passé. Freilich – die Bejahung des schmerzhaften Schocks, der Umgang mit dem bezahlten Lehrgeld, mit der Katastrophe als historischer Fingerzeig für die Diskrepanz zwischen kosmischem Wissen der Naturwissenschaften und dem blinden Massenbetrieb gesellschaftlicher Existenz und ideologischem Umgang mit der Realität, dieser Versuch Celans, einer Sinngebung des Unvorstellbaren, ist heftig angegriffen worden. In stalinoidem Stil etwa in Bukarest von Paul Langfelder, der die ‹Todesfuge› «faschistisch» nannte, was bei diesem Dichter einfach absurd ist. Doch peinlich ist auch die Interpretations-Hascherei und -Häscherei einiger *cultural lag*-kranker westdeutscher Germanisten und Kritiker, deren Antiquitäten nur den allgemeinen *cultural lag* angesichts der brisantesten Phänomene unserer Epoche wiederspiegeln; und sich entweder mit schwüler Ehrfurcht oder mit ideologiedurchtränkten Sprüchen aus der tiefen Verlegenheit und Unfähigkeit heraushelfen, diese zeitgerechte Position «ihres» Dichters zu begreifen. Celan spreche eben deshalb so viel von «unermüdlichen Bewegungen auf jene Zone eisigen Schweigens hin» und vom Tod, «weil er die faschistischen Vernichtungslager kannte, in denen seine Angehörigen umgebracht wurden», meint zum Beispiel Gustav Zürcher in seinem Aufsatz ‹Das Gedicht als Genicht› (*Text und Kritik* 53/54) und stuft diese Lyrik als «hermetische» ein, die heute passé sei.

Das Unvorstellbare darf keine die Gewohnheit überschreitenden Konsequenzen haben – die zu erwartende Veränderung muß im Rahmen des Bekannten bleiben; so spießig sind die Maßstäbe. Konzediert wird höchstens etwas biographisches Alibi fürs Leiden, aber nicht die Konsequenz dieser Erfahrung.

Es gibt anscheinend sehr verschiedene Formen der «Unfähigkeit zu trauern» in Deutschland.

In der ‹Engführung› ist am Schluß die Rede von den furchtbaren «Flugschatten», die der Lichtblitz der Atombombe in Hiroshima hinterlassen hat: es sind die an die Wand geworfenen Schatten von Menschen – das einzige, was von ihnen hier in der materiellen Welt noch übriggeblieben ist. In Hiroshima sind die Opfer nicht wie in Auschwitz in Rauch aufgegangen:

«Keine Rauchseele steigt» – in der Stadt der Atomkatastrophe zum

Himmel. Das Materielle ist völlig aufgelöst. Atomwissen und Atomgefahr «ticken» heute wie eine Zeitbombe, sie sind eine Drohung, ein Mahnen, um die Menschheit aufzuwecken. Doch diese schläft, aber nicht den Schlaf des «Gerechten». Dieser «Gerechte», der sich – in Celans Poesie – als kosmische und historische «Samen»-Arbeit der Selbsterkenntnis zuschläft, versucht die Menschheit zu sich zu bringen! In dieser «jüngsten Verwerfung» und Verworfenheit, die nach der «Verwerfung» in der Nazizeit neue Zeichen setze, geschehe diese Arbeit. Hoffnung sei gegeben auf ein Aufwachen, denn es sei ja noch alles da: Stein, Blume, Porenbau des Körpers und einer, der aus ihnen spreche, der in ihnen geheimnisvoll wirke: «Zum / Aug geh, / zum feuchten –» die Tränen, die Schmerzen könnten diese Erkenntnis erst ermöglichen, so daß auch die Sprache anders sprechen müsse: «... Rauscht der Brunnen // Ihr gebet, – ihr lästerungs –, ihr / gebetscharfen Messer / meines / Schweigens ... // Und du: / du, du, du / mein täglich wahr – und wahrer – geschundenes Später / der Rosen –:»
«Rauscht der Brunnen» ist ein Selbstzitat, es knüpft an die letzte Zeile des Gedichts ‹Kristall› an: «Sieben Herzen tiefer pocht die Hand ans Tor, / sieben Rosen später rauscht der Brunnen.»
Enthält dieses Eingehen auf so gewichtige Dinge, auf die Traumata unserer Epoche, nicht implizit auch die hier schon gestellte Frage: Wie kann man nach Auschwitz noch Gedichte schreiben? «Nicht an meinen Lippen suche meinen Mund» – gehört mit zur Antwort. Die Historie, die das Unvorstellbare möglich gemacht hat, dazu gehört auch Hiroshima, hat die Bedingungen des Wissens, des Erfahrbaren so radikal verändert, daß wir nicht nur die moralische Hinfälligkeit – ein Urteil, das die bisherige Wirklichkeitsebene ja nicht verläßt –, sondern auch die Irrealität dieser «soliden» Wirklichkeit in umfassender Weise begreifen müssen: Das, was wir für gesicherte Alltagserfahrung halten, zu durchschauen und aufzugeben.

10

Nur unter dieser Bedingung, die uns diese Verfremdungstechnik der Geschichte als Schrecken und Schock hinterlassen hat, ist heute auch der «leise, der deutsche, der schmerzliche Reim» zu dulden. Er kann die «Heimkehr» als Mutter-Sprache notieren: Es ist eine Wiederkehr des vergessenen Ursprungs, es ist ein «Kinderlied»:
«Etwas, das mir so oft wie Ihnen in der Nazizeit, als das nach dem Reim rufende Reimlose erscheint – das Wort *Mensch* – lebt auf und

lebt sich dem Reim zu, wenn ich einen Gedanken an Sie und an die Freunde ... richte, das geschieht jetzt, und dieses Jetzt ist ein Immer ...» – schreibt Celan nach Bukarest. Sperber hatte auf das im Deutschen unreimbare Wort «Mensch» einen Reim gefunden, Celan setzt ihn im Gedicht ‹... *rauscht der Brunnen*› ein; er soll anzeigen, wann das «Ungereimte» im Menschen reimbar wird und also aus dem Exil heimkehrt: «Wir werden das Kinderlied singen, das / hörst du, das / mit den Men, mit den Schen, mit den Menschen, ja das / mit dem Gestrüpp und mit / dem Augenpaar, das dort bereitlag als / Träne – und – / Träne.» – «Kosmische Information» liegt bereit in unserem Geschlecht, dem «Gestrüpp» und dem «Augenpaar» – denn die Liebe ist im Menschen eine Trägerin sowohl biologischer als auch spiritueller Evolution: Träne und Same. Und «der Gerechte», der Zaddik in chassidischer Auffassung, ist einer, der sich der Schechinah, den Müttern, deren Symbol die Rose ist – «zuschläft».

11

Wie aber kommt dieser «Gerechte» faßbar in die historische Bewegung? Diese Bewegung hängt für Celan mit der Königsmetapher zusammen. Sie steht für eine auf unserer Ebne so schwierige, vielleicht unmögliche, heute jedenfalls für die Menschenmehrheit noch unmögliche Selbstverwirklichung. Die Königsmetapher verweist auch auf Christus, der die Grenze gesprengt hatte, den Tod überwand. Stellvertretend für diese Selbstverwirklichung ist heute das Wort, nicht jedes Wort, nur das «Gegenwort», das «Contre»:
«Es lebe der König» ruft Lucile in ‹Dantons Tod› unangemessen und tödlich unpassend auf den Stufen der Guillotine, nachdem Camille als «Paradegaul» der Geschichte theatralisch gestorben ist. Und auch sie wird nun verhaftet, nachdem dies «Gegenwort» den Draht zerrissen hat, den Draht der Marionette, die jeder Mensch in der vorverstandenen Konvention und im Selbstvergessen ist. Ein «Akt der Freiheit», sagt Celan in seiner Büchner-Rede, sei dieser Wunsch Luciles: «Der Strom des Lebens müßte stocken ...» Für einen Augenblick ist dies gelungen als «Atempause», als Luciles Ruf «Es lebe der König» erklang, damit hat sie nämlich der «Majestät des Absurden» gehuldigt, mit der der Mensch leben muß. Dieses, was Lucile tue, das sei Dichtung, meint Celan: eine «verharrende», «verhoffende» Pause, wo vielleicht in der unerbittlichen Sukzession des Immergleichen von Herrschaft und Unterdrückung eine «Atemwende» provoziert wird, ein Widerstand geschieht.

Vielleicht dachte Celan, als er zu seiner Wahlheimat Paris fand, an die Résistance, an Heine, Büchner, an Danton und Lucile.

Wie aber läßt sich dieses «Contre» des Widerstands mit jenem «Gerechten» verbinden, von dem vorher die Rede war? Bis zu welchem Grad ist Auflehnung, sind Revolutionen Lichtblicke im «Zeitlauf der Ewigkeit»?

Aufschlußreich dazu ist ein Gedicht Celans über Berlin, über Rosa Luxemburg und Karl Liebknecht, das auch der Widerstandskämpfer des 20. Juli und ihres grauenhaften Todes gedenkt: Sie wurden mit dünnen Drähten an Fleischerhaken erhängt.

Celan war im Winter 1967 Gast in West-Berlin. Er erlebt die West-Berliner Konsumweihnacht, er erkennt dabei eine Reihe von Details aus jenen Tagen wieder, zum Beispiel ein Luxushotel «Eden», genau jenes Hotel, in dem Luxemburg und Liebknecht – für Celan hier nun das Urbild Mann und Frau, das Eden-Paar – vor ihrer Hinrichtung gefangengehalten worden waren. Und er schreibt – und gedenkt dabei der schwedischen Gardinen und des schwedischen Modells –: «Geh du zur Spree, geh zur Havel, / geh zu den Fleischerhaken, / zu den roten Äppelstaken / aus Schweden – // Es kommt der Tisch mit den Gaben, / er biegt um ein Eden – // Der Mann ward zum Sieb, die Frau / mußte schwimmen, die Sau, / für sich, für keinen, für jeden – // Der Landwehrkanal wird nicht rauschen. / Nichts / stockt.»

Auch hier eine Frau, die Schwester, die sich mit dem «Strom des Lebens» herumschlägt, schwimmt, doch hier rauscht das Wasser nicht wie im frühen Gedicht ‹Kristall›: «sieben Rosen später rauscht der Brunnen»; wie bei Lucile, die ihr «Es lebe der König» ruft, ist der Widerstand scheinbar nutzlos, denn «Nichts / stockt», und der Mann wird «zum Sieb» in der Lethe des Kanals. Und trotzdem: es ist das «Nichts», das stockt. In der Mystik ist das Nichts, das Niemands-Bild (‹Niemandsrose› bei Celan) die Abwesenheit von Welt – Anwesenheit von Gott.

Dieser Verzweiflungsakt des scheinbar Absurden erhält Sinn auf einer anderen Ebene, auch die Evokation dieses vergessenen Mordes im Gedicht, das das verlorene Gedächtnis wiederbringt, bewegt sich auf dieser Ebene; laut Celan ist solch eine Evokation eine «Unendlichsprechung von lauter Sterblichkeit und Umsonst».

12

Das Gedicht ist eine Verbindung zwischen jetzt und immer, den zwei unvereinbaren Ebnen, zwischen denen auch die tote Mutter vermitteln soll: Wie eine Sekunde des Übergangs, eine Pause als Widerstand blitze dann «Atemwende» auf im hic et nunc. Darauf hat schon Peter Horst Neumann verwiesen, der erste Interpret, der (1968) die Durchdringung von Esoterik, jüdischer Mystik und Politik bei Celan entdeckt hatte! Hier ein Zitat zur «Atemwende» aus Gershom Scholems Buch ‹Die jüdische Mystik in ihren Hauptströmungen›, das Celan sehr gut gekannt hat:

«Jener innerste Ruck, der ... nach innen strahlendes Licht, nach außen treten und hervorbrechen läßt, diese Revolution der Perspektive verwandelt ... die unaussprechliche Fülle, zum Nichts. Dieses geheimnisvolle Nichts, das die Kabbalisten ... als die ‹höchste Krone› der Gottheit bezeichnen, ist, wenn ich mich so ausdrücken darf, der Abgrund, der in den Lücken des Seienden sichtbar ist ... Kein Ding kann sich verwandeln, das nicht diesen Bereich des Beziehungslosen, des puren Seins, das der Mystiker eben ‹Nichts› nennt, berührt hat.»

Im erschreckenden unaufhaltsamen Heranrücken der Momente ist dies ein Zusammentreffen zwischen innerem und äußerem Funken im «Schon-nicht-mehr» und doch «Immer-noch». «Nichts» oder «Leere» in der mystischen Sprache bedeutet Loslassen, Sammlung, Pause – eben die Voraussetzung dieses Blitzes wider die tödliche Sukzession der Zeit: Zugang zur anderen Ebene; «Nichts» bedeutet in jeder Mystik, auch in der jüdischen, den unaussprechlichen Namen Gottes selbst: eine alles auflösende Lichterscheinung. In einem Celan-Gedicht ‹Mandorla› (Mandorla stellt Theophanie: Einbruch dieses Lichts in die Welt dar) heißt es:

«Im Nichts – wer steht da? Der König. / Da steht der König, der König. / Da steht er und steht.»

Krone, König – sind Zeichen der Erleuchtung, der Vereinigung, Zeichen für Christus, den «erweckten Menschen», der den Tod überwunden hat. Auch diese «Stetigkeit» gegen irres, automatisches äußeres Ablaufen der Welt – schlechte Ewigkeit – ist ein Aufhalten, ein «Entwerden» im Sinne von Meister Eckhart – seine Vorliebe für ihn hatte Celan ebenfalls von zu Hause mitgebracht. Im Band ‹Fadensonnen› lesen wir:

«Augenblicke, wessen Winke, / keine Helle schläft. / Unentworden, allerorten, / sammle dich, / steh.»

13

Wichtig ist, daß Celan diese Erfahrungsbilder der Überlieferung nicht wie üblich literarisiert, sondern an der heutigen Erkenntnisgrenze auflöst; daraus werden Zeichen einer konkreten Lage unserer Geschichte, die in die heutige Verfassung unseres Wissens hineinreicht; das Wort «politisch» greift beim Versuch, dies zu bestimmen – zu kurz. Es geht nämlich um den Versuch einer Vermittlung zwischen Ordnungen der Zeit und moralischen Ordnungen (Widerspruch zwischen «Schlachtschiff» und «Gerechtigkeit»). Joachim Schulze hat uns dazu in seiner Untersuchung ‹Celan und die Mystiker› (Bouvier Verlag 1976) genaues, quellenkundlich abgesichertes Material zur Hand gegeben, allerdings einseitig esoterisch gedeutet. Trotzdem sind die Hinweise sehr wertvoll. Der Vermutung Schulzes, Celan habe möglicherweise selbst meditiert, kann ich nur zustimmen; daß der Dichter zum Schluß am Rande des Wahnsinns gelebt hat, widerspricht dem nicht. Meditative Praxis (aller Zeiten und Völker) will den «gefrorenen Funken» in uns auftauen, und ich kenne Fälle, bei denen dies auch heute – unter Lebens- und Gesundheitsgefahr – gelungen ist. Der Atomphysiker und Philosoph C. F. von Weizsäcker, der selbst meditiert, hat darüber in einem Buch berichtet. Bedeutungsvoll ist, daß auch von Weizsäcker selbst den heutigen Meditationsboom und die «neue Religiosität» als Korrektur bejaht: Der Okzident lebe nicht mehr im kosmischen Zusammenhang; die Gleichgewichtsstörung zeige sich in Ökologie und Atomdrohung.

Jeder einzelne aber gehört in diesen Zusammenhang, genetische und geistige Information wirkt in ihm. Die Kraft, die diese Information trägt, wird als erweckbar geschildert. Kabbala und Chassidismus nennen sie Schechinah (Mutter und Schwester), ihr Symbol ist Rose und Krone; im Indischen heißt sie Kundalini und Prana. Sie soll angeblich über einen Kanal, der zehn psychische Zentren, die sogenannten «Sefirots» («Chakras» im Yoga) passieren muß, bis zur Schechinah am Scheitelpunkt des Kopfes vordringen: wo sich Sex und Geist, Natur und Geschichte in einem Blitz – im jüdischen «Ziw», im indischen «Samadhi» genannt – vereinigen. Die Tradition kennt diese Einheit auch als das «obere Jerusalem», als das platonische «Eine», wo das Verstreute gesammelt wird:

« – Er, der Belebend-Gerechte, schlief sich mir zu, / Schwester –, aufwärts / strömend durch die Kanäle, hinauf / in die Wurzelkrone: / gescheitelt / stemmt sie uns hoch, gleich-ewig, / stehenden Hirns, ein Blitz . . . / vom Osten gestreut, einzubringen im Westen, gleich-ewig . . .» – Celan-Verse aus dem Band ‹*Fadensonnen*›. Diese Bewegung ist im Fond vieler Verse mit-gedacht, sogar im Luxemburg-Liebknecht-Gedicht. Sie ist erkennbar, wenn von der Schwester, vor allem aber, wenn von der Mutter die Rede ist.

Geschichte erscheint so oft als die «Samen»-Arbeit des «Belebend-Gerechten», der sich der Schechinah «zuschläft». Er erscheint auch in der ‹*Engführung*›. Doch der Mensch ist Mit-Arbeiter: «. . . im jetzigen Stand der Welt», so schreibt Scholem, die Kabbala auslegend, «. . . seit der Vertreibung aus dem Paradies (ist es) nicht mehr eine Sache Gottes allein, sondern auch des Menschen.»

Die Bewegung der Geschichte vollziehe sich, so Celan, nach einem Modell: wir alle sind im Exil, sind Verstreute, doch der Same ist da, er ist vom Exil getränkt und bewegt zur Heimkehr – vom Negativen. Im Gedicht ‹*Hinausgekrönt*› lesen wir:

«Mit Namen und Samen, / mit Namen, getaucht / in alle / Kelche, die vollstehn mit deinem / Königsblut, Mensch, – in alle / Kelche der großen / Ghetto-Rose . . . // (Und wir sangen die Warschowjanka . . .)» – Und mit der ‹*Warschowjanka*›, dem revolutionären Widerstandslied, «steigt eine Erde herauf / die unsere». Im Chassidismus ist das Böse, auch die Grausamkeit (die Negation – wie in der ‹*Phänomenologie des Geistes*›, wie im ‹*Faust*›, die dieses Wissen ja aus der esoterischen Überlieferung übernahmen) – Teil des unfaßbaren Bewegers, des verborgenen Deus absconditus in den «Tiefen seines Nichts». Und diese abgründige Natur *braucht* den Menschen zu ihrer Selbsterlösung: «Bete zu uns / wir sind nah», heißt die paradoxe Vers-Formel Celans; der «Same» aber geht auf an den Schmerzen des «Königsblutes» – in der Schärfe des Bewußtwerdens. Es ist das Wort Luciles: «Es lebe der König!» Doch Luciles Akt ist noch ein Privileg, Büchners Lenz, der kranke Dichter, der in der gleichnamigen Erzählung durchs Gebirge geht, und zwar am 20. Jänner, schweigt und möchte auf dem Kopf gehen, um die «Höllenrichtungen» zu sehen, und den «Himmel als Abgrund unter sich». Sein «Es lebe der König» kommt Celan und unserer Zeit viel näher, denn er ist, so Celan:

«. . . kein Wort mehr, er ist ein furchtbares Verstummen, es verschlägt ihm – und auch uns – den Atem und das Wort.

Dichtung: das kann eine Atemwende bedeuten.»

14

Wir erinnern uns: Der 20. Jänner ist das Datum der Wannseekonferenz, wo die «Endlösung der Judenfrage» beschlossen wurde. – Wir sehen, Celans Worte und Gedichte greifen ins Schärfste, dahin, wo Tod und Gewalt Staat und Historie machen! Und wo der Wahnsinn zu Hause ist: in das Gespaltensein. Auch die Kunst, das Denken spalten sich: in Mache, Ideologie, in die tödliche Sprache und in die Sprache des «ganz Andern», die «von weiter als weit her» – kommt und doch auch jetzt anwesend ist («denn das Jetzt ist ein Immer»). Auch diese Sprache – aber nur, wenn sie gereinigt wird von der Mache, dem «Genicht» – man achte auf die Beziehung zur ‹Todesfuge› – wird «getrunken» als gnostisches Schöpfungswort:

«ge- / trunken hast du, / was von den Vätern mir kam / und von jenseits der Väter / – – Pneuma.»

Getrunken aber auch als jene «schwarze Milch der Frühe», die dem Verfolgten zukommt. Und im Gedicht ‹du sei wie du, immer› wird von dieser durch «todbringende Rede» durchgegangenen Sprache gesprochen: «Schlammbrocken schluckt ich, im Turm, / Sprache, Finster-Lisene, / kumi / ori.»

Kumi ori heißt auf hebräisch: auf, werde Licht. Und unverdorben deutsch, noch unschuldig-deutsch, Mittelhochdeutsch: *Stant vp Jherosalem inde / erheyff dich.»* «Jerusalem» ist die messianische Metapher für die Ankunft von Wirklichkeit jenseits der Uhrzeit, für den auf dieser Ebne «aufgehobenen» Tod. Dabei geht es, wie wir sahen, um Sprache, aber um die richtige Sprache, im tiefsten Sinne um Muttersprache. Und die ist ja für Celan jener Widerstand, jene Atempause, die an die eigene Mutter erinnert, schärfstes Erinnerungsmedium also, bitterste Heimkehr ins Unvorstellbare.

15

Westdeutsche Interpreten aber mißverstanden den ‹Meridian›, die Büchner-Preis-Rede als Plädoyer für raunenden Tiefsinn.

«. . . anläßlich der Verleihung des Büchner-Preises – (verliehen wurde er mir, um mich, nachdem man sich dieses Alibi verschafft hatte, um so besser heruntermachen zu können) – habe ich unter anderem auch gesagt, *ich sei wieder da, wo ich angefangen habe.*

Ja, da bin ich wieder, *genau* da. Mitsamt jenem *no pasarán,* das in dem Gedicht ‹Schibboleth› steht: auch *das* können mir die Herren in Westdeutschland nicht verzeihen . . .»

So in einem Brief vom 9. März 1962. Schibboleth, hebräisch Ähre, war ein Erkennungswort in einem jüdischen Befreiungskrieg, *no pasarán* – «sie werden nicht durchkommen» – der Kampfruf der Republikaner gegen die Faschisten im Spanischen Bürgerkrieg:

«Ruf's, das Schibboleth, hinaus / in die Fremde der Heimat: / Februar. No pasarán ... / ich führ dich hinweg / zu den Stimmen / von Estremadura.»

Totengedächtnis der Gefallenen von Estremadura, Widerstands-Evokation. *No pasarán* verschränkt sich «meridianhaft» mit drei anderen «Revolutionen», der russischen von 1917, dem Februar 1934 in Wien, und der Résistance, auch hier kommt: «Sie werden nicht durchkommen» vor:

«... erwachtes Schibboleth. Mit dir, / Peuple / de Paris. *No pasarán.* // Im Eislicht des Kreuzers ‹Aurora›: / die Bruderhand, winkend mit der / von den wortgroßen Augen / genommenen Binde – Petropolis, der / Unvergessenen Wanderstadt lag / auch dir toskanisch zu Herzen.»

Der Kreuzer ‹Aurora› beschoß den Winterpalast, eröffnete den Sturm im Oktober 1917, ein «Eislicht», – Petropolis, war ein Zentrum der Emigration in Südamerika während der Nazizeit, «toskanisch» wird Dante gedacht, der «die Hölle» geschrieben hat: Und auf Dantes ‹Inferno› bezieht sich auch eine der wichtigsten Stellen in Celans Werk – wir kennen die Stelle schon – sie steht in der ‹Engführung›:

«Orkane. / Orkane, von je, / Partikelgestöber, das andere, / du / weißts ja, wir / lasens im Buche, war / Meinung. // ... Wie / faßten wir uns / an – an mit / diesen / Händen?» – Der Schock, das Unerklärliche der Hände, des Körpers, daß wir überhaupt da sind («wie / faßten wir uns») wird vom Gerede, der angelesenen und angelernten Meinung überdeckt: diese Blindheit hindert uns daran, das Urlicht, das «Ziw» in Händen, Blumen, Steinen zu erkennen – das Exil zu beenden.

Nach Celan ist dies heute fällig, denn in der Zeit von Auschwitz und Hiroshima hat sich alles ver-rückt: «EIN DRÖHNEN: es ist / die Wahrheit selbst / unter die Menschen / getreten, / mitten ins / Metaphergestöber.» Die Hoffnung aber ist zum Warten geworden – in tödlicher Gefahr, denn die Menschheit schläft:

«... Etwas / lag zwischen ihnen. Sie / sahn nicht hindurch. // Sahn nicht, nein, / redeten von Worten. Keines / erwachte, der / Schlaf / kam über sie. // ... ich tickte euch zu, euer Atem / gehorchte, ich / bin es noch immer, ihr / schlaft ja ... // ... in / der jüngsten Verwerfung, / überm / Kugelfang an / der verschütteten Mauer: // sichtbar, aufs / neue: die / Rillen, die // Chöre, damals, die / Psalmen. Ho, ho – / sianna. / ... Nichts, / nichts ist verloren.»

Ursula Krechel
Irmgard Keun: die Zerstörung der kalten Ordnung
Auch ein Versuch über das Vergessen
weiblicher Kulturleistungen

Meine Vorliebe für die Arbeiten der Schriftstellerin Irmgard Keun ist auch ein Akt der Selbstliebe, ein gefährlicher Akt, ein gefährdender Akt. Denn wo das gestreichelte Selbst im Spiel ist, stellt sich auch gleich die Furcht ein, in den Windungen einer fremden, aber nah empfundenen Existenz die ausgeleierte Schraube der eigenen Möglichkeiten und Begrenzungen knirschen zu hören. Aber gegen diese Furcht ist noch leichter anzuschreiben als gegen die andere: die Furcht, eine schriftstellerische Existenz für die eigene auszubeuten, sich ihre Kleider anzumaßen, sich ein Bild zu machen, das mit dem eigenen Bild – zumindest in den Konturen – deckungsgleich ist, in einer allzu schnellen Identifikation zu erstarren. Oder die Furcht, eine andere Existenz wie einen Suppenkasper mit pädagogischem Zeigegestus vor sich herzuzitieren: So geht es einem, wenn. Wer sich identifiziert, schreibt eine Methode der Annäherung fest, die weniger glatte Wege der Annäherung gleich verbaut.
Ich möchte mich der Schriftstellerin Irmgard Keun lieber mit Fragen nähern. Fragen, von denen ich jetzt noch nicht weiß, ob sie beantwortet werden können. Ich will nicht den Rahm, den ich anderswo abgeschöpft habe, über meine Lesefrüchte kleckern. Seit ich begonnen habe, hinter den Büchern von Irmgard Keun die Person zu suchen, seit meine Suche nach ihr in den Verlagen, die ihre Bücher herausgebracht haben, bei ihren früheren Freunden, ihren Kritikern begonnen hat, kann ich mich meiner Unruhe nicht mehr erwehren. Ich suche eine Frau, die stumm ihre beredten Bücher überlebt hat, eine Frau, die heute im Rentenalter ist, in Köln oder um Köln herum leben muß, die seit gut zwanzig Jahren nichts mehr veröffentlicht hat. Denkbar ist auch, daß sie, die ich suche, nicht gefunden werden will, daß sie zu lange schmerzhaft auf das Gefundenwerden gehofft hat und die zu Grabe getragene Hoffnung nicht mehr aufwecken will, daß sie genug hat von den literarischen Sparkassenangestellten mit den höflichen Gesichtern, die ihr früher einmal Kredit eingeräumt haben und die das Guthaben, das Irmgard Keun in die Literatur eingebracht hat, samt Zinsen und Zinseszinsen in der hohlen Hand gewogen haben. Haben sie es zu leicht befunden? Und weil die literarischen Sparkassenangestellten in Wirklichkeit die Agenten sind, denen Zirkulation

alles bedeutet, haben sie das Guthaben der Irmgard Keun wie das berühmte Pfund Butter von einer hohlen Hand in die andere weitergereicht, bis am Ende davon nichts mehr übrig war als ein weißer Fleck. Ein weißer Fleck auf den Börsenzetteln der Literaturagenten, der nicht weiter auffällt. Um so dicker können sich die tun, deren Guthaben zirkuliert, die, deren Namen die literarischen Agenten gern in Großbuchstaben auf ihre Börsenzettel und in ihre literarischen Großwetterkarten einzeichnen, da können sie den weißen Fleck der Irmgard Keun gut gebrauchen.

Diese Schriftstellerin hat am eigenen Leib erfahren, daß der Schatten, den Männer werfen, allemal länger ist als der von Frauen. Keun, Keun, höre ich auf meiner Suche: War das nicht die Freundin von? Hat *die* nicht mit *dem* zu tun? Schlichte und gleichzeitig bedrohliche Fragen, die sich im biographischen Rankenwerk verhaken und da hängenbleiben. Sie zu beantworten heißt: einer wichtigeren Frage, die nicht nur diese Schriftstellerin betrifft, die Luft abschnüren. Ich meine die Frage nach der Funktion des patriarchalischen Gedächtnisses. Wie funktioniert das selbstverständliche Vergessen weiblicher Kulturleistungen? Das zeitgenössische Kurzzeitgedächtnis speichert jeweils die Namen einiger Frauen, aber auf dem Weg ins Langzeitgedächtnis der Historie verblassen diese Spuren, versickern, trocknen aus und niemand wundert sich, denn die patriarchalische Ideologie leistet gründliche Vorarbeit: nicht nur haftet den möglicherweise speicherungswürdigen weiblichen Namen der Makel an, daß sie die Namen von Frauen sind, das wäre zu einfach, vielmehr scheint auf dem Weg vom Kurzzeit- ins Langzeitgedächtnis ein unerhört komplizierter, vielfältiger Selektionsprozeß stattzufinden. Frauen werden ja nicht einfach vergessen, weil sie Frauen sind. Für jede einzelne von ihnen, deren Spur versickert, wird eine glaubwürdige, ganz individuelle, unverwechselbare Todesursache ausgeheckt. Wird die eine zum Beispiel der Vergessenheit überliefert, weil sie eine fahrlässige Vielschreiberin war, wird dagegen die andere vergessen, weil ihr Werk allzu dünn und bescheiden ist. Wird die eine vergessen, weil ihr Ohr am Puls der Zeit klebt, wird der anderen angelastet, sie flüchte ins Überzeitliche. Selten, allenfalls im Kurzzeitgedächtnis wird angemerkt, etwas, das eine Frau geschrieben hat, sei nicht gut genug. Eine Frau muß schon eine gewaltige Lebensenergie neben ihrer eigentlichen Arbeit darauf verwenden, sich gegen diesen naturwüchsig wuchernden Prozeß des Vergessens zu wehren, sofern sie ihn überhaupt durchschaut. Ich will gewiß nicht das Lebenswerk von Gertrude Stein schmälern, indem ich sie hier als Strategin der Nicht-Strategin Irmgard Keun gegenüberstelle, aber Gertrude Stein zum Beispiel wurde nicht müde, sich selbst durch den Mund ihrer Freundin Alice B. Toklas, der sie die eigene Stimme leiht, als Genie zu bezeichnen, Schatten spendend, Schatten werfend, umgeben von männlichen Genies, denen Gertrude Steins Gegenwart angenehm anregend war. Diese Strategie wurde enttarnt; ihre Benutzung kann kein zweites Mal empfohlen werden.

Nun wollen einige gutwillige, aber in diesem Punkt törichte Feministinnen ebenfalls literarische Sparkassenangestellte werden und es dem gängigen Kurs, mit dem Literatur gehandelt wird, in anderer Münze heimzahlen. Solange sie die herrschenden patriarchalischen Wechselkurse nicht außer Kraft setzen können, üben sie sich im Zahlen und Aufschichten von Kleingeldhäuflein. Alle die vergessenen Frauen mit ihren totgesagten Namen bekommen zunächst einmal von der Frauenbewegung einen klebrigen Taler als Trostpflaster fürs Vergessenwerden neben den männlichen Charakterköpfen, und sie bekommen eine dünne Sozialsuppe. Wenn es nun aber den Vergessenen gar nichts nützen wollte, in die gute Wärmestube komplimentiert zu werden, wo sie, fremd und eingemummt, sprachlos neben den beredten heutigen Frauenzimmern sitzen, wo die gutherzigen, törichten Talerverteilerinnen mit bedenklicher Gewißheit annehmen, daß die, die sie solcherart unerwartet ehren, lieber postum als lebendig die Ihren sein müßten, weil sie denselben patriarchalischen Sitten zum Opfer gefallen sind?

Wenn nun aber die Ehrung durch Frauen für die patriarchalische Geschichtsschreibung ganz und gar belanglos wäre, was wir annehmen dürfen, vielleicht sogar ärgerlich? Wenn es nun aber eine rührend kurzsichtige, ich bin versucht zu sagen, eine sozialdemokratische Forderung wäre, den Anteil der Frauen an kulturellen Leistungen herauszukehren? Daß das getan werden muß, ist eine Selbstverständlichkeit. Wenn es ebenso kurzsichtig wäre, die prozentualen Platzanteile, die Frauen in den Literaturgeschichten besetzen, um einige Striche hinter dem Komma zu erhöhen? Denn was bei diesem Kehraus aufgespürt wird, sind die Beschränkungen und Kränkungen eines Geschlechts durch das andere, die psychosoziale Unsicherheit, die Leistungen nicht gerade fördert und jedem Werk einen Stempel aufdrückt: «Obwohl ich eine Frau bin», läßt sich dieser Stempel, der alle Passierscheine im männlichen Machtbereich ziert, entziffern. Gibt es keinen Gütestempel: «Weil ich eine Frau bin»? Könnte ich einem bestimmten historischen Augenblick bei fortgeschrittenem Kampf der Frauen ein solcher brauchbar sein, wünschenswert? Die Frage zaghaft stellen, heißt schon, sie kräftig zu verneinen.

Wenn die Talerverteilerinnen sich weniger auf die schnell erkennbare Übereinstimmung des Geschlechts verlassen würden, wenn sie ihren Gästen in der Wärmestube die einzige Freude machen wollten, ihre Texte zu lesen, und zwar genau, könnten sie sich eine Handvoll ihrer Schokoladentaler aufsparen, wären sie der Peinlichkeit enthoben, sich im nachhinein wieder von einigen ihrer Gäste distanzieren zu müssen, weil so eindeutig der Sitz im feministischen Olymp nicht vergeben werden kann.

Genau lesen, das hieße auch, über die Wehrmechanismen, Hilfeschreie, über die unnötigen und bitter notwendigen Anpassungsmuster in den Texten nicht hinwegzustolpern. Für Irmgard Keun verlange ich keinen Sitz im feministischen Olymp, kein Plätzchen in der Wärmestube, ich verlange Aufmerksamkeit. Irmgard Keun hatte das Glück oder Unglück, 1931 als sehr junge Frau [1] ihr erstes Buch ‹Gilgi, eine von uns› zu veröffentlichen. Innerhalb eines Jahres erschienen sechs Auflagen des Romans mit der sensationellen Auflagenhöhe von 30000 Exemplaren. Ein Jahr später erscheint das bekanntere Buch, das noch am ehesten mit ihrem Namen in Verbindung gebracht wird: ‹Das kunstseidene Mädchen›. Thema der Keun in beiden Büchern und auch später in ihrem wichtigen Roman ‹Nach Mitternacht› (1937) ist die Initiation einfacher junger Mädchen in eine schwer begreifbare Welt. Gilgi, Doris im ‹Kunstseidenen Mädchen› und Sanna in ‹Nach Mitternacht› sind Kleinbürgertöchter, den engsten Beschränkungen ihres Milieus entlaufen, haben sie sich auf die Suche begeben nach einer Welterfahrung, die das herrschende Arbeitslosenelend und den Raum greifenden Faschismus hypostasiert. Sie wollen nicht nur sozial aufsteigen, sich sicher machen gegen den unverhofften Fall, sondern auch etwas begreifen von den Zusammenhängen, von denen sie qua Geschlechts- und Klassenzugehörigkeit ausgeschlossen sind. Sie haben eine Ahnung davon, daß es nicht allein ihr Fehler ist, wenn ihr unaufhaltsamer Aufstieg, der eher einer Flucht vor dem Abstieg gleicht, immer wieder gebremst wird: «Die Großindustrie bin ich schon wieder quitt, denn die Politik vergiftet schon im voraus menschliche Beziehungen.» [2] Doris vermutet, daß der Herr von der Großindustrie sie für eine lockere Jüdin hält und stellt sich als solche dar:

«Und er wird eisig mit mir und stellte sich heraus als Nationaler und hatte eine Rasse – und Rasse ist eine Frage – und wurde darauf feindlich – das ist alles sehr kompliziert . . . Wie die Großindustrie dann betrunken war, kam es ihr nicht mehr so drauf an und sie wollte . . . Aber mir war die Lust vergangen, denn wenn er nüchtern wird, fängt auch die Politik wieder an – das ist mir unheimlich, und man kann nie wissen, ob man nicht politisch ermordet wird, wenn man sich da reinmischt.»³

Sie hat keinen Begriff davon, aber die Erfahrung, daß der Platz in der Welt, der ihr auf Grund ihrer Klassenzugehörigkeit zusteht, ein kläglicher ist, auf dem es allenfalls für Kunstseide reicht, nie jedoch für die bestaunten Güter der herrschenden Klasse. «Kommt denn unsereins durch Arbeit weiter, wo ich keine Bildung und keine fremden Sprachen außer olala und keine höhere Schule und nichts. Und kein Verstehen um ausländische Gelder und Wissen von Opern und alles, was zugehört. Und Examens auch nicht. Und gar keine Aussicht für über 120 zu gelangen auf eine reelle Art – und immer tippen Akten und Akten, ganz langweilig, ohne inneres Wollen und gar kein Risiko von Gewinnen und Verlieren. Und nur wieder so Krampf mit Kommas und Fremdworten und alles. Und Mühe geben dann für zu lernen – aber so viel, indem es einen überwältigt vollkommen und geht nicht in meinen Kopf rein und alles dreht sich. Man kann niemand fragen, und Lehrer kosten ein Geld . . . Und will auch bißchen nette Kleider, weil man ja sonst noch mehr ein Garnichts ist. Und will auch mal ein Kaffee mit Musik und ein vornehmes Pfirsich Melba in hocheleganten Bechern – und das geht doch nicht alles von allein, braucht man wieder die Großindustrien, und da kann man auch gleich auf den Strich gehen. Ohne Achtstundentag.»⁴ Hinter der künstlich aufpolierten Schnoddersprache der Ich-Erzählerin Doris verbirgt sich die Aussichtslosigkeit der um ihre Existenz betrogene junge Frau, die ihre Identität nicht aus sich gewinnen kann, sondern in der Widerspiegelung anderer, vorwiegend männlicher Vorstellungen lebt. Als ein proletarischer Junge Doris zu verstehen gibt, ihre Gefühle, ihre Sympathien ständen doch ihresgleichen zu, gibt sie zur Antwort:

«Aber das ist es ja eben, ich habe ja keine Meinesgleichen, ich gehöre ja überhaupt nirgends hin.»⁵

Auch Gilgi hält es der Ideologie ihrer Klasse entsprechend nicht bei ihresgleichen.

«Die Trostlosen da im Wagen – nein, sie hat nichts mit ihnen gemein, sie gehört nicht zu ihnen, will nicht zu ihnen gehören. Sie sind grau und müde und stumpf. Und wenn sie nicht stumpf sind, warten sie auf ein Wunder. Gilgi ist nicht stumpf und glaubt an kein Wunder. Sie glaubt nur an das, was sie schafft und erwirbt.»[6]

Die partielle angestrengte Identifikation mit den Werten der herrschenden Klasse dient dazu, die Angst vor der Deklassierung zu verdrängen, oder wie Wilhelm Reich sagt, «. . . die kulturellen Ideologien (müssen) wettmachen, was die wirtschaftliche Lage nimmt. Die sexuellen und die von ihnen abhängigen sonstigen kulturellen Lebensformen dienen im wesentlichen der Abgrenzung gegen unten.»[7]

Klassen- und Geschlechtszugehörigkeit lassen die Heldinnen der Keun auf eine Strategie verfallen, die in der Trivialliteratur als *die* weibliche Strategie dargeboten wird und die als solche auch weitgehend ungebrochen in vielen Köpfen steckt. Wie können Frauen aufsteigen, wie können sie lernen, wenn nicht durch Männer? Durch den inflationären Tagtraum, aus dem Mädchenelend von einem Mann, an dem sie sich festhalten können, herausgehoben zu werden. Die Mädchenfiguren der Keun haben eine unerfahrene Begehrlichkeit, die nichts mehr begehrt als die Unerfahrenheit abzustreifen wie einen zu eng gewordenen Mantel. Ihre natürliche Neugier prädestiniert sie zu Opfern und Anstrengungen, die sie freudig auf sich nehmen, als müsse es so sein, denn da ihnen niemand einen roten Teppich aus Erfahrung vor die Füße breitet, ist das ihr einziger Zugang zu der ersehnten Welt, die sich freilich auf den zweiten Blick häufig als Halbwelt entpuppt, nicht nur in den Romanen der Keun, sondern in einer ganzen Reihe zeitgenössischer Bücher, «denn die Zeit, geprägt vom Nachholbedürfnis des Nachkrieges und mit einer ungewissen Zukunft konfrontiert, lebt in einer Art Dauereuphorie intensiv über die eigenen Verhältnisse und sucht das Gleichmaß der Alltäglichkeit zu ersetzen durch eine Pointenkette intensiver, unalltäglicher Wirklichkeitsakte, die oft mit den Schritten ‹auf dem Vulkan› Tanzender verglichen worden sind; das Programm aber verpflichtet den Künstler, eben diese zeittypische, aber an sich schon illusionäre Lebenswirklichkeit mitzuteilen, und tut ein übriges, indem sie ihn vom Unwert dieser Lebenswirklichkeit und dem immanenten Zwang zur Veränderung überzeugt.»[8] In ‹*Gilgi, eine von uns*› wird diese Notwendigkeit zur Veränderung am deutlichsten, aber sie wird, anders als in den späteren Büchern der Keun, moralisch begründet, nicht immanent aus der Realität des Romans, deshalb sind auch in diesem frühen Buch die trivialen Elemente am ausgeprägtesten. Die Mädchenfiguren der Keun erleben ihre Jugend, ihre glatte Körperlichkeit als das wichtigste Kapital, das sie für ihren Eintritt in die Welt mitbringen und das sie eine Zeitlang den Besitz anderer Güter vergessen läßt. Sie sind Meisterinnen in der Kunst, nicht unbedingt im Austausch gegen den eigenen Körper, aber immer wieder im Versprechen auf den Körper, Wünsche und Bedürfnisse zu realisieren, von denen sie ihrem Status nach ausgeschlossen wären. Immer wieder blitzt aber auch die Angst auf, «an Fremdes gelehnt, an Fremdes gelehnt»[9] zu sein. Der Körper ist das Medium ihrer Erfahrung. Wo die Körpererfahrung fehlt, müssen Dinge, muß die Empfindlichkeit für die veräußerlichte Dingwelt an ihre Stelle treten. Doris beschenkt ihre Freundin Therese zu Weihnachten und wünscht ihr, «daß die einsame Tapete in ihrem Zimmer viele Münder kriegt, die ihr lebendige Küsse geben»[10].

In Ermangelung anderer Erfahrungsmöglichkeiten als der materiellen treten die jungen Frauen verdinglicht als weibliche Körper in Konkurrenz zu anderen weiblichen Körpern, die ebenso wie sie ausgeschlossen sind von anderen als den materiellen Erfahrungen, denn die immateriellen Werte der Mädchen Gilgi, Doris und Sanna werden von Männern erst auf den zweiten Blick wahrgenommen, wenn überhaupt. So tritt an die Stelle der sicheren Selbstgewißheit in Ermangelung einer festgeschriebenen weiblichen Identität die männliche Fremdsicht auf die zu kapitalisierende, leicht verderbliche Ware Körper: «Wunderschön sieht die Gerti aus, wenn sie so dasitzt mit ihrem blauen Busen. Natürlich ist der Busen nicht blau, nur das Kleid darüber. Immer sieht die Gerti aus, als habe sie nichts an. Das wirkt aber nicht unanständig bei ihr, weil sie so frech ist mit ihrem Körper und mit ihren Worten und gar nicht geheimnisvoll. Ihre Locken leuchten dick und blond, ihre Augen leuchten knallblau, ihr Gesicht leuchtet wie eine rosa Wolke. Ich leuchte nicht. Darum hat die Gerti mich wohl auch so gern. Obwohl sie sagt, ich könne sehr niedlich aussehen und verstehe nur nicht, was aus mir zu machen.»[11]

Wirkliche Solidarität, die über solche kartellartigen Zweckbündnisse hinausgeht, empfinden die Ich-Erzählerinnen der Irmgard Keun mit den Frauen, die bei dem allgemeinen Konkurrenzkampf auf der Strecke geblieben sind: mit der blau geschlagenen Hure Hulla im ‹Kunstseidenen Mädchen›, die sich aus dem Fenster stürzt, als der Lieblingsgoldfisch ihres Zuhälters ihr unter den Händen wegstirbt, in ‹Gilgi› mit Herta, die ein Kind nach dem anderen bekommen hat und stumpf und lieblos gegen den braven Mann geworden ist, der ihr nur Ekel und Unglück gebracht hat.

Da der Körper einziges Kapital ist, muß sein Wert multipliziert werden, indem seine Äußerlichkeit noch einmal nach außen gekehrt wird; er wird ein Ding unter schönen Dingen. Dementsprechend wird ein gut Teil der Energien auf Puder, Schuhe, Hütchen, attraktive Hemden verwandt. In ‹Nach Mitternacht› wird die Veräußerlichung so weit getrieben, daß sie auch spielerisch auf die angewandt wird, deren Objekte die Frauen sonst resignierend werden:

«Die Gerti sollte es lassen, einen SA-Mann zu reizen, indem sie sagt: die Reichswehrleute haben schönere Uniformen und sehen auch sonst schöner aus – und wenn es schon einer von militärischer Rasse sein müsse, dann habe sie lieber einen von der Reichswehr.»[12]

Leitmotiv der Verdinglichung des Körpers ist im ‹Kunstseidenen Mädchen› ein kostbarer Fehpelz, den Doris klaut, um vor dem Freund, der sie wegen einer Professorentochter verlassen hat, besser dazustehen: « – so süßer weicher Pelz. So zart und grau und schüchtern, ich hätte das Fell küssen können, so eine Liebe hatte ich dazu. Er sah nach Trost aus und Allerheiligen und nach hoher Sicherheit wie ein Himmel.»[13]

Die emotionale Sicherheit, die die Beziehung zu Männern nicht geben kann, muß durch den Diebstahl «erkauft» werden, aber der Freund, dem inzwischen seine Felle bei der besseren Tochter weggeschwommen sind, kann aus dem Symbol Feh nur schließen, daß Doris aufgestiegen ist, daß sie für ihn nicht mehr «handhabbar» ist. Doris flüchtet, stürzt ins Auf und Ab einer unsicheren Existenz, immer in Angst, wegen des gestohlenen Pelzes von der Polizei geschnappt zu werden, aber bei all ihren wechselnden Beziehungen bleibt der Pelz ihr einziger treuer Begleiter, er verhilft ihr zu Wert, sie füllt ihn mit ihrer Körperlichkeit, ihrer Mädchenwärme; sie verdienen sich beide:

«So hochelegant bin ich in dem Pelz. Der ist wie ein seltener Mann, der mich schön macht durch Liebe zu mir. Sicher hat er einer dicken Frau unrichtig gehört – einer mit viel Geld. Er hat Geruch von Schecks und Deutscher Bank. Aber meine Haut ist stärker, jetzt riecht er nach mir und Chypre – was ich bin, seit Käsemann mir großzügig drei Flaschen davon geschenkt hat. Der Mantel will mich, und ich will ihn, wir haben uns.»[14]

Erst als Doris einen Mann trifft, der ihre Körperlichkeit nicht als eine Ware begreift, denkt sie daran, den Feh zurückzugeben, aber schließlich bleibt er ihr als einziger sicherer Bezugspunkt in einem materiellen, veräußerlichten Wertsystem.[15] Noch einmal in der Karikatur taucht das Pelzmotiv auf. Die Kolonialwarenhändlerin Breitwehr in ‹Nach Mitternacht› möchte das eigene Wertgefühl erhöhen, indem sie

sich in einen teuren Pelz hüllt, den sie sich «unter greulichen Anstrengungen erkämpft»[16] hat. Aber der Ehemann, der den Wert der Frau
auf den eines billigen Arbeitstieres reduzieren muß, kann sich zu
einem solchen Kauf nicht entschließen. Also legt die Frau den Preis
für einen Silberfuchs aus der Ladenkasse beiseite. Eine Kundin wird
präpariert, sie wolle einen unechten billigen Fuchs verkaufen. Der
Ehemann glaubt den Handel zwischen den beiden Frauen. Aber Frau
Breitwehr kauft sich von dem beiseite gelegten Geld einen echten
Pelz, nur so erfährt sie die Aufwertung, die sie sich wünscht, während
gleichzeitig das männliche Wertsystem, nach dem ihr Ehekörper
keinen Warencharakter mehr hat, nicht angetastet wird. Das taktile
erotische Erlebnis, das Doris mit dem Pelz hat, geht ihr allerdings ab:
«Wenn sie ihn trägt, sieht es aus, als gehe ein reicher Pelz mit einer
armen Frau spazieren.»[17]

Der Eintritt der jungen Heldin in den Raum, den ein Roman um-
spannt, ist ein anderer als der des jungen männlichen Helden. Der
männliche Held interagiert, während diese weiblichen Figuren – nicht
nur bei Irmgard Keun – ständig reagieren, zum Reagieren gezwungen
werden, weil der weibliche Aktionsradius kleiner ist als der männliche. So sind Gilgi, Doris, Sanna ständig in Bewegung, flüchten,
taumeln von einer Reaktion in die andere oder sie setzen sich reak-
tionsbereit in Pose. Dabei ist diese erhöhte Erlebnisbereitschaft nicht
Selbstzweck, sondern wird vielfach gespiegelt zurückgeworfen und
löst neue Bewegungen aus. So sagt Doris im ‹Kunstseidenen Mädchen›
von ihrer Freundin Therese:

«Sie ist ein gutes altes Haus, und weil sie kein Schicksal mehr hat
wegen ihrem Verheirateten, lebt sie sich fest an meinem Schicksal. Es
macht mir furchtbar Spaß, ihr zu erzählen, weil sie eine unerhörte Art
hat, sich zu verwundern – und eigentlich ist doch immer alles dasselbe
–, aber wenn ich ihr nicht erzählen könnte, hätte ich auch nicht so
große Lust, fabelhafte Erlebnisse zu haben.»[18]

Die Bewegung der Mädchenfiguren im männlichen Kosmos reicht bei
Gilgi vom propperen Jungmädchenzimmer bis in die weltläufige
Bohème, bei Doris von der Provinzmuffigkeit in die Weltstadt Berlin,
bei Sanna vom kleinbürgerlichen Mief über den Frankfurter Intellek-
tuellenzirkel bis in ein ungewisses Exil. In einem späteren Text
schreibt Irmgard Keun eine witzige, aber angemessene Erklärung für
diese Bewegungsabläufe, die ihre frühen Romane kennzeichnen:

«In einer Erzählung müssen die Leute sich bewegen, und wenn es
verliebte Leute sind, sitzen sie nicht jahrzehntelang Hand in Hand.

Sie tun's nun mal nicht.»[19] Die Ich-Erzählerin Doris wählt sich die Bewegungsform, aus der ihre Identifikationsmuster entlehnt sind: «Und ich denke, es ist gut, wenn ich alles beschreibe, weil ich ein ungewöhnlicher Mensch bin. Ich denke nicht an Tagebuch – das ist lächerlich für ein Mädchen von achtzehn und auch sonst auf der Höhe. Aber ich will schreiben wie Film, denn so ist mein Leben und wird noch mehr so sein ... Und wenn ich später lese, ist alles wie Kino.»[20]

Sehnlichster Wunsch ist es, die Identifikationsmuster einzuholen, die Bewegung des Films mit der eigenen Bewegung in Deckungsgleichheit zu bringen. Sehnsüchtig wird die eigene Bewegung beschleunigt zu laufenden Bildern, eine energische Beschleunigung treibt Doris weiter, treibt sie zu immer neuen Begegnungen, die – wenn es die Dramaturgie ihres Lebensgefühls erfordert – abgeschnitten, weggeblendet werden können. Wie im Film zu leben heißt: im Bewußtsein eines unerbittlichen Kamera-Auges zu leben, das jede Bewegung einfängt und (hoffentlich schmeichelnd) zurückwirft. Doris idealisiert aber gleichzeitig das Medium Film. Sie will Heldin sein, aber nicht fremdbestimmt den bekannten Drehbüchern hinterherlaufen, sie will eine eigene Dramaturgie ihres Lebens entwerfen und gleichzeitig wie eine Zuschauerin im Kino genießen, selbst eine Rolle spielen, die sich nicht weit von den Mustern entfernt, selbst ein «Glanz» sein, Fiktion und den eher kläglichen Ausgangspunkt ihres Aufbruchs in einer schönen Aufblende verschmelzen. Volker Klotz schreibt zu dieser programmatischen Passage:

«Damit trifft die Autorin Keun das zeitgerechte, wohl mächtigste und einflußreichste Stimulans. Der Film als Massenmedium und Wirtschaftsfaktor, der immer stärker in den zwanziger Jahren sich durchsetzt, spielt gerade bei den kleinbürgerlichen und proletarischen Gesellschaftsklassen der Zeit eine entscheidende Rolle. Als ein faszinierendes Orientierungsmuster für Wünsche und Kompensationen.»[21]

In den liebenswürdigsten und formal gelungensten Passagen des Romans, in denen Doris für einen Blinden «Sehen» sammelt – «und dann merke ich mir mein Sehen und bringe es ihm mit»[22] –, wird das Prinzip des Films, die Reihung, Verknüpfung von Bildern zu einem Ganzen aus Teilen, das Prinzip des harten Schnitts nachempfunden zu einem gefrorenen Bild, in dem eine Vielzahl der Teile sich gegeneinanderschiebt, sie flimmern, kaum angetippt, und verschwinden schon wieder. Die Mädchen aus den Romanen von Irmgard Keun bewegen sich in einer Ordnung, deren Oberfläche bröckelt angesichts des Arbeitslosenelends, des heraufziehenden Faschismus.

«Und ich fühle, wie sich große Dinge für mich vorbereiten. Aber jetzt sitze ich noch mit achtzig Mark und ohne neue Existenz und frage mich nur, wo ist nun ein Mann für meine Notlage. Die Zeiten sind furchtbar, keiner hat Geld, und es herrscht ein unsittliches Fluidum – denkt man bei einem, den kannst du anpumpen – pumpt er einen im Augenblick schon selbst an.»[23]

Sie sind hart im Nehmen, aber weich im Geben, unsentimentale Geschöpfe, heiterere, rheinische Kusinen der Gestalten der Marieluise Fleißer, sachlicher, knapper. Familienähnlich ist die auflehnende Gebärde der Bestimmung Mann gegenüber, der tastende Versuch, in dieser Ordnung einen selbstbestimmten Platz zu finden, möglichst nicht ganz unten, ehe der endgültige Platz der Frau von einem Mann zugewiesen wird. Der knappe, kühle bis «eiskalte»[24] Zugriff entspricht dem Lebensgefühl der jungen Generation von 1930, der Neuen Sachlichkeit. Das ist eine etwas euphemistische Bezeichnung für einen Stil, der aus den unsachlichsten ideologischen Auseinandersetzungen der späten Weimarer Republik hervorging. Der französische Germanist Felix Bertaux wählte früh den Terminus *l'ordre froid* – die kalte Ordnung – für das Stilgefühl der literarischen Jugend um 1930.[25] Etwas ist eingefroren in dieser Zeit. Die Angestelltenkultur hatte eine unsentimentale, unpathetische Haltung befördert, einen Wer-wird-denn-weinen-Stil, den auch die Personen in den Romanen von Irmgard Keun glänzend beherrschen. Das reiche, sonnige, filmische moderne Leben hatte längst seine schäbige Rückseite gezeigt. Gegen die Gleichzeitigkeit, mit der die ideologischen Güter und Vorstellungen des Kleinbürgertums von links und rechts angegriffen und verwandelt werden, wird eine registrierende und dabei distanzierende Attitüde gesetzt. Obwohl die kalte Ordnung, die sachliche Distanz prinzipiell den konsumierbaren Wunschproduktionen des Kinos widerspricht, tritt der Oberflächenreiz, die Struktur der Wünsche – vielleicht am deutlichsten im industriellen Design um 1930 – in der kühlen, bewußten Setzung, in dem entschiedenen Formwillen wie im Scheinwerferlicht zutage.

Der Begriff Neue Sachlichkeit ist auch deswegen für Irmgard Keun zu eng, denn «sachlich» sind die Romane der Keun keineswegs; sie überborden, haben Fülle, Reichtum, Spannung, Witz. Kurt Tucholsky, der die Keun «entdeckte», schrieb von den frühen Arbeiten ausgehend über die Autorin:

«Sie hat Humor wie ein dicker Mann, Grazie wie eine Frau, Herz,

Verstand und Gefühl», sie ist etwas, «was es noch niemals gegeben hat, eine deutsche Humoristin.»[26]

Die Bezeichnung Humoristin klebte wie Pech an ihr. Und sie ist leicht und mühelos von jemandem verliehen worden, der den Bereich Humor, Satire in seiner Gänze abdecken konnte, ganz und gar unangefochten abdeckte. Tucholsky baut neben sich ein Podest auf, sicherlich in freundlichster Absicht, aber ein Nebenpodest, das seinem solid gezimmerten Podest nicht zu nahe kommt. Die Humoristin. Die erste Frau, die den Mount Everest bezwingt. Die Marathonläuferin. Etwas, «was es noch nie gegeben hat». Ein bestaunenswertes Etwas. Eine Frau dringt in eine Domäne von Männern ein. Da wird sie beäugt, auf die Waage gestellt, vermessen. Nicht gleich nach Erscheinen, erst als der Erfolg des ‹Kunstseidenen Mädchens› wie schon der von ‹Gilgi, eine von uns›, auch materiell ungewöhnliche Dimensionen annahm, wurde der Vorwurf laut, ‹Das kunstseidene Mädchen› sei in Wirklichkeit ein Plagiat des Romans ‹Karriere› von Robert Neumann, der, wie auch Tucholsky zugibt, weniger gelungen ist als der Roman der Keun. Da will auch Tucholsky das Nebenpodest wieder wegräumen, redet der Autorin wie einem Schulmädchen ins Gewissen[27], und da sie bei einem literarischen Duell mit Neumann nicht satisfaktionsfähig ist, muß er sich auch der Schiedsrichterrolle enthalten, fordert die Keun aber zu einer Strafarbeit, einem Entschuldigungsbrief an Neumann auf, den sie hoffentlich niemals geschrieben hat.

Was immer eine Frau jenseits des Bereichs ihrer kulturellen Minderwertigkeit tut, sie dringt in ein von Männern befriedetes und sorgfältig bewachtes Gebiet ein, wird dafür gescholten, in jedem Fall geschlechtsspezifisch wahrgenommen[28] oder ihr wird mit Rücksicht auf ihre Grazie, auf ihre unbefleckte weiße Tanzstundenbluse[29], deren erotische Dimension ohnehin leicht den Blick trübt, ein Nebenpodest errichtet. Tucholsky ist zugute zu halten, daß er zu diesem frühen Zeitpunkt, als er das wacklige Nebenpodest errichtet hat, nicht ahnen konnte, welche unheilvollen Folgen seine Etikettierung der Schriftstellerin Irmgard Keun haben sollte. Höchst fahrlässig ging dagegen Hermann Kesten, der als Lektor von Irmgard Keun es hätte besser wissen müssen, mit der Etikettierung «Humoristin» um:

«Sie [Irmgard Keun; d. Verf.] zeigt: Man muß die Leute nur reden lassen, wie sie reden und die Leute werden komisch. Sie beweist: Man muß die Leute nur handeln lassen, wie sie handeln und sie erscheinen grotesk, wie sie in Wahrheit sind. Aber sie benutzt nicht die Methode der Naturalisten. Sie imitiert nicht. Sie parodiert. Sie sieht scharf und hört genau. Aber sie wiederholt nicht, sondern entlarvt. Sie ist ein Humorist.»[30]

Ich kann in den verzweifelten Bewegungen des um seine Existenz gebrachten ‹Kunstseidenen Mädchens› – Kesten redet in seiner Würdigung der Keun von ihren Figuren als «verliebten kleinen Mädchen»[31] und suggeriert so, man müsse sie nicht ganz ernst nehmen – ich kann in Doris und den anderen Mädchengestalten beim besten Willen keine Parodie auf den deklassierten Teil des weiblichen Kleinbürgertums erkennen. Eine Parodie wäre die Moritat vom gefallenen Mädchen, das zu hoch hinauswollte; die hat die Keun nicht geliefert. Glücklicherweise. Und ist es nicht ebenso zynisch, Sannas Versuch, den Widerschein der Politik in ihren kleinen Verhältnissen zu begreifen, als Parodie auszugeben? Wer bei den Bemühungen der verunsicherten Bohèmiens in ‹Nach Mitternacht›, sich mit dem Faschismus auseinanderzusetzen (Heini) oder sich in ihm häuslich einzurichten (Algin) von Humor und Satire spricht, hat wohl die Augen beim Lesen fest zugemacht. Irmgard Keun läßt Heini dem Algin gegenüber die zornigen Sätze entgegenschleudern:

«Das mit dem Umbringen ist eine gute Idee von dir, du solltest es wirklich tun. Du hattest mal Talent, du hattest mal Erfolg. Jetzt ist dein Leben arm geworden, schmutzig auch. Deiner Frau zuliebe, deiner albernen Wohnung zuliebe, deinen Möbeln zuliebe hast du lächerliche Konzessionen gemacht, bist zusammengesessen mit Leuten, die dir minderwertig schienen, und hast gegen dein Gefühl, gegen dein Gewissen geschrieben. Ein armer Literat bist du. Einen historischen Roman willst du schreiben? Als Eunuch wirst du diesen Roman schreiben. Ein Schriftsteller hat sich weder vor den eigenen Sätzen noch vor Gott und der Welt zu fürchten, wenn er schreibt. Ein Schriftsteller, der Angst hat, ist kein Schriftsteller.

Aber abgesehen davon: du bist überflüssig. Durch die Diktatur ist Deutschland ein vollkommenes Land geworden. Ein vollkommenes Land braucht keine Schriftsteller. Im Paradies gibt es keine Literatur. Ohne Unvollkommenheiten gibt es keine Schriftsteller und keine Dichter. Der reinste Lyriker bedarf der Sehnsucht nach Vollkommenheit. Wo Vollkommenheit ist, hört die Dichtung auf. Wo keine Kritik mehr möglich ist, hast du zu schweigen. Was willst du im Paradies über Gott schreiben? Was willst du über die Flügel der Engel schreiben? Daß sie zu kurz geschnitten sind oder zu lang? Sie sind weder das eine noch das andere? Das Vollkommene macht jedes Wort überflüssig. Man schreibt und spricht, um sich verständlich zu machen und sich untereinander zu verständigen. Die vollkommene Einigkeit unter den Menschen ist das Schweigen.»[32] Hat Kesten eine solche Passage nicht gelesen, hat er sie vergessen, um Irmgard Keun in ihrem zugegeben häufig ausgefuchsten Lustigkeiten zu verewigen, in denen sie mit keinem ihrer männlichen Kollegen konkurrierte? So läßt sich in diesem Fall der Prozeß des Vergessens rekonstruieren. Man kann eine Schriftstellerin unter einem Epitaph begraben, das sie fahrlässig fälschlich einer niederen Gattung zuordnet. Eine in Köln oder um Köln herum ansässige Humoristin, das ist eine Bezeichnung für Lokalnachrichten. Man kann auf einen Gegenstand eine Linse richten und jeder muß annehmen, das sei eine Lupe, die den Gegenstand näher und deutlicher heranrückt. Aber das Glas wird falsch herumgehalten; bei diesem unachtsamen, vielleicht böswilligen Gebrauch verkleinert die Linse, entfernt den Gegenstand. Da vergeht die Lust, genau hinzusehen.

Eben nicht wegen ihres Humors, wegen der parodistischen Elemente, sondern wegen ihrer Parteinahme für die Entwurzelten und weil ihren Ich-Erzählerinnen eine unsichere, vogelfreie Promiskuität allemal verlockender erschien als das tradierte Bild der Frau und Mutter, das der Faschismus festschrieb, wurden Irmgard Keuns Romane ‹Gilgi, eine von uns› und ‹Das kunstseidene Mädchen› schon im Frühjahr 1933 auf die Vorläufer der Schwarzen Listen gesetzt. Die gesamten Bestände ihrer Bücher wurden durch die Gestapo in den Lagerräumen des Universitas Verlages beschlagnahmt. Buchhandlungen und Leihbibliotheken in der Provinz wurden nach ihren Büchern durchforstet. Damit war ihre ökonomische Existenz vernichtet. Die Gestapo blieb Irmgard Keun weiter auf den Fersen. Sie mußte sich einem Verhör unterziehen.[33] Diese letzten Erfahrungen in Deutschland gehen in den Roman ‹Nach Mitternacht› ein, in dem sie den täglichen Faschismus, das opportunistische Denunziantentum der gutbürgerlichen Kölner Kreise beschreibt. Sanna, die fremde, nicht angepaßte, wird zum Opfer dieses Klüngels, aber sie weiß, daß es noch andere Opfer gibt, denen es schlimmer ergeht als ihr:

«In einem Auto mußte ich dann mit ihnen zum Präsidium fahren und mich oben in das Zimmer der Gestapo setzen, stundenlang . . . Kölsche Männer erzählten von anderen kölschen Männern, daß die Rot Front gerufen hätten. Eine uralte Frau kam und erzählte stundenlang von ihrem Untermieter, der keine Miete zahle und Kommunist sei. Er habe die Hakenkreuzfähnchen, mit denen sie den Balkon geschmückt hatte, abgerissen. Nein, gesehen habe sie es nicht, aber die Haken-

kreuzfähnchen seien abgerissen gewesen . . . Drei Schreibmaschinen klappern im Zimmer – unaufhaltsam, unentwegt. Unaufhörlich kommen Leute, die jemanden anzuzeigen haben. Man meint, dies schäbige graue Gestapo-Zimmer sei der Sammelplatz für ganz Köln geworden. ‹Wo ist mein Mann?› Mitten zwischen den Schreibmaschinen steht plötzlich eine Frau, ihr Gesicht ist fahl, ihr Haar strähnig. Hochschwanger ist sie. Ich springe auf, alle die Angezeigten, die in Abständen voneinander an den Wänden sitzen, springen auf, damit sie sich setzen soll. Man sieht, daß jeden Augenblick die Wehen anfangen können. ‹Wo ist mein Mann? Gestern abend um neun ist er plötzlich abgeholt worden, das Stempelbuch und das Stempelgeld hatte er noch in der Tasche, ich habe kein Geld, ich steh vor der Entbindung, wo ist mein Mann?› Die Schreibmaschinen klappern, klappern. ‹Gebt Eure Adresse, Frau›, sagt der Beamte, ‹es wird sich alles finden, beruhigt Euch.› Die Frau ist auch ganz ruhig und hart. ‹Wo ist mein Mann?›
Und immer mehr Menschen strömen herbei, das Gestapo-Zimmer scheint die reinste Wallfahrtstätte. Mütter zeigen ihre Schwiegertöchter an, Töchter ihre Schwiegerväter, Brüder ihre Schwestern, Schwestern ihre Brüder, Freunde ihre Freunde, Stammtischgenossen ihre Stammtischgenossen, Nachbarn ihre Nachbarn. Und die Schreibmaschinen klappern, klappern, klappern, alles wird zu Protokoll genommen, alle Anzeigenden werden gut und freundlich behandelt. Zwischendurch kommen Mütter, deren Söhne verschwunden sind, Frauen, deren Männer verschwunden sind, Schwestern, deren Brüder verschwunden sind, Kinder, deren Eltern verschwunden sind, Freunde, deren Freunde verschwunden sind. Diese Fragenden werden nicht so gut und freundlich behandelt wie die Anzeigenden.»[34]
Nach einem Hilfsangebot des niederländischen Verlags Allert de Lange entschließt sich Irmgard Keun zur Emigration. Ihr Ehemann, der Schriftsteller Johannes Tralow, zieht es vor, in Deutschland zu bleiben und sich mit den Nazis zu arrangieren. In Ostende läßt Irmgard Keun sich vorläufig nieder, dort lernt sie im Sommer 1936 den Schriftsteller Joseph Roth kennen.
«Egon Erwin Kisch und seine Frau Gisela führten mich ins Café Flore in Ostende. Wenig später kam Stefan Zweig mit einem Herrn herein, der vor Trunkenheit schwankte und dessen Rock mit Zigarettenasche bedeckt war. Kisch sagte belustigt, mit einem Blick auf den Rock, ‹Was? Ohne Krone! Ohne Hermelin!› und stellte mir Joseph Roth vor.»[35]
Roth war aus Paris in das belgische Seebad gekommen, er hatte sich

gerade von seiner langjährigen Gefährtin Andrea Manga Bell getrennt und schrieb seiner französischen Übersetzerin Blanche Gidon die eheren Sätze, die viel von seiner Vorstellung über eine Beziehung zu einer Frau zeigen:

«Frau Manga Bell hat sich konstant geweigert, nach den Gesetzen meines Lebens zu leben. Ihre Kinder waren und sind ihr viel wichtiger als ich.»[36]

Joseph Roth hatte sich getrennt, wollte zurück, als es ihm schlechtging, da wollte sie nicht mehr, daß er zurückkam. In dieser Verfassung trifft ihn Irmgard Keun. Schnell werden die beiden ungleichen Schriftsteller ein Paar: die lebensvolle junge Frau und der müde, nicht mehr junge Mann, der schon immer heimatlos gewesen war, schon vor der Emigration.

Im Gespräch mit dem Roth-Biograph David Bronsen spricht Irmgard Keun von ihrer Angst, in der Emigration allein zu sein; sie nennt Roth den einzigen Mann, dessen Worte in ihrer Seele Wurzeln geschlagen haben, der sie «gefesselt» hat – in des Wortes doppelter Bedeutung. Hat Irmgard Keun nach den Gesetzen seines Lebens gelebt? Das Paar lebte von der Hand in den Mund. Im Interview mit Bronsen spricht Irmgard Keun in der ihr eigenen Detailfreudigkeit von der Zeit mit Roth:

«Immer mußten wir uns Sorgen machen, wovon wir die Hotelrechnung bezahlen sollten, ob das vorhandene Geld reichen würde, bis das Buch, an dem gerade gearbeitet wurde, fertig war. Unsere Sachen haben wir ein paarmal verpfändet und einmal, als unsere Visa abgelaufen waren und wir in ein anderes Land reisen mußten, fuhren wir im teureren Waggon Lit, weil man so am ehesten um die Paßkontrolle herumkam. Aber irgendwie kam immer Geld, gerade wenn es am schlimmsten aussah . . .

Roth hatte ein starkes Mitteilungsbedürfnis. Wie Heine war er ein Gemisch aus Ironie und Wehleidigkeit. Er erwartete Mitgefühl von mir, hätte es aber nie über sich gebracht, das zu bekennen. Er kehrte den Spieß um – führte sich als meinen Herrn und Beschützer auf, was mir manchmal auf die Nerven ging. Wenn ich ihm Gelegenheit dazu gab, stand er mir sofort mit Rat und Trost zur Seite. So belehrte mich Roth darüber, auf welche Weise ich meinen in Deutschland verbliebenen Mann, der nicht in eine Scheidung einwilligen wollte, loswerden konnte. Ich folgte Roths Rat und schrieb, daß ich mit Juden und Negern schlafe, was auch sofort zum erwünschten Resultat führte . . . Er machte einen so starken Eindruck auf mich, daß ich es nicht nötig fand, seine Bücher zu lesen ... Wir haben am selben Tisch unsere Bücher geschrieben, aber über Literatur hat er mit mir nicht gesprochen – das tat er lieber mit Hermann Kesten. Statt dessen unterbrach er sich hin und wieder beim Schreiben und sagte: ‹Kaninchen, ich hab a scheene Erfindung.› Er lächelte und gleich war er mittendrin. Manchmal ging es auf eine winzige Begebenheit zurück, die sich in unserer Gegenwart abgespielt hatte, aber seine sekundenschnell reagierende Phantasie hatte sie in etwas anderes verwandelt.»[37]

Von Zeit zu Zeit fahren die beiden mit der Straßenbahn nach Bredene, wo Kisch lebt. Bei ihm trafen sich vorwiegend Mitglieder der Kommunistischen Partei, darunter Willi Münzenberg, der Kominternchef des westeuropäischen Agitprop. Irmgard Keun sympathisierte mit diesem Kreis, der die Ereignisse in Spanien heftig diskutierte, der Bürgerkrieg war gerade ausgebrochen, «während Roth mit seiner Ansicht zurückhielt und nur an der Gesellschaft von Kisch interessiert war»[38].

Im Spätherbst ist die Idylle von Ostende vorbei, die Emigranten brechen in alle Richtungen auf; die Keun und Roth reisen nach Paris, nach New York, nach Warschau, Lemberg, in Roths galizische Heimat. Roth hat einige Einladungen in der Tasche. In kleinen Orten hält er Vorträge – jeden zweiten Abend im Smoking.

In Galizien beendet Irmgard Keun ihr Buch ‹Nach Mitternacht›. Es erscheint im Querido Verlag. Zwischen Querido und Allert de Lange wechselten die Emigranten-Autoren häufig hin und her. Irmgard Keuns Roman ‹Das Mädchen, mit dem die Kinder nicht verkehren durften›, Beschreibungen aus einer wilden, immer wieder eingefangenen Kindheit in Köln, war 1936 bei der deutschsprachigen Abteilung des Verlages Allert de Lange erschienen. Offenbar waren wie bei einigen anderen Autoren die Vorschüsse des Verlags immer schon aufgebraucht, ehe ein neues Manuskript vorlag. Der jeweils unbelastete Verlag war jedoch bereit, einen Vorschuß auf das neue Manuskript zu geben.[39] Nach Beendigung des Romans erlebt Irmgard Keun eine tiefe Krise, über die sie in den ‹Bildern und Gedichten aus der Emigration› Auskunft gibt.

«Deutschland und seine Menschen wurden mir immer ferner und blasser ... Was ich über das nationalsozialistische Deutschland, wie ich es kannte, zu schreiben hatte, hatte ich geschrieben. Noch einen Roman konnte ich nicht darüber schreiben. Von nun an kannte ich es ja auch nicht mehr aus eigenem Erleben ... Die Emigranten hatten kein Land, das ihnen gehörte, und sie lebten eine mehr oder weniger provisorische Existenz. Deutschland kannten sie nicht mehr und konnten auch nicht mehr darüber schreiben, zumindest keinen gesellschaftskritischen Roman, dessen Personen Blut haben und die man mit der Hand anfassen zu können glaubt . . . Und konnte man etwa schildern, wie man sich falsche Pässe und Visa verschaffte, um sich in irgendein Land hineinzuschwindeln? Wie und wo man bestechen konnte? Wie man heimlich und verboten arbeitete, als sei es ein Diebstahl? Es gab da so vieles, das man nicht hätte schildern können, da man es nicht verraten durfte . . . Alle diese Erwägungen wurden so beklemmend, daß ich fürchtete, nie in meinem Leben mehr ein Buch schreiben zu können.»[40]

Später sind Roth und die Keun in Wien. Kisch kündigt sie in einem Brief an seinen Bruder so an:

«Übrigens sind jetzt zwei meiner Freunde in Wien: Joseph Roth und Frau Irmgard Keun . . . Wenn du sie kennenlernst, werde ich mich sehr freuen, aber besauf dich nicht dabei, die beiden trinken wie die Löcher.»[41]

Beide? In Wien schreitet der körperliche Verfall Joseph Roths rapide fort, obwohl die Freunde, allen voran Stefan Zweig, versuchen, ihn hochzupäppeln. Die Last, die Irmgard Keun sich aufgeladen hat, wird zu schwer für sie. Roth spürt wohl in Österreich, daß ihm das letzte Zugehörigkeitsgefühl zum «alten» Österreich davonschwimmt, ahnt wohl die Angliederung an das nationalsozialistische Deutschland voraus. Er läßt die Keun keinen Augenblick mehr aus den Augen. Der Beginn deliranter Zustände erschreckt die junge Frau: «Nachts im Hotelzimmer schaute er mich einmal mit schweifendem Blick und in einem Zustand furchtbarer Beängstigung an und fragte dringend: ‹Wo ist die Frau Keun?› Ich brüllte ihn an: ‹Frau Keun ist unten im Restaurant, und Sie sollen schlafen gehen!› Am nächsten Tag schien er sich des Vorfalls nicht zu erinnern, und ich habe auch nichts davon erwähnt.»[42]

Über Brüssel, Ostende, Amsterdam führt der gemeinsame Leidensweg nach Paris. Im Interview mit David Bronsen gibt Irmgard Keun Rechenschaft über die letzten gemeinsamen Monate:

«Roth . . . wollte über Menschen gebieten, seine hypnotischen Kräfte an ihnen erproben. Hatte er dann sein Ziel erreicht, verlor er das Interesse an ihnen.

Aus mir wollte er etwas machen, was ich nicht war. Oft sagte er mir: ‹Eine Frau benimmt sich nicht so.› – ‹Eine Dame tut sowas nicht.› Mit dem Taxichauffeur durfte ich anstandshalber nicht sprechen. Ein

Paket zu tragen, war mir nicht erlaubt. Er wollte aus mir eine ergebene Magd machen, mich zur ‹Zartheit› erziehen. Er drängte mich in die Rolle eines bemitleideten Wesens hinein, bis ich selbst daran glaubte, er zermürbte mich so, daß ich weinen mußte. Roth war in jeder Hinsicht eifersüchtig und machte auch mich so . . . Durch den Alkohol verstärkte sich diese Tendenz noch bei ihm, so daß er mich zum Schluß nicht mehr aus den Fingern ließ. Nicht einmal austreten konnte ich, ohne daß er unruhig wurde. Schlief ich ein, so hatte er seine Finger in meine Haare eingewühlt, auch noch, als ich aufwachte. Abschiede waren ihm unerträglich geworden, so daß ich ihm schwören mußte, ich würde ihn nie verlassen. Durch seine wahnsinnige Eifersucht fühlte ich mich immer mehr in die Enge getrieben, bis ich es nicht mehr aushielt, bis ich unbedingt ausbrechen mußte. In Paris verließ ich ihn mit einem tiefen Seufzer der Erleichterung und ging mit einem französischen Marineoffizier nach Nizza. Ich hatte das Gefühl, einer unerträglichen Belastung entronnen zu sein.»[43]

Hier brechen die verbürgten Nachrichten über Irmgard Keun vorerst ab, auch die Mitteilungen von Roth werden spärlich. Sechzehn Monate nach diesem Abschied hatte er seinen schleichenden Selbstmord zu Ende gebracht, er starb in einem Pariser Hospital.

Hat Irmgard Keun, die «gute Keun», wie Stefan Zweig sie in einem Brief an Roth apostrophierte[44], nach den Gesetzen seines Lebens gelebt, wie er es von Andrea Manga Bell so selbstverständlich forderte? Vielleicht eine Zeitlang. Ich habe mich so tief in diese kurze Etappe von Irmgard Keuns Leben eingelassen, obwohl ich mir der Gefahr bewußt bin, aus Vorliebe für einen literarischen Gegenstand die Grenze der Intimität seiner Produzentin zu überschreiten. Der geläufige Wunsch von Frauen, die an der angetanen Geschichtslosigkeit ihres Geschlechts leiden, die Geschlechtsgenossinnen, die für einen Augenblick aus der Geschichtslosigkeit herausgetreten sind, mit photographischer Treue abzubilden, um sie so wenigstens in der Abbildung für sich zu gewinnen, führt tendenziell zu einem feministischen Neupositivismus, bei dem hinter der Freude am Suchen und Entdekken von verschollenen Personen die Fragestellungen der aufgesuchten Texte ebenso wie die Fragestellung der Personensuche verschwimmen. Ich habe mich so tief in die Beziehung zwischen der Keun und Roth eingelassen, weil ich hier Antworten auf die Frage nach dem systematischen Vergessen weiblicher Kulturleistungen vermute.

Irmgard Keun hat sich dem selbstvergessenen Prozeß, an der Seite eines «großen» Mannes zu leben, ausgeliefert. Gewiß, sie hat auch davon profitiert, aber diese Symbiose zwischen der «guten» Frau und dem «großen» Mann läßt Eigenheit nicht mehr zu, oder das Wehren gegen die stärkere Identität des Mannes wird zur zweiten Haut, zum Schutz – wie Irmgard Keun ihr Schreiben schützte, indem sie sich weigerte, Roths Bücher zu lesen. Eine kleine, aber überdeutliche Geste. Jedoch, auch diese Frage ist trost- und antwortlos, wie viel weniger verbürgte Nachrichten über die Schriftstellerin Irmgard Keun auf uns gekommen wären, wäre sie nicht die Freundin eines berühmten Mannes, eine seiner Kronzeuginnen, geworden? Weibliche Kulturleistungen, die im Dunstkreis der höhergeschätzten männlichen entstehen, werden wahrgenommen, gewiß, aber aus der Perspektive der männlichen, aus der die Arbeiten von Frauen, da sie ja nur am Rande ins Blickfeld kommen, *marginal* sein *müssen*. Wäre es da selbstbewußter, den Dunstkreis der berühmten Männer zu meiden, die schützenswerte eigene Identität in freiwillige Schutzhaft zu nehmen? Sicher. Aber um welchen Preis? Wo die männliche Kultur den Anspruch auf den androgynen Charakter erhebt, bleiben weibliche Kulturleistungen, die nicht (einmal) den Dunstkreis der von Männern geschaffenen erreichen, tot, müssen vergessen werden, wenn der Mythos vom androgynen Charakter der Kunst nicht gefährdet werden soll. Wer berichtet vom Leben und Schreiben der Künstlerinnen außerhalb des männlichen Dunstkreises? Die Frauen, die darüber berichten, geraten in die gleiche Spirale wie die Künstlerinnen selbst: nur wahrgenommen zu werden innerhalb des Dunstkreises von Wissenschaft, Kulturbetrieb, der seine Spuren an den Frauen hinterläßt, die sich in ihm bewegen: teilzuhaben an einem Zipfel der Macht des herrschenden Geschlechts und gleichzeitig die Auswirkungen des Minoritätenstatus innerhalb der Sphäre, in der sie sich bewegen, am eigenen Leib zu erfahren.

Ohne den mythenbildenden männlichen Beistand sind und bleiben die Nachrichten dünn. Unter dem Datum vom 25. November 1938 schrieb der Schriftsteller Ernst Weiss an Willi Bredel nach der Klage über die elende eigene Situation eine winzige Bemerkung über die Keun; sie sei «durch Ratlosigkeit, Geldmangel und Verzweiflung in eine schwere Lage gekommen»[45]. Sie geht nach Amsterdam zurück, wird dort im Mai 1940 vom Überfall der deutschen Truppen auf Holland überrascht, Irmgard Keun ist es offenbar nicht gelungen, im letzten Augenblick ein Visum für ein anderes Exilland zu bekommen. Ihr Freund Roth ist tot, ihr Mentor Tucholsky war seit fünf Jahren tot, ihr Lektor bei Allert de Lange, Hermann Kesten, reiste 1940 in die USA und blieb dort, Kisch war in Mexiko, Ernst Weiss, von dem die letzte Nachricht stammt, nimmt sich 1940 beim Einmarsch der deutschen Truppen in Frankreich das Leben. Ernst Toller, der den Sommer 1936 wie Irmgard Keun in Ostende verbracht hatte, war 1939 tot in seinem New Yorker Hotelzimmer aufgefunden worden. Er hatte sich erhängt. Die zweite Flucht beginnt für Irmgard Keun, verzweifelter noch als die erste. Mit falschen Papieren reist sie nach Deutschland zurück. Erleichtert wird ihre Flucht dadurch, daß sie irrtümlich wie ihre Freunde für tot erklärt wird. Fünf Jahre bis zum Kriegsende, die produktiven mittleren Jahre lebt sie illegal. Ich schreibe diesen Satz nieder wie einen richtigen deutschen Satz, an dem kein Fehl ist. Er füllt sich für mich nicht mit Leben, sondern mit Angst, Neugier, er steckt voller Fragen: Wie war das? Das Gefährliche solcher Sätze ist, daß man mit ihnen zu erkennen glaubt, dabei versperren sie nur den Zugang zu den Tatsachen.

Ich schreibe Briefe an Adressen, unter denen Irmgard Keun einmal erreichbar gewesen sein soll. Alle meine Briefe kommen zurück. Wo beginnt die Nicht-Öffentlichkeit für eine Schriftstellerin, von der seit fünfzehn Jahren nichts mehr veröffentlicht wurde, wo die Illegalität? Und ist die Illegalität als die extremste Form der unfreiwilligen Nicht-Öffentlichkeit reversibel? Im eingezäunten Freiraum der literarischen Öffentlichkeit hält sich legal nur auf, wer von dieser Öffentlichkeit akzeptiert wird und wen sie zu akzeptieren nicht vergißt. Die Aufenthaltserlaubnis läuft hier manchmal schneller ab als einer schreiben kann. Irmgard Keun mangelte es kurz nach dem Krieg nicht an Eintrittsbillets in die neualte literarische Gesellschaft. 1946 erschien ihr Roman aus der Emigration ‹D-Zug dritter Klasse› in Deutschland, 1947 ‹Bilder und Gedichte aus der Emigration›, 1949 wurde ‹Das Mädchen, mit dem die Kinder nicht verkehren durften› wieder aufgelegt, 1950 folgte der Roman ‹Ferdinand, der Mann mit dem freundlichen Herzen›. Der erste und letzte Roman von Irmgard Keun, in dem sie die Perspektive des kindlichen Staunens einer männlichen Hauptfigur vorbehält. Stellte die Autorin fest, daß die Zeit zum Staunen vorbei war, daß vielmehr schleunigst eine Sicherheit in den Sätzen da sein mußte, die über die ideologischen Unsicherheiten hinwegsehen lassen sollte? War die Perspektive des kindlichen Staunens den Erfahrungswerten nicht mehr adäquat? Und welche Welten hätten sich aufgetan, wäre über der Verdinglichung aller Beziehungen plötzlich der liebevoll drapierte Schleier weggerissen worden? Manchmal, blitzartig, scheinen im ‹Ferdinand› solche entkleidenden Sätze auf:

«Sie bekommt keinen Mann und ich bekomme kein Auto[46]», läßt Irmgard Keun den Mann mit dem guten Herzen denken. Und: «Armut ist nicht nur eine Schande, sondern auch die einzige Schande ... Seit ich denken kann, sind überall auf der Welt Menschen damit beschäftigt, mich zu vernichten.»[47] In solchen Sätzen hat das Staunen ein Ende, muß ein Ende haben, aber es hat bei Irmgard Keun ein freundliches, beiläufiges Ende, das sich nicht auf dem Marktplatz ausstellt, sondern in schützende Nischen schmiegt.

Ich rufe Hermann Kesten an. Er weiß nichts, hat seit fünf Jahren keinen Kontakt zu Irmgard Keun, er habe noch einige Briefe an sie geschrieben, aber nie eine Antwort erhalten, aber das müsse nichts bedeuten. Ich frage weiter: Geht es Irmgard Keun sehr schlecht? Oder ist es ihr vor fünf Jahren sehr schlechtgegangen? Wissen Sie, sagte Kesten mit seiner zitternden Greisenstimme, sie ist eine alte Schriftstellerin. Allen alten Schriftstellern geht es schlecht. Sie vertelefonieren viel Geld für nichts, vielleicht weiß Böll etwas.

In den fünfziger Jahren schreibt Irmgard Keun Tagesfeuilletons, windleichte Betrachtungen, besonders für die Düsseldorfer Zeitung *Der Mittag*. Seifenblasengleiche, kleine verplauderte Miniaturen, die unschuldig einen Markt bedienen wollen, der auf sie nicht gewartet hat. Also eine weibliche Robert-Walser-Tragödie? Nein, aber vielleicht schlimmer. Die kleinen Glanzstücke, die nichts bedeuten wollen, sich leicht machen, brauchen einen Rahmen, der sie zum Glänzen bringt. Die Tradition des klassischen Feuilletons in der Weimarer Republik war weggerutscht, ins Abseits gerutscht, auch die Zeitkritik der fünfziger Jahre kam gravitätischer, ja auch biederer, weniger koboldhaft daher. Die mager und puritanisch gewordenen Zeitungen der Provinz schrieben gegen keine Weltstadtkonkurrenz mehr an. Das Feuilleton braucht aber die Folie des Reichtums, es muß aus dem vollen schöpfen können, aber jetzt herrschte der Mangel oder die krampfhafte Anstrengung, den Mangel zu übertölpeln. Das Kleinbürgertum regierte. Das hatte Irmgard Keun schon einmal beschrieben. Jetzt schwieg sie.

Ich habe sie gefunden. Klein und schmal steht sie im Türrahmen, als ich den langen Flur vor mir liegen sehe. Ihre blauen Augen saugen mich auf. Jahrelang hat sie irgendwo gelebt, in einer Klinik, in wechselnden Buden, randständig, bei einer Freundin in Bonn, irgendwo. Sie wollte unerreichbar sein. Wenn Briefe und Nachrichten sie doch erreichten, antwortete sie nicht. Sie besitzt nichts, teils aus Prinzip, teils aus Nachlässigkeit. Sie besitzt nicht einmal ihre eigenen Bücher.

Jetzt wohnt sie in einem Zimmer unter dem Dach, das auf Giebel, Kirchendächer und ein gutes Stück Himmel blickt. Freunde haben ihr das Zimmer besorgt. Halb stolz, halb verlegen sieht sie auf die ordnungsgemäße Einrichtung, an der sie wenig auszusetzen hat. Seit zwei Wochen wohnt sie hier und schon kennt sie die Geschichten des Hauses, schnappt sie auf, erzählt sie weiter, staunt, was ihr da an prallem Leben vor die Füße fällt.

Anmerkungen

1 Allgemein wird in den Publikationen 1910 als das Geburtsjahr von Irmgard Keun angegeben. Immerhin wäre es verwunderlich und einer besonderen Erwähnung wert gewesen, daß die 22jährige bereits eine Theaterkarriere als Salondame gemacht hatte, eine Ehe eingegangen war, als ‹Das kunstseidene Mädchen› erschien. Hermann Kesten: Meine Freunde die Poeten. München 1959. S. 424 gibt das Geburtsjahr der Keun mit 1909 an. Dem patriarchalischen Mythos von der alterslosen Frau zuliebe scheint Irmgard Keun wie viele Frauen ihrer Generation ihr Geburtsdatum «geändert» zu haben. Ihr wirkliches Geburtsjahr ist 1905. Vgl. Gerd Roloff: Was war mit Irmgard Keun? Unveröff. Man. [Veröffentlichung vorges. in: Amsterdamer Beiträge]

2 Irmgard Keun: Das kunstseidene Mädchen, Berlin 1932, S. 46

3 Ebd., S. 47

4 Ebd., S. 181f

5 Ebd., S. 216

6 Irmgard Keun: Gilgi, eine von uns, Berlin 1931, S. 16

7 Wilhelm Reich: Massenpsychologie des Faschismus, Kopenhagen 1933, S. 83

8 Horst Denkler: Sache und Stil. Wirkendes Wort 18, Jg. 1968, S. 177f

9 Gilgi, eine von uns, S. 167

10 Das kunstseidene Mädchen, S. 137

11 Irmgard Keun: Nach Mitternacht. Frankfurt a. M. 1965 (Fischer Bücherei 693), S. 6f

12 Ebd., S. 5

13 Das kunstseidene Mädchen, S. 61f

14 Ebd., S. 64f

15 Vgl. Volker Klotz: Forcierte Prosa. Stilbeobachtungen an Bildern und Romanen der Neuen Sachlichkeit. In: Dialog. Festgabe für Joseph Kunz. Hg. v. Rainer Schönhaar, Berlin 1973, S. 262

16 Nach Mitternacht, S. 36

17 Ebd., S. 38

18 Das kunstseidene Mädchen, S. 18

19 Irmgard Keun: Wenn wir alle gut wären. Kleine Begebenheiten, Erinnerungen und Geschichten, Berlin 1957, S. 134

20 Das kunstseidene Mädchen, S. 8f

21 Klotz, a. a. O., S. 261

22 Das kunstseidene Mädchen, S. 97

23 Ebd., S. 28f

24 Gilgi, eine von uns., S. 159

25 Vgl. Joseph Roth: Schluß mit der «Neuen Sachlichkeit». In: Die Literarische Welt. 1931/3, S. 4: «Es gab nur ein einziges Land, in dem das Wort von der ‹Neuen Sachlichkeit› erfunden werden konnte: Deutschland. Bei

uns wurde (wie oft im Lauf der Geschichte) ein Ziel, was bei den andern primäre Voraussetzung war. Wir sind das einzige Volk, dem die Sachlichkeit ‹neu› erscheinen konnte. Äußerst kennzeichnend, daß der Verfasser der jüngsten deutschen Literaturgeschichte in französischer Sprache Félix Bertaux kein anderes Wort für die ‹Neue Sachlichkeit› gebraucht als ‹l'ordre froid›, die kalte Ordnung – eine sehr schmeichelhafte Übersetzung, nur für jene Werke anzuwenden, die irrtümlich unter der Marke ‹Neue Sachlichkeit› erschienen sind.»

26 Zit. n. Lexikon deutschsprachiger Schriftsteller von den Anfängen bis zur Gegenwart. A–K Hg. v. G. Albrecht, K. Böttcher u. a. Leipzig 1967, S. 729

27 Kurt Tucholsky: Ausgewählte Briefe 1913–1935. Hg. v. Mary Gerold-Tucholsky u. Fritz J. Raddatz, Reinbek 1962, S. 219ff. Vgl. a. Robert Neumann: Karrieren. Gesammelte Werke in Einzelausgaben, München 1966, S. 399

28 Überhaupt wäre es an der Zeit, nicht nur das Vergessen in seiner Methodik, sondern die Wahrnehmung der Frauen selbst im Kulturbetrieb, vermittelt durch die Tageskritik, zu untersuchen. Festzustellen ist da auf den ersten Blick das männliche Bedürfnis, Frauen am Zeug zu flicken, es einfach mal zu versuchen, wo sich eine undichte Stelle finden läßt, irgendwie wird die Luft schon entweichen. Für die bildende Kunst sind solche Beobachtungen ansatzweise schon gemacht worden. S. Inge Schumacher: Sie haben uns annektiert (Gespräch mit Gislind Nabakowski. In: Künstlerinnen international 1877–1977. Ausstellungskatalog Neue Ges. f. bild. Kunst, Berlin 1977, S. 91ff)

29 Kesten, a. a. O., S. 426f: «In der Halle des Hotels Métropole fand ich ein hübsches junges Mädchen, blond und blauäugig, in einer weißen Bluse, das lieb lächelte und wie ein Fräulein aussah, mit dem man gleich tanzen gehn möchte ... Ihre weiße seidene Bluse und ihre blonden Haare flatterten wie in einem wilden Wind, ihre Augen und ihre Hände schienen mitzusprechen, und es sprachen ihr Verstand und ihr Herz. Sie war naiv und brillant, witzig und verzweifelt, volkstümlich und feurig und kein Fräulein mehr, mit dem man tanzen gehen wollte, sondern eine Tochter, die sich ihrer Väter und Brüder schämt, eine Prophetin, die anklagt, ein Prediger, der schilt, ein politischer Mensch, der eine ganze Zivilisation verschlämmen sah. Alles an ihr sprach und lachte und höhnte und trauerte. Sie war ganz Schmerz, ganz Empörung, ganz Leidenschaft, ganz Humor.» Auffällig bei dieser Passage ist, daß Kesten das feminine Beiwerk und auch die femininen Endungen plötzlich stocken, wenn er die Keun als Person, als Schriftstellerin ernst nimmt.

30 Ebd., S. 423

31 Ebd., S. 429

32 Nach Mitternacht, S. 96f

33 Roloff, a. a. O., S. 4

34 Nach Mitternacht, S. 66 f
35 Zit. n. David Bronsen: Joseph Roth. Eine Biographie, Köln 1974, Interview I. K., S. 474 f
36 Joseph Roth: Briefe 1911–1939. Hg. u. eingel. v. Hermann Kesten. Köln/Berlin 1970, S. 487
37 Bronsen, a. a. O., S. 475 ff
38 Ebd., S. 472
39 Hans-Albert Walter: Asylpraxis und Lebensbedingungen in Europa. Deutsche Exilliteratur 1933–1950. Bd. 2. Darmstadt/Neuwied 1972, S. 193
40 Irmgard Keun: Bilder und Gedichte aus der Emigration, Köln 1947, S. 23 ff
41 Bronsen, a. a. O., S. 654
42 Ebd., S. 500
43 Ebd., S. 502
44 Roth, Briefe, a. a. O., S. 519
45 Zit. n. Walter, a. a. O., S. 393
46 Irmgard Keun: Ferdinand, der Mann mit dem freundlichen Herzen, Düsseldorf 1950, S. 83
47 Ebd., S. 28 f

Jürgen Peters
Vorbilder. Naiv
Zur Erinnerung

1

Wir müssen uns dann schließlich
mit jenen geistigen und politischen
Strömungen auseinandersetzen, die
den Terror, sei es absichtlich und
kalkuliert, sei es fahrlässig und naiv
oder aber auch ohne unmittelbar
zurechenbare Verantwortlichkeit
gefördert haben.
(Helmut Kohl)[1]

Ulrike Meinhof zum Beispiel ist, von agitatorischen Lehrern indok-
triniert, auf eine hessische Gesamtschule gegangen, um dann auf der
Universität, möglichst der in Bremen, von verantwortungslosen weil
ideologischen Professoren endgültig für den Terrorismus präpariert
zu werden. Schuld hat, natürlich, die sozial-liberale Koalition. Nicht
auszuschließen, daß das alles, irgendwie, *geplant* war.

2

Wer den Wahlkampf so geführt hat
wie Dr. Heinrich Geißler – sachlich,
solid und gründlich –
(CDU-Annonce 1965)

Die CDU ist, sagt ihr Generalsekretär, für Sauberkeit und Sachlichkeit. Er sagt nicht, daß die CDU da, eigentlich, ein Monopol habe, er
sagt nicht ausdrücklich, daß *allein* die CDU für Sachlichkeit sei. Die
CDU ist schlicht für Sachlichkeit. Noch vor dem Parteitag 1978 ließ
der Generalsekretär, er heißt jetzt Dr. Heiner Geißler, verlauten, was
die Sachlichkeit angehe, da sei die CDU geradezu führend. Er beruft
sich, um das zu belegen, auch auf eine von der CDU Ende November
1977 durchgeführte Veranstaltung, auf eine «wissenschaftliche Fachtagung»: «Der Weg in die Gewalt». Er beruft sich jetzt nicht mehr auf
seine «Terrorismus-Dokumentation». Was aber nicht heißt, daß er in
der Lage wäre, sich von der zu distanzieren. Dieses sich Dokumenta-
tion nennende Machwerk[2] hatte Herr Dr. Heiner Geißler, der sachliche, gewitzt auf dem Höhepunkt der Schleyer-Entführung heraus-

gebracht. Uns bewegte das Schicksal Hanns-Martin Schleyers, uns bewegte, welche Folgen diese Entführung für diese unsere Gesellschaft haben würde, da war der quicke Herr Geißler schon dabei, diese Folgen herzustellen. Ihn hatte die Frage bewegt, wie man dem politischen Gegner eins auswischen konnte. Das alles sollte, hieß es dann, «zur geistigen Klärung» beitragen. Was meinte, daß da nicht Fragen gestellt, sondern Antworten gegeben wurden. Es wurden Namen genannt. Immer wieder dieselben. Es waren Namen, die auch in den betreffenden Leitartikeln der *Bild-Zeitung* immer wieder auftauchen. Böll, Brandt, Gollwitzer. Es wurde hier von Herrn Geißler flink dem Publikum eine Vorgeschichte angedient, hier wurde eine Ahnenreihe konstruiert. Indem personalisiert wurde.

Ein merkwürdiges Geschichtsbild wurde da so deutlich. Einmal, natürlich, die idealistische Konzeption. Es sind die einzelnen Sätze einzelner, die, ausgesprochen, den Lauf der Geschichte bestimmen. Aber auf der anderen Seite dieser merkwürdige Determinismus. Daß diese wenigen Sätze folgerichtig zur Ermordung Hanns-Martin Schleyers führen mußten. So als ob die Täter in ihren Entscheidungen den von Dr. Heiner Geißler zitierten Sätzen willenlos ausgeliefert gewesen seien. An sich sind die von der CDU gegen den Determinismus, sie sind, sagen sie, nämlich für die Freiheit; aber was sein muß, muß offenbar sein.

Der Herr Dr. Geißler hat also eine Art Doppelstrategie angewandt. Er hat vor einem Millionenpublikum, das aufgebracht war, schnell einen Verdacht formuliert, der den politischen Gegner stigmatisieren sollte. Das tut seine Wirkung, das darf man nicht vergessen. Und er hat dann seinen Kongreß veranstaltet, die «wissenschaftliche Fachtagung». Da hat er dann, um Reputation werbend, sich um Seriosität bemühend, die Sachlichkeit demonstriert. Die Öffentlichkeit hat auch davon erfahren. Daß da ein Kongreß war, ein wissenschaftlicher. Was sie so millionenfach nicht erfahren konnte, war, daß dort fast niemand die Schuldthesen der «Terrorismus-Dokumentation» zu teilen bereit war. Sie wurden – wenn auch indirekt – als simpel, als versimpelnd verurteilt. Eine Ausnahme machte da Herr Gerhard Boeden, der wußte, wo das alles herkam. Herr Boeden war seinerzeit Leiter der Abteilung Terrorismusbekämpfung im Bundeskriminalamt: «Die Anfänge des Terrorismus in der Bundesrepublik und in anderen westeuropäischen Ländern sind in der sogenannten ‹autoritären studentischen Protestbewegung› der Jahre 1967/68 zu finden.»[3] Und auch, wenn da der Herr Dr. Geißler in eher größeren Zeiträumen denkt – er greift, mit Hegel, zurück auf die Französische Revolution[4] –, so mißversteht man ihn nicht, wenn man seine Polemik gegen den Verursacher Marxismus zeitlich als in dem Raum angesiedelt versteht, den Herr Boeden so deutlich absteckt. «Konfliktbereitschaft wurde gepredigt, Gemeinschaftssinn und Pflichtbewußtsein als antiquiert abgetan. Geschichte und ihr Unterricht wurde eliminiert.»[5] – Klar, was da zum Vorbild geworden ist, klar auch, was besser zum Vorbild gemacht worden wäre.

3

Das kapitalistische Wirtschaftssystem ist den staatlichen und sozialen Lebensinteressen des deutschen Volkes nicht gerecht geworden.

Das Ahlener Wirtschaftsprogramm der CDU (1947), man muß es immer wieder zitieren.

Ich meine: damit muß es nun ein Ende haben, daß man am Marxismus und Sozialismus gläubig festhält – und sich dann von seinen Folgen nach Bedarf erschrocken distanziert!
(Dr. Heiner Geißler)[6]

Heiner Geißler hat aber doch in seinem Grußwort zu seinem Kongreß sein Vorgehen bei der «Terrorismus-Dokumentation» indirekt gerechtfertigt. Er hat sich dabei entscheidend auf Eugen Kogon berufen; Herr Geißler beruft sich gerne auf Vorbilder, auf Autoritäten, insbesondere dann, wenn die ihn und seine Partei kritisiert haben. Er bekämpft sie offenbar, indem er sie zitiert. Herr Geißler wendet sich sachlich, Eugen Kogon zitierend, gegen die These: «Wir alle sind (mit)schuldig.»[7] Herr Geißler nämlich ist gegen Kollektivschuldthesen. «Jede Verantwortung richtet sich immer an Personen, nicht an die anonyme ‹Gesellschaft›!» Herr Geißler geht mit unserer Gesellschaft um wie früher mit der DDR, er setzt sie in Anführungsstriche. Herr Geißler ist gegen Kollektivschuldthesen, die ihn mit einschließen, er ist für Thesen, die Kollektive stigmatisieren: Die sozialistischen. Für die stehen dann einzelne ein. Böll, Brandt und so weiter. «Wenn alle schuld sind», sagt er[8], «ist keiner mehr wirklich schuld.» Und das darf so nicht sein. Böll, Brandt, Frisch.[9] Und: «Der Terrorismus entstand nicht aus dem Nichts!»[10] Da hat er allerdings recht.

Ich stelle mir vor, ich versuche mir vorzustellen, wie derartig durchsichtige Argumentationsstrukturen, vorgetragen vom Sprecher der zweitgrößten Partei dieses Staates, wie derartig ins Politische gebrachte, sich verkrampft seriös gebende Wahlkampfanstrengungen wirken können auf politisch interessierte junge Menschen, die – zum Beispiel verunsichert durch die Jugendarbeitslosigkeit, durch den Numerus clausus, durch die schlechten Berufsaussichten – fragen, was an *dieser* Gesellschaft zu verändern sei und was nicht. Ich kann mir nicht vorstellen, daß die so von Herrn Geißler ermutigt werden können, sachlich mit dem politischen Gegner umgehen zu lernen.

Herr Geißler ist auf der Suche. Auf der Suche nach den Ursachen, auf der Suche nach den selbstredend linken Vorbildern. Dem Manne kann, denke ich, geholfen werden; wenn das so sein soll, daß die nicht nur von Herrn Boeden sogenannte antiautoritäre Studentenbewegung an allem schuld ist. Ich habe da Erinnerungen an die Ursprünge, an das, was, bitte schön, Herr Geißler für die Ursprünge hält, archivarische Erinnerungen, aber wenn, *was ich nicht meine*, es einzelne sind, die man auf Grund ihrer Äußerungen und Handlungen verantwortlich zu machen hat für gesellschaftliche Entwicklungen, dann werde ich um der gebotenen Sachlichkeit willen auch diese meine Erinnerungen nicht zurückhalten dürfen. Denn, um es kurz zu machen, zu den Verursachern der Studentenbewegung gehört auch – «fahrlässig und naiv», um die Begrifflichkeit Helmut Kohls in Anwendung zu bringen – eben Dr. Heiner Geißler, damals noch Heinrich.

4

Gewalt kann nämlich bei den Kontrahenten aus dem wechselseitig affektiven Druck der Situation entstehen. Sie liegt dann gleichsam in der Logik der Situation.
(Roland Eckert)[11]

Wahlkampf 1965 also, ich muß das jetzt erzählen. Das war das Jahr, in dem sich Ludwig Erhard, der Volkskanzler, sich seinem Volk zum erstenmal zur Wahl stellen konnte und auch zum letztenmal. Die Wahl hat er deutlich gewonnen.

Das war der Wahlkampf, dessen Ergebnis dann ein Jahr später die Große Koalition möglich machte. Die Zeitungen von damals heute durchblätternd bemerke ich, daß diese Große Koalition schon 1965 offenbar schon ganz nah gewesen war. Sie ist eins der Hauptthemen des Wahlkampfes gewesen. Ich bin überrascht, daß wir das damals nicht bemerkt haben. Ich bin nicht überrascht, daß wir das damals nicht haben bemerken können: Strauß und Heinemann in einem Kabinett, das ist immer noch eine abenteuerliche Vorstellung.

Wahlkampf 1965. Das Ritual war bekannt. Die Rituale des CDU-Staates, die Rituale mittlerweile des SPD-Staates, die Rituale der Herrschaft. Aber, es war dies die erste Wahl in der Bundesrepublik, die keine Adenauer-Wahl war. Adenauer lebte noch, er stellte seinem ungeliebten Nachfolger ein Bein nach dem anderen, aber es war dies doch primär eine Erhard-Wahl. Und es wurde ein Erhard-Wahlkampf. Erhard fuhr wohlgeplant mit seinem Troß durch die Lande und nahm den Jubel der Massen huldvoll entgegen. Da wurde nicht argumentiert, da wurde gefeiert, da wurde das Politische hinweggefeiert. Das hat uns verstört.

Das funktionierte gut so, das lief wie geschmiert. Das war eine Maschine, die da ablief. Uns schien, sie wollte uns überrollen. Die Herrschaft wollte uns da überrollen in Gestalt dieses Ludwig Erhard. Diese Herrschaft war gleichzusetzen mit der CDU. Wir waren links, irgendwie, also für die SPD. Die SPD war für uns mehr als nur eine Alternative.

‹Die Alternative oder brauchen wir eine neue Regierung?›: Das war 1961 der Titel eines rororo-Bandes, herausgegeben von Martin Walser, gewesen. Jetzt, 1965, hieß der entsprechende Band, herausgegeben von Hans Werner Richter: ‹Plädoyer für eine neue Regierung oder Keine Alternative›. Wir waren damals wohl auch deshalb so entschieden für die SPD, weil sie nicht durch Herrschaftspraxis korrumpiert war, weil man an diese Partei alle Hoffnungen auf Veränderung binden konnte. So einfach ist das heute bekanntlich nicht mehr.

Erhards Kampagne funktionierte also, die Massen funktionierten jubelnd. Außer, las man, in Wilhelmshaven. Da gab es *Tumulte bei Wahlrede Erhards*[12], es waren *einige* der 12 000 Zuschauer, die da *pfiffen*. Die Polizei ist da selbstverständlich eingeschritten, sie nahm einige der *pfeifenden* Zuschauer fest. So einfach war das, so erschreckend war das. So unheimlich, daß da jemand pfiff angesichts des *Kanzlers*. Vergessen nämlich waren die Wahlkämpfe der fünfziger Jahre, voller Zwischenrufe und Radau, voller Leben und Gelächter. Jetzt gab es, schien es, nur noch die CDU und ihren Kanzler. Da zu pfeifen war, eigentlich, Majestätsbeleidigung. Kommunisten waren das wahrscheinlich, aus der Ostzone, aus der sogenannten. Es war so weit gekommen in der Bundesrepublik, daß man, wenn Konrad Adenauer auf der Wahlreise einen Saal betrat, alle im Saal sich erhoben. Zum Abschluß wurde dann das Deutschlandlied gespielt. Daran versuchte Erhard auf seine Weise anzuknüpfen. Nicht so feierlich, eher dynamisch, aber noch immer so, daß er und seine Partei in diesem Staat einen Alleinvertretungsanspruch hatten. Die SPD war nämlich, nach dem Wort Adenauers, immer noch der UNTERGANG DEUTSCHLANDS. Wer Erhard kritisierte, der stand außerhalb irgendwie, außerhalb des Staates. Da mußte die Polizei gerufen werden. Dahin hat man uns, die wir nicht für Erhard waren und auch nicht für die CDU, hingestellt. Da standen wir also, ratlos.

Und es schadete dann Erhard offenbar auch nicht, im Gegenteil, daß er aus seiner Rolle fiel. Als er kritische Schriftsteller «Uhus» nannte oder «Pinscher», als er die bundesweite Aktion der Studenten gegen den Bildungsnotstand als so eine Art Dummerjungenstreich schimpfend abtat. Das war ihm alles nicht so wichtig, wichtig war nur ER. Auch sein Gegenkandidat war ihm unwichtig. KÖNNEN SIE SICH HERRN BRANDT ALS BUNDESKANZLER VORSTELLEN? (Wir konnten.) – Die SPD hatte sich 1965 sowieso unsterblich blamiert, als sie so etwas Unpolitisches wie den Umweltschutz zum Wahlkampfthema machte. Was war der «blaue Himmel über der Ruhr», den die SPD versprach, schon gegen Erhards WOHLSTAND FÜR ALLE. – Auf der Schule hatten wir gelernt, daß zur Demokratie entscheidend die Opposition gehört und die Kritik an der Regierung. Ludwig Erhard schien das, seinen Wahlkampf durchziehend, irgendwie anders zu sehen.

Erhard kam dann auch nach Tübingen, in Tübingen habe ich 1965 studiert. Hier hat Dr. Heinrich Geißler für den Bundestag kandidiert. Erhard hat dann auch in Tübingen gesprochen. In Tübingen hat er dann ein Publikum gefunden, das ihn als Majestät empfing. Wie man in Demokratien Leute empfangen soll, die sich als Majestäten aufspielen. «Während die Wagenkolonne vor dem Rathaus vorfuhr», schreibt das *Schwäbische Tagblatt*[13], «waren aus dem herzlichen Beifall bereits Mißfallensäußerungen herauszuhören, und was dann folgte, bezeichneten Begleiter des Bundeskanzlers als einmalig in seiner bisherigen Wahlreise durch Südwürttemberg-Hohenzollern», und wohl nicht nur da.

5

Wir, die CDU, die mit Überzeugung das aktive Engagement für diesen Staat, dessen Fundamente wir
gelegt haben . . .
(Dr. Heiner Geißler) [14]

Wer Deutschland unmittelbar nach
dem Krieg in all seiner Hoffnungslosigkeit und in Trümmern erlebt
habe, und nicht begreife, was das
deutsche Volk – auf Zwischenruf:
«Ja, auch der deutsche Arbeiter!» –
unter einer CDU-Regierung zustande gebracht habe . . .
(Erhard) führte aus, er stehe seit
Jahren im Kampf gegen den Sozialismus, gegen das Proletariat und
den Klassenkampf. [15]

Warum diese Aufregung, warum unsere Aufregung. Mitgespielt hat
dabei sicher die Diffamierung der Intellektuellen. Brecht und das
Horst-Wessel-Lied, das war nach dem Diktum des Bundesaußenmi-
nisters eins. Wer es also bis dahin nicht gewußt hatte, der wußte es
jetzt, daß der Brecht spannend war. Dazu gehörte auch die Kampagne
gegen die Pinscher. Wir sahen den Erfolg dieser Kampagne. Wir
sahen, wie man bei der CDU und in der Presse so tat, als ob sich die
SPD mit der ersten Wahlreise von Günter Grass eine unglaubliche
Schweinerei (und das ist wörtlich zu verstehen) geleistet habe. Mitgespielt hat da auch noch die Reaktion der Herrschenden auf unsere
studentische Aktion in Sachen Bildungsnotstand. Wir wollten bessere
Ausbildungsmöglichkeiten in diesem unserem Staat, nicht mehr. Wir
waren deshalb auf die Straße gegangen, wir hatten ordnungsgemäß
demonstriert. Und wir fanden uns, so handelnd, vom Feld verwiesen.
Wir waren, mit einem Wort, unpolitisch, wir haben moralisch reagiert. Wir waren politisch, indem wir moralisch reagierten. Wir waren
(und sind es, irgendwie, geblieben) Kinder des CDU-Staates.
Tübinger Studentenprobleme des Jahres 1965, um die Ursprünge zu
zeigen. Es gab da Probleme zwischen den Studenten auf der einen
Seite, vertreten durch den AStA, und den Bürgern, vertreten durch
die Lokalpresse und die Stadt. Da ging es um den Lärm nach zehn Uhr
abends. Um den ist es schon zu Zeiten meines Großvaters in Tübingen gegangen. Vor allem ging es – damals wie 1965 – um den Lärm auf

dem Neckar. Das war ein ganz ganz heißes Thema. Den Lärm auf dem Neckar machten Studenten, zumeist Corporierte, mit und auf den Stocherkähnen. Die Stocherkähne beim Hölderlinturm gehören zu den Attraktionen, die ein stolzer Tübinger seinen Besuchern von außerhalb mit Stolz präsentiert: Unsere Studenten. Wichtig war auch die Frage, ob im Klubhaus der Studenten das *Neue Deutschland* zur Lektüre ausgelegt werden durfte, der Antrag nämlich war gerade von der Oberstaatsanwaltschaft in Stuttgart abgelehnt worden; der rechtsradikale *Studenten-Anzeiger* durfte natürlich frei verkauft werden. Im Klubhaus. Wichtig auch war die Wohnungssituation der Studenten; so etwas wie Kommunen gab es noch nicht. Das wäre unvorstellbar gewesen. Der AStA-Sprecher betonte, schreibt das *Tagblatt*, «der AStA habe nie gesagt, ein Besuchsverbot für die Zeit nach 22 Uhr sei sittenwidrig; im Interesse der Vermieter sei eine Begrenzung dieser Art durchaus gerechtfertigt. Man habe lediglich kein Verständnis dafür, daß Studenten auch tagsüber niemanden aufs Zimmer nehmen dürften. *So* unmoralisch seien *die* Studenten wohl doch nicht.» So «moralisch» waren die Studenten, waren wir Studenten. Wir gingen einmal im Monat zum Friseur, so wie wir es zu Hause gelernt hatten, wir trugen Anzüge. Nonkonformisten verzichteten auf die Krawatte.

Im Kino lief ‹Angelique›, erster Teil (mit der unvergessenen Renate Ewert), dann der zweite Teil. Peggy March siegte in der Endausscheidung der 5. Deutschen Schlagerfestspiele in Baden-Baden mit ‹Mit siebzehn hat man noch Träume›. – ‹Sprich nicht drüber›, Wencke Myrhe auf Platz zwei. Albert Schweitzer starb in diesen Tagen; wer von uns hatte nicht mal mit dem Gedanken gespielt, nach Lambarene zu gehen und da mitzuhelfen. Die Rolling Stones, eingeladen und aufgepowert von der Springerpresse, DIE FANS WAREN NICHT ZU HALTEN, provozierten Saalschlachten, die dann – von der Springerpresse – nachhaltigst verdammt wurden. Man sprach schon über die Pille. Als Problem.

Sicher, wir waren politisch, wir waren politisch interessiert. Wir waren links, irgendwie. Wir waren irgendwie für die SPD. Weil die auch mal eine Chance verdiente. Wer in der Partei war, der gab das nicht so schnell freiwillig zu. So politisch, daß man in eine Partei gehen konnte, konnte man einfach auch nicht sein. Damals waren die Parteibücher der SPD gerade erst von der roten auf die blaue Farbe umgestellt worden. Wir waren links, aber das hieß noch lange nicht, daß wir hätten etwas *machen* wollen. Wir haben, dann, was gemacht.

Wir sind auf den Marktplatz gegangen, auf dem Erhard sprach. WIR GRÜSSEN UNSERN BUNDESKANZLER LUDWIG ERHARD! Und wir haben aus einer feierlichen Wahlveranstaltung so was wie ein Happening gemacht. Dabei ging es nicht allein um Erhard, der war eher ein Anlaß, es ging uns um den politischen Stil, der uns da von oben, vom Rathausbalkon aus, präsentiert wurde. Es ging uns, eigentlich, um den Dr. Heinrich Geißler.

Dr. Heinrich Geißler war der Bundestagskandidat der CDU. Er trat die Nachfolge an von Dr. Gustav-Adolf Gedat. Den hatte Papst Paul VI. im Juni «als einen der bekannten Laien der evangelischen Christenheit» empfangen.[16] Ich hatte Jahre zuvor mal ein Buch von einem Autor namens Gedat aus einem Giftschrank gefischt. Darin hatte ich die Geschichte von einem braven jungen Schüler gelesen, der sich aufrichtig für das neue Deutschland, dem auch dieses Buch sein Erscheinen verdankte, begeisterte. Er wurde einer der Besten. Bis er eines Tages erfahren mußte, daß Tragik in sein Leben eingegriffen hatte. Es wurde schrecklich, aber es mußte sein so: Der besagte hoffnungsvolle junge Mann erfuhr, daß er gar nicht «dazu» gehören konnte. Weil, er war nicht reinrassig. Damals – es war die Zeit des Auschwitz-Prozesses in Frankfurt – nahm ich an, der Bundestagsabgeordnete der CDU müsse der Verfasser dieses Buches gewesen sein. Heute weiß ich, daß ich mich da geirrt haben muß; sonst könnte sich der Dr. Heiner Geißler nicht so reinen Herzens für die Berufsverbote einsetzen.

Ich habe herumgefragt bei denen, die damals mit dabei waren. Wir haben da sehr genaue Erinnerungen an das, was war. Weil der Dr. Heinrich Geißler uns damals eine entscheidende, eine nicht nur für uns folgenreiche Erfahrung vermittelt hat. Er war nicht Ursache, aber er ist doch der Vermittler gewesen. Er hat uns nämlich die Erfahrung vermittelt, daß es in dieser Gesellschaft nicht darauf ankommt, in Wahlkämpfen oder auch sonst, zu argumentieren, sondern daß man primär gewinnen wollen muß. Das hat uns verstört. Wir hatten naiv irgendwie auf Argumente gewartet, wir setzten uns argumentierend mit der Gegenseite auseinander, und da stand in Wirklichkeit eine gutfunktionierende Wahlkampfmaschine, die uns deutlich machte, wer die Macht hatte, also das Sagen. Es waren moralische Positionen, die wir da hatten. Wir empfanden es so, daß da Gewalt ausgeübt wurde, daß da eine Gewalt wirkte, die es nicht nötig hatte, uns und unsere Argumente ernst zu nehmen. Mit heutigen Jugendlichen sprechend, bemerke ich, daß auch die, was diese Gesellschaft angeht, moralisch argumentieren. Moralischer noch als wir damals.

Wir hatten also unsere Kritik an diesem Staat, diese Kritik war theoretisch erhärtet. Wir wußten noch nicht, was Kritik praktisch bedeutet. Wir hatten kritische Theorien im Kopf, nichts anderes. Wir hatten das, was wir dachten, noch nicht praktisch begriffen. Der Dr. Heinrich Geißler hat uns das dann stellvertretend beigebracht. Er hat uns unser Wissen aus den Büchern in die Realität geholt.

Ich habe also herumgefragt. Ja, haben die von damals gesagt, das war's: Dieser Geißler, das war – damals – dieser machtbewußte Karrieretyp, der die Zeichen der Zeit nicht nur sah, sondern auch zu nutzen verstand. Da war jemand, der ungeheuer sicher wußte, daß die Wähler Emotionen haben, Ängste, Hoffnungen, Vorurteile. Und damit hat der ganz locker gespielt, sagen die, um den politischen Gegner wegzuputzen. Clever, cool. Der war sich so sicher, daß er gewinnen würde, er hat gezeigt, wie sicher er war. Die Arroganz der Macht, hier war sie. Jetzt sahen wir sie verkörpert. Uns hätte interessiert, was der *wirklich* dachte. So war das, so hat das damals ausgesehen. Das war einer vom Typ Junge Union, der war angetreten, um die der CDU auf immer angestammte Macht demnächst zu verwalten und uns in ihr. Vielleicht war da auch mit drin, daß der nicht zu den Alten, bei denen man das noch verstand irgendwie, gehörte, sondern eigentlich mehr zu uns. Einer, der auch dabei war, sagte mir neulich, der Erhard sah neben dem Geißler irgendwie harmlos aus und alt.

Uns hat damals verstört, daß das mit der Politik in diesem Staat nicht so war, wie wir es auf den Schulen dieses Staates gelernt hatten. Gewußt hatten wir das schon irgendwie, daß das in der Demokratie anders lief als in den Schulbüchern – ich selbst hatte als Dreizehnjähriger, 1953, für die CDU Plakate anderer Parteien beklebt: VON MOSKAU BEZAHLT oder VERSAMMLUNG FÄLLT AUS – aber was wir nicht richtig gewußt haben, *wie* anders das lief. Aber wie die CDU in Tübingen unter Dr. Heinrich Geißler uns so regelrecht brutal vorexerzierte, daß die politische Auseinandersetzung eine Frage der Macht war und deren Inszenierung, da haben wir gemerkt, daß da was schieflief in Sachen Demokratie.

Dabei hatten wir nebenbei seit der Schule ein Interpretationsmodell zur Hand, das anzuwenden wir nicht bereit waren. Da hatte es ja Lehrer gegeben, die immer mal wieder durchblicken ließen, daß das mit der Demokratie nicht so sei, wie es offiziell hieß. Das waren die von keinem Berufsverbot betroffenen alten Nazis. Die hatten überhaupt keine Chance gehabt bei uns. Um so mehr kränkte uns dann, daß das *Tagblatt* unsere Aktion auf dem Marktplatz zu den «Methoden vergangener Zeiten» rechnete.[17] – Die Gleichung: Rechts = Links hat damals schon ihre zuverlässige Wirkung getan.

6

Die Studentenbewegung führt nicht
notwendig zum Terrorismus (von
zwei Apo-Anwälten in Tübingen ist
einer Terrorist, der andere Landes-
vorsitzender einer staaterhaltenden
Partei geworden).
(Roland Eckert)[18]

Beim Durchblättern der Zeitungen von damals bemerke ich heute, daß schon in den sechziger Jahren viel demonstriert wurde. Niemand hat etwas dagegen gehabt. An die Demonstration anläßlich der Ermordung Kennedys (1963) kann ich mich erinnern. Ich habe da nicht mitgemacht, ich hatte was gegen Demonstrationen. Auch der 17. Juni war Demonstrationstag, unter hervorragender Beteiligung der Corporierten in Wichs und Couleur. Heimatvertriebene, die damals noch wahlentscheidend waren, gingen selbstverständlich auf die Straße. Wir haben dann gegen die NPD, als die in einigen Landtagen saß, demonstriert, nicht ahnend, daß man gegen eine Partei, die erklärtermaßen die Studenten weghaben will von der Straße, so nicht widerlegen kann. Die erste studentische Demonstration richtete sich 1965 gegen den Bildungsnotstand. 1966 dann wurde schon gegen den Krieg in Vietnam protestiert.

Das mit dem Demonstrieren war nicht so einfach. Das-sich-Zeigen, Das-in-der-Masse-Verschwinden. Obwohl das eine Masse von Individualisten war. Das-sich-öffentlich-Festlegen, Das-gesehen-Werden. Obwohl wir ja *für* etwas demonstrierten. Aber auch *gegen* etwas. Die Schimpfereien des Kanzlers anläßlich unserer Demonstration haben mir sehr geholfen, mitmarschieren zu können.

Die Angst, sich öffentlich zu exponieren, diese Angst haben junge Menschen auch heute wieder. Nur daß sie ein anderes Verhältnis zur Öffentlichkeit haben. Wir glaubten an die Macht der Öffentlichkeit, der aufzuklärenden Öffentlichkeit, wie an die Macht der Vernunft. Heute ist das bei denen irgendwie anders (gemacht worden). Ganz abgesehen davon, daß der Weg auf die Straße, der 1967 noch möglich war, heute durch eindeutige Bestimmungen verrammelt ist.

26. August 1965. Der Kanzler spricht. ERHARD ODER BRANDT – DAS IST DIE FRAGE. LUDWIG ERHARDS EHRLICHER NAME GENIESST VERTRAUEN UND ACHTUNG IN DER GANZEN WELT.
ES GEHT UM DEUTSCHLAND.
Wir also waren vorbereitet.

Es waren Semesterferien, trotzdem waren einige hundert Studenten gekommen. Ich wurde per Postkarte von einer Kommilitonin eingeladen. Sie verwies mich darauf, daß sich die «Pinscher» auf dem Markt versammeln würden. Das mit den Pinschern war unsere eigentliche Identifikationsmöglichkeit. Das machte es uns möglich zu protestieren. Da war nichts groß abgesprochen, da mußte nichts abgesprochen werden, da war nichts *organisiert* worden. Colibri und Seele hatten in Eile einige Plakate und Transparente gemalt, wir durften uns welche aussuchen. So lange der Vorrat reicht. Ich glaube mich erinnern zu können, daß ich zeitweise das Transparent mit der Aufschrift EINST SPRACH HIER HEGEL UND JETZT *DAS* trug, aber ich kann mich irren. Genau erinnere ich mich daran, daß dieses Transparent dann von erbosten Bürgern heruntergerissen und zerstört wurde. Das war nackte Gewalt, wir waren gegen Gewalt, wir waren empört. Wir waren verstört. Denn eigentlich hatten wir Angst. Uns war unwohl, es blieb uns nichts anderes übrig, als mutig zu werden jetzt. Da wir mit dem gesunden Volkszorn konfrontiert wurden. Wir hatten den Tempel geschändet, wir hatten den Gott des (versprochenen) Wohlstands gelästert. Im Anschluß an die Veranstaltung hat mich eine Frau mit erhobenem Regenschirm, mich bedrohend, noch einige hundert Meter weit die Neckarhalde runter verfolgt. Ich sollte doch in die Ostzone rüber, sie würde mir freiwillig das notwendige Geld geben. Jetzt sofort. Ich akzeptierte ihr Angebot und verlangte das Geld. Aber nur, sagte sie – immer noch erregt, der Regenschirm war immer noch in der Luft –, wenn ich da auch bliebe. Bei denen. Aber jetzt hatte ich wenigstens meine Ruhe vor ihr; es war um Geld gegangen.

Weitere Transparente, um das Ungehörige zu belegen:
MEHR NIVEAU, SIE SIND IN TÜBINGEN
EBERHARD BAUTE DIE UNI – ERHARD KÜRZT IHR DAS GELD
GOEBBELS 1933 – ERHARD 1965: «ENTARTETE KUNST»
DER PINSCHER HÖLDERLIN GRÜSST DEN VOLKSKANZLER
Dazu Zwischenrufe – «Pinscher, Pinscher» –, Sprechchöre. Harmlose Aktionen, harmlose Plakate, im Lichte unserer Erfahrungen. Damals

war es das äußerste. Das war, natürlich, dann *organisiert*, das war *gesteuert*, anders war so etwas einfach nicht zu erklären. Der Herr Dr. Heinrich Geißler hat unser Auftreten dann fleißig benutzt, wir hatten ihm geholfen, wahlkämpfend die Schafe von den Böcken zu trennen.

Und dann noch das Plakat, das Colibri trug. Tage später, als Willy Brandt vom selben Rathausbalkon aus sprach, trug er das Plakat: KLEINE SCHRITTE SIND BESSER ALS KEINE. Willy hat dann extra darauf verwiesen, hat das Motto aufgenommen. Und das Transparent zitterte vor Stolz über unseren Köpfen. Bei Erhard hatte Colibri sehr schön aufgenommen, daß die Sprachwolken des Kanzlers immer wieder fast manisch auf diesen einen Punkt kamen. Und so was gehörte sich ja nun wirklich nicht, wie der Erhard sich selber lobte. Und da ging es dann auf Stichwort hoch das Transparent: EIGENLOB STINKT. Ich habe Colibri sehr beneidet um diese Pointe. Ich dachte, jetzt kann der Erhard doch nichts anderes mehr machen als abbrechen. Um ganz unauffällig zu verschwinden.

Colibri hieß so, weil er mit diesem Namen seine Artikel in der Studentenzeitung, den NOTIZEN, zeichnete. Er war braves Mitglied der SPD, witzig und locker. Ich hatte ein paarmal mit ihm diskutiert. Weshalb ich mich so genau an ihn erinnere: Da war diese merkwürdige und auffällige Ähnlichkeit mit dem Dr. Geißler. Noch heute fällt mir das auf, wenn ich den Herrn Geißler im Fernsehen sehe. Diese beflissene Art, die nur akademische Schwaben so hinkriegen können. Dieses leichte Eifern im Unterton. Daß es so etwas wie urbane Eiferei gibt, hatte ich vorher nicht geahnt. Dabei dieses Selbstbewußtsein, diese Fähigkeit, sich überzeugt darstellen zu können, mit einem Unterton von Subalternität. Und immer freundlich. Diese komische Übereinstimmung fiel mir auf, ich genoß sie. In den Diskussionen hat Colibri – wie noch Jahre später – immer deutlich gemacht, daß der Marxismus schon lange – theoretisch wie praktisch – widerlegt sei.

Wer noch dabei war, damals. Sven war dabei. Er hatte, als Tage später Willy Brandt sagte, die SPD wolle niemandem sein Auto wegnehmen (und das hat er der Geißlers wegen nicht zum letztenmal sagen müssen), ironisch erleichtert geklatscht. Sven (heute ein erfreulich undogmatischer Linker) war gerade vom Motorroller aufs Auto umgestiegen, auf einen Topolibo. Ursula (heute eine selbstironische linke Feministin) hatte die Schiebermütze ihrer Schwester auf. Stand ihr sehr gut, der Uschi. Sie war mit Henrik (der heute ein eher unpolitisch zu nennender erfolgreicher Kaufmann ist) gekommen. Das war wichtig. War da was mit Sven, dessen Domino-Theorie sie nicht akzeptieren wollte? – Der Vietnam-Krieg war ja bereits ein Diskussionsthema. Das war eine wichtige Frage. Das mit Sven. Sicher war auf dem Markt der Verfasser des SHB-Flugblattes mit dabei: IT'S TIME FOR A CHANGE (heute steht er der DKP nahe). Dabei waren Studenten, die in der CDU Karriere gemacht haben, Studenten, die heute zu den Grünen tendieren, Studenten, die in der SPD sind. Wir waren uns – damals – einig. So wie der Dr. Heinrich Geißler das wollte, so durfte es einfach nicht laufen. So wurde er unser aller Vorbild.

Richtig, den Colibri, dessen richtigen Namen ich immer noch nicht wußte, habe ich dann noch mal besucht. Er hatte sich von mir einige Beatles-LPs ausgeliehen, inklusive ‹Revolver›. Er wollte sich die überspielen. Er stand nämlich kurz vor seinem ersten juristischen Examen, da brauchte er die Musik zum Arbeiten. Über das mit dem Marxismus wollten wir schon gar nicht mehr reden miteinander, das wäre, fanden wir beide, zwecklos gewesen. Seine Karriere schien unaufhaltsam.

7

Der Marxismus ist theoretisch und praktisch widerlegt. Dennoch entzündet er die Phantasie vieler, gerade junger Menschen. Gibt es einen Restwert an Irrationalität, gegen den wir nichts ausrichten können? (Dr. Heinrich Geißler)[19]

Was ich, was wir seinerzeit mit diesem Dr. Heinrich Geißler erlebt haben, das hat uns politisiert. Wie die CDU, in Tübingen personalisiert durch ihren Bundestagskandidaten, mit der politischen Realität umging. Wen immer ich befragt habe jetzt, da ist man einer Meinung. Ja, der Geißler.

Was mich heute, die Zeitungen von damals durchblätternd, beeindruckt, ist, daß das, was uns damals inszeniert wurde, heute gar nicht mehr als so beeindruckend erscheint. Richtig, die CDU war nicht fair, sie war sogar unfair. Warum aber eigentlich unsere Aufregung damals.

Sicher, es war gemein – so sahen wir das –, wenn die CDU in ihren Annoncen dem «Professor Ludwig Erhard» den «W. Brandt» gegenüberstellte. Es war unfair, wenn im Hinblick auf die SPD, den UN-

TERGANG DEUTSCHLANDS, gezielt die Erinnerung an das Ende des Faschismus, das hieß: an das Ende des Weltkrieges beschworen wurde. VOR 26 JAHREN BEGANN DER ZWEITE WELTKRIEG. DEUTSCHLAND WURDE ZERSCHLAGEN UND ZERSTÖRT! SEITDEM HABEN WIR HART GEARBEITET ... ABER DIE WELT IST VOLL GEFAHREN. ES GEHT UM DEUTSCHLAND – CDU. Oder: ES GEHT UM DEUTSCHLAND. DIE VERSPRECHEN DER SPD SIND ENTWEDER NICHT ERNST GEMEINT ODER FÜHREN UNSER VOLK INS UNGLÜCK. Oder: WENN DIE SPD ERST EINMAL AN DER MACHT IST, DANN IST ES ZU SPÄT. DA HILFT NACHHER KEIN JAMMERN MEHR. «DAS HABEN WIR NICHT GEWUSST.» DOCH SIE WISSEN ES, SIE WURDEN GEWARNT.

DER WAHN IST KURZ, DIE REUE LANG. Und so weiter.

Aber, warum hat uns das damals bewegen können, warum hat das uns damals *ergriffen*? – Warum haben wir auf die Worte der Annoncen, auf die Worte der Reden überhaupt so reagiert? – Weil wir, meine ich, an Worte wie an Argumente glaubend, erfahren haben, daß Argumente machtlos, daß Worte manipulierbar sind. Deshalb haben wir uns, an die Worte glaubend, und um die Macht des Arguments auch in der Politik durchzusetzen, auf die Straße begeben. Dabei haben wir – personalisierend – den Herrn Geißler dämonisieren müssen und auch als Dämon aufbewahrt in unserer Erinnerung. So wie wir ihn erinnern, ist er nicht gewesen. Er ist seiner Zeit nur voraus gewesen, *seiner* Zeit, er war nur ein besonders gelehriger Schüler des CDU-Staates gewesen. Und dann nicht nur des CDU-Staates.

Was uns mehr noch verstört hat war, wie der schnelle Herr Doktor uns und unsere spontane Aktion dann instrumentalisiert hat. So wie er den erklärten SPD-Anhänger Walter Jens in einer Annonce zum Kronzeugen gegen die SPD aufbaute, um dann, als dieser per Annonce sehr sachlich replizierte, den Walter Jens, diesen «Parteigänger», als Bestätigung dafür zu nehmen, daß «die SPD in unsrem Wahlkreis jeder sachlichen Argumentation ausweicht und sie durch Schimpfereien ersetzt». Daß diese Annonce am letzten Tag vor der Wahl erschien und der Walter Jens nicht mehr per Gegenannonce antworten konnte jetzt, das hat uns besonders empört. So als wenn eine Gegenannonce noch alles alles hätte wenden können.

Wir wurden wider Willen und gegen alle Erwartung instrumentalisiert. Das hat uns betroffen gemacht. Das betraf uns. Erst das hat uns Arglose wirklich politisch gemacht. Wir sahen uns jetzt nämlich mitten drin im politischen Spiel, aus Akteuren waren wir zu wehrlosen Objekten geworden. Wir hatten nämlich bewiesen, daß *er*, Dr.

Heinrich Geißler, einen fairen Wahlkampf geführt hatte. DER POLITISCHE GEGNER EIN LUMP? Das war nicht selbstkritisch gemeint, damit waren wir gemeint. Wir waren ihm der Beweis dafür, daß man argumentierend nicht gegen ihn und seine Partei ankäme. Man hat uns unser Wort so im Mund umgedreht, um des Erfolgs willen. Wir haben daraus gelernt. «Die Tübinger Bevölkerung war bisher saubere und faire Wahlkämpfe gewohnt. Dabei wird die *CDU* bleiben.» Ganz abgesehen davon, daß der Herr Geißler (für sich) die «Toleranz und Achtung vor der Meinung des Andersdenkenden» reklamierte. So weit, dazu Rosa Luxemburg zu zitieren konnte auch damals ein Heinrich Geißler nicht gehen.

Diese Erfahrung des Instrumentalisiertwerdens. Herr Geißler hat also unlängst seinen Kongreß gehabt. DER WEG IN DIE GEWALT. Er hat da nicht nach Lösungen gesucht, er hat da klare Alternativen aufgebaut. Freiheit oder/statt Sozialismus. KÖNNEN SIE SICH HERRN BRANDT ALS BUNDESKANZLER VORSTELLEN. Herrn Geißler hat dabei nicht primär das Thema des Tages interessiert, ihm ist es auf die Stigmatisierung des politischen Gegners angekommen. Man kann ein Feuer löschen wollen, man kann sich auf ihm auch sein Süppchen kochen.

Das mag eine bestimmte Öffentlichkeit hinreichend interessieren. Daß da die Sache selbst unter den Tisch gefegt wird: DER WEG AUS DER GEWALT. Dies so vorexerzierend, hat er denen, die mit dem Gedanken IN die Gewalt spielen, nicht geholfen. Nicht geholfen, den Weg AUS der Gewalt zu finden.

Mut gezeigt und anderen ein Vorbild gegeben zu haben, sind Eigenschaften, auf die kein Staat verzichten kann. Auch und gerade der frei-
heitlich-demokratische Rechtsstaat
bedarf des mutigen, vorbildlichen
Einsatzes. Ich bin tief beeindruckt
vom Zusammenhalt Ihrer Ordensgemeinschaft. Sie haben in vorbild-
licher Weise als Soldaten Ihre
Pflicht erfüllt. Das bleibt gültig für
eine nachwachsende Generation.
(Wilfried Hasselmann [CDU] in einem Grußwort der Landesregie-
rung zum Bundestreffen 1978 der
«Ordensgemeinschaft der Ritter-
kreuzträger»[20].

Auf der Suche nach den Ursachen, nach den Schuldigen. Auf der
Suche, also, nach den Vorbildern.
Wahlkampf 1978 in Niedersachsen. Da sah ich getrennt auf zwei
Plakaten auf einer Litfaßsäule zwei alte Bekannte. Dr. Heiner Geiß-
ler, CDU. Und «Colibri» Jörg Lang. Gesucht als Terrorist.
Zufall.

Anmerkungen

1 Der Weg in die Gewalt. Geistige und gesellschaftliche Ursachen des Terrorismus und seine Folgen. Herausgegeben von Heiner Geißler. 2. Aufl. München/Wien 1978, S. 10

2 Diese von Herrn Geißler zusammengestellte Schrift wurde auszugsweise in der *Frankfurter Rundschau* nachgedruckt

3 Der Weg, S. 25

4 Zur Erinnerung: FREIHEIT, GLEICHHEIT, BRÜDERLICHKEIT

5 Der Weg, S. 20

6 Ebd., S. 18

7 Ebd., S. 16

8 Ebd., S. 17

9 Max Frisch hatte wenige Tage zuvor auf dem Parteitag der SPD an der SPD scharfe, aber solidarische Kritik geübt. «Hätte ich gewußt, wie sehr Max Frisch auf dieser Tagung von Anfang an geistig präsent gemacht wird, dann hätte ich mein Vortragsmanuskript nicht auch mit diesem Namen begonnen.» – Der Weg in die Gewalt, S. 190

10 Ebd., S. 16

11 Ebd., S. 125. – Der Beitrag von Roland Eckert zeichnet sich durch seine sachliche Argumentation aus. Die übrigen Redner des Kongresses lassen ihn deshalb sozusagen im Regen stehen. – Es muß nicht eigens erwähnt werden, daß von derjenigen, die Wochen zuvor durch die «Terrorismus-Dokumentation» zu den Verursachern des Terrorismus gezählt worden waren, niemand hier zu Wort kam

12 Schwäbisches Tagblatt, 11. August 1965

13 Schwäbisches Tagblatt, 28. August 1965

14 Der Weg, S. 14

15 Schwäbisches Tagblatt, 28. August 1965

16 Schwäbisches Tagblatt, 8. Juni 1965

17 Schwäbisches Tagblatt, 30. August 1965

18 Der Weg, S. 114

19 Ebd., S. 19

20 Frankfurter Rundschau, 15. September 1978

Michael Rutschky
Freud

Von diesem oder jenem hört man jetzt, daß sie «eine Analyse machen»; manchmal wird noch hinzugefügt: «eine *richtige* Analyse».

Die Empfindung, die diese Nachricht auslöst, ist komplex wie alle. Ein Teil bedeutet ungefähr: Erleichterung. Eine Gefahr, fast eine Lebensgefahr scheint abgewendet. Allen war klar, daß es so nicht weitergehen konnte mit ihm, daß er auf eine Katastrophe zutrieb, wenn er so weitermachte wie bisher, daß er sich damit unausweichlich jede Lebensmöglichkeit verdarb.

Die Empfindung der Erleichterung ist von egoistischen Momenten keineswegs frei. Weil sie sich entschlossen hat, eine Analyse zu machen, ist wenigstens *eines* dieser quälenden Gespräche, in die wir andauernd verwickelt sind, zu Ende; mit *ihr* jedenfalls werden wir nicht mehr diskutieren müssen über *Beziehungs-* und *Sozialisationsprobleme*, über die *antagonistischen Widersprüche*, welche die *Berufs-* und die *Geschlechtsrollen* in *dieser Gesellschaft* zu leben unmöglich machen – Diskussionen, die alle zermürben, weil sie ergebnislos sind, wie jeder am Anfang schon weiß, prinzipiell ergebnislos, ein zähes Netz, in das man sich immer tiefer verstrickt, mit jeder Bewegung, mit der man sich aus ihm zu lösen versuchte. Und wenn einer auch nur einen winzigkleinen Ausweg gefunden hatte, dann ist gleich ein anderer da, der ihn wieder zuwebt.

Ein drittes Moment kommt hinzu. Wenn er jetzt eine Analyse macht, eine *richtige* Analyse, dann erweckt er auch so etwas wie Neid. Er erspart uns nicht nur eine dieser Diskussionen, er verläßt sie von sich aus und besiegelt damit das Wissen, daß sie nutzlos sind. Das weiß zwar jeder, der an ihnen beteiligt ist, weiß es um so genauer, je leidenschaftlicher man sie führt, aber es gibt eben keinen Ausweg aus dieser zugleich totalen und nichtigen Scheinwelt.

Weil sie eine Analyse macht, ist sie dieser Scheinwelt entronnen. Sie hat eine Chance, der Wirklichkeit näher zu kommen, die Wirklichkeit zu berühren, und das erweckt ein Gefühl wie Sehnsucht, ein ziehendes Verlangen, als lebten wir alle im Nebel, in vollkommener Unwirklichkeit.

Man kann darüber eine jener Diskussionen anfangen. Bestimmt findet sich einer, der den Sachverhalt erklärt; man weiß schon, wer es sein wird, und hört ihm spöttisch, beinahe höhnisch zu: «Solange die gesellschaftlichen Verkehrsformen auf Konkurrenz und Ausbeutung beruhen», wird er sagen, «solange kann das psychische Existenzminimum an Kommunikation, Kontakt, Vertrauen und Solidarität in den privilegierten Ober- und Mittelschichten nur über einen Kaufakt und eine darüber eingehandelte exklusive Zweierbeziehung eingehandelt werden». Der Mann sitzt, wie jeder weiß, seit Jahren an einer Diplomarbeit, die endlich die fundamentale *materialistische Kritik* der Psychoanalyse *leisten* soll; er kommt nicht damit zu Rande. Und seine Freundin gehört zu denen, die jetzt eine machen; kaum zu glauben, wie sie das Geld so rasch aufgetrieben und gleich einen Platz gefunden hat, so schwer scheint das also gar nicht zu sein. Dabei ist eigentlich er es, der die Analyse nötig hätte, bei seinen Arbeitsstörungen. – Jedenfalls hat seine Rede ein lähmendes, abweisendes Schweigen erzeugt, und es nützt nicht viel, wenn er einlenkt: «Solange andererseits die sozialistische Bewegung noch keine neuen Kommunikations- und Organisationsformen anzubieten hat, die der wachsenden psychischen Verelendung politisch und therapeutisch zugleich entgegenwirken, behält auch die psychoanalytische Einzel- und Gruppentherapie ihre partielle Berechtigung.» Na also, wozu der Lärm?

Es wird in dieser Diskussion nur eine Person geben, die einen anderen Ausweg aus dieser Unwirklichkeit gefunden hat. Das ist die Frau, die drei Jahre lang an einem Roman über die Konflikte und das katastrophale Ende ihrer *Zweierbeziehung* geschrieben hat. Ein großer Verlag hat ihn angenommen und wird ihn jetzt veröffentlichen.

Man kann nicht sagen, daß es ihr jetzt viel besser geht, daß sie glücklicher ist. Aber das Schreiben, mit dem sie nach dem Selbstmordversuch vor drei Jahren angefangen hatte, scheint sie doch aus diesem Nebel herausgeführt, es scheint sie irgendwie *wirklicher* gemacht zu haben. –

Dies war eine stilisierte Geschichte, eine «Durchschnittsfabel», wie die alte Literaturwissenschaft solche Konstruktionen genannt hat. Auch wenn sie sich nicht überall in genau dieser Form abspielt, so ist sie doch, glaube ich, in ihren wesentlichen Elementen realistisch.

Intellektuelle, die von der Protestbewegung geprägt sind und jetzt viele ihrer Ziele und Überzeugungen für Illusionen halten müssen, haben die Überzeugung bewahrt, daß die Psychoanalyse im wesentlichen die Wahrheit sagt – diese Überzeugung hat zu den kanonischen Überzeugungen der Protestbewegung gehört, damals erschienen sie ja in Massen, die Raubdrucke der klassischen psychoanalytischen Schriften. Aber jetzt sind viele Intellektuelle bereit, die Wahrheit der

Psychoanalyse auch über sich selbst in Erfahrung zu bringen. Und zwar die *richtige* Analyse, wie Freud sie entwickelt hat. Es gibt unzählige Therapieformen, es werden fortlaufend neue vorgestellt, die in kürzerer Zeit, für weniger Geld, mit mehr Erfolg das Leiden zu lindern versprechen, aber darum allein soll es gar nicht gehen, sondern um die Wahrheit, die Freud eröffnet hat, und die in jenen anderen Therapieformen, auch wenn sie sich von der Psychoanalyse herleiten, nur verdünnt zu haben ist. Wer sich mit Hilfe einer dieser Therapieformen durchs Leben hilft, behält doch das deutliche Gefühl, daß er sich mit Surrogaten begnügt. Eigentlich ist nur die *richtige* Analyse einer intellektuellen Existenz angemessen. Deshalb ist der Entschluß zur Analyse kein privater, sondern ein öffentlicher, jedenfalls ein Akt, der die intellektuelle Existenzform bekräftigt – was auch immer da auf einen zukommen mag.

Umgekehrt bedeutet dies, daß Freuds Bild unverändert präsent ist. Ich meine es nicht nur metaphorisch. Welche Fotografie man auch anschaut: die des dunklen, beinahe finsteren jungen Mannes, der außerordentlich intensive und überschwängliche Liebesbriefe an seine Braut geschrieben hat; die des Vaters von sechs Kindern, der unerwartet massig auf dem Stuhl sitzt und ohne Lächeln in die Kamera schaut, während man ihn mit seiner Selbstanalyse beschäftigt weiß, von der auch die Fachleute noch nicht sagen können, wie er sie eigentlich zustande gebracht hat; die des gleichsam schneeweißen alten Mannes mit der schwarzen Hornbrille, auf denen man bei genauerem Hinsehen erkennen kann, daß die rechte Wange stärker eingefallen ist als die linke: dort muß die in zahllosen Operationen immer wieder vergrößerte Lücke im Kiefer zu finden sein, die der Krebs gefressen hatte – welche Fotografie Freuds man auch anschaut, sie alle bilden einen Mann ab, mit dem wir noch nicht fertig sind, den man ohne Distanzierungsgeste zitieren kann, der immer noch ein «großer Mann» ist und dessen Aura verbreitet. In diesen Zusammenhang gehört, daß in den letzten Jahren monumentale Alben erschienen sind, die einem diese Fotografien präsentieren, Edmund Engelmanns Band über die Berggasse 19 zum Beispiel, der richtig kunstvoll Freuds Wohnung und dann auch ihre Bewohner zeigt; Engelmann hat sie fotografiert, weil Freud und seine Familie die Wohnung wenig später verlassen müßten, von den Nazis nach England vertrieben.

Freud in der Bundesrepublik

Ein Stück dieser fortwirkenden Überzeugungskraft erkläre ich mir aus der prinzipiellen Unvereinbarkeit der Psychoanalyse mit dem Nationalsozialismus, mit dem ja sehr viele andere Traditionen gut vereinbar gewesen sind, vor allem die deutschen. Was nützte es, wenn uns die Lehrer in den fünfziger Jahren die deutsche Klassik als unverlierbares Erbe anboten – uns fiel doch gleich der KZ-Kommandant ein, der Hölderlin liebte und sich am Feierabend zur Entspannung Beethovens späte Streichquartette anhörte. Und je gründlicher die Lehrer einen substantiellen Zusammenhang zwischen Beethovens Musik und den Verbrechen des KZ-Kommandanten leugneten, um so deutlicher sahen wir ihn.

Aber nicht nur diese Traditionen sind mit dem Nationalsozialismus vereinbar gewesen. Um es kurz und bildlich zu formulieren – und um schwer greifbare, gleichwohl prägende Bilder geht es hier ja –: Stalins Sowjetunion hat mit Hitler einen Nichtangriffspakt geschlossen; es bleibt eine Erfahrung, sich von einem kommunistischen Renegaten erzählen zu lassen, wie ihn das damals in seinen Überzeugungen erschüttert hat. Solche Erzählungen haben inzwischen an Gewicht gewonnen: es gelingt ja nicht mehr so recht, Stalin im Namen eines *eigentlichen* Sozialismus zu kritisieren, den er verraten habe; oder anders: der Stalins Herrschaft vielleicht einmal als notwendige Vorstufe rechtfertigen werde. Und Mao Tse-tung – ich bleibe bei der abkürzenden Darstellung – war immer fern und ist jetzt tot. Seine Ideen und seine Politik zu bewundern, das hatte immer ein romantisches, ein Moment von Exotismus: «Wo ich nicht bin, da ist das Glück.»

Zurück zu Freud und der deutschen Tradition. Es ist bekannt, daß die Nazis die Psychoanalyse in ihrem Herrschaftsbereich beinahe vernichtet haben; die Exilierung Freuds und der meisten seiner Schüler bedeutete nicht nur, daß einzelne Autoren verschwanden: es betraf eine ganze Disziplin.

Weniger bekannt ist, wie die Psychoanalyse in der Bundesrepublik rekonstruiert wurde, und ich will es berichten. Daran nämlich, scheint mir, ist die Unvereinbarkeit der Psychoanalyse mit dem Nationalsozialismus am besten zu erkennen.

Nicht alle Analytiker sind 1933 aus Deutschland und 1938 aus Österreich emigriert. Zwar wurde die psychoanalytische Organisation, es wurden ihre Lehrinstitute und Publikationen verboten, aber es gab

Analytiker, die auch weiterhin ihre Arbeit taten.

Freilich durften sie das nicht unter dem Titel «Psychoanalyse» tun. In Berlin hatten die Nazis ein Zentralinstitut gegründet, in dem die Psychotherapeuten der verschiedenen Schulen – also auch die Anhänger C. G. Jungs und Alfred Adlers – kooperieren sollten. Und in diesem Institut hat ein Freud-Schüler, der Analytiker Harald Schultz-Hencke, eine Theorie entwickelt, die die Zwangskooperation sanktionieren sollte: durch eine neue Terminologie und erweiterte Grundkonzepte wollte er die Lehren Freuds, Adlers und Jungs amalgamieren.

Die Zeugen versichern, daß Schultz-Hencke kein Nazi gewesen ist, daß er gegen die Nazis um Spielraum für die Analytiker gekämpft hat. (Übrigens hat einer, John Rittmeister, zur Widerstands- und Spionage-Organisation «Rote Kapelle» gehört und ist deswegen hingerichtet worden.)

Jedenfalls ist in der Analytiker-Organisation, die sich nach der Niederlage des Hitler-Staates in Deutschland neu bildete, nicht Freuds, sondern die Lehre Schultz-Henckes verbindlich gewesen: eine jener Revisionen, die immer wieder vorgenommen worden sind, schon während Freud noch am Original arbeitete. Das Original aber war in Deutschland überhaupt nicht mehr präsent, so daß man hätte überprüfen können, was die Revision an ihm verbesserte. Sehr wahrscheinlich, daß aus dieser Situation das Argument kommt, das ich von meinen Lehrern aus den fünfziger Jahren sehr gut kenne: die Psychoanalyse sei durch und durch *überholt* – wie ja bekanntlich auch Marx. Wenn man festhält, daß die deutsche Revision der Psychoanalyse von den Nazis erpreßt worden ist, dann erscheint das Argument in dem richtigen Licht.

Freilich – und dies ist der Punkt, auf den ich zusteuere –: so ist die Lage nicht geblieben. Anfang der fünfziger Jahre hat eine sehr kleine Gruppe von Analytikern die Schultz-Hencke-Organisation verlassen und mit der vollständigen Rekonstruktion der Freudschen Psychoanalyse begonnen. Die Namen dieser «Orthodoxen» sind so gut wie unbekannt; einen will ich nennen: Carl Müller-Braunschweig; auch deshalb, weil er in den zwanziger Jahren Ideen zur Psychoanalyse der weiblichen Sexualität formuliert hat (von der Freud, nach eigenem Eingeständnis, nicht viel verstand), die in der aktuellen Diskussion wahrgenommen zu werden verdienten. – Diese «orthodoxe» Organisation ist dann in die internationale Psychoanalytiker-Organisation aufgenommen worden, in der Freuds Wissenschaft in den angelsächsischen Ländern überlebt hatte.

Ich hätte über diese Rekonstruktion einer Freud-Orthodoxie in der Bundesrepublik nicht berichtet, wenn das von ihr überlieferte Freud-Bild nicht mit einem anderen zusammenpaßte: dem der Frankfurter Schule; *sie* hat die Vorstellung vertreten und verbreitet, daß die Psychoanalyse, daß Freud keineswegs *überholt* ist – Adorno pflegte auch mit Lust gegen die zugrunde liegende Metapher: die Geistesgeschichte als Autorennen, zu polemisieren –, sondern daß sie, und zwar das Original: Freud die Wahrheit sagt. «An der Psychoanalyse», schrieb Adorno im amerikanischen Exil, «ist nichts wahr als ihre Übertreibungen.» Das richtet sich gegen die amerikanischen Revisionen der Psychoanalyse, insbesondere gegen ihre «Therapeutisierung», das heißt ihre Anpassung an Zwecke der Medizin.

Man hat der Frankfurter Schule eine verschwiegene Marx-Orthodoxie nachgesagt: sie sei davon ausgegangen, Marx' Analysen träfen in allen Punkten uneingeschränkt zu, sie bräuchten nicht fortgesetzt zu werden. Ebenso kann man ihre Freud-Orthodoxie hervorheben. In diesem Punkt haben sich Horkheimer und Adorno immer wieder explizit geäußert. Wer in Frankfurt Soziologie und Philosophie studierte, wurde in einem der Tutorien, in welchen man die kanonischen Texte las, auch mit Schriften Freuds bekannt gemacht.

1956 haben die Universitäten Frankfurt und Heidelberg einen Vortragszyklus zu Freuds hundertstem Geburtstag veranstaltet. Seine Aufgabe war, schreiben Horkheimer und Adorno, «das lebendige Bewußtsein von Freud in Deutschland wiederherzustellen». Sie skizzieren auch, wie dies lebendige Bewußtsein aussehen sollte – wie das Freud-Bild der Frankfurter Schule aussieht: «Das von ihm positiv vertretene ‹Realitätsprinzip› kann dazu verleiten, die Anpassung an den blinden gesellschaftlichen Druck entsagend zu sanktionieren und schließlich den Fortbestand des Druckes zu rechtfertigen. Freilich macht diese Intention nur eine Seite des Freudschen Denkens aus. Sie ist nicht zu trennen von der anderen, seiner todernsten Erfahrung der Last, unter der die Menschheit sich dahinschleppt – jener Erfahrung, die der Freudschen Lehre ihre unversöhnliche Tiefe und Substantialität verleiht.»

Für die Universität Heidelberg hat Alexander Mitscherlich diesen Vortragszyklus zu Freuds hundertstem Geburtstag organisiert. 1960 wurde er Direktor des in Frankfurt gegründeten Sigmund-Freud-Instituts. Seitdem hat er in der Bundesrepublik die öffentliche Vorstellung vom «Psychoanalytiker» besetzt – er hat in der Bundesrepublik überhaupt erst die Vorstellung verbreitet, daß es Psychoanalytiker gibt, daß es sich dabei weder um eine Sekte aus den zwanziger Jahren noch um Figuren aus amerikanischen Filmkomödien handelt.

Orthodoxie und Radikalismus

Die Frankfurter Schule, Horkheimer und Adorno wollten ein lebendiges Bild von Freud wiederherstellen; die «Berliner Orthodoxen» haben das für die psychoanalytische Praxis tatsächlich vollbracht, was dann weithin sichtbar von Alexander Mitscherlich und seinem Institut fortgesetzt wurde – dies halte ich für ein charakteristisches Merkmal auch des aktuellen Freud-Bildes: es teilt eine eigentümliche Vorstellung von Orthodoxie mit, von Traditionalismus.

Sie ist auch von der Protestbewegung realisiert worden. In den Raubdrucken der klassischen Schriften ist das – sicher unabsichtlich – anschaulich gemacht: sie präsentierten diese Schriften im ursprünglichen Layout und in der ursprünglichen Typographie, als wären wir ihre ersten Leser. Diese Vorstellung von Orthodoxie läßt sich so formulieren: es gibt da, wie eingekapselt in der Zeit, ein Sinn- und Wahrheitspotential, das man gleichsam pur realisieren kann, weil es im Laufe der Zeit nicht modifiziert worden ist, sondern unterdrückt wurde, und deshalb insgeheim seine uneingeschränkte Geltung behauptet hat.

Wahrscheinlich ließe sich zeigen, daß dieselbe Vorstellung auch die Marx-Rezeption der Protestbewegung bestimmt hat. Deutlich greifbar ist diese Vorstellung im Sprachgebrauch und in der Emblematik der ersten Studenten-KPD gewesen, die die KPD der zwanziger Jahre fotografisch getreu reproduzieren wollte – was sich rasch als Kostümfest und Maskenball erwies, der das Publikum befremdete, und aus dem sich dann auch viele der Veranstalter zurückzogen. – Vielleicht ist dies Orthodoxie-Modell von allgemeiner Bedeutung, vielleicht ist es dies Modell, das ein anderer kanonischer Autor der Protestbewegung: Walter Benjamin bei dem Gedanken vor Augen hatte, daß eine wahrhaft materialistische Geschichtsschreibung sich mit einem «Tigersprung» des Vergangenen bemächtige, um es aus dem Kontinuum der Zeit, die es zu zerstören droht, herauszusprengen.

Aber bleiben wir bei Freud, wie er sich damals dargestellt hat und – meine ich – immer noch darstellt; wobei die von vielen Leuten ergriffene Möglichkeit, «eine richtige Analyse» zu machen, seinem Bild eine besondere Intensität verleiht.

Ein Element dieses Bildes haben schon Horkheimer und Adorno hervorgehoben: Freuds Radikalismus. Wenn man sich mit seiner Biographie beschäftigt und die unzähligen konventionellen Züge entdeckt: der genau geregelte Arbeitstag; das Tarockspiel am Sonnabend; die Sommerferien mit der Familie; die monogame Ehe; das Festhalten an dem einen Wohnort Wien; die Leidenschaft für Antiquitäten; das Unverständnis für Kunst und Literatur der Moderne: dann beseitigt dies Wissen doch keineswegs den Eindruck, daß dieser Mann in einer fundamentalen Distanz zu der Welt gearbeitet hat, in der er lebte. Unzweifelhaft hat er es ernst gemeint und seine eigene Position formuliert, als er 1927, also im Alter von 71 Jahren, schrieb: «Wenn aber eine Kultur es nicht darüber hinaus gebracht hat, daß die Befriedigung einer Anzahl von Teilnehmern die Unterdrückung einer anderen, vielleicht der Mehrzahl, zur Voraussetzung hat, und dies ist bei allen gegenwärtigen Kulturen der Fall, so ist es begreiflich, daß diese Unterdrückten eine intensive Feindseligkeit gegen die Kultur entwickeln, die sie durch ihre Arbeit ermöglichen, an deren Gütern sie aber einen zu geringen Anteil haben. Eine Verinnerlichung der Kulturverbote darf man bei den Unterdrückten nicht erwarten, dieselben sind vielmehr nicht bereit, diese Verbote anzuerkennen, bestrebt, die Kultur selbst zu zerstören, eventuell ihre Voraussetzungen selbst aufzuheben. Die Kulturfeindschaft dieser Klassen ist so offenkundig, daß man über sie die eher latente Feindseligkeit der besser beteiligten Gesellschaftsschichten übersehen hat. Es braucht nicht gesagt zu werden, daß eine Kultur, welche eine so große Zahl von Teilnehmern unbefriedigt läßt und zur Auflehnung treibt, weder Aussicht hat, sich dauernd zu erhalten, noch es verdient.» Dieser Gestus verdankt sich nicht einer augenblicklichen, zufälligen Empörung, es ist Freuds Gestus von vornherein. Das Motto, unter dem er 27 Jahre früher seine ‹Traumdeutung› erscheinen ließ, lautet: «Si nequeo flectere superos, acheronta movebo» – Freud hatte es bei Ferdinand Lassalle gelesen.

Wenn man sich mit den Dokumenten beschäftigt, die die öffentliche Vorstellung von der Psychoanalyse in der zehner und zwanziger Jahren bezeugen, dann findet man einen Teil von Freuds Radikalismus wahrgenommen: der um die sechzig Jahre alte Mann erscheint als Chaotiker, der die Dämonen des Trieblebens entfesseln und die kulturellen Institutionen zerstören will; bei den Psychoanalytikern lernen die Leute ihre Triebe «ausleben». Man gewinnt den Eindruck, die Leser hätten in der Mehrzahl hysterisch reagiert; Freud berichtet in einer seiner Krankengeschichten von einer jungen Frau, die den Ausbruch ihrer Krankheit auf eine Lektüre datiert, die Lektüre eines durchaus frommen und bloß andeutenden Aufklärungsbuches, das ihr aber die unerträgliche Angst erregende Tatsache der Sexualität vor Augen führte.

Der Vergleich bedeutet schon eine Korrektur an dieser öffentlichen Vorstellung von der Psychoanalyse: Freud fordert nicht das «Ausleben» der Triebe; er fordert die Wahrnehmung, daß es die Sexualität gibt, und zwar schon für das kleine Kind, das darum eine tragische Liebesgeschichte mit seinen Eltern erlebt, die unterirdisch die Liebesgeschichten des Erwachsenen glossiert, auch Geschichten, die nicht gleich als Liebesgeschichten zu erkennen sind. Freuds Radikalismus ist nicht eine Sache der politischen oder moralischen Konzepte, es ist ein Radikalismus der Wahrnehmung. In der Passage von 1927 wird er bei den «Unterdrückten» auch weniger die sexuell Unbefriedigten vor Augen gehabt haben, eher die Hungernden; und mit dem Motto der ‹Traumdeutung› – so hat er es einem Briefpartner erklärt – wollte er nicht seine Parteinahme ausdrücken, sondern einen zentralen Mechanismus der Traumbildung fassen: daß ein tagsüber gebildeter und abgewiesener Wunsch sich nachts mit den von altersher unterdrückten Wünschen verbündet, um sich im Traum zur Darstellung zu bringen.

Als Programmatiker des «Auslebens» ist Freud in den zehner und zwanziger Jahren auch emphatisch begrüßt worden: vor allem von den Intellektuellen, die mit alternativen Lebensformen experimentieren wollten. Später hat einer von Freuds Schülern das Schema von dem gesunden Triebfluß, der kulturell, gesellschaftlich gehemmt werde und darum Krankheiten erzeuge, ins Kosmologische ausgebaut: Wilhelm Reich. Solche Schemata, bei denen auf der einen Seite «das Leben», auf der anderen seine Todfeinde stehen – heißen sie nun «Vernunft», «Kultur» oder «Gesellschaft» –, haben eine eigentümliche Überzeugungskraft für Intellektuelle; scharfsinnige und realitätshaltige Argumente können unter dies Schema gebracht und dabei ihres Realitätsgehalts entleert werden, vor allem in den Zeiten der Desorientierung: dafür ist «Wilhelm Reich in den USA» ein richtiges Lehrstück.

Ich weiß nicht genau, in welchem Ausmaß ich hier einen Abriß der Psychoanalyse und ihrer Geschichte geben müßte, ob das überhaupt

zu machen wäre. Jedenfalls darf, wenn es um Orthodoxie, um wörtliche Lektüre geht, keineswegs vergessen werden, daß Freud die «Kulturvorschriften» durchaus nicht prinzipiell ablehnte: ein Mensch ohne funktionierendes Über-Ich, ohne die individuierte Fassung der «Kulturvorschriften» heißt in der Psychoanalyse «verwahrlost»; die Analytiker erklären, daß mit solchen Menschen nur sehr selten eine Analyse zu machen ist. – Ebenso darf nicht vergessen werden, daß Freud seine Parteinahme für die «Kulturvorschriften» ganz ohne Pathos vertreten hat; er war kein Moralist; Moral, so hat er es einmal einem Briefpartner geschrieben, verstehe sich für ihn eigentlich von selbst. Dies Moment fällt mir besonders auf: angesichts der Neukonservativen, die in der Bundesrepublik den Gehorsam gegen tradierte moralische Standards propagieren, mit einer Lautstärke, die nichts als Angst, Unsicherheit und Herrschaftsansprüche mitteilt. Was Freuds Konzept des Über-Ich angeht, so scheint es sich auch eher der Wahrnehmung als der Parteinahme zu verdanken: ein Mensch ohne Über-Ich, sagen die Psychoanalytiker, ist unfrei, weil er unter Triebdruck einerseits, unter sozialer Angst andererseits steht; er kennt nur die Möglichkeiten des «Auslebens» und die der Bestrafung. Gleichwohl hat Freud seinerzeit als Gegenstand der Kritik eher das Über-Ich vor Augen gehabt. «In der Neurosenforschung und Neurosentherapie kommen wir dazu, zwei Vorwürfe gegen das Über-Ich des einzelnen zu erheben», schrieb Freud 1930: «Es kümmert sich in der Strenge seiner Gebote und Verbote zu wenig um das Glück des Ichs, indem es die Widerstände gegen die Befolgung, die Treibstärke des Es und die Schwierigkeiten der realen Umwelt nicht genügend in Rechnung bringt. Wir sind daher in therapeutischer Absicht sehr oft genötigt, das Über-Ich zu bekämpfen, und bemühen uns, seine Ansprüche zu erniedrigen.»
Schließlich muß festgehalten werden, daß Freud nicht nur ein Vertreter von Grundkonzepten der europäischen Aufklärung gewesen ist, sondern aus der Aufklärung eine regelrechte Profession gemacht hat – was ein besonderes Verhältnis der Intellektuellen, der traditionellen Protagonisten der Aufklärung, zur Psychoanalyse von Anfang an begründet hat. «Wir mögen noch so oft betonen, der menschliche Intellekt sei kraftlos im Vergleich zum menschlichen Triebleben, und recht damit haben», schreibt Freud 1927: «Aber es ist doch etwas Besonderes um diese Schwäche; die Stimme des Intellekts ist leise, aber sie ruht nicht, ehe sie sich Gehör verschafft hat. Am Ende, nach unzählig oft wiederholten Abweisungen, findet sie es doch.» Dies ist

kein Glaubensartikel: «Aha, er glaubt also an die Vernunft.» Was Freud hier formuliert, ist eine Erfahrung, seine Erfahrung aus der psychoanalytischen Praxis, die er über vierzig Jahre lang betrieben hat. Zehn Jahre später, 1937, mit 81 Jahren also, hat er die Maxime dieser Praxis mit einem Satz von Johann Nestroy formuliert: «Im Laufe der Begebenheiten wird alles klarwerden.»

Schließlich muß jene wahrhaft erschreckende Lehre im Gedächtnis behalten werden, in der Freud seine Erfahrung des Ersten Weltkriegs gefaßt hat: die Lehre von den Todestrieben, die stumm, im Inneren des Individuums an seiner Auflösung arbeiten und sich als Aggression äußern, wenn sie nach außen treten. Diese Lehre ist ungemein heftig diskutiert worden, sie hat die Widerstände vom psychoanalytischen Konzept der Sexualität abgezogen und auf sich vereinigt. Gerade von linken Intellektuellen ist die Unvereinbarkeit der Lehre von den Todestrieben mit der Idee einer freieren, glücklicheren, vernünftigeren Gesellschaft erklärt worden.

Ich will hier weder das eine noch das andere behaupten. Die Lehre von den Todestrieben ist als Spekulation formuliert, der psychoanalytischen Erfahrung haben sie sich noch nicht gezeigt, werden sich vielleicht auch nicht zeigen. Freilich ist der Vorstellung, daß den Menschen die Aggressivität bis zum Tod von außen, von «der Gesellschaft» als etwas ganz und gar Fremdes aufgezwungen wird, während sie *eigentlich* der Liebe und dem Leben anhängen, leicht jenes Oppositionsschema abzulesen, das in den Zeiten der Desorientierung zwanghaft Ordnung und Struktur schafft, wo keine ist, wo keine klaren Positionen formuliert werden können. Vielleicht schadet es nichts, den Gedanken zu denken, daß etwas, ein Trieb, die Menschen selbst zum Tode zieht, auf komplizierten Umwegen, die man ebenso verkürzen wie verlängern kann. Freud hat die letzten sechzehn Jahre gegen einen Mundkrebs gelebt; als er sich stinkend auf die Außenseite des Gesichts fraß, ließ er sich eine Dosis Morphium geben, an der er sterben konnte.

Für jetzt möchte ich Freuds Radikalismus in zwei aktuellen Formeln fassen. Freud scheint niemals zurückgescheut zu sein vor dem «Gewicht der Welt». Freilich hat er es auch niemals pathetisch vergrößert. Und er hat auch nicht triumphierend darauf hingewiesen, daß die Welt dies Gewicht hat, daß er es verspürte und trug. In diesem Punkt trifft die zweite aktuelle Formel seinen Gestus genau: «Wenn wir die Welt von unseren Schultern nehmen, müssen wir bemerken, daß sie nicht fällt.»

Ich habe die Marx-Orthodoxie in und nach der Protestbewegung als Maskenfest verstanden – so etwas gibt es natürlich auch im Falle Freuds, und es begleitet die Psychoanalyse, seit sie existiert: das ist das alltagssprachliche Hantieren mit der psychoanalytischen Terminologie. Selten sagt einer, er habe Liebeskummer – er hat *Beziehungsprobleme*; sie ist nicht wütend auf B. oder haßt ihn – sie hat *Aggressionen*; ich bin nicht traurig oder niedergeschlagen oder habe schlechte Laune – ich habe *Depressionen*; sie hat nicht ein schlechtes Gewissen oder schämt sich – sie hat Konflikte mit ihrem *Über-Ich*, in dem die Gebote und Verbote ihrer Eltern verkörpert sind, nein: ihrer *frühkindlichen Bezugspersonen*, die sie *verinnerlicht* hat während ihrer *primären Sozialisation*. Wenn die *beschissen* genannt wird, dann meldet sich mit Gewalt die Einsicht, daß die Fachterminologie eben doch nicht recht taugt zur Darstellung von Alltagserfahrung.

Daß Fachterminologie alltagssprachlich verwendet wird, das beschränkt sich nicht auf die klinischen und, wie Freud sie genannt hat, metapsychologischen Termini der Psychoanalyse. In der Alltagssprache gewinnen diese Termini dann oft genug mythische Qualität: das ließe sich an vielen Situationen beschreiben. Wenn einer sagt, seine *Beziehungsprobleme* seien *letztlich gesellschaftlich determiniert*, dann kann das oft genug dasselbe bedeuten wie: von Gottes Willen auferlegt. In beiden Fällen scheint es jedenfalls eine Instanz zu geben, bei der man sich beschweren kann.

Aber diese alltagssprachliche Verwendung von Fachtermini wäre ein eigenes Thema. Hier will ich nur noch sagen, daß dies Hantieren mit diesen Termini im Augenblick begleitet wird von einem intensiven Unbehagen daran: beides kennzeichnet jene Dauergespräche, die ich am Anfang skizziert habe. Wenn er sich nicht mehr an ihnen beteiligt, weil er jetzt eine Analyse macht, dann heißt das auch: er hat sich auf die Suche gemacht nach einem Sprechen, das authentisch wäre. Dazu paßt nicht schlecht, daß die zweite Möglichkeit, aus diesem nutz- und folgenlosen *Kommunizieren* auszutreten, von der Frau verkörpert werden kann, die einen autobiographischen Roman geschrieben hat.

Tatsächlich eignet sich jener kraftlose alltagssprachliche Gebrauch von Termini der Psychologie und Soziologie literarisch im Augenblick nur zu satirischen Zwecken. Und man kann davon ausgehen, daß im Prinzip die psychoanalytische Terminologie im psychoanalytischen Prozeß nicht vorkommt; wenn Analytiker oder Analysand sie verwenden, dann muß das Material zugleich vielfältig in anderen Worten formulierbar sein.

Die Grundregel für den Analysanden ist bekannt: alles sagen, was ihm einfällt. Das klingt geradezu irreführend harmlos – die Analytiker sagen, daß der Analysand dieser Regel erst am Ende der Analyse wirklich zu folgen vermag.

Ich möchte eine von Freuds Fassungen dieser Grundregel zitieren, weil sich ihr etwas entnehmen läßt, das ich eine Utopie der Wahrnehmung und des Formulierens nennen will, eine Utopie, der im Augenblick auch das literarische Schreiben in vielen Fällen verpflichtet zu sein scheint. So erläutert ein Autor, wie er ein Tagebuch zu schreiben gelernt hat, ein Tagebuch, in das er in jeder Situation des Alltags schreiben wollte: «Ich übte mich nun darin, auf alles, was mir zustieß, sofort mit Sprache zu reagieren, und merkte, wie im Moment des Erlebnisses gerade diesen Zeitsprung lang auch die Sprache sich belebte und mitteilbar wurde; einen Moment später wäre es schon wieder die täglich gehörte, vor Vertrautheit nichtssagende, hilflose ‹Du-weißt-schon-was-ich-meine›-Sprache des Kommunikations-Zeitalters gewesen.»

«Noch eines, ehe Sie beginnen», erklärt Freud einem fiktiven Analysanden, um den Kollegen die Grundregel anschaulich zu machen: «Ihre Erzählung soll sich doch in einem Punkte von einer gewöhnlichen Konversation unterscheiden. Während Sie sonst mit Recht versuchen, in Ihrer Darstellung den Faden des Zusammenhanges festzuhalten und alle störenden Einfälle und Nebengedanken abweisen, um nicht, wie man sagt, aus dem Hundertsten ins Tausendste zu kommen, sollen Sie hier anders vorgehen. Sie werden beobachten, daß Ihnen während Ihrer Erzählung verschiedene Gedanken kommen, welche Sie mit gewissen kritischen Einwendungen zurückweisen möchten. Sie werden versucht sein, sich zu sagen: Dies oder jenes gehört nicht hierher, oder es ist ganz unwichtig, oder es ist unsinnig, man braucht es darum nicht zu sagen. Geben Sie dieser Kritik niemals nach und sagen Sie es trotzdem, ja gerade darum, weil Sie eine Abneigung dagegen verspüren. Den Grund für diese Vorschrift – eigentlich die einzige, die Sie befolgen sollen – werden Sie später erfahren und einsehen lernen. Sagen Sie also alles, was Ihnen durch den Sinn geht. Benehmen Sie sich so, wie zum Beispiel ein Reisender, der am Fensterplatze des Eisenbahnwagens sitzt und dem im Inneren Untergebrachten beschreibt, wie sich die Aussicht verändert.»

Nur um das Bild zu vervollständigen: für den zweiten Passagier in dem Eisenbahnabteil hat Freud eine komplementäre Grundregel formuliert, die gleichfalls dieser Utopie der Wahrnehmung verpflichtet ist. Es ist die Grundregel der «gleichschwebenden Aufmerksamkeit»: «Man höre zu und kümmere sich nicht darum, ob man sich etwas merke.» Konzentration, gerichtete Aufmerksamkeit, womöglich Niederschriften, gar zu Zwecken der wissenschaftlichen Verwertung des Falles, sind gefährlich, stören die Arbeit, den analytischen Erzählprozeß. «Sowie man nämlich seine Aufmerksamkeit absichtlich bis zu einer gewissen Höhe anspannt, beginnt man auch unter dem dargebotenen Material auszuwählen; man fixiert das eine Stück besonders scharf, eliminiert dafür ein anderes und folgt bei dieser Auswahl seinen Erwartungen oder seinen Neigungen. Gerade dies darf man aber nicht; folgt man bei der Auswahl seinen Erwartungen, so ist man in Gefahr, niemals etwas anderes zu finden, als man bereits weiß; folgt man seinen Neigungen, so wird man sicherlich die mögliche Wahrnehmung fälschen. Man darf nicht darauf vergessen, daß man ja zumeist Dinge zu hören bekommt, deren Bedeutung erst nachträglich erkannt wird.»

Wie gesagt: der Analysand, sagen die Analytiker, kann die Grundregel meist erst einhalten, wenn die Analyse zum Abschluß kommt, wenn im Laufe der Begebenheiten alles klargeworden ist. Und die Analytiker können auch berichten, wie lange es dauert, bis sie selbst mit «gleichschwebender Aufmerksamkeit» zuzuhören vermögen – überhaupt ist dieser Beruf anscheinend, wie kaum noch ein anderer, auf Erfahrung, fortgesetzte Praxis, das Älterwerden dessen, der ihn ausübt, angelegt.

Aber ich will nichts weiter über die Psychoanalyse schreiben. Ich lasse auch den zentralen Begriff aus, der in den letzten Jahren bei den Versuchen, die Psychoanalyse anderen Wissenschaften plausibel zu machen, eine zentrale Rolle gespielt hat: den Begriff der Deutung. Wie sieht die Utopie aus, die sich den Grundregeln des psychoanalytischen Prozesses entnehmen läßt?

Daß Sinn entsteht im Verfolgen einer unreglementierten Wahrnehmung. Die Grundregel für den Analysanden wie für den Analytiker impliziert Kritik: den kritischen Verzicht auf vorgefaßte Allgemeinbegriffe, seien sie intellektueller, moralischer oder ästhetischer Art; man soll formulieren und das Formulierte anhören können, ohne daß der Zusammenhang einsichtig, moralisch beurteilbar oder angenehm ist. Brüche und Risse in der Rede, Empfindungen von Scham und

Schuld, von Ekel und Schrecken sollen an den Stellen auftreten, an denen sie auftreten, und selber Materialien der Wahrnehmung und des Formulierens werden: als lägen alle diese Materialien draußen in der Landschaft, die an dem Eisenbahnfenster vorüberzieht, wie im Kino. Und am Ende, nach unzähligen Variationen, Umwegen, Durchgängen ist eine erzählbare Geschichte daraus geworden.

Man kann dies einen entfremdeten Blick nennen; daß er entfremdet sei, ist den literarischen Arbeiten, die im Augenblick dieser Utopie der Wahrnehmung verpflichtet sind, auch vorgeworfen worden. Um ein Beispiel aus diesen Arbeiten zu geben: «Ich fror und hatte Magenschmerzen. Vorhin beim Aufstehen vom Stuhl hatte mich ein Schwindel ergriffen, und meine Beine fühlten sich an, als würden sie vom Gewicht des Körpers auseinandergetrieben. Ich hielt mich mit beiden Händen am Schrank fest, und als ich bestimmt und tief durchatmete, war mir so, als sei ich leer und bliese nur eine Hülle auf. Ursel saß in der Küche vor dem tragbaren Fernsehgerät; sie hatte sich, weil sie auch fror, in eine Decke gehüllt. Ich setzte Wasser auf die Kochplatte, um einen Tee zu machen, und Ursel sah mir dabei zu, als gehörte auch ich zu dem Programm.»

Sicher, das sind keine handlungsfähigen, beweglichen, selbstbewußten Menschen, die hier beschrieben werden, im Gegenteil: das Gewicht der Welt drückt sie nieder und lähmt sie beinahe vollständig. Und die Beschreibung gibt auch die Richtung nicht an, in der die Befreiung zu suchen wäre. Aber beweglich und handlungsfähig sind die Wahrnehmung und das Formulieren, das Formulieren der Wahrnehmung ist frei. Und das verdankt sich wohl einem Verzicht auf Allgemeinbegriffe politischer oder moralischer oder ästhetischer Art, einem Verzicht auf Utopien der Theorie, des Konzeptualisierens.

Die Affinität der Psychoanalyse zur Literatur ist oft gesehen worden; zu dem Bild vom Eisenbahnabteil, an dem die Landschaft vorüberzieht, darf einem eine berühmte Definition des Romans einfallen: ein Spiegel, der an einer Landstraße entlanggetragen wird. Vielleicht ähneln die Tätigkeiten des Analytikers und des Analysanden intim den Tätigkeiten des Schreibens und des Lesens, wie sie sich in der bürgerlichen Gesellschaft, in der profanen Literatur ausgebildet haben. Das Paradigma der Biographie, dem die Psychoanalyse verpflichtet ist, ist ja gewiß erst von dieser profanen Literatur zum moralischen und ästhetischen Paradigma gemacht worden.

Aber auch dies ist ein eigenes Thema. Ich möchte zum Schluß noch etwas über die Situation schreiben, in der man Freud in dieser Weise als Vorbild konstruieren kann, wieso die von der Psychoanalyse verkörperte Utopie der Wahrnehmung und des authentischen Sprechens gegenwärtig aktuell ist.

Es ist ja nicht ganz falsch, was der am Anfang zitierte Genosse sagt – falsch ist seine Beschreibung der Psychoanalyse als «Kommunikation, Kontakt, Vertrauen und Solidarität». Und als falsch herausgestellt hat sich der umstandslose Vorgriff auf die Möglichkeiten einer sozialistischen Bewegung. Die Argumente der Frankfurter Schule gelten weiterhin: der gesellschaftliche Druck, der auf den Individuen lastet, das Gewicht der Welt ist außerordentlich groß; vielleicht hat es noch zugenommen, und die Möglichkeiten, es sich gegenseitig zu erleichtern, schwanden. Ebenso schwand die Möglichkeit, mit Theorie darauf zu reagieren; die allgemeinen Begriffe sind kraftlos, sie tun nicht das, was das Wort verspricht: zu greifen; die Konzepte von Kapitalismus, von Sozialismus und Emanzipation sind nicht *überholt* – sie verblassen.

Das muß nicht so bleiben. Denen aber, die sich professionell mit dem Formulieren beschäftigen, die ihr Leben nicht führen können, ohne über dies Leben zu sprechen und zu schreiben, ihnen scheint im Augenblick eine Utopie der Theorie, der endgültigen Konzeptualisierung nicht weiterhelfen zu können, sondern eher eine Utopie der Wahrnehmung, des Realismus, tatsächlich: des Realitätsprinzips, daß im Laufe der Begebenheiten alles klarwerden wird, weshalb man sich dem Laufe der Begebenheiten anvertrauen muß.

An einer Mauer in Paris – an dem Ort also, wo vor zehn Jahren *«La fantaisie au pouvoir»* gefordert wurde – stand als Inschrift zu lesen: *«La réalité est énorme»*. Und eine Inschrift am Vondelpark in Amsterdam liest sich wie die Folgerung daraus: *«Choisissez la réalité»*.

Literatur

Améry, Jean: Diskurs über den Freitod. Stuttgart 1976

Born, Nicolas: Die erdabgewandte Seite der Geschichte. Reinbek 1976

Cardinal, Marie: Schattenmund. Roman einer Analyse. München 1977

Dahmer, Helmut: Libido und Gesellschaft. Studien über Freud und die Freudsche Linke. Frankfurt a. M. 1973

Dannecker, Martin: Der Homosexuelle und die Homosexualität. Frankfurt a. M. 1978

Engelman, Edmund: Berggasse 19. Sigmund Freuds Wiener Domizil. Stuttgart, Zürich 1977

Freud in der Gegenwart. Ein Vortragszyklus der Universitäten Frankfurt und Heidelberg zum hundertsten Geburtstag. Hg. v. Theodor W. Adorno und Walter Dirks. Frankfurt a. M. 1957

Sigmund Freud: Sein Leben in Bildern und Texten. Hg. v. Ernst Freud, Lucie Freud und Ilse Grubrich-Simitis. Frankfurt a. M. 1977

Handke, Peter: Das Gewicht der Welt. Salzburg 1977

Hoffmann, Frederick J.: Freudianism and the Literary Mind. Baton Rouge 1945

Jones, Ernest: Sigmund Freud. Life and Work. London 1953–57

«Wir warn die stärkste der Partein . . .» Erfahrungsberichte aus der Welt der K-Gruppen. Berlin 1977

Lorenzer, Alfred: Sprachzerstörung und Rekonstruktion. Frankfurt a. M. 1970

Linder, Christian: Schreiben und Leben. Köln 1974

Petersen, Karin: Das fette Jahr. Köln 1978

Psychoanalyse in Berlin. Beiträge zur Geschichte, Theorie und Praxis. 50-Jahr-Gedenkfeier des Berliner Psychoanalytischen Instituts (Karl-Abraham-Instituts). Meisenheim 1971

Schneider, Michael: Neurose und Klassenkampf. Materialistische Kritik und Versuch einer emanzipativen Neubegründung der Psychoanalyse. Reinbek 1973

2. Lyrik und Prosa

Uwe Johnson
Ein Vorbild

Diese Mitteilungen hat Jonathan mir erlaubt, «denn sie gehen ja nicht über mich», auch weil er einen gänzlich anderen Namen führt im Alltag seines Berufs, von dem er sich ausruhte im September vor zwei Jahren, vor sich ein Bier, wie wir fünf anderen auch, behaglich in der Pause zwischen der Arbeit und den Forderungen, mit denen später die Familie auftreten wird. Ein wenig tut er uns leid, weil er an diesem Tag früher in sein Auto steigen muß, um seiner Frau einen Willen zu tun; wir mögen ihn für eine Zeit vergessen haben in dem faulen Gespräch über das amtliche Verbot, den Rasen zu begießen, meiner ist wahrhaftig angebrannt, der kann die Mütze Regen gebrauchen, die der Wind nun über der Insel ausschüttet.

Jetzt, zwei Kilometer weiter östlich, auf einer fast unbefahrenen Straße, bockt Jonathans Auto, stößt ihn durch die Windschutzscheibe und läßt ihn ein paar Meter über den schartigen Beton rutschen, daß die Haut kräftig aufplatzt. Das Bewußtsein ging weg, als der Kopf zum erstenmal aufschlug, sehr zur Erleichterung Jonathans, denn unverhofft war da ein zweites Auto auf der Fahrbahn, besetzt mit einer Frau und vielen Kindern, nun leicht eingedellt von dem Jonathans; mit solcher Erinnerung wäre er ungern aufgewacht. Auf unsere Nachrufe kann er sich verlassen, seine Frau desgleichen: Er hatte doch bloß drei Halbe: sagen wir, und: Es muß diese Husche Regen gewesen sein. Was einem so einfällt zu einer, die ist vielleicht in einer halben Stunde von Beruf Witwe. An dieser Stelle, mit dem Anpreschen von Ambulanz und Polizei, wäre die Geschichte zu Ende gewesen in mancher anderen Gegend.

Aber sie stellen es anders an auf der Insel Sheppey. Die Fahrerin des anderen Wagens, statt erst einmal eine Zeichnung anzufertigen und die Anklage gegen Jonathan zu proben, sie läßt den Krankenwagen holen für ihn und steht wahrhaftig dabei, als er verladen wird. Sie hat etwas anzubieten, nämlich einen seiner Schuhe, der lag an die fünfzehn Meter von Jonathans Wrack entfernt; hoffentlich werde er ihn noch brauchen können. Ihrem Mann reichen weder die Verwirrung der Kinder noch die verregnete Frisur seiner Frau zu dem Entschluß, Mrs. Jonathan vorsorglich anzubrüllen, vielmehr übergibt er ihr seine Karte und verspricht, ihr behilflich zu sein bei den Verhandlungen mit der Versicherungsgesellschaft. So hat Jonathans Frau etwas in der Hand, als sie mit dem nahezu Leblosen abgefahren wird ins Unfallkrankenhaus.

Das aber steht nicht auf der Insel, sondern gut und gern sechzehn Kilometer entfernt in Gillingham, und dennoch hatte Jonathans Frau bald jemanden zur Seite vor der Tür, hinter der er womöglich starb unter den Messern. Der hatte neben ihm an der Theke gestanden, nun log er die drei halben Liter um in einen und ein Viertel, der gab Jonathan für seine Fahrkünste das Prädikat Künstlerisch wertvoll, und vor allem beglückwünschte er sie dazu, daß den Kindern im anderen Wagen schlimmstenfalles ein Härchen gekrümmt worden war. Gegen Mitternacht, während der zweiten Notoperation, mißlang es ihm schließlich, sie abzulenken von der Überlegung, wie handlich doch gelegentlich ein Vertrauen in einen Gott sein möge, falls vorhanden, jedoch verschlug von Zeit zu Zeit ein Hinweis auf das blinde Lächeln, das Jonathans Gesicht überschwemmte, soweit die Sauerstoffmaske das sehen ließ. Dann wieder war das Röcheln in dem stramm eingeschnürten Brustkorb zu hörbar gewesen. (Das ging später über Jonathans Begreifen: der sollte fast die ganze Nacht im Korridor der Klinik gehockt haben? auf den Fersen? ohne zu rauchen? – Wenn da doch bloß ein Stuhl stand: versetzt der, schnippisch geradezu.)

Erst einmal lassen die Chirurgen offen, ob wir je noch etwas besprechen werden mit Jonathan, am Ende ein Totalschaden wie sein Auto, und als seine Frau gegen Morgen abgeliefert wird zu Hause, findet sie die neue Sorge, wie sie denn wieder zu ihm kommt in der Ferne, rascher als mit der geldgierigen Eisenbahn. Wer dann anrief, war die Kontrahentin, die Fahrerin des anderen Wagens, und bot Jonathans Frau statt Rachsucht ihren Zweitwagen zu leihen an. Was für eine Verlegenheit! Denn Jonathans Frau versteht sich nicht darauf, ein Auto zu fahren, dazu hat sie ja ihn. Nun hat sie ihn nicht. Von diesem Morgen gab es einen privaten Taxidienst für sie, da konnte sie anrufen rund um die Uhr bei Nachbarn, Freunden, Bekannten, zweimal am Tag saß sie an Jonathans Bett. (Als sie ihn zurückbekam, war ihr Haushalt die ganze Zeit am Leben gewesen. Hilfe bei den Kindern, beim Einkaufen, der Bewachung des Telefons, all das gehörte beiläufig zu dem Hilfsnetz, das um sie gespannt war.)

Die sie zum Krankenhaus fuhren, für manche von ihnen mag Jonathan auch der Vorgesetzte gewesen sein, der wird zurückkommen mit Lob oder Tadel. Das stimmt für zwei Bengels, die sich einen Lieferwagen der Firma unter den Nagel rissen, die rutschten gewiß mit Spaß über die Autobahn, auch über die längere Strecke zu einem anderen Krankenhaus, auf Vergnügungsfahrten mit einer zuverlässigen Ausrede. Aber es war nicht jene Sorte Schüchternheit, mit der sie seinem Bett näher traten. Wollen wir sie der Neugier verdächtigen? Denn Jonathan hatten Lungenwunden und sieben Rippenbrüche aufgehen lassen zu einen Götzen, Wulst quoll da um Wulst, wie bei der Reklamefigur für ein Gummiprodukt, unverfroren sagten sie ihm das ins Gesicht, obwohl über ihm hätte eine Tafel hängen sollen mit der Aufschrift: BITTE, NICHT ZUM LACHEN REIZEN. Zu rühmen ist an allen ihre Tapferkeit gegenüber den Schildern, die dort tatsächlich angebracht waren in boshafter Vielzahl: WIR WÜRDEN ES ZU WÜRDIGEN WISSEN, WENN DIE PATIENTEN UND IHRE BESUCHER SICH DES RAUCHENS ENTHALTEN WÜRDEN. Es ist so ungefähr die strengste Formulierung. Da standen sie, die Blechschachtel mit Tabak und Papier in der Tasche, die Finger am Feuerzeug, und enthielten sich des Rauchens. Weiterhin befolgten sie die ärztlichen Auflagen und vergaßen keinmal Tabakwaren in der Nähe von Jonathans Bett. Ihr Vertrauen zur Medizin war nicht völlig blind. Sie kannten die hier zusätzlich erforderliche Arznei und überreichten dem Verletzten kleine Fläschchen ohne Etikett, deren Inhalt gemahnte an Mineralwasser, an Tee. Es sollte ihm an nichts fehlen, wenn es nach ihnen ging.

Die Behörden waren gleichermaßen bemüht. Jene Gruppe der Streitkräfte, bei der Jonathans ältester Sohn dient, fahndete nach ihm mit Aufrufen und Anschlägen in den Häfen, in denen er beim Anfang eines Urlaubs vermutet wurde; am nächsten Morgen hatte der Offizier für die Pflege der Beziehungen zur Zivilbevölkerung ihn an Jonathans Bett. Eine andere Behörde war eher ratlos, die Polizei. Die Ursache für den Unfall war ihr unerfindlich, und sie suchte Jonathan auszuhorchen. In seiner Unschuld weiß er bis heute nur den Beginn eines neuen Lebens mit festgebundenen Händen und Schläuchen in den Venen. Also wurde gegen ihn ermittelt, und ohne Fehl bekam Jonathan ein paar Strafpunkte auf seinen Führerschein, an Stelle jenes Gebrauchtwagenhändlers, der ihm eine Maschine mit defekter Steuerung angedreht hatte. Vorläufig rief ein Hauptkommissar regelmäßig an und ließ ihm ausrichten, dieser krumme blöde Hund (*silly old bugger*) möge sich gefälligst am Riemen reißen, gewiß keine Ausdrucksweise für die gebildeten und anmutigen Lippen einer Lehrschwester, und sie unterschlug ihm kein Wort. Dienstlich befragt, ob er unter Schmerzen leide, antwortete er wie jener legendäre Indianer, der von vielen Pfeilen an einen Baum genagelt stand: *Only when I larf*. Bloß wenn'ch lache.

Das sagt er heute noch. Einmal setzte er hinzu, träumerisch verwundert: Hab ich nicht gewußt, daß ich so viele Freunde hab auf der Insel.

Mittlerweile ist die Schonzeit vorbei, man darf ihn hart anlassen wie früher und ihm erläutern, wie es andererseits sich verhalten könnte: Nachbarn, meinst du, Jonathan. Nachbarn!

Hans Joachim Schädlich
Aber einer

Das Haus, langgestreckt, hoch, nicht zu hoch neben den anderen Häusern, in dem Haus gehen umher, die gesandt sind aus dem Nachbarland und geduldet in der Stadt, das Haus soll aber nicht betreten werden von den Bewohnern der Stadt. Die Stadtpolizisten, die auf und ab gehen vor dem Haus, oder es sitzt einer in einer Glaskabine neben dem Haus, der andere steht vor der Haustür, sind nur beschäftigt mit dem Schutz des Hauses. Geht jemand hinein, betrachten sie ihn, kommt jemand heraus, betrachten sie ihn. Das kann sehen, der hineingehen will, und geht hinein ohne *größeres* Bedenken gegen die Stadtpolizisten. Und kommt heraus nach notwendiger Weile als ein Stadtbewohner, der geredet hat mit denen aus dem Nachbarland in seiner Sprache. Hat also das Haus betreten und kann gehen, trotzdem. Das wundert den, der doch weiß, daß das Haus nicht betreten werden soll.

Wie aber wird geschützt der Stadtbewohner vor dem Haus? Denn daß es dem Stadtbewohner verboten wäre hineinzugehen, das heißt es nicht. Aber er soll nicht hineingehen. Er sieht die Stadtpolizisten, die ihn, wie er herauskommt, sehen, ist unschlüssig für drei Schritte von der Tür bis zum Straßenrand, wartet, daß das Auto vorüberfährt von links nach rechts in die Richtung der Hauptstraße, und geht über die Straße. Bis zur Ecke ist er in Eile, biegt in die Hauptstraße ein nach links und nimmt sich Zeit vor einem Schaufenster, das Tabakspfeifen ausstellt. Er will aber hinblicken, woher er gekommen ist. Außer Fußgängern auf dem Bürgersteig sieht er die Häuserreihe der Hauptstraße, aber das Haus in der Nebenstraße, das er verlassen hat, ist unsichtbar hinter der Straßenecke. *Er* kann die Tür des Hauses *nicht* sehen, und niemand der sonst hier steht, kann sie sehen.

Aber einer, der hinter dem Stadtbewohner steht, hat sie gesehen und hat den Stadtbewohner gesehen, wie er aus der Tür trat, und ein anderer, bloß ein Stadtpolizist, der *sonst* hier steht und die Tür des Hauses nicht sehen kann, sieht etwas, aber der Stadtbewohner sieht den einen nicht und nicht den anderen, der fast in einer Toreinfahrt steht. Der Stadtbewohner gibt das Schaufenster auf und geht weiter auf dem Bürgersteig der Hauptstraße. In einer Entfernung von der Straßenecke, daß der Stadtbewohner das Haus, aus dem er gekommen ist, schon vergißt, tritt ein Stadtpolizist auf den Weg, wartet ohne Beteiligung, halb den Blick auf den Stadtbewohner gerichtet, bis der heran ist.

Unter allen, die heran sind, sucht der Stadtpolizist den Stadtbewohner aus, der aus dem Haus gekommen ist hinter der Straßenecke. Wie es gelehrt wird die Stadtpolizisten, hebt der Stadtpolizist die rechte Hand bis zum Mützenrand und sagt, was er ist, und sagt seinen Namen. Verlangt, daß der Stadtbewohner sich ausweise, Weswegen? Das kann verlangt werden für das Gute öffentlicher Ordnung, die Grund für sich ist, unausgesprochen. Der Stadtpolizist sagt es anders, als Berechtigter. Er liest den Namen des Stadtbewohners laut vor aus dem Ausweis. Laut liest er den Namen vor, das ist das zweite Mal, und laut das dritte Mal.

Und wo wohnt der Stadtbewohner? Der Stadtbewohner sagt es, aber der Stadtpolizist sagt, So, *da* also, wollen wir sehen, ob es stimmt, und blättert nach, die Adresse, die genannt ist, ist eingeschrieben, Das stimmt also, zufällig, sagt der Stadtpolizist.

Zufällig? fragt der Stadtbewohner, Was heißt –

Zufällig! sage ich, sagt der Stadtpolizist.

Das Ausweisbuch gibt noch das Bild her, *Das* sieht aber aus, sagt der Stadtpolizist, jetzt sind die Haare kurz, wie?

Der Stadtbewohner sucht zwar die Blickrichtung des Stadtpolizisten ab, aber er sieht das Haus nicht, aus dem er gekommen ist, er fragt, ratlos beschäftigt, ob auch Begutachtung von Frisur zur Pflicht gehöre.

Dessen ist der Stadtpolizist sicher, Ein Bild *so*, und *so* ein Jemand, und das soll ein Ausweis sein für einen Jemand, da ist das kein Ausweis, dann.

Der Stadtbewohner hat nicht gesehen, daß der Stadtpolizist etwas gesehen hat: wie einer hinter einem Stadtbewohner die Hand hebt bis zum Kopf und den Scheitel prüft, aber in Schulterhöhe mit dem Finger auf einen Stadtbewohner zeigt, so kurz, das gehört zu einer Handbewegung, die nichts Besonderes ist auf dem Bürgersteig in der Ordnungsliebe zu dem Haarscheitel, deshalb ist der Stadtbewohner unbeholfen vor dem Stadtpolizisten:

Oder soll das Haus beschrieben werden nach Ort und Lage: die Stadt heiße also, und die Straße heiße also, Nebenstraße, Hauptstraße; wer in dem Haus umhergehe; Name; ein Stadtbewohner: Name; die Sätze: Sätze; die Worte: Worte? Alles: nicht verwechselbar? Dem, der zuhört: in die Hand gegeben? Den, der zuhört: an die Hand genommen? Also: zum Verwechseln nicht ähnlich?

Rolf Dieter Brinkmann
Rom, Blicke (Auszug)

Ja, bei Blumen, Knollen, Humus, Steckrüben, da halten sie sich auf, aber nicht beim Menschen, beim Einzelnen!

(Du kannst das Folgende ruhig als Teil einer Erzählung lesen!)

Was ist denn konkret los??: Ich habe manchmal, für blitzschnelle zuckende & sehr helle Momente begriffen, wie manchmal beim Lesen Deiner Briefe, nämlich körperlich, mit meinen Sinnen, sobald ich mir das Gesagte klarmachte, oder sobald ich einfach nur einen Sprechenden sah, was das war, was sich als Weltreformator dort gab:

Noch während des Redens begriff ich, daß der sich mästete in Gedanken am Schmerz anderer, an einem Gedankenfett, daß seine Gedanken fetter und fetter wurden, je mehr Belege er häufte für den Unverstand und den Schmerz hier, in dieser Welt zu leben,

und da war jemand, der redete im Namen von körperlichen Schmerzen, von unerträglichen Zuständen, von Eingeklemmtsein,

und ich sah ihn mir an, der da redete, was hatte er zu bieten? Wie sah er aus, der die Welt reformieren wollte? Da war eine triefige hängende Gestalt, eine verzerrte Eiferei, ein Wrack, das ganz von Wörtern und Begriffen innen in seinem Empfinden zerfressen war, und der pausenlos Wörter von sich gab,

da redete der im Namen von Tod, von Schmerz, von Trauer, vom Zucken im Nacken, von trudelndem Kreislauf (hatte er abends vorher zu lange gesoffen?)

und ich habe immer in den Momenten nur die Schäbigkeit der Person begriffen, die so sorglos und sich mästend geredet hat.

Und dann dachte ich, wofür redet der eigentlich? Für wen? Für irgendwelche anonymen Massen. Und mir fielen nur Priester ein, profanisierte Priester, die wie Fetische statt einer Hostie, Oblaten, den Begriff Ökonomie hochhielten. Ich habe oft den Eindruck gehabt von akutem Wahn!

Und noch einmal: wie sie sich in Gedanken gemästet haben am Unglück, und wie sie ihre einzige intellektuelle Berechtigung aus dem Unglück andrer bezogen haben! (Diese Frechheit setzte mich schon oft in Erstaunen!) Und was hatten sie als Paradies anzubieten? Rentenerhöhungen! (Da habe ich wieder die Schäbigkeit gespürt.) (Denn mir fiel die mit Eiter getränkte stinkende Watte ein, die um einen weggeschnittenen Körperteil gelegt war. Da redete er weiter von Ökonomie! Da war wieder das Wort Geld! Da war wieder Macht! Und da war wieder das parasitäre Verhalten!)

So einer wollte also die Welt verändern? Die Menschen? Die 1 Millionen Jahre Entwicklung? Den Druck unseres beschränkten Universums?

Ich erinnerte mich: da kam einer aus Berlin und wollte Geld für Schreibmaschinen für Nord-Vietnam – und ich hatte meine alte abklabusterte Maschine auf dem Tisch stehen, während der Oberbonze des literarischen Aufstandes eine IBM-leichte-fast-geräuschlose Maschine auf dem Tisch stehen hat, aber sein Name findet sich unter jedem Aufruf. Mir fiel auch ein, daß ich, um meine allererste Prosa überhaupt schreiben zu können, 1962, ich mir eine wacklige Maschine leihen mußte aus einem Schreibmaschinen-Verleih.

Ich erinnerte mich weiter: daß einer ungemein beschlagen, voll Zitate, die für Veränderung, Weltreformation, Revolution strotzten, bis in das letzte Detail logisch-kausal verbunden und mit rasanter Dialektik, die ungeheure Frechheit besessen hatte, angesichts eines am Gehirn durch irgendeine Schlamperei verletzten kleinen Kindes, zu sagen: es wäre doch gut, daß so einer nicht alles mitbekäme, was in der Welt passiere. (Er hat in einer gräßlichen Logik nur das vertreten, was überall läuft – Krankenhäuser vollgestopft mit blöden närrischen linken und rechten und konservativen Durchschnittsbürgern, die an Neurosen leiden auf Grund ihres Wort-Wahns, während die konkret zu behandelnden Gebrechen keinen Platz haben.)

Ich erinnere mich: wie ein Schriftsteller seine grüne – nato-oliv-grüne – Regen-Sturm-Jacke anzog und auf einem öffentlichen Platz eine Rede hielt vor flammender Empörung, links, links, Sozialismus, und dann nach Hause gegangen ist, nach einem Bier mit Kumpels, und den Fetisch «Realität» weiter propagierte.

Ich erinnere mich: daß alles im Namen der Dialektik, der Weltrevolution, Marx, Veränderung, DDR, China, Südamerika, USA, im Namen unschuldiger Pflanzen, Birds and Bees, geschah.

Ich erinnere mich: an das Preisen hausmachener kleiner Stände, an die Wurstfinger der Schlachtersfrau, an die innere Gartenlaube, an Wörter, die sie nannten wie: solide, Natur, oder das Gegenteil: Civilisation, das Gebarme um eine werfende Katze (ich mag Katzen sehr!), aber den Sex verwarfen sie in einem Wahn, der doch zu dieser werfenden Katze geführt hatte.

Ich habe auch die Gier gesehen, mit der sie vom eigenen Elend und vom Elend anderer gesprochen haben.

(Diese Gier zuckte hinter ihren Visagen. Sie hat in den Wörtern und Argumenten gezuckt. Sie hat in ihrem schlaffen Gesicht gezuckt. Und sie hat in der totalen Verneinung von jeder Bewußtseinsfreude gezuckt!)

Es ist eine Gier gewesen, die ich in dem Moment begriff, nach mehr Elend, nach mehr Schmerzen, so erledigt sind sie von Schmerzen gewesen, und sie haben doch die ungeheure Frechheit besessen, von diesen Schmerzen zu reden, nach mehr zu verlangen, damit ihre Argumente besser würden. (Denn ihre Argumente waren ihr Job! Sie, die Argumente, die Gier nach Leiden, nach Todesmelodien, mehr desto besser, die sie vorbrachten, brachten ihnen ihren Lebensunterhalt ein!)

Ich sah – was heißt hier: sah? ich begriff mit meinen Sinnen, wie sie sich gar nicht genug im Selbstmitleid ergehen konnten, gekoppelt, verkuppelt mit dem Leiden, mit Schmerzen, mit körperlichen Verstümmelungen von Massen Einzelner, und sie haben nach mehr Massen verlangt! Sie haben die imaginären Massen heraufbeschworen wie bei einem indischen Seiltrick, und sie sind an diesen Massen hochgeklettert in einen Wahn-Bereich hinein.

Ich sah mir die Bier-Trinker an (ich selbst trinke gern hin und wieder Bier), Kneipen-Gewohnte, Boutiquen-Aufmachung, das Hemd an der Brust offen, es ließ ihren Körper sehen, der vor lauter Wörtern gar nicht mehr da war, während sie von sozialem Wandel sprachen, von der Notwendigkeit eines sozialistischen Modells als Gegen-Modell zum Kapitalistischen,

sie haben mir eine Stadt vor Augen gezaubert, eine Stadt als sozialistisches Modell, und nicht einzelne Leute, eine Vielzahl einzelner Leute mit Raum um sich.

Sie haben die Plumpheit und den Wahnsinn besessen, die Freude am Lesen, an geistiger Entspannung, am Herausfinden, zerstören zu wollen.

Sie haben gesagt, ganz im Sinn einer Warenhaus-Kultur und eines Warenhaus-Empfindens, alles gehörte alle zwei Jahre zerschlagen.

Ich sah hin: ich hörte, wie sie, einzeln, an verschiedenen Orten und zu verschiedenen Gelegenheiten diesen Irren-Trick angewendet haben: es war die vermanschende, nichtssagende «Du-Kumpel-Art»: und die ging so, anrempelnd, schließlich sitzen wir ja alle im gleichen Boot, was? Schließlich haben wir ja alle einen Daumen, was?: so sagten sie, «Du, hör mal, dir geht's doch schlecht, was?» Pause, wobei dem anderen Mannigfaltiges einfiel, bis er «ja» sagte, da sagten sie: «Überleg mal warum?» und dann zogen sie aus einem verschimmelten Zylinder-Hut den räudigen Wechselbalg der Ökonomie hervor, der Macht, der Gesellschaft.

Ich habe nie gesehen, daß sie etwas vom Wahnsinn körperlicher Schmerzen erfahren hatten. Von der Wut, die einen bei körperlichen Schmerzen befällt, von dem entsetzlichen Gefühl der Ohnmacht, das einem bei körperlichen Schmerzen in einem beschränkten Universum ankommt, von der Trauer, ganz einfach, von einer namenlosen Trauer. (Und dagegen stellten sie, immer wieder, alles einzelne, an verschiedenen Orten, zu verschiedenen Zeiten: eine solide Welt! Einen soliden Anzug!)

Und so wie sie nie Trauer, nie Körper reinbrachten, so brachten sie nie Freude hinein, Entspannung. (Dabei sind es 36jährige, wie es 21jährige sind! Zum ekeln.)

Über welche Erfahrungen verfügten sie? Haben sie einmal auch nur auf einen wegfaulenden Leib gesehen, noch während er lebte? Haben ie niemals geweint, weil eine Zeile, ein Gedanke, ein Musikstück, eine Einsicht sie bis ins Innere traf und sie hat alle Wörter, alle Begriffe vergessen lassen?

Sie reduzierten auf Ökonomie, auf Gesellschaft, als sei das menschliche Leben, das Anteil hat an Leben überhaupt und in demselben Universum lebt, wie anderes Leben, sie reduzierten Lebendigkeit auf eine Struktur – links wie rechts und die abwiegelnde, je nach dem, zu welcher Seite abwiegelnde, Mitte.

Sie kotzten mich nur noch an. Es hat mich geekelt. Ich war beschämt vor soviel Ignoranz. Ich bedauerte, zugehört zu haben.

Sie, jeder einzelne von ihnen, ich merkte es an der Art, wie sie sprachen und wovon sie sprachen, wie ich es an der Art ihrer körperlichen Erschlaffung merkte, daß sie niemals Ausschweifung gekannt hatten, keinen Grenzbereich aufgesucht hatten, Puritaner waren, blöde verkommen von der Seite, gegen die sie sich verbal stellten. (Und das machte sie mit jener Seite gleich.)

Ich begriff: daß sie von dem Lebendigen in ihnen abgeschnitten worden waren und nun mit Kulisseneinreißen dagegen anstürmten. (Da sind sie darauf verfallen, Schwertlilien zu preisen und Krokusse und hatten Heimweh, wonach eigentlich Heimweh? Eine Schwertlilie zu werden? Ein Babie-Gehirn in einem Erwachsenen-Körper? Aber auf Rimbaud schissen sie, als ob der eine Kloake sei.)

Ich begriff: sie hatten gegenüber einem amerikanischen Präsidenten, den sie ironisch zitierten, nichts Eigenes zu bieten. Nicht einmal ihren Körper. Nicht das geringste Gefühl. (So bot sich ihnen ein Präsident an.)

Ich begriff: sie wollten massakriert werden, sie amputierten ihre Gefühle fortwährend, sie amputierten ihr Bewußtsein, sie amputierten ihren Ausdruck, sie haben in die Sprache geschissen. (Und das boten sie, ihre eigene Scheiße, als Argument an für eine bessere Welt, für eine Entspannung.)

Ich begriff gut: (in Briefen, in Gesprächen, an verschiedenen Orten, in der BRD und in der DDR, dieser Brei von kaputtem Anspruch, zu verschiedenen Zeiten, ich begriff bei der Lektüre von Dialektikern und begriff auf Versammlungen, ich habe begriffen in einzelnen Publikationen, die sich Dichtkunstwerke nannten, denn mir war alles sehr neu und verwirrend und ich war neugierig, ich habe das ganze Showbusiness der Gedanken noch nicht durchschaut gehabt, ich war unerfahren im Showbusiness innerhalb einer zerfallenen Ruine des abendländischen Bewußtseins, und auch gleich dazu morgenländisches Bewußtsein und chinesisches und südamerikanisches und Dschungel-Show-Bewußtsein!)

Also: sie kannten keine Ausschweifungen, oder es hatte ihnen einzeln nichts gesagt, sie kannten statt dessen nur Besäufnisse – sie kannten keine Sinnlichkeit – das Entzücken bloßer Haut, das Entzücken einer bloßgelegten Achselhöhle, aus dem dünnes Haar sprießt, und sie waren niemals betroffen gewesen durch die heftige Schönheit eines bloßen Knies und eines weichen Kniegelenks – sie kannten statt dessen blödes Schnell-Geficke in einem Hotel-Zimmer, «kau mir einen ab», sagte der Typ, wobei es ihm gar nicht darum ging. Es ging um den Ausgleich von Niederlagen, aber nicht um das Empfinden einer weichen Mundöffnung, die sich um einen Penis schließt – ich habe den Tonfall beim Erzählen gehört, er brachte anschließend das Gespräch auf soziale Veränderungen.

Sie wollten das Entzücken ausrotten (es hat sich in ihren schriftlichen Äußerungen gar nicht mehr gezeigt, sie konnten nicht einmal mehr eine einfache Nacht mit Mond-Gewölke beschreiben!)

Sie konnten nicht einmal mehr sagen, was sie, so wie sie vor mir saßen, einzeln, zu verschiedenen Gelegenheiten und an verschiedenen Orten und als unterschiedliche Einzelne, empfanden, gespürt hatten, was sie entdeckt hatten. (Aber sie haben alles verneint.)

Ich habe erlebt, wie sie im Namen der Aufklärung, des linken Bewußtseins, im Kino lärmten, ich habe erlebt, wie sie die Entspannung durch Bilder und Bücher mittels blinder Begriffe zu töten versuchten (und dann erzählte mir einer, er könne nicht mal eine Ameise zertreten.)

Ich habe erlebt, wie sie nichts anderes denken konnten als den Begriff: «Geld» und immerfort Informationen austauschten, wieviel sie verdienten und womit sie das verdient hatten: mit der Darstellung des Schmerzes anderer. (Diese Schmierer.)

Sie waren besessen vom Begriff «Geld». Mit diesem Begriff zerstörten sie die letzten Reste, natürlich im Namen eines imaginären größeren Genusses, den sie gar nicht einmal wirr andeuten konnten, eines Genusses.

Immer fiel ihnen als Einzelnem ein grober Begriff ein, der Gegenwart verödete.

Sie waren, jeder für sich, links, ein Ausrottungskommando. (Dabei machten sie dieselbe Cliquen-Wirtschaft und denselben schummeligen Klüngel. Sie kannten immer noch einen Kanal, in den sie ihre Unlust reinschieben konnten.)

«Oblomow», dieser faule, verschlafene Pelz, war ihnen ein Vorbild. (Am liebsten den ganzen Tag schlafen, anschließend über das Elend der Welt reden, dann über Eigenheime sich erregen, die die Gegend – kein Zweifel – zerstören, dann beieinander hocken in einer Kneipe.)

Es war: die westdeutsche, überhaupt: deutsche Weltreformation. (Marx sang auf seinen Wanderungen mit den Kindern sonntags: Oh, du schöner grüner Wald auf der Hampsteader Heide.)

Aber was, fragte ich, heimlich und sah hin: was hatten sie denn zu bieten? Welche erregenden Abenteuer? Welche Herausforderung von Können? Welche lustvolle Anspannung?: Die Linken, Sozialisten, Marxisten wie die Rechten, Konservativen, Kapitalisten? Was boten sie an? Was hätte das Abenteuer sein können? Was die Lust? Nichts, sie stanken wie die Great Old Ones.

Nichts: keine Freude, kein Genuß, kein Buch, keine Musik, kein Bild, das sie anpriesen, weil es sie in einen anderen Zustand versetzte – und sei es auch nur für einige Sekunden – ihnen, den Linken wie Rechten, war alles Jacke wie Hose, und so sah ich seltsame Gebilde herumlaufen, die statt einer Jacke eine Hose oben angezogen hatten, und in einer Jacke als Hose seltsame weltreformatorische Gesten und Sprünge machten.

(Jede hier erwähnte Einzelheit kann ich mit genauer Situationsbeschreibung weiter spezifizieren!)

Wer waren sie? Schriftsteller, Studenten, und weinten beim Bericht einer Fische eindosenden Frau (ich fand diese Sentimentalität geschmacklos, hatten sie mehr nicht zu bieten?)

Was wollten sie?: Rente. (Was leisteten sie dafür vorher? Einzahlungen.)

Was hatte sie bis in ihr Knochenmark gerührt? (Der Bericht eines fremden Leidens.) (Als kennten sie nicht die gräßliche Vereinsamung desjenigen, sobald ihn körperliches Leid überfällt.) (Und das ist grundsätzlich.)

Was sagten sie?: «Sei nicht so aggressiv!» ohne zu fragen, daß diese Aggressivität ein vergammeltes Denken und Aussprechen betraf, nämlich ihr's, nicht die Vermehrung von Schmerzen, die gerade ihrem Dasein eine Bestätigung zu denken gab.

«Sei nicht so aggressiv!» Aber sie zertrümmerten oder versuchten es zumindest, das Konkrete, die Reste davon, zu zerstören, Tabula Rasa, war ihnen eine Wonne, triefligen Auges, das sich Entdecker-Auge nannte, wie bei den sagenhaften Berserkern das Ziel.

Sie gingen in einer Abwesenheit der Begriffe, ich meine: durch Begriffe hervorgerufen, umher, auf diese Begriffe konnten sie alles bringen wie eine IBM-Maschine: oben Registrierkassen, unten läuft die Pisse raus.

So zogen sie, versprengt, ein Klüngel im Geist, umher. (Soffen sich an.)

Und sie verlangten von mir, ich solle nicht aggressiv werden bei der schmierigen Zertrümmerung, die sie vornahmen. «Für eine Kultur, die sich vom Kollektiv her definieren muß (was habe ich mir konkret als Mensch unter anderen Menschen darunter vorzustellen? Das Kollektiv mit der Fleischersfrau? Was gibt es für eine Interessengleichheit und was gibt es für gleiche Ziele? Sie soll mir anständige Wurst verkaufen, ich gebe ihr anständiges Geld. Aber die Fleischersfrau soll auch noch mitzureden haben bei den Methoden, wie ein Parlament auszusehen hat? Wie eine Erziehung auszusehen hat? Und meine Stimme gilt nicht mehr, wiewohl es mein Beruf ist, damit mich zu beschäftigen nach besten Kräften und nach bestem Wisssen so wie es die Aufgabe des Fleischers ist, nach seinem besten Wissen zu arbeiten? Neee, nix da! Kein Kollektiv! Sie sollen ein Fleischer-Kollektiv bilden – obwohl ich bezweifle bei der derzeitigen Lage der Erziehung, daß dann etwas Gutes dabei herauskomme – die Katze will am Kopf zuerst gestreichelt werden wie jedes Tier – also am Verstand, ist leicht nachzuprüfen!) – wenn wir überhaupt überleben wollen» –, ja, soweit ist es gekommen mit der verfluchten wahnsinnigen Idee vom Zoon Politikon, daß diese Zoon Politikons einander ersticken!

Wovon sprachen sie (abstrahierte ich die vielen Situationen, die ich erlebt hatte mit den Weltreformatoren): von der Masse, vom Kollektiv.

Was stand dahinter als nächste Abstraktion?: Möglichst viel, möglichst groß. Also die Quantität, das Mammuthafte, Gigantische (je mehr Elend sie in ihren Worten belegen konnten, auftischen, hieß es deutsch, desto besser für ihre eigene Position – wie ihre Gegenseite.)

Diese erbärmliche schwarzweiße Show: begriff ich, während einer redete.

Einmal, ich erinnere mich an eine nebelhaft-verschwommene Erzählung, hatte einer geschrien: «Schieß mich doch über'n Haufen, los, schieß mich doch weg», eine Granate hatte gerade sein Bein weggerissen, da hielt er seinen blutenden Stumpf vor sich. (Alles Ökonomie, was?)

(Lieber Piwitt, ich denke, daß wir uns nach diesem Brief kaum noch etwas zu sagen haben – ich habe dir noch immer keinen vor den Latz geknallt, wie du schreibst, ich meine wohl den Zustand, vielleicht meinst du Ideen – sie, die bestehenden Ideen, gehen mich nichts mehr an. Es ist mir gleichgültig, ob du das als einen Weg nach Innen bezeichnest – ich meine eher, daß du nach einem verfälschten Innen gegangen bist – und außer einem einmaligen Frühstück, daß mir in diesem Zusammenhang bald schon wie eins der Plakate, die Essen anzeigen, als sei es nicht selbstverständlich zu essen, vorkommt: was ist noch da?)

Gesellschaft als Mystifikation: dahinter verschwand Lebendigkeit. (Links, rechts, in der Mitte.) (Als ob es ein Bauzaun wäre, und wenn der Bauzaun des Bewußtseins weggerissen wird, kommt das gleiche Gebäude zum Vorschein.)

«Wurscht!» ist ihnen alles an Einzelheit: als ob sie essen wollten, Quantitäten, und dann reden sie von einem Aufenthalt bei ihren Eltern (wie der Nippesrahmen um ein Familienfoto.)

Dann ist Schweigen gekommen, nämlich das Schweigen, nachdem alles durch Wörter leergebrannt gewesen ist, und ich sah mir noch einmal den Menschen an, da vor mir. (Hatte ich verstanden? Nein, ich hatte gesehen.)

«Na denn, hü-hott!» (Beim Aufstehen fiel mir noch ein, ein kleiner Witz: daß er die ganze Zeit von Massen gesprochen hatte, kollektiv, die er Wölfe nannte und denen es um eine funktionierende Wasserleitung ging – völlig zu Recht – und wegen dieser nicht-funktionierenden Wasserleitung hatte er jede Ausnahme, jeden Einzelnen, der über den Durchschnitt ging, verhökert, zugleich – das fiel mir ein – hatte seine Rede vor den vielen so geklungen, daß jeder in dem Gefühl nach Hause gehen konnte, auch er werde, wenn er sich nur zu möglichst vielen zusammenrotten würde, ein Einzelner werden, der beliebig – je nach Laune, mal ein einzelner ausgesuchter bester Zahnarzt sein könne und mal ein bester weitreichendster Dichter mit ausschweifenden, entdeckerischen Augen, mal ein exquisiter Schlachter – so mußte jeder nach der Rede des weltreformatorischen Typs, an die vielen wohlgemästet an den unterschiedlichsten Verzweiflungen und Leiden des menschlichen Daseins, und im Bewußtsein, auf der richtigen Seite zu stehen, nach Hause gehen – im Ohr die allgemeine Todesmelodie, sie stimmte ja, also Individualität, Individuum mittels Masse, na ja, das war Dialektik, die ganz schön berauschte und wuselig machte – der Redner hatte seine Befriedigung, er hatte geredet, die Massen hatten ihre Befriedigung, sie kamen sich als Masse einzeln und individuell vor: das hieß: nicht mehr teilbar – in Zukunft – mittels gleichen, es war ein Abend im Abendland.) Die Sonne ging blutigrot gefärbt über einer brachliegenden Unkraut-Ecke plus Ruine unter, Papierfetzen von Flugblättern verwesten bereits im Straßengraben, die Häuserwände waren mit Sprühdosengeschmiere voll. Gute Nacht. Der Weg ging zurück, zurück, zurück.

Maria Erlenberger
Ich will schuld sein
(Aus einer Gedankensammlung)

Du! Leser!
sonst hast du nichts im Schädel?
ein Fleischklumpen
vor einem Packen Papier
lesen
sonst nichts
was ich hier ausrinnen lasse
du Hirnwassersäufer
du Sau
lesen
leg das weg
nimm dieses Papier und wirf es weg
wieviel hast du dafür bezahlt?
gutes Geld
warum liest du nicht in deinem Geld
da ist was draufgedruckt
es raschelt
ein Zwanziger raschelt anders als ein Hunderter
ein Tausender ist steifer als die Bibel
Münzen aus Augen
Tontafeln auf denen die Zehn Gebote geschrieben sind
der flammende Dornbusch aus lauter Geldscheinen
Werke verbrennen ist zuviel Aufhebens
ich werde nicht weiter darum bitten
sieh mich an
ich bestehe aus Buchstaben
kann dich das gar nicht rühren
du suchst
einmal etwas zu lesen
das dich umspült
wie das Fruchtwasser deinen Schädel umspült hat
bitte spüre es
ich brauche dich damit ich weiß daß ich da bin
du brauchst mich
damit du weißt daß du nicht ich bist
nur jetzt

wo du noch immer liest
Gedankenlese
trinkst du lieber Roten oder Weißen?
ich schreibe da und weiß gar nicht
wie du das machst
liegst du? sitzt du?
ist es laut um dich? gemütlich?
bist du satt? hungrig?
Schmerzen?
ich will nur nahe sein
jemandem
jetzt
auch wenn ich schon lang etwas anderes mache
wenn du das liest
ich hebe die Zeit auf
ist nicht schwer
jetzt ist dann
mehr muß nicht sein . . .
recht so?
Erfrischung wie kühles Wasser in der Sommerhitze
laß mich den Sommer machen
nimm was ich hier schreibe
koste meine liebe Langeweile
auch den frischen Gedankenflug
über den Sommersee
eine Nabelschnur spannen
zu mir
von allem
und zurück
die Augennervenstränge die jetzt hier schauen
denken denken denken
unwichtige teilweise Gedanken
glaubt nicht daß das gut ist
ich bin ungeduldig
ich – du
halte das Buch
wie sitzt du?
ich sitze an einem Tisch
mit dem Blick aus dem Fenster auf die Straße
es ist später Nachmittag

die Menschen gehen heim von der Arbeit
Autos fahren
es weht ein leiser Wind
das Rauschen der Bäume geht unter im Straßenlärm
ein Motorrad donnert vorbei
der Bursche rast auf seiner Maschine dahin
ich rase mit meinem Stift
die Seiten ab
ich überquere die Straße
ich bleibe stehen
Treibstoff Klebstoff Duftstoff Stoffstoff
Stoffkopf
mein Kopf ist der alte Fetzenball
den ich als Kind hatte
du kannst es
du brauchst nichts anderes zu tun als zu lesen
lesen
eine Kette nimmermüder Gedanken zerrt mich
gar kein Spaß
ich in deinem Wohnraum
Hohlraum Rauschraum
ich steige da ein
und jetzt?
wie komme ich da wieder heraus
nur keine Panik
ruhig
Langeweile bei Fuß
nur keine gespielte Ernsthaftigkeit
lieber etwas Ordentliches erzählen
das Ordnung im Schädel macht
wenn das hilft
faßt du das an was ich gedacht habe?
ich bin dein Auge
«Gestatten, Gedanke!»
«Angenehm.»
ich gehöre mir
keine Worte mehr
Augen auf Mund zu
eine Weile ist lang
langsinnig wahnweilig wahnsinnig traumsinnig

traumsichtig geschichtensüchtig
menschenwürdig
ich gehe zu Fuß
über den Gedankenfluß
hier stehe ich für heute

Es war weit
bis hierher
die andere Seite sieht aus
wie die andere Seite
ein Ufer
das andere Ufer
da
hier?
hier oder da
ich habe etwas getan
es ist eine Annäherung geschehen
an das nicht Existente
nicht Auffindbare
das letzte Ufer?
jetzt?
wollte ich das?
genau das
was will ich noch?
alles . . .

Ich bin durch das Hungern
aus meiner ewigen Form getreten
ich bin herausgeschlüpft
aus meiner Körperform
und Geistesform
aus meinem Glauben zu sein
aus meinem Bild von mir
außen wie innen
ich bin dieselbe geblieben
ich bin es jetzt zufrieden
weil ich mich selbst gewählt habe

War das alles notwendig
um jetzt dazustehen
so dazustehen
soviel Überwindung
soviel Mühe
und jetzt?
stehe ich so da
war das alles notwendig
ja es war
der Weg ist viel zu weit
um diesen Fluß zu umgehen
man sollte schwimmen
es ist gefährlich
der Fluß bleibt unsichtbar
er bewegt sich immer in dauernder Veränderung
er läßt sich nicht orten
obwohl er scheinbar stillsteht
in der ewigen Wiederkehr derselben Bewegung

Nichts kommt unvermutet
die Überraschung wäre nur gespielt
vor dich lege ich mich auf die Straße
die Kraft ist ausgeatmet
aus – aus
ich bemühe mich um keine mehr
die Stationen zur Endstation
wie viele Leben? noch? wie oft schon?
es breitet sich
es rollt sich auf
das Band
ich betrachte es still
bitte still
bitte keine Bildbände mehr
keine Muster keine Regeln keine Zwänge
ich verwebe mich in meinem Lebensbild zum Teppich
unter meinen Füßen ich trete drauf
schwer bin ich
wahrhaftig
keine Klagen über diesen Druck im Kopf
es ist das Blut
ich merke jetzt waren wir zusammen
Harmonie ohne Regeln?
zufällig losgelassen ungeformt
Liebe ohne Gefühl
Eins ohne Fügung
Verfügung
über mich kann man nicht verfügen
aber ich gebe auf
es entschwindet die Kraft
vor dich lege ich mich auf die Straße
aus – aus
nicht kommt unvermutet
die Überraschung wäre nur gespielt

Ich habe einen Gedanken
ich sehe ihn an
er wächst
er steht da
blüht er?
soll ich jetzt sehen was ich mir sagen wollte?
so sieht das aus?
oder habe ich nicht genug Sorgfalt auf das Wachsen gelegt?
wie hätte ich eingreifen sollen?
mit irgendeiner Vernunft
in das wilde Wachsen aus allen Poren?
wo soll ich bohren wenn nicht in der Nase
wohin soll ich mein Leben lenken
wenn ich an das Rad geschmiedet bin
Schmied meines Glückes!
und ich wollte doch dorthin
wo ich hergekommen bin
ich habe einen Gedanken
ich bin wie du
denkst du auch?
willst du das?
daß es blüht?
uns blüht dasselbe

Wer jagt die Perfektion?
wer nennt es Vollkommenheit
wer hängt sich an
wer will sich erschöpfen
wer will den Geist jagen
in Ermangelung erregenderer Beute
wer beutet sie aus
die Gedanken über den Mangel
zum vollkommenen Sieg über das Menschengehirn
wer jagt mich?
wer hängt an mir
was mangelt mir in meinem Hirn?
es ist die Bewegung von Anspannung zu Entspannung
von Hunger zu Sättigung
von Erschöpfung zu Erfrischung
von Geburt zu Tod
von mir zu dir
mein Mangel ist mein Leben
mit dir
und mir
mein Beutetier
Beuteltier?
das hängt an mir
das Menschentier
ich trags in mir
und jage es für dich
und siege für mich
erschöpft beende ich dieses
ein perfekter Verlust

Wüßten wir
wie verlassen wir sind
wir würden uns im Sterben
nicht so sehr wundern
wie verlassen wir sind
nachdem der erste Bilderwirbel sich legt

Raus da raus
die Gedankenfurze
mir stinkt das Hirn vom eigenen Dampf
Dampf ablassen
das tut wohl
und warum muß man das dann riechen?
weil es gut ist mein Kind
weil es aus dem Herzen kommt
weil es weise ist, verstehst du?

Höre:
(aber wirklich)
nimm deinen linken Zeigefinger
und stecke ihn in dein linkes Ohr
zähle langsam bis drei
und schlage dabei mit der rechten Hand
auf das Buch – – –
jetzt verbindet uns
zum erstenmal
Wirklichkeit
die Möglichkeiten sind ungeheuer
lassen wir es dabei
für heute

Heribert Hopf
Herr Rosenbaum gibt sich zu erkennen

Als Herr Rosenbaum das Haus verließ, stand sie gerade am Fenster, sah, hinter der Gardine verborgen, wie draußen der Verkehr anschwoll. Das war nicht die Stunde, um hinauszugehen, sich Hals über Kopf in dieses Chaos zu stürzen, das Männer und Frauen und Kinder unterschiedslos aufsaugte, durcheinanderwirbelte und an irgendwelchen anonymen Ecken und Plätzen unvermittelt wieder freiließ. Auch Herr Rosenbaum ging jeden Tag, ein Viertel vor acht, sie wollte ihn seit langem fragen, was um alles in der Welt ihn ausgerechnet zu dieser Zeit auf die Straße trieb.

Herr Rosenbaum war ihr Zimmernachbar, ein kleiner Mann, einsfünfundsechzig höchstens und trotz seines Alters stets adrett beieinander, als habe man nicht nur seine Hemden und Hosen, sondern ihn selber gewaschen und gebügelt, bevor man ihn aus dem Hause ließ. Was ihn von den anderen Heimbewohnern unterschied, war eine gewisse unauffällige Gleichmütigkeit, über Gebrechen etwa klagte er nie. Er schien sich nicht für sie zu interessieren, weder für die eigenen noch für die der anderen. Sie hätte gern häufiger und länger mit ihm gesprochen, nicht nur über die kleinen Unregelmäßigkeiten im Heim, obschon auch diese Unterhaltungsstoff genug boten. Das Mittag- und Abendessen zum Beispiel, an dem man immer etwas auszusetzen fand. Mit dem Frühstück, zwei Semmeln täglich, Butter und Marmelade, Kaffee oder Tee nach Wahl und sonntags ein weichgekochtes Ei, durfte man dagegen zufrieden sein. Oder der barsche Ton der Heimleiterin, wenn man zu unrechter Zeit sie um eine Auskunft anging, sie mit einer Bitte zu belästigen drohte. Die Bettwäsche wurde zu selten gewechselt, alle zwei Monate, das störte Lina kolossal. Und Blumen hätte sie gern gehabt, Geranien, Veilchen, hin und wieder einen Frühlingsblumenstrauß oder jetzt, nachdem der Herbst begonnen hatte, Astern. Über Richard hätte sie mit ihm sprechen wollen, ihren Sohn der Waschmaschinen verkaufte und Jahr für Jahr, jeweils zwei Wochen vor Weihnachten, einen Hundertmarkschein sandte. Wie viele Briefe man füglich erwarten durfte von einem Menschen, dem man zwanzig Jahre lang bis zum Tüpfelchen auf dem i alles gegeben hatte, was zu geben man überhaupt in der Lage war. Über ihr vergangenes Leben und über Rosenbaums vergangenes Leben, das sicher erfüllt war von interessanten Begebenheiten. Lina, hatte er einmal gesagt, ganz nebenbei, Lina, glauben Sie mir, es gibt Dinge zwischen Himmel und Erde, von denen wir uns nichts träumen lassen! Darüber hatte sie lange nachdenken müssen, denn sie träumte gern und ausführlich, auch tagsüber. Sie wußte, daß Träume eine bestimmte Bedeutung haben, Wasser, zum Beispiel, kündigte einen Tod an. Sie glaubte an Gott und an das Schicksal, ohne diese beiden Größen aufeinander zu beziehen. Weit entfernt voneinander hatten sie und Rosenbaum fast siebzig Jahre ihres Lebens zugebracht, hatten nie etwas voneinander gesehen gehört geahnt, und nun hatten sie sich getroffen, zu einer Zeit und an einem Ort, wo es nichts mehr zu entscheiden gab.

Nur zu gern hätte sie herausgefunden, welchen Geschäften Herr Rosenbaum Tag für Tag nachging. Seine Emsigkeit beunruhigte sie um so mehr, als sie spürte, daß sie eingebettet war in einer seltsamen Unbewegtheit. An den grummeligen Biertischgesprächen über Politik, über Schwarz und Rot, über verwahrloste Jugendliche beteiligte er sich so gut wie nie. Einmal nur hatte er sich auf eine Unterhaltung eingelassen. Ruhig und ohne innere Beteiligung, wie es ihr schien, dozierte er über einen der griechischen Väter, Kleisthenes oder so ähnlich. Keine Parteien, sagte er, keine Programme, ein Ältestenrat, der die Politiker vorschlägt, und das Volk wählt, oder es lehnt den Vorschlag ab. Mittendrin unterbrach er sich, wahrscheinlich hatte er den Eindruck gewonnen, man könne ihm nicht folgen. Er lächelte ein wenig, fächelte den Rauch seiner Zigarre, einen schmalen, langen schwarzen Stengel, vor seinen Augen. Lina glaubte nicht, daß er sich vor dem Tode fürchtete. Nicht einmal die mindere Qualität der Mahlzeiten vermochte ihm eine mißmutige Äußerung zu entlocken.

An diesem Tag kam Rosenbaum eine Viertelstunde zu spät, und prompt handelte er sich von der Heimleiterin, einer freudlos dreinblickenden Person in den späten Fünfzigern, eine Rüge ein. Wie sie am Ende der Tafel thronte, stets Galligkeit und Bitternis um sich verbreitend, hätte man sie für eine der kränkelnden Insassen halten können. Rosenbaum entschuldigte sich, er hatte geschwitzt und mußte vor dem Beginn des Essens noch rasch Hemd und Unterwäsche wechseln. Lina fürchtete, es bliebe nicht genug zu essen für ihn übrig, legte deshalb verstohlen ein paar Brotschnitten zur Seite. Doch als sie, eine halbe Stunde später, bei ihm anklopfte, schien er sich bereits zu einem Mittagsschläfchen niedergelegt zu haben, jedenfalls antwortete er nicht. Sie nahm sich vor, ihn abends anzusprechen. Hoffentlich vergaß sie es nicht wieder, sie vergaß so vieles in den letzten Wochen; der Gedanke daran machte sie immer ein wenig traurig.

Der Abend kam, und Lina steckte das Haar hoch. Der Gang zum Speisesaal, dreimal am Tag, strengte sie an, vor allem der Rückweg erschöpfte ihren Atem. Der Raum lag im Erdgeschoß, er war dunkel und roch nach alten Speiseresten. Die kleinen quadratischen Tische, gedeckt für jeweils vier Personen, waren grau von langjähriger Benutzung, ohne Liebe erhalten, schmuddelig. Sogar das Besteck war nicht mehr richtig sauber, seit in der Küche eine Spülmaschine stand. Lina hätte die Mahlzeiten viel lieber in ihrem Zimmer zu sich genommen, doch die Heimleiterin duldete keine Extras. Heute war sie froh darüber; Herr Rosenbaum saß bereits auf seinem Platz, als sie unten anlangte. Er hob leicht den Arm zum Gruß, nachdem er sie wahrgenommen hatte.

Es gab Haferflockenbrei, einen grauen zähen Papp ohne Würze und Geschmack. Sie blinzelte zu Rosenbaum hinüber. Der führte mit ruhigen gleichmäßigen Bewegungen den Löffel zum Mund, nichts war ihm anzumerken. Es hätte ebensogut Leber oder Kalbfleisch mit Gemüse sein können. Sie wunderte sich sehr über ihn.

Nach dem Essen richtete sie es ein, daß sie an der Treppe aufeinander trafen. Sie stiegen gemeinsam hoch, Rosenbaum bot ihr seinen Arm. Oben blieb sie, zum Atemholen, an seiner Zimmertür stehen; sie wußte, daß er ein höflicher Mann war.
Darf ich Sie hereinbitten?
Aber nur, wenn ich nicht störe.
Herr Rosenbaum hielt ihr die Tür auf.

Das Zimmer war einfach möbliert. Ein Bett, massig und mit zwei schweren Decken belastet, zwei Kopfkeile, übereinandergeschichtet. Am Fenster ein Tisch, zwei Stühle, einer rechts, der andere links. Neben dem Bett der Schrank. Kein Kalender, keine Blumen. An der Wand über dem Bett ein Bild, darauf ein Schiff gemalt war. Ein sehr eigenartiges Schiff, verschnörkelt und unsymmetrisch, als sei es eben einem grotesk-bizarren Altmännertraum entsegelt.
Herr Rosenbaum lächelte.
Sie wundern sich? Ich habe es selber gemalt.

Oh, sagte Lina; sie mochte nicht lügen. – Hat es eine besondere Bedeutung?

Ja, sagte Herr Rosenbaum. Es ist ein Modell, ein Modell für meine Arbeit.

Oh, sagte Lina wiederum.

Wollen Sie sich nicht setzen? Nein, nicht auf den Stuhl . . . Herr Rosenbaum deutete zum Sessel.

Lina ließ sich behutsam nieder. Der Sessel war warm und weich. Sie legte ihre Arme auf die hochgezogenen Lehnen links und rechts.

Arbeiten Sie jeden Tag? fragte sie. Jeden Morgen, nachdem Sie das Heim verlassen haben?

Vormittags und nachmittags, sagte Herr Rosenbaum. Und das schon drei Jahre lang.

Sie sind noch sehr rüstig. Dennoch sollten Sie aufpassen, daß Sie sich nicht übernehmen.

Mir bleibt nicht mehr viel Zeit, sagte Herr Rosenbaum.

Zeit wofür? Ein Spaziergang im Park, eine Stunde auf der Bank. Ein Buch. Dafür reicht es allemal. Man kann es sich doch einrichten.

Darf ich Ihnen etwas verraten?

Wenn Sie wollen.

Wissen Sie – Herr Rosenbaum stockte für einen Augenblick, als geniere er sich ein wenig – wissen Sie, ich baue nämlich ein Schiff.

Aber Herr Rosenbaum, was für eine Idee! Sie meinen ein Schiff zum Spielen, für Ihre Enkel vielleicht?

Es ist eine Arche.

Lina erstarrte, sie befand sich ohne Zweifel wieder in einem Ihrer Träume. – Eine Arche? Wie in der Bibel? Wie Noah?

Herr Rosenbaum machte eine fahrige Handbewegung, als wolle er etwas abwehren, Linas Blick etwa aus großen runden Augen.

Ich bin Noah, sagte er schließlich und blickte sein Gegenüber fest an.

Das ist doch ein Scherz. Lina rutschte unbehaglich auf dem Sessel herum.

Diesmal lächelte Herr Rosenbaum nicht.

Leider nein, sagte er knapp, und ungewohnte Strenge verwandelte sein Gesicht in eine Maske. – Die Zeit ist reif, fuhr er fort, niemand wird entkommen. Nur das Schiff, und wer sich auf dem Schiff befindet. Ich habe bisher mit keinem darüber gesprochen, doch Sie wissen es jetzt. Dabei soll es bleiben.

Sie können sich auf mich verlassen, sagte Lina, sehr bemüht, ihre Stimme mit Überzeugungskraft zu füllen.

Darum bitte ich. Nicht nur um meinetwillen, sondern auch ihretwegen. Denn ich habe noch einen Platz frei, er ist, verstehen Sie mich bitte nicht falsch, für einen Menschen gedacht, der mir nahesteht. – Herr Rosenbaum faßte nach ihrer Hand, lächelte nun wieder, ein sanftes freies, keineswegs verrücktes Lächeln.

Ich weiß nicht recht, sagte Lina. Sie wagte nicht, ihm ihre Hand zu entziehen.

Natürlich. Sie müssen darüber nachdenken, das verstehe ich. Aber warten Sie nicht zu lange – und wieder sah sie für einen Augenblick nur eine gesichtslose Maske. – Vielleicht darf ich morgen darauf zurückkommen?

Ja, bitte, morgen. Lina erhob sich, immer noch wünschend, daß sie träume. Auch Herr Rosenbaum war ein Träumer, ein Träumer im Traum. Sie war ganz verwirrt. Eine Arche also. Sturm und Wasser. Kündigte Wasser nicht einen Tod an? Wessen Tod? Und was bedeutete die Arche? So viele Fragen, so viele Möglichkeiten.

Am anderen Morgen fühlte Herr Rosenbaum sich leicht und frei wie lange nicht mehr. Er hatte gesagt, was zu sagen er sich vorgenommen hatte. Es gab keinen Zweifel, daß sie zustimmen würde, es durfte keinen Zweifel geben. Sie war ein normaler Mensch, hatte trotzdem ihre Sinne beieinander; sie würde die Situation erkennen, abschätzen und das einzig Mögliche tun. Das bedeutete für ihn, daß er nun die Verantwortung trug, nicht nur für sich und sein Werk, sondern auch für Lina. Deshalb war er besonders vorsichtig, als er nun auf die Straße trat und den Weg zu seiner Arbeitsstätte einschlug. Er ging diesen Weg wie jeden Tag, und dennoch ging er an den Geschäftshäusern und Kaufläden, an den Ämtern und Kirchen vorbei, als sähe er ihre Anzeigen, die Reklametafeln und Schaufenster zum erstenmal. Den Schmuck im Juweliergeschäft an der Ecke, der glitzerte und funkelte in köstlich geilem Glanz. Die Möbelstücke, die Teppiche und Tapeten, Kleider, Schuhe, er sah all diese Dinge, wie sie sich ebenso unschuldig wie aufdringlich anboten, und er sah zugleich ihre Hinfälligkeit. Er sah das Gericht, das ihnen gesprochen war. An einer der vielen Ampeln bohrten Arbeiter den Asphalt auf, eine ganz und gar vergebliche Arbeit. Die Männer wußten das nicht, deshalb arbeiteten sie verbissen und stumpfsinnig vor sich hin, sie trugen Handschuhe, um ihre Hände zu schützen, umsonst. Am liebsten hätte er

Passanten aufgehalten, ihnen sein Wissen anvertraut. Sie hätten wohl nur den Kopf geschüttelt oder gelacht in ihrer Verlorenheit. Bei Lina hingegen war sein Geheimnis gut aufgehoben. Sie hatte nicht einmal gezweifelt. Sie war erstaunt gewesen, weil sie noch des Staunens fähig war. Es war gut und richtig gewesen, daß er sie vorbereitet hatte auf diesen Tag der Tage.

Die Villa stand versteckt hinter dem Laub von Ahorn- und Kastanienbäumen. Das Schild vor der Gartentür war abgerissen, die wenigsten Passanten ahnten, was hinter dem Park sich verbarg. Das Grundstück, am westlichen Stadtrand gelegen, war vor Jahren von einer Baufirma aufgekauft worden; nun hatte sie offensichtlich kein Geld, um mit dem geplanten Neubau einer Wohnanlage anfangen zu können. Herrn Rosenbaum war das nur recht, so führte er ungestört Stunde um Stunde seine Arbeit weiter. Sein Arbeitsplatz befand sich hinter dem alten Gebäude, den Augen der Vorübergehenden entzogen. Sie hätten ihn ohnedies kaum bemerkt, wie sie die Straße entlanghasteten, den Blick fest auf den Boden geheftet, als wäre es verboten, aufwärts zu schauen.

Die Arche hatte eine Länge von acht Metern und eine Höhe von drei Metern. Sie war beinahe fertig, zwei drei Tage noch, kleine Verbesserungen, eher Zierrat denn Notwendigkeit. Diese Nacht und die folgende würde er noch im Heim schlafen. Danach, so hatte er es geplant, wollte er mit Lina in der leeren Villa warten. Die Zeit war reif.

Zur Mittagsmahlzeit im Heim erschien er auf die Minute pünktlich. Lina grüßte ihn mit den Augen, er prüfte augenblickslang den Gruß, winkte zurück. Nach dem Essen vertrat sie ihm den Weg.
Ich habe es mir überlegt, sagte sie.
Ja? Mit einemmal war er sich gar nicht mehr so sicher. Lina sah ihm ins Gesicht, der Blick ihrer hellen grauen Augen drang tief, und sein altes leergewirtschaftetes Herz fing heftiger an zu schlagen, es drosch und pumpte und kriegte nicht genug davon, während seine Hoffnungen dahinfuhren vor diesem Blick wie Staubfäden in der Sonne. Der Staub legte sich auf seinen Atem, er hatte Mühe, Luft zu holen.
Sie sind krank, sagte Lina. Sie sollten einen Arzt aufsuchen. Ich meine es gut mit Ihnen.
Sie legte, seine gestrige Geste wiederholend und wie zur Bekräfti-

gung, ihre Hand auf seinen Arm. – Wir sprechen darüber, wenn Sie wollen.

Herr Rosenbaum antwortete nicht, er schüttelte nicht einmal den Kopf. Die Spannung wich von ihm und mit ihr die Kraft, die sie geschaffen und aufrechterhalten hatte. Sein Herz schlug immer noch, als gelte es etwas einzuholen.

Vergessen Sie, brachte er schließlich hervor, vergessen Sie, was ich gesagt habe.

Nein, sagte Lina. Ganz so einfach ist es nicht.

Ich bin ein wenig müde, ja?

Aber wir kommen noch einmal darauf zurück.

Ja, ja, sagte Herr Rosenbaum. Er mühte sich, das Stiegenhaus hochzukommen, die feuchte Hand um das Geländer gekrampft. Lina hielt sich dicht hinter ihm. Obwohl er ihren Atem in seinem Nacken spürte, fühlte er sich unheimlich weit, menschenweit von ihr entfernt.

Er hatte nicht viel einzupacken: Waschzeug, einen Schlafanzug, etwas Unterwäsche, eine Strickweste, einen Regenmantel. Die Fotografien seiner verstorbenen Frau. Arbeitsanzüge, Decken, und das wichtigste Handwerkszeug hatte er bereits in der Arche verstaut, ebenso Nahrungsmittel, Konserven, Getränke.

Ob er zwei, drei Bücher einpacken sollte? Er dachte, das «Seeleben», den «Alexius unter der Treppe» mitzunehmen. Schließlich griff er noch zu Katherine Mansfield.

Zwei Katzen, grau die eine, gelbbraun gestromt die andere, strichen hin und wieder durch den verwilderten Park der Villa. Er sah sie nicht jeden Tag, doch sie tauchten immer wieder plötzlich auf. Wenn die Stunde des Gerichts anbrach, würde er sie auf der Arche unterbringen, sie kämen wahrscheinlich von selber; Tiere haben ein Gespür für Katastrophen.

Er rechnete mit einem Aufenthalt von dreißig Tagen auf dem Schiff. Dreißig Tage müßten ausreichen, um dieses Geschlecht von der Erde zu vertilgen.

Er verabschiedete sich von niemandem.

Die letzten Arbeiten gingen ihm schwer von der Hand. Irgendwie schien das Gespräch mit Lina an seine Kräfte und an seinen Willen gegangen zu sein. An keinem Tag der rund drei Jahre, die er an die Arche hingebaut hatte, war er so schlapp, wenn er den Hammer hob, die Säge führte.

Der Zierrat an den Kanten war ihm plötzlich zuwider, er fragte sich: wozu. Das wäre ihm in den Jahren der Planung und Durchführung seines Projekts nie in den Sinn gekommen. Er mißtraute sich, er wollte nicht einer überflüssigen Schönheit huldigen, während die anderen ringsum in den Fluten versanken. War es wirklich das bessere Los, allein zu überleben? Er sah sich plötzlich wie von außen: ein alter Mann auf einem schwankenden Boot, der arbeitete, aß, trank, schlief, der sich erhob von seinem Lager, sein Gesicht im Spiegel besah, sich rasierte, wiederum aß, trank, weiterarbeitete; er sah dies alles, ein tägliches Ritual sinnloser Verrichtungen, wie auf einem verschlissenen Film, den sein Gedächtnis abspulte, und er mußte sich zwingen, Hand anzulegen, nicht lockerzulassen. Jede seiner Bewegungen glich einem Streich gegen den eigenen Tod. Er wußte, daß er verloren sein würde, sobald er nachgäbe. An diesem Nachmittag wünschte er sich, verloren zu sein.

Es regte Lina auf, daß Herr Rosenbaum weder beim Abendessen noch am Morgen darauf beim Frühstück zugegen war. Er war ein Gefährdeter, ein Narr vielleicht; sie mochte ihn trotzdem. Sie hätte gestern schon der Heimleiterin Bescheid geben müssen, nachdem sie ihn vermißt hatte. Nachts hatte es geregnet, einen feinen schütteren Regen, der ihm an die Gesundheit gehen mußte.

Sein Zimmer war nicht abgesperrt, sie hatte geklopft, die Klinke gedrückt, die Tür geöffnet. Das Bild fehlte über dem Bett, dies fiel ihr auf. Sonst war alles wie gestern, nur eine Spur grauer, kühler, aufgeräumter, in eine tödliche Ordnung gebracht, wie ihr schien. In der Frühe hatte der Regen aufgehört, doch über den Giebeln zogen gelbgraue Wolken, sie schaute zum Fenster hinaus. Der Verkehr floß vorbei wie jeden Tag, sie wunderte sich, wie spurenlos ein Mensch verschwinden konnte, und sie spürte Zorn in sich aufsteigen vor so viel Gleichgültigkeit.

Gegen zehn Uhr vormittags begann es erneut zu regnen. Die Wolken senkten sich über die Dächer der Stadt, zogen fetzenweise durch die Straßen. Das Prasseln auf den Ziegeln und auf dem Pflaster wurde härter, bald waren Gehsteige und Fahrbahnen weiß von Hagelkörnern. Nun mußte Lina etwas unternehmen. Die Heimleiterin gab sich zugänglicher als gewöhnlich, erzählte, daß Rosenbaum bereits zweimal in einer Anstalt gewesen sei wegen seines Wahns; vor Jahren zum Beispiel, wann war es doch gleich, kurz vor dem Tode von Martin Luther King jedenfalls, habe er die Himmelfahrt des Elia prophezeit, in einem feurigen Wagen. Zwischendurch sei er wieder ganz normal gewesen. Was man tun könne? Die Polizei verständigen, mehr nicht. Irgendwo werde Rosenbaum schon einen Unterschlupf gefunden haben, möglicherweise hätten Einsichtige ihn wieder in die Anstalt geschafft, wo er, wie sie wohl wisse, besser versorgt sei als in einem Altersheim. Die Miete habe er bezahlt, immer im voraus, wie es sich gehöre. Er sei da sehr genau und offenbar nicht unvermögend gewesen.

Um Mittag kam Wind auf. Die Straßen waren plötzlich wie leergefegt. Hin und wieder fuhr ein Auto vorbei, brauste durch die Wasserlachen und besprühte fontänengleich die Gehsteige. Der Wind wurde stärker, das Klappern der Reklametafeln und der Jalousien vor den Fenstern lauter. Nach den Zwölf-Uhr-Nachrichten wurde im Rundfunk eine Sturmwarnung verlesen.

Kurz darauf setzte Nebel ein, der um vier Uhr beginnende Nachmittagsverkehr geriet sogleich ins Stocken, brach dann vollständig zusammen. Nach achtzehn Uhr, gerade als das Abendbrot serviert wurde, fiel der Strom aus. Lina brachte keinen Bissen hinunter.

Es regnete am Abend, es regnete in der Nacht, es regnete am anderen Tag. Die Nebel hatten sich zurückgezogen. Auf der überschwemmten Straße trieben Papierfetzen, Müllreste, Dachziegel, abgerissene Äste. Autos und Motorräder standen gebrauchsunfähig im Wasser. Der Sturm tobte von Stunde zu Stunde heftiger, riß Wandstücke aus den Mauern, zerschlug Stromleitungen. Die wenigsten wagten sich noch aus den Häusern.

Am Abend ruderten Feuerwehrleute und Polizisten in kleinen wendigen Booten durch die Stadt, sie warfen Säcke, gefüllt mit Proviant, durch die blitzschnell geöffneten Fenster, die daraufhin sofort wieder geschlossen wurden. Die Heimleiterin beschloß, ihre im Erdgeschoß untergebrachten Insassen vorübergehend in die Aufenthaltsräume der oberen Stockwerke einzuquartieren. Da Strom und Gas ausgefallen waren, gab es mittags und abends nur dürftig hergerichtete Brotschnitten. Die Verbindung mit der Stadtverwaltung, ja mit der Außenwelt war inzwischen gänzlich abgerissen.

Der Himmel glich einem farblos trüben Schwamm, aus dem es unaufhörlich herunterfloß. Die morgendliche Dämmerung hielt auch während der Mittagsstunden an, glitt über in die Dämmerung der Abende. Vier Tage nach dem Beginn der Katastrophe mußte der erste Stock des Heimes geräumt werden, am Tage darauf der zweite Stock.

Die Frauen und Männer saßen zusammengekauert und dicht aneinandergelehnt auf dem Dachfirst, eingehüllt in Decken, in Mäntel und Regenhäute. Lina blickte über das Wasser, es war hellgrau und schlug winzige Wellen. Nur die Giebel der höchsten Häuser und die Kirchtürme ragten heraus, gleich felsigen Riffen oder Leuchttürmen in einem sich endlos weitenden Meer. Ab und zu kurvte, von mutigen Männern gesteuert, ein Boot vorbei, ohne die Armzeichen und Rufe der Nachbarn zu beachten.

Da erschien am Rande des Horizonts ein Segel, es kam näher, und Lina erkannte seine unförmig bizarre Gestalt. Für einen Augenblick fühlte sie sich, ganz im Widerspruch zu ihrer eigenen Lage, kolossal erleichtert. Sie betrachtete das Schiff, ließ es nicht aus den Augen, saugte sich geradezu fest an seinem Anblick und sah ihm selbst dann noch nach, als es eine Zeit später abdrehte und langsam, unmerklich fast, doch stetig und unaufhaltsam sich aus ihrem Gesichtskreis entfernte.

Michael Buselmeier
Vier Gedichte

Radfahrt gegen Ende des Winters

Weißes Sonnenlicht durch dünne Wolkenschichten
grell wie die Nachttischlampe, schon um sechs
von meiner Tochter angeknipst. Ich hätte mein Gesicht
einfetten sollen, die Ohren schmerzen, vor der Ampel
bei Rot wärmen wir uns in den Auspuffgasen
Am Rand der Fahrbahn eine Blutlache, noch ganz frisch
ein Reifenprofil mittendurch. Was weiß ich
zuer Typ von Liebesgedichten? Fernsehmenschen
erklären uns unsere Träume und moderieren
am Abend den Tag, dieser Mann da mit seinem
unentfalteten Gesicht, Speichel
im Mundwinkel, der alltägliche buckelnde Stumpfsinn
ein Lumpen stinkt hinter der Heizung: das Wort
STRINGENZ, das Wort REDNERLISTE, SEI DOCH
VERNÜNFTIG
PLANSTELLE, TREUEPFLICHT, FUSSGÄNGERZONE
DAS HAT DOCH HIER NICHTS ZU SUCHEN
der linke Professor, der mich nicht verstand
als ich WELTANSCHAUUNG in Anführungszeichen setzte.

Den Frühling riechen, Erde und Regen, blau angestrichener
Himmel, das Schippeln der Spatzen, Blick in eine
leere Seitenstraße, ein Hinterhof aus der Nachkriegszeit
halb geöffnete Balkontür, Sonnenflecken auf dem Parkett
Die Müllcontainer der Amisiedlung blau-rot
gestrichen, die gelbe Trommel eines Betonmischers
kreist langsam, fast ohne Geräusch. DER SOMMER IST DA
IN IHREM REISEBÜRO. Totes Gleis
hinter der rauen Sandsteinmauer mit einer verrosteten
Dampflokomotive und dreckigem Gras
der große Brunnen ist einbetoniert, ein Parkplatz
darunter plätscherndes Wasser, Feuer-
Salamander kriechen den feuchten Schacht hoch
Was ist mit den Kaulquappen im Baggerloch passiert?

Eidechsen, schillernd in den Ritzen der Autowracks
ließen den Schwanz zuckend zurück. In der Mittagsstille
flattern Wasserstandsmeldungen vorbei
meine Fußspuren im Schlamm. Die Reifenprofile des Baggers
im Sand langsam mit der Sohle eindrücken.

Sieh mal die Mausoleen vom Judenfriedhof
übereinandergestürzte, verwucherte Steine
Meine Mutter und ich auf einer morschen
bequemen Bank unterm Holunderbaum
während der Hund auf der Wiese Furchen zieht
steht die Zeit still. Wie ist Rapunzel
in das Turmzimmer gekommen, ohne Treppe und Tür
fragt das Kind vor mir auf dem Fahrrad
Gestern hat mich einer auf die Stoßstange genommen
kopfüber in den Kreisverkehr rein, meine
brüchigen Knochen. CAREPAKET
SCHULSPEISUNG, WÄHRUNGSREFORM
In der Wärmestube zusammengedrängt
um ein verwinkeltes Ofenrohr Arbeitslose, zerfetzte
Plakate rufen zur Demonstration gegen die Fahrpreiserhöhung
Frauen mit Schals überm Gesicht, die Schüler
im Pausenhof um ihre Motorräder geschart
mit täglich kürzeren Haaren
Ich fahre die Einbahnstraße hoch
lasse den Bullen in seinem Kasten zappeln
und als wir im Kinderhaus eintreffen
heulen in allen Ecken Kinder rum
schmeißen mit Sand und zerbrochenen Stühlen
während die vier Betreuer in der Küche
heißen Kaffee trinken.

Schmerzhaftes Glück

Ich hocke in der Sonne im Gras
im Hintergrund die tiefe Stimme meiner Mutter

Wir laufen Hand in Hand durchs Unterholz
vorm Dunkelwerden

Tschüß, Pappel, ruft meine Tochter
und dreht den Kopf weg

Ich schiebe den Kinderwagen
ein Geruch läßt mich anhalten
geborgen für einen Augenblick
das könnte der Puder gewesen sein
den meine Mutter im Krieg verwendet hat
und jetzt diese junge Frau

Ich rutsche im Schlamm aus
ein schlechtes Gewissen, als hätte ich
Kakao auf die Tischdecke gekippt

Du beobachtest mich
beim Briefmarken-Lecken
Mein Sack klebt
zwischen den Oberschenkeln

Meine Mutter hat Quarkreste
im Mundwinkel
Putz dich!
sage ich hart

Ich habe der Leiche
das Leintuch übergezogen
seither kann ich
kein ungemachtes Bett sehen.

Mein Hund ist gestorben

Schwerer Körper
erleichtert
weil du geweint hast
sitzt du auf einem Hügel
im Herbstwind
zum erstenmal nach 15 Jahren
ohne den Hund
der liegt mit offenen Augen
50 cm unter der Erde
in einer Pappschachtel
auf seiner karierten Decke
und seiner blauen zerknitterten Zunge
Ich hänge an meinen alten Wegen
diesen Astern, Waldgerüchen
der verkohlten Erde
Sägemehl drübergestreut
meine Mutter
der freundliche, grau-struppige Dackel
japsend und schnuppernd im Traum
ist fort
Ich habe Erfolge und
werde täglich weniger.

Beim Aufwachen nachts

Im Kopf eine leere Wohnung
du öffnest das Badezimmer
und in der Wanne treiben die Luftblasen auf
die Bilder fliehen zurück im Zoom, du kannst
sie nicht halten, was du nicht aufschreibst:
Chlorgeruch, dein lebloser Körper, ein Gluckern
das Knacken der Tür, der Lichtfleck am Fenster –
drauf zu, Penner, auf den Papierkorb zu
die knisternde gelbe Zeitung, pack sie
sie hängt ihre Schlagzeile raus.

Fiebrig, mit stechendem Schwanz
zähl ich Geräusche
bring die Axt mit, die Axt, sagt eine Stimme
der Notarztwagen parkt vor der Tür
mit gelb leuchtendem Schild
aber ich wollte die ANGST AUFSCHREIBEN
wenn ich es schaffte, das Licht anzuknipsen
und rüber zum Schreibtisch ginge, Abenteuer
beim Aufwachen nachts in einer leeren Wohnung
so war es vielleicht:
ein frisch gestrichenes Badezimmer ohne Becken
und Wanne, das Loch in der Wand
wo die Dusche war, ich bin durstig
drehe alle Wasserhähne auf, es rauscht
in den Mauern, ein Penner im Abbruchhaus
nachts, klopft gegen die Rohre
er torkelt, er stürzt.

Ich lieg auf dem Rücken, Geräusche
anfahrender Autos
Autoreifen über Kopfsteinpflaster
die Reifen schlafender Autos
seitlich aufstechen, es zischt wie
Wasser, das aus den Kacheln schießt
jetzt bin ich schon unter Wasser
wenn ich die Augen aufrisse
knips doch das Licht an, öffne
den Kofferraum, nein
ich will keine Fremdsprachen lernen
ich will NICHT EMIGRIEREN
Schreie, Schüsse – da lachst du
sieh raus: in der Toreinfahrt parkt ein blauer
Ford Combi, zwei Kerle, über die Sitze geduckt
sprechen in Mikrophone
mit Pennern wie uns fangen sie an
am Boden des großen Schwimmbeckens
eine poröse vertrocknete Dreckschicht und hellblaue
Wände mit aufgemalten Wellen und darüber
leuchtet rot COCA-COLA EISKALT.

Der Geruch kommt aus dem Badezimmer
fleckiger Wachstuchvorhang um die Dusche herum
eine 18jährige, mit Tüchern bedeckt
auf Glasscherben, das Gesicht in geronnenem Blut
In Krisenzeiten häufen sich Schädelverletzungen
sagt die Ärztin vom Notdienst
– Urinflaschen, Eisenstangen, Treppenstürze –
und streicht sich die blonden Haare zurück
NICHTS SOLL SICH ÄNDERN
schreie ich in die Nacht raus, pisse
und drehe den Wasserhahn zu.

Jochen Kelter
fin de siècle

«a time comes in a man's life
when he gives up all that sort of
thing . . .»
Graham Greene: The Third Man

Die sanfte
Geste deiner Hand, dein
Lachen, deine «weiche Haut»

Vergessenes
wie

grünes Gras und
weiße Milch.
         Im Laufschritt zurück
         zum parkenden Auto
am Waldrand

«Da ist nichts, was du mir tun kannst»
denke ich während du dir den Pulli
überziehst und dabei zieht dieser
Gedanke noch einmal als Spruchband
durchs Zimmer. Du lächelst
«Ich habs eilig»

Auf dem gefrorenen See
zeigte sich diesmal kein Schwan
le signe du cygne
dafür rollte dein Schuh hinunter
aufs Eis und als ich ihn rauf-
geholt hatte, sagtest du:
Ich will gehn.

Ja, wir müßten zwei Leben leben
um zu begreifen, was uns da anfällt
jetzt haben *wir*
die Kultur zurückerobert

und regeln die häuslichen Dinge
die Kaufhäuser stehen
ganzjährig in flammendem Grün
Charles Frederick Worth und
die anderen sind längst tot
Ihr wendet Euch
Fragen der Nationalökonomie zu
und der Gewerkschaftsarbeit
während Ihr die neuen
engen Hosen *überstreift*

Wer redet von den
Äpfeln im Jura, den Reben
vom Lac Léman, Germaine +
Diderot, wer schaut
unbeirrt in die Zukunft?
Wer spricht von den Äpfeln
im Jura, wen
zwickts in den Hosen?
Der Getreidehandel sichert
die Zukunft der Poesie
die *Nouvelle Héloise* bindet
das streunende Kapital und
wer, wer nun, schaut
aus dem Neckerschen Salon
unbeirrt in die Zukunft
herüber?

Zwischen deinen
Schenkeln treibt sich der
Rest eines Traums herum
ich streiche
von Ferne über deine Wange
du bist ganz ruhig:
was *uns* widerfährt
überholt uns

Manchmal fällt ein
Lichtkegel von draußen
herein, fährt rundum und

senkt sich zitternd die
Tapete hinunter zum Boden
dann weiß man: hier
neigt sich etwas dem
Anfang zu und unserem Ende
und du bist jetzt
wirklich ganz still

Anmerkungen
Le Signe du Cygne: Titel einer wissenschaftlichen Untersuchung über den
Topos des (die Dichtung verkörpernden) Schwans in einem Sonett Stéphane
Mallarmés
Charles Frederick Worth sanierte und industrialisierte mit Hilfe der Kaiserin
Eugénie die französische Modebranche und gilt als Erfinder des *prêt-à-porter*,
der Mode von der Stange
Germaine de Staël, geb. Necker, französische Schriftstellerin (1776–1817)
Julie ou La Nouvelle Héloïse: Briefroman des Philosophen und Schriftstellers
Jean-Jacques Rousseau (1712–1778)

Die Kontinente entfernen
sich jeden Tag mehr voneinander

Meine Großmutter
mit ihrer Wespentaille
und dem breiten Blumenhut
die blauen Flecken im Rücken
wie Veilchen
die Witze meines Großvaters –
ich sehe die beiden vor mir.
Aber du
trägst das Haar lang
diese weichen Kleider
fallen ganz von selbst
und hinter der großen
gutsitzenden Brille schaust
du gelassen in
   die Zukunft
wo deine Nachkommen nachts

in den Fluten tasten
zwischen ihren Kissen
                     & dem
Festland der Apachen.
Und das wird
            sie gewesen sein
die Endzeit zwischen
Haarwicklern + Liebesleid
mit ihren schnellen Eisdielen
und durstigen Vesuven
im Taschenspiegel kannst du
die Rituale der letzten
Ureinwohner sehn: wie sie
im «Capri» Eisbecher
klaun

Das Ende der Woche

Sich selbst verzehrende
Augenblicke und Menschen die auf das
zurückkommen was du gesagt hast
wie Ertrinkende
das ist es.
Was sagst du?
«Schlagwörter sind zum Schlagen da.
Hast du das begriffen?»
Wie sie zusammenschmelzen
in den Straßenbahnen und auf den
Gehsteigen
kleine Häufchen. Geruch von
Verbranntem
von meinen Sohlen fallen
die Jahre zum Laub
andere ziehn sich zurück und
reden von WEIBERVÖGELN und
DRUCKERSTREIK. Keine Zeitungen
das Recht auf Erschlagen
gefährdet

Samstagnachmittag: auf dem
Friedhof summt es von Mücken
die Straßen: nicht leergefegt
die Hauseingänge: nicht gähnend
und die Bäume: nicht verlassen
der Asphalt springt auf
zu den verwitterten Giebeln aus einer
verschollenen Zeit (*gestern noch*)
ein schwerer Himmel überquert langsam
die Fahrbahn, Fahrradschellen
der Kranz der beutegierigen Fischer
nachts auf dem Zebrastreifen
rosa getönte Wolken über den
Schornsteinen. Die Geschwindigkeit
der Jahreszeiten. Ausschnitte
aus der Gegenwart
wie stellst du dir das vor? Keinen
Wunsch mehr zu haben?
Und da stehn sie, zerträumt
vor der offenen Tür der Kneipe
und holen das letzte aus sich heraus
indem sie sich langsam füllen
und abheben: ausgeträumt

Das im Gedicht verwendete Zitat stammt aus: R. D. Brinkmann: Ein unkon-
trolliertes Nachwort zu meinen Gedichten, Reinbek (Rowohlt) 1976

Milano Centrale

Das Lichtsignal
am Ausgang der Kurve
zeigt fernes Rot
wir nehmen
die müden Brillen ab
das Schienenfeld
in gedunkelter Blüte
kein Laut dringt

durch offene Fenster
wir führen mitgebrachte
Tücher zur Stirn
Züge von Geisterhand
rutschen ein wenig
zurück oder voran
ein bunter Ball
springt über einer
Mauer hoch in die Luft
noch ehe er die Geleise
erreicht ist schon
der Abend vergangen

Münsterlingen (1/77)
für Alice

Nebelhörner
tuten über den See
die Möwen heben schreiend
vom Dach des Spitals in den
toten Nebel; die Felder
jenseits vertranen
wir schauen erstaunter
als vor dem Absturz drein
der Himmel schwimmt unter die
sich rasch verdunkelnden Betten
irgendwo im Keller setzt
eine Maschine ein: dein Herz
beginnt langsam zu schlagen

Gerhard Ochs
Gedichte

Begeisterte,
also wir,
reden von diesem und dem.

Chemiker sind wir,
das Elend stellt uns an.
Es weiß,
was wir können.
Goldene Worte
bringen Gewinn.

Sprache,
hätten wir Sprache,
könnte sie sprechen,
wahrsagen würde die Leiche.

Immer noch
versteift sich
das Flugbein auf Höhe.
Ich baumle längst im Baum
(Zur Sonne will ich!)
Der Einhalt staut mir das Blut,
ich schreie.

Der Wind,
er hört mich,
will helfen.

Das Meer ist gemein,
reizt,
gerade jetzt,
mit stiller Glätte.

Er widersteht nicht.

Daß sie nicht räumlich,
die Zeit,
zum Beispiel ein Haus,
verzeih ich ihr nie.

Ich träte hinaus,
ins Freie,
das hieße,
so weit das Auge reicht,
Ewigkeit.

Endlich
bin ich dem Fakt begegnet,
der Furie des Alls,
(Sie trägt ihr Haar
als lebende Schlangen.)

Ich bleckte die Zunge
ihr zum Gruß.
Bedeutungslos.
Wilde Bienen kamen herbeigeflogen.

Gerade weil ich,
mein Bester,
auf Auswegsuche bin . . .
Nur wenn ich bliebe,
bliebe der Schrecken nicht mehr.

Welcher Ofen,
wo denn muß er
welchem Gliedmaß
brennen,
wärmen
welches Organ?

Ich habe parat
die umständlichste aller Geborgenheit.

Es gibt die Kurzentschlossenen,
die zwinkern:
Den Sauerstoffhahn
nur in die richtige Richtung gedreht,
kein Schlottern mehr!

Hermann Peter Piwitt
Carla

Bei Bruck lernt Ponto Carla kennen. Carla war Pontos Freundin und ein Kapitel für sich. Sie hatte große, weitauseinanderstehende braune Augen, breite Wangenknochen und einen vollen immer etwas geöffneten Mund; das Mädchen mit dem sagenhaft vielen Platz im Gesicht, hieß sie bei Fotografen; sie selbst hielt sich für häßlich, zumindest, wie sie sagte, «objektiv» – wofür sie prompt von allen geliebt wurde.
Hast du nicht ein Taschentuch, daß ich mir diese blöde kleine Fotografennase putzen kann?
Carla hatte ihre Jugend in Süddeutschland und Paris verbracht und sprach deutsch wie ein Franzose, der schwäbelt. Gewöhnlich mischte sie noch englische Brocken dazu; jedenfalls war es unmöglich, sie nachzuahmen. Sie selbst verfiel in Hochdeutsch, wenn sie es versuchte. Freunde nannten sie «Pity». So auch Pocher, die hanseatische Hoffnung, der den Namen erst aufgebracht haben will. Hartnäckig im Gerede war nur, daß der Roman ‹Rauhputz. Ein Weg zu mir› Carla zur weiblichen Hauptfigur habe. Vielleicht erinnern sich die Älteren noch an die Szene: Es ist gegen Schluß des Buches, und das Geheimnis ihres Namens, ihrer Herkunft und ihres Vermögens wird gelüftet. Rückblende: Ein Kreißsaal. Die Mutter hat eben entbunden. Man legt ihr das Neugeborene in den Arm. Und jetzt sie: *«What a pity! She looks like a clown!»*
Natürlich gibt es Leute, die wahrhaben wollen, daß «Pity» schon in Umlauf gewesen sei, als Carla für Modehäuser in Frankreich zu arbeiten anfing. Und nicht «Pity», sondern «Petite» natürlich, *«ma petite»* – wie sonst auch! Wogegen immerhin Carlas stattliche einssechsundsiebzig sprechen. Ponto – wie immer – möchte einen Vorschlag zur Güte machen: «mein kleiner langer Jammer», sagt er; aber es will nicht recht hängenbleiben. Carla bleibt «Pity», auch über den Tag hinaus, an dem sie sich entscheiden muß: Essen, das heißt Busen – oder Beruf. Die Entscheidung ist nicht schwer: Sie hat Vermögen. Und sie entscheidet sich für den Erzähler: Pocher. Womit dessen Weg zu sich selbst endlich frei ist. Paris? Von nun an nur noch zweimal im Jahr zum Einkaufen. Applaus für Pocher!
Ich möchte von Carla erzählen. Aber wie von einer Frau erzählen, die einen ganzen Roman schon hinter sich hat? Du mußt schreiben, als gäbe es nur dich auf der Welt, sagt Pocher. Das ist leicht gesagt. Denn schon Carla hatte ihren Kopf für sich, immerhin, da sind ein paar

Anhaltspunkte: und wenn Pity schon eine Erfindung von Pocher war, so stimmt doch die englische Mutter – und der Clown, den sie spielte, wenn sie zweimal im Jahr mit der neuen Saison aus Frankreich nach Haus kam. Als die ersten wadenlangen Baumwollkleider aufkommen, blumengemustert, schlappig, mit Riesen-Puffärmeln und einer ganzen Zucht von Rüschen, Paspeln und Volants längs und quer, kommt sie – ganz Scarlett O'Hara – auf Absätzen von zwölf Zentimetern lichter Höhe daher («hereingeschneit», sagt sie wenigstens halb gestolpert, halb geweht wie ein Vollschiff im Wind mit Blei unterm Kiel. Daß sie als eine der ersten am Ort ihr Indianerkostüm auf die langen Beine stellt, ist für sie Ehrensache. Aber zu Wildleder und Fransen hängt sie Ketten, Glöckchen und Federn und zwei Schrumpfköpfe aus Wachs; denn unterm Medizinmann selbst macht sie's nicht. Nachmittage kann sie verbringen, um eins von den neuen Make-ups auszuprobieren: die Wangen rosig, die unteren Gesichtspartien dunkel getönt, damit das Gesicht herzförmig wirkt; dazu ein herzförmiger Mund, die kirschroten Lippen glänzen wie Lack – und fertig ist die Braut, sanft und puppig. Nicht für lange. Denn probiert werden kann, solange Tageslicht herrscht. Also wieder runter damit. Ganz weiß wird jetzt das Gesicht geschminkt, nur die Augen bekommen einen kupfrig roten oder grünen Hof; und bleiben dann die Brauen kaum angedeutet, kann sie herumgeistern, als personifizierte Schwindsucht. Na, wie sehe ich aus? fragt sie. Ach ein bißchen wie Gundel Gaukel, sagt Ponto. Carla weiß nicht, wer das ist. Aber verheult oder irgendwie angsteinflößend wirkt sie schon, findet sie, oder? Sie lacht und schüttelt das fuchsrote Haar. Sie hat keine Falten außer in den Augenwinkeln, aber da jede Menge. Sie malt, pinselt und zieht nach, cremt und trägt auf. Aber die Gesichter zerfallen ihr unter dem Lachen darüber, was sie darstellen sollen: «Charade». «Sylphide». «Flou-Flou».

War dieser ganze Aufwand von Kleidern, Schmuck und Kosmetik nicht lächerlich? Mußte man nicht geradezu eine Posse daraus machen, um zu zeigen, wie man ihn verachtete? Carla dachte nach. Und manchmal war ihr ganz krank vom Nachdenken; denn niemand hatte es ihr beigebracht. Sollte sie am Ende ganz auf teure Kleider verzichten – nur weil in Indien vielleicht die Menschen hungerten? Was sollten Hungernde anfangen mit Modellkleidern von Givenchy und Crêmes von Charles of the Ritz? Fragen über Fragen! Lief sie nicht selbst am liebsten barfuß? Oder was meinst du, Ponto? Ich weiß nicht, sagte Ponto, ich glaube, ich kann dir da nicht helfen. – Sie merkte, daß er ihr etwas verschwieg. Sie schämte sich.

Mußt du mir alles kaputtmachen?

Carla liebte Ponto. Und Ponto liebte sie, wenngleich aus Gründen, die ich erst nach und nach verstand.

Carla galt bei ihresgleichen für ein bißchen verrückt. Aber wer waren ihresgleichen? Das ist schwer zu sagen, weil nicht auszumachen war, inwieweit ihresgleichen immer schon Erfindungen von ihr (oder Ponto oder Pocher) waren. Da ist ein Urgroßvater; der in Monte Carlo ein Staatsbegräbnis bekommt, weil er alles in allem fünf Millionen Goldfranken verspielt hat. Da ist ein Urahn; er überläßt dem Papst Castell Gandolfo für ein Butterbrot, damit er ihm seine Ehe annulliert; dann heiratet er das Dienstmädchen. Urgroßonkel Gordon, nach einer verlorenen Schlacht auf einem weißen Pferd in den Nil reitend –, gut, das war die Ehre. Aber im anglo-ägyptischen Sudan eine Hahnenfarm kaufen, wie Großonkel Pim, und seelenruhig zusehen, wie die berühmten Autriche-Federn in den drei Jahren, wo sie wachsen, aus der Mode kommen: was war das? Sport? Training in Selfcontrol? Oder nur wie Carla sagt, *just for fun*?

Ponto konnte in der Ahnentafel seines Vaters nicht zurückgehen, ohne auf etwas anderes als «Colons» im Westfälischen zu stoßen. Colons, Colons ... bis hoch zu Hermann. Erst in der drittletzten Generation wagt einer den Sprung in die Stadt – zur Eisenbahn. (Dann allerdings hält die Pontos nichts mehr!) Carla dagegen wußte mütterlicherseits niemanden unter ihren Vorfahren, der nicht immer schon Vermögen gehabt beziehungsweise verloren hätte, ohne darüber arm geworden zu sein. Und sie selbst bediente sich arglos. Denn auch das hatte sie nicht gelernt: nach der Herkunft des Geldes zu fragen. Wie Pontos Katze davon ausging, daß das Fleisch im Eisschrank wuchs, war sie offenbar überzeugt, daß Geld unter sich Junge heckte, wenn man es nur eng genug häufte. Schon die Mutter hatte ihren Vermögensverwalter. Als sie neunzehnfünfunddreißig dem jungen deutschen Mediziner von England ins Reich folgt, tut sie es, um Bayreuth auch im Kriegsfall nahe zu sein. Ob wir Tante Unity kennten, fragt Carla. Lady Unita Walkyrie Mitford? Nein? Namen fallen. Irgendwelche Namen fallen immer. Ein globales Gemuschel. Eine Mischpoke über die Jahrhunderte weg. Was wollte Ponto mit dieser Frau? Ehrlich, sagte Carla, ich weiß, es klingt alles wie gelogen. *Forget it.*

Der erste Verwandte, von dem sie einen Beruf angeben kann, ist ihr Vater, genaugenommen. Carlas Vater war ein sehr produktiver Mann, der sich für dämonisch hielt wie jedes Schwein. Glaubte man ihr, so war er die getreue Karikatur eines Chefarztes aus einem besonders wertvollen Film der Fünfziger – so daß über ihn kein Wort zu verlieren wäre, wäre er nicht ein wahrer Magier der Augendiagnose gewesen. «Poppi», wie ihn die Kollegen nannten, brauchte keinen Augenspiegel dazu. Die wasserblauen Augen in seinem weißumlohten und brauenüberbuschten Odinskopf auf seinen Patienten ruhen lassen, bis ihnen die ihren tränten vor Vertrauen, war für ihn die halbe Miete.

Und so steht, eingerichtet von Mutters Geld, die Privatklinik Schloß Mark schon ein paar Jahre vor Kriegsbeginn in Holstein, zwar zunächst als Lazarett – aber schon Ende der fünfziger Jahre hungert hier kein geringerer als Gustl Urschlechter Gewicht ab, sagt Poppi. Und natürlich Momme Besan, der «Lanza des Shanty», auch? Gut, daß du mich daran erinnerst, na, und dann die Strafverteidiger Rhönström und Schuß, nicht zu unterschätzen! Genau! Die, die im Daumenprozeß von Münster den sensationellen Freispruch erzielten, wenn ich nicht irre, ja, alles «Männer von Gewicht», das kann man wohl sagen! Er lacht:

– Schuß übrigens fast fünfundzwanzig Pfund!

«Poppi» erzählt gern von seinen Patienten. Keine Krankengeschichten, nichts Intimes, nur von dem, was er «denkwürdige Begegnung» nennt. Und dabei sind ihm die Künstler die liebsten. Ist nicht der Arzt immer auch Künstler? Und ein Künstler immer auch Arzt? Heilt nicht der eine den Körper, der andere die Seele? Und wo gibt es sonst diese enge Beziehung zum Tod? Wo sonst einsames eigenverantwortliches Handeln? Carla hört gern zu, wenn der Vater erzählt. Sie hat nicht oft Gelegenheit dazu gehabt, früher; allenfalls in den Großen Ferien, wenn sie oben in Holstein bei ihm war, im Sattel saß, oder auf dem Hof mit anfaßte. Denn schon bald nach Kriegsbeginn geht die Mutter mit dem Kind auf und davon, nach Süddeutschland, zu Freunden.

Carla kann sich nicht viel erinnern an diese Zeit und die ersten Jahre danach. Die Mutter fängt an zu trinken; und sucht angetrunken die Nähe des Kindes. Carla fühlt sich umarmt von einer Frau, über die sie aus Journalen weiß, daß sie, Mitte Dreißig, so noch nicht aussehen dürfe, wie sie aussieht. Sie glaubt ersticken zu müssen am trocknen Geruch des Puders, den sie die Mutter morgens in immer dickeren Schichten auftragen sieht. Sie sieht die von Schlaflosigkeit aufgequollenen Tränensäcke unter den Augen, wunde häutige Blasen, in deren Falten das Make-up zerbröckelt; sie sieht das auseinanderschwimmende Gesicht unter der Maske, hört das zerbrochene Lachen, während sie sich an einen Körper gedrückt fühlt, der ihr zu verstehen gibt, daß er Hilfe braucht, obschon er doch selbst zu nichts als zum Helfen gemacht ist – wie das? Ist das noch ihre Mutter? Sie macht sich los; wenigstens küssen lassen will sie sich nicht. Die Mutter erzählt, daß es kein schlimmeres Monstrum als ihren Vater gäbe, ein Ferkel sei er, eine Bestie geradezu – und Carla wünscht sich zu ihm.

Die Mutter stirbt. Der Vater nimmt die Tochter zu sich. Aus England fällt ihr ein Erbe zu, von dessen Umfang sie noch heute keine Vorstellung hat. «Sie möchte nach Paris, um sich im Tanzen zu vervollkommnen», schreibt der Vater an Freunde. «Nun denn, in Gottes Namen: Paris. Ich hoffe, ihr gebt sie mir so heil zurück, wie ich sie euch schicke.» Und er unterstreicht das Wort «heil». Carla geht durch Paris – wie ein Engel mit Schutzblech, sagt Ponto. Wieder in Holstein sieht der Vater ihr lange in die Augen: Nicht wahr, du bist doch noch mein Carlchen? – Poppi und Pity . . . Am liebsten, sagt Carla, hätte er mich untersucht.

Sie geht zurück nach Frankreich. Soweit der Heimatfilm. Dann, bei Bruck, lernt sie Ponto kennen. Sie ist schon angekündigt, gewissermaßen als Volltreffer des Abends. Vielleicht schneie ich mal kurz vorbei, sagt sie, und: nur immer hereingeschneit! als sie endlich gegen Mitternacht lachend in der Tür steht, in einer Jacke aus babyblau gefärbtem Affenhaar auf den Oberärmeln und das Haar zu Lockenschnecken aufgedreht mit hellblauen Schleifen drin, also, sie schneit herein, ein Puck von einsachtundsiebzig, und jeder möchte etwas abbekommen von dieser Brise: eine Umarmung, einen Kuß, die Berührung ihrer Wange, die immer zu glühen scheint, sei es, daß sie sich wegen etwas schämt oder über etwas freut, ich habe sie nie andere Gefühle zeigen sehen – Tränen, gut, später, als sie sich trennten –, aber meistens lacht sie und nie aus einem andern Grund als aus Freude über etwas, das sie mag, und eigentlich mag sie ja auch alles, außer Spinnen – und Frauen, die sich gehenlassen.

Also stakst sie herum, schiebt ihren schönen Busen durchs Gedränge, probiert Leute, Sprüche und Getränke durch und läßt sich schließlich auf ein Sofa fallen direkt neben Ponto, der da den ganzen Abend schon still sitzt und trinkt. Er rückt ein bißchen, sie hat ihn jetzt im Profil, die schmale Nase, die Schläfen mit dem – wie Federn auf einer Vogelbrust geschichteten – traurigen schwarzen Haar, und weil sie sich auf einmal leer fühlt vor allzuviel Bekanntem, den Leuten, Sprüchen, Getränken und Spielregeln, in denen sich ihr Leben wiederholt

wie eine Erkennungsmelodie in einem Serienkrimi, beginnt ihr aufzu-
fallen, was ihr von Minute zu Minute unheimlicher wird: die kleine
energiesparende Bewegung des Arms zur Flasche, das haushälterische
Einschenken in die kurzen Gläser, die lächerliche Sorge dieses stäm-
migen Mannes darum, daß die Flasche in seiner Nähe bleibt, sein
leiser Protest jedesmal, daß sie zurückgebracht werde zu ihm nach
Gebrauch, kurz, was Ponto selbst dann nennt: die «vollendeten Um-
gangsformen der Selbstvernichtung». Ob er sich davon ernähre, fragt
sie ihn, wenn sie schon mal fragen dürfe, bitte; wo er denn das um
Gottes willen alles lasse, das Zeug?
Aber statt einer Antwort legt Ponto seinen Kopf in ihren Schoß und
schläft ein.
Und sie – sei es, daß sie nicht gegen Spielregeln verstoßen will, die sie
noch nicht kennt, sei es, daß es sie rührte (sieh mal, er macht mich zur
Mutter! ruft sie, «Carla, die Schmerzensmutter»!) – sie nimmt seinen
Kopf zwischen die Hände und bleibt so sitzen, bis alle gegangen sind.
Sogar nach Hause fährt sie ihn. Und einen Zettel mit Namen und
Telefonnummer findet er in seiner Jacke morgens.

Als ich Carla einmal fragte, welchen Beruf sie gern würde haben
mögen, sagte sie nicht «Regisseur –», sondern «Regieassistentin». Als
ich sie einige Zeit später wieder einmal bei Ponto traf und sie fragte,
was sie so machte, sagte sie, sie studiere jetzt Pädagogik, das heißt, es
müsse ja nicht unbedingt Lehrerin sein, aber «irgend etwas im Erzie-
hungsbereich». Und dabei sieht sie mit ihren großen braunen Augen
an mir vorbei in jene heitere Ferne, in der alle ihre Ziele nach einer
Weile wieder verschwanden. Carla war nicht oberflächlich. Es war
das Geld, das ihr erlaubte, Interessen kommen und gehen zu lassen.
Nicht daß nicht irgend etwas immer bei ihr auf dem Programm
gestanden hätte. An diesem Abend zum Beispiel, den ersten, den sie
und Ponto allein verbringen, ist Musik dran, eine indische Gruppe,
einfach sagenhafte Leute, sagt Carla, und Ponto besteht darauf, von
seinem letzten Schein die Eintrittskarten zu bezahlen, das bittet er
sich aus, gefälligst, das könne sie ihm nicht antun, wo sie sich kaum
kennten . . .
Eine lange Reihe von Schuhen gleich neben dem Eingang. Sie zogen
ihre aus und stellte sie dazu. Dann stieg sie auf Strümpfen zwischen
die Leute, die auf den blanken Fliesen saßen und warteten. Sie fanden
einen Fleck zum Sitzen, nicht nebeneinander, aber das macht nichts,
meint Carla, bei dieser Musik sei sowieso jeder allein. Ponto sah sich

um. Es war ein großer kahler Kellerraum, weiß getüncht, nicht sehr hell, aber so gleichmäßig glanz- und schattenlos und ausgeleuchtet, daß ihm die Menschen wie ertappt dazusitzen schienen. Dieses Licht schien sich jeden einzeln vorzunehmen, seine Personalien festzustellen und ihn dann verloren zu geben.

Ponto entdeckte ein Loch in seinem Strumpf, vorn am rechten Bein, und versteckte es unterm Schenkel des linken. Die Nähe der Leute, die sich in diesem Licht jede Berührung, jedes Flüstern untersagten, quälte und beengte ihn. Er suchte über den Köpfen nach Carla, nach ihrem roten Haarschopf mit den Margueriten, aus seinem Garten, die sie sich hineingesteckt hatte.

Dann sah er die Musiker. Sie hockten vor kleinen Trommeln im Halbkreis um einen Weißbart in Laken. Der Alte hatte ein gut zwei Meter langes Zupfinstrument auf den Knien, das fast nur aus Griffbrett bestand. Oben am Kopfende waren ein gutes Dutzend Wirbel zu erkennen. Metallbügel spannten sich über die Seiten bis hinunter zum Resonanzkörper, der die Form einer Birne hatte. Der Greis sah Ponto an mit einem Gesicht, das Ponto auf Mitte Fünfzig schätzte. Es war von der Farbe eines alten weißen Schuhs, den jemand vergeblich mit brauner Schuhwichse zu färben versucht hatte. Er wirkte so unwirklich echt, daß «Inder» schon gar kein Ausdruck mehr für war. Er war eine bloße Erscheinung, ein Zombie, ein aus dem Nachmittagsprogramm entwichenes Hologramm. Rauch kam aus dem Gefäß vor ihm. Freundchen, dachte Ponto, alte Haut. Er nahm sich fest vor, sich zu entspannen, als die Musik mit kleinen näselnden Lauten begann. Gläserne, federnde Geräusche platzten hell in die Stille, suchten herum, begannen an einem Rhythmus herumzuzerren, brachten sich auf Vordermann, kamen in Trab. Ja, sieh mal, so hatten sie als Kinder Musik gemacht, das klang geradeso: als hielte man sich summend das eine Nasenloch zu und zupfte am Nasenflügel des andern. Und jetzt die Trommeln dazu, als ob Hagel in Töpfe platzte, Holz klappte auf Holz, ein ganzer Küchenschrank plötzlich in Rage, aus dem Häuschen, Töpfe, Holzlöffel, Quirl: alles außer Rand und Band, die reinste Klöppelpolonaise – und der Alte in seiner weißen Kluft immer vorneweg, krault die Saiten blind, läßt die Hände arbeiten und ist mit dem Kopf wer weiß wo! – Dieser Kopf aus Pappe und Glaswolle, unbeweglich ... Aber eine Fingerfertigkeit ... schwärmt Ponto, geradezu gottbegnadet!

Mit den wirklichen Dingen brechen ist nichts. Aber mit den Erinnerungen. Die Erinnerungen sind ins Fleisch gegangen und gehen mit dem Fleisch zugrunde. Was bleibt, sind Mutters Sprüche. Du mußt dich innen ganz loslassen, sonst kommst du nie auf die andere Seite, hatte Carla gesagt. Und er: Na klar! Augen zu – und ab durch die Mitte! – Und jetzt? Stand Ponto in der Küche seiner Kindheit und blies auf dem Kamm. Und sein Bruder spielte die Nasenzither. Und während irgendein Gieseking im Reichssender Berlin Rachmaninow verrührte, klärte Frau Ponto, was gottbegnadeter sei: Fingerfertigkeit oder Koloratur. – Ponto blickte sich um. Seine Nachbarn waren mit geschlossenen Augen über ihren gekreuzten Beinen zusammengesunken. Vielleicht schliefen sie? Aber wenn nicht: was machte er falsch? Er fühlte sich plötzlich allein gelassen, ausgesperrt aus einer Dimension, in der Carla sich in diesem Moment womöglich längst häuslich eingerichtet hatte. Er suchte nach einem Einstieg zurück in die Musik – ohne Erfolg. Die vertrauten schummrigen Lichtungen von Dreiklängen, in die man sich langlegen konnte: nichts davon. Der ständig wechselnde Rhythmus machte ihn nervös. Es juckte ihn auf einmal am ganzen Körper. Ponto fror. Er spürte die Kälte auf den bloßen Fliesen durch die Hose. Er hatte plötzlich Magenschmerzen. Er stellte sich vor: wenn er jetzt auf Klo mußte und es gab kein Durchkommen, ohne die dahindämmernde Menge aufzuschrecken . . . Und sofort meldete sich seine Blase. Er dachte an seine Schuhe. Dann sah er vorn am Eingang jemand aufstehn, und seine Angst wurde riesig: Konnte nicht so wie dieser da jeder aufstehn, sich Pontos Schuhe nehmen – ein Griff: und ab die Post? Und nicht nur seine, sondern alle auf einmal (natürlich seine darunter!). Ein Wäschesack: und weg waren die Galoschen, für immer! Nicht daß seine besonders wertvoll waren. Zugegeben, sie zogen Wasser, Skay, das Leder, für das kein Rind mehr stirbt – aber es war sein einziges Paar! Konnte er sich erlauben, sie da ohne Aufsicht stehen zu lassen, riskieren, daß sie geklaut wurden, nur damit dieser Kamerad da vorn, der falsche Fuffziger mit der Zither, das Hologramm auf seine Kosten kam? War diese ganze Veranstaltung am Ende nicht überhaupt eine abgekartete Sache, ein Komplott, eine Falle? Nicht auszudenken: die ganze Bagage zurück von drüben, aus Nirwana-City: und dann das große Erwachen am Ausgang: Die Latschen! Pfutschikato. Richtung Hehlershausen. Und später losgeschlagen und womöglich billig an Türken, Griechen, Marokkaner, Inder. Inder! Ja, natürlich, da schloß sich der Kreis. Er sah sich auf Strümpfen stehen, draußen, im Regen, im Schnee womöglich, plötzliche Kälteeinbrüche. Ein Massenschicksal in Socken, nicht auszudenken. War der Gedanke überhaupt auszuhalten? Oder was findest du? fragt Ponto, als er mir alles erzählt. Wärst du vielleicht nicht aufgestanden damals an meiner Stelle? – Na, wenigstens waren sie doch noch da, die Schuhe, oder? – Na gut, aber hätten sie nicht genausogut weg sein können? – Schon, aber wie fandest du's sonst? – Ich weiß nicht, wie soll unsereins schon so was finden? Nach drei Eiszeiten, Aristoteles im Stammhirn und zwei verlorenen Kriegen . . . Und dann kommt da so ein Wurschtl und will uns einschläfern, mit Hare Krishna – uns alte Eisriesen! Er grinst. Nein, seine Widersprüche ließe er sich nicht nehmen. Das sei schließlich das Beste, was er habe. – Und Carla? – Ach, natürlich habe ich draußen auf sie gewartet. Ich habe ihr einfach gesagt, die Musik hätte mich so aufgewühlt, daß ich hätte raus müssen.

Gabriele Wohmann
Violas Vorbilder

Daß die Hembergs an Mediengewohnheiten festhielten, hatte genau so viel mit alltäglicher Landgewinnung zu tun wie die übrigen Maßnahmen zur Gliederung der exakt sechzehneinhalb Stunden, die sie als wache Zeitgenossen ohne Mittagsschlaf verbrachten, zwischen Aufstehen und Zubettgehen. Alles war an seinem festen Platz und mußte dort verbleiben. Der lokalen Tageszeitung, synchron mit dem Frühstück, stand ein ebenso fester Termin zu wie der zusätzlich abonnierten überregionalen Presse, und selbstverständlich auch den Mahlzeiten, den Lebensmittelbestellungen, den Abholzeiten für die Kochwäsche, dem Spielraum für mehr Improvisatorisches, Fernsehsendungen, und schließlich der beruflichen Arbeit. Daniels Außendienst im Ministerium paßte zu Violas geistigen Ambitioniertheiten einer freischaffenden Journalistin – sie stand so etwas auf der Kippe zur Künstlerin, seit sie schon drei kürzere prosaverdächtige Texte veröffentlicht hatte –, er paßte zeitlich und planerisch so gut wie das Frühstück zur Morgenzeitung. Radiorituale waren entschieden seltener geworden, im Verlauf von immer mehr Zuwendung zum Fernsehen. Aber weil speziell sonntags Angelpunkte lebenswichtig schienen, blieben die Hembergs der Sitte treu, von 11 Uhr bis ungefähr 11.30 Uhr – je nach Länge der Komposition, das konnte geringfügig differieren – aus der somit auch nicht völlig überflüssigen Stereoanlage die Sendung BACHKANTATE zu hören. Viola fand, ein Brauch wie dieser schütze sie vor den Undankbarkeitsanfällen gegenüber ihren Daseinsangeboten. Manchmal kam ihr das Material etwas zu dünn vor. Noch weniger einfach für Viola, wenn ihr das Material zwar reich und wohlig vorkam, sie selber aber in kein Zufriedenheitsgefühl geriet. Es half dann wenig, sich das große Leid beispielsweise der indischen Menschen in der Stadt Bombay einzuhämmern, der Ärmsten und Letzten, es half nichts. Die Sendung BACHKANTATE schuf immer doch ein Stückchen Überblick, rückte schwieriges Gewölk auseinander, brachte das höhere Einsehen, nämlich sokratisch, resignativ und weise, im Sinn von Geduld und sehr erhabenem Nichtwissen, höchster Bescheidenheit. Zum Vorwurf, nicht dankbar genug zu sein, unter einer Art von Herzlichkeitsmangel gefühlsmäßig zu veröden – so manchmal während der Gliederung WALD, SPAZIERGANG, der schönen, ein wenig ermüdenden Gewohnheit im Zeitraum 16.30 Uhr bis 17.15 Uhr vorwiegend samstags – gehörte der Eindruck von

Überlänge. Zerdehnte, einem großen Gähnen ähnliche Stunden! Viola kam sich auf der Forstmann-Beelitz-Schneise wie mit der Zeitlupe gefilmt vor. Was überhaupt nicht in Einklang zu bringen war mit der Empfindung, ihre Lebenszeit sei etwas zu ruckartig und unbemerkt knapp geworden. Wie aus Unaufmerksamkeit war sie nun nicht einmal mehr Mitte 40. Sie schlug sich mit dem schwer zu verherrlichenden Alter von ausgerechnet dummerweise 47 Jahren herum. Ja, obwohl Viola sich trotz bester Zeiteinteilung bisweilen langweilte, litt sie gleichzeitig unter dem Eindruck, dies sei ein sündiges Verhalten, Langeweile, und Mißverhalten also, eine Störung im Gehirn, am Schaltzentrum, wo über die Sinnfrage entschieden wurde, denn, so dachte sie, jetzt kommt es auf jede Minute an, es eilt es eilt – womit denn aber genau? Vielleicht hing es mit diesem Alter von 47 zusammen, dem sonst kein anderer Reiz abzugewinnen war, daß Viola nun immer öfter ein wenig zu rasch irgendwelche Beteiligungen, Mitarbeiten, auch öffentliche Auftritte zusagte. Lustlos, aber um sich unterzubringen. Auch ließ sich mit den äußerlichen Hetzjagden ganz gut die Stagnation nach dem dritten prosaähnlichen Stück bemänteln. Ein bißchen zu früh war diese erste Schaffenskrise ja doch wohl gekommen.

Je mehr ich im Eisler lese, Daniel, hörst du, sagte sie kurz vor dem Kantatenbeginn, desto sicherer bin ich, daß es blödsinnig war, du. Ich meine, von mir. Ich meine, daß ich das Symposion über VORBILDER nicht sofort abgelehnt habe. Meine Mitwirkung da, weißt du. Einfach total idiotisch.

Daniel wappnete sich sofort. Unschlüssigkeiten bei seiner Frau führten zu etwas zu viel Kommunikation. Sehr viel Gespräch empfahl sich sowieso beinah nie, erst recht aber nicht Sonntag vormittags, und war ein gewisser Regelverstoß. Brachte auch Blickkontakt mit sich. Daniel hatte soeben sein erstes Zigarillo begonnen und wünschte nun keine kummervollen Beäugungen durch seine Frau, denn seit einiger Zeit war er der Angewogenheit erlegen, zwar nicht für die ganze Dauer des Zigarillos, aber doch hin und wieder zu inhalieren, tief und ein wenig erschrocken. Einige Züge nur. Mit einer Art von Drohstarren fixierte er seine Frau, beim heimlichen unheimlichen Vorgang.

Ein Knurren als Antwort genügte vorerst. VORBILD, schon als Vokabel, sagte Viola, es kommt schon mal in keinem philosophischen Wörterbuch vor.

Aber bei dir, in deinem hoffnungsvollen kleinen mutigen Kopf da drin, dachte Daniel, da kommt es vor. Doch wollte er Viola nicht ihr eigenes Geheimnis verraten. Ihm war nicht verborgen geblieben, woher sie jeweils ihre drei schöpferischen Schübe bezogen hatte. Alle drei Skizzen, oder wie immer die beachtlichen kleinen Texte klassifiziert werden sollten, entstanden eine Spur zu unmittelbar nach Lektüreabenteuern, über die Viola sich eine Spur zu hermetisch ausgeschwiegen hatte. Immer wenn sie sehr einsilbig auf ein Buch reagierte, wußte Daniel, daß sie beeindruckt war. Nur die schlechten Lese-Erlebnisse machten sie gesprächig. Bei den paar in Frage kommenden Feuilletonchefs war sie für ihre schillernden Verrisse berühmt geworden.

Hast du unter IDOL nachgesehen, fragte er.

IDOL! Das ist doch was Verächtliches, rief Viola. Ist Trugbild, Götzenbild und so weiter. Aber du hast schon recht, fast verdächtige ich den guten alten Sengelmann und fürchte, daß er selber die Begriffe durcheinanderschmeißt. Keine rechte Ahnung hat, weißt du. Vorbild, das ist vielleicht auch überhaupt nichts Günstiges.

Du mußt unter IDEAL nachschlagen, und IDEAL, das ist was durchaus Positives, seit Plato mindestens und alle Strömungen hindurch, sagte Daniel, der auf seinen wissenschaftlich-pädagogischen Erfolg hin sicher war, sich ein unbeschämtes, richtig keckes Inhalieren leisten zu können.

Völlig unerwartet bei der heutigen Kantate ICH HATTE VIEL BEKÜMMERNIS kam beiden Hembergs die erheiternde Wirkung, die von einem duettartigen Zwischenspiel ausging. Sie hatten sich, vom Titel vorgewarnt und wie meistens, bevor Johann Sebastian Bach voll zuschlug, mit kaltblütigen Gesichtern auf eher zu viel Ernst und Traurigkeit eingestellt. Sie liebten einander. Deshalb vermieden sie es stets ganz besonders beim Anhören von E-Musik, einander zu erschrecken: mit den ergriffenen Gesichtern, die sich ja fast immer aus dem unwillkürlichen Ausdruck ergaben. Sie sahen aneinander vorbei, verstellt gelassen. Poker-Face-Daniel, wenn es so richtig todesverloren wurde! Sehr gläubig, sehr definitiv wurde: Viola schützte Daniel vor jeglicher innerer Viola und ermöglichte ein Grinsen. Daniel tat so, als beschlagnahme ihn etwas dort drüben im Haselnußstrauch, eine Beobachtung, durch die er völlig abgelenkt werde. Viola gab vor, Buchtitel im Regal entziffern zu wollen, und wie in einer Augenarztpraxis kniff sie die Lider zusammen, wie bei einer Sehprobe. So hatten sie sich auch diesmal wieder auf die üblichen Täuschungen eingestellt, und Viola, der für einen Moment die große rücksichtsvolle Liebe auffiel, dieser starke Antrieb inmitten der gewohnten Mechanismen, dachte: Wahrscheinlich bin ich selber mein Vorbild, ich erreiche es sogar ab und zu, das hochgesteckte Ziel. Zusammen mit Daniel. Wir üben aus, was wir richtig finden. Das IDEALE Zusammenleben, eingerenkt durch Schonungsmaßnahmen.

Nun aber sangen Dietrich Fischer-Dieskau als Jesus und eine den Hembergs anonyme Sopranistin einander wie Verliebte ziemlich weltlich sehr zärtliche Lockrufe zu. Ein Hin und Her und weiblichem Zaudern und männlichen Zusicherungen. Viola lachte frei heraus. Der gute Bach, lieber Himmel, welche Überlegenheit, was, Daniel? Daniel, stets eine Art von innerem Terminkalender vor sich und jetzt froh über die vitale Stimmung bei seiner Frau, konnte noch ein bißchen lauter werden als die Oboe, so daß Viola die Wörter WIE WÄR'S MIT BACH ALS VORBILD verstand. Ja, Daniel hatte recht, allmählich müßte sie in sich Klarheit schaffen. In der übernächsten Woche sollte das Symposion bereits stattfinden. Ihr Beitrag lag noch im tiefsten Dunkel. Hämische Verweigerung wäre auf die Dauer unproduktiv. Da sie nun einmal zugesagt hatte. Und bei ehrlicher Selbstprüfung auch ganz gern teilnahm. Man geriet zu rasch in Vergessenheit, heutzutage. Es galt, sich in einem Überangebot von schöpferischen, interessanten, eloquenten Typen zu behaupten. Ein Name zu bleiben und bemerkenswert. Wohin man blickte: Leute, die was zu sagen hatten. Zur Podiumsveranstaltung, öffentlich hatte auch eine Fernsehanstalt ihr Kommen angemeldet. Obschon nur im 3. Programm, diese Sache würde ausgestrahlt.

In gewisser Weise könntest eigentlich DU mein Vorbild sein, Liebling, rief Viola vergnügt über die gurgelnden Koketterien des Soprans hinweg Daniel zu. Du, mit deiner ermutigenden Korrektheit! Sie sah das zwar wirklich genauso, aber zusätzlich erwies es sich speziell an Sonntagen als nützlich, sehr sanft, ruhig, ein bißchen frenetisch sanft, fast schwärmerisch miteinander umzugehen. So etwa, als wäre man stets eine letzte Erinnerung an sich selber, beim Dahinscheiden.

Ah, wie gut, wie eine Berichtigung, wie Aufklärung! Wie nämlich nun wieder Dietrich Fischer-Dieskau kräftig hinlangte, aus dem vollen schöpfend! Etwas Endgültiges, etwas Unwiderlegbares ging von dieser gelassenen Wucht des Singens aus. Während weibliche Stimmen, so bald es sich um geschulte Kunststimmen handelte, ja doch mehr wie Musikinstrumente klangen, nicht mehr sehr menschlich, mehr wie Vogelstimmen, ein bißchen komisch, so guttural, so ein bißchen nach Feld und Flur, Busch und Tal. Viola war es sowieso als halbwegs freiwilliger Verdacht schon fast klar, daß unter Frauen für sie keine

Vorbilder auszumachen wären. Nicht einmal Bruchstücke davon. Wenn das IDEALE bei mir, personal oder immateriell, mit Bach zu tun haben sollte, dann wäre das der Ausschluß von jeglichem weiblichen Element, fand sie. Es wäre der Kontrast, und schärfer ginge er nicht. Es wäre das Reine, das Mathematische. Das Unnatürliche. Die abstrakte Ferne von so mondwechselhaften, gezeitenartigen körperlichen Heimsuchungen, Kreatürlichkeiten, wie die Schöpfung sie dem WEIBLICHEN ersonnen hatte, Menstruationen und andere ekelhafte Rhythmen, Unterwerfungen verschiedenster Art. Ungefesselt männlich versicherte Dietrich Fischer-Dieskau dem fleischlich hormonell beängstigten Sopran, daß er komme, gewiß doch, und erlöse, als Jesus, ja ja.

Wie wär's mit Gottfried Keller, Schätzchen, fragte Daniel um halb eins. Sie bewegten sich eingeübt umeinander herum in ihrer schmalen Küche, und er, zuständig für die Handgriffe mit Verantwortung, heute mittag demnach für Kalbsfilet, drehte den Herdplattenknopf jetzt auf DREI zum Vorheizen der Pfanne.

Wieso Gottfried Keller, fragte Viola, während sie ein wenig abgekehrt von Daniel nun schon die zweite Knoblauchzehe schälte. Sie hoffte zweimal am Tag, bei der Zubereitung von Mittagsimbiß und Abendessen, Daniel würde die Knoblauchmenge, die sie für sich allein vorsah, nicht auffallen. Es ging nicht nur um die Geschmacksaufbesserung. Fast wichtiger war Viola die Rolle, die der Knoblauch in den verschlungenen Wegen ihrer Gedärme spielte. Und die sie etwas abergläubisch für TRAGEND hielt.

Gottfried Keller hatte keine Angst vor dem Tod, sagte Daniel. Goethe auch nicht, sagte Viola.

Aber von Gottfried Keller hast du neulich nachts geträumt, und genau aus dem Grund. Weil er ohne jedes Beiwerk dem Tod entgegensah. Alles Geheimniskrämerische entbehren konnte.

Viola wunderte sich über Daniels Aufgeschlossenheit beim Reden über den Tod. Freiwillig! Von selbst! Unaufgefordert! Es war, als breche er eine Schweigepflicht. Sie empfand, wie dringend er ihr wirklich bei der Suche nach einem Symposionsbeitrag helfen wollte. Ihre Stimme hielt sie für genau richtig oberflächlich-unbefangen, als sie nun ICH HABE LEDIGLICH VON DIESEM KELLER-DENKMAL AM ZÜRICHSEE GETRÄUMT, SCHÄTZCHEN, sagte, etwas rufend. Und das ist Goethe: Der Gedanke an den Tod läßt mich in völliger Ruhe.

Also bitte, schon zwei Vorbilder, sagte Daniel.

Vergiß nicht Bach, und zusätzlich Fischer-Dieskau, sagte Viola.

Daniel schaltete die Hitze auf ZWEI. Kurz danach, um die kleinen rosigen Kalbfleischpolster, appetitlich rundgeschnittene Kissen, nicht zu brüskieren, drehte er den Schalter um weitere halbe Einheit herunter. Seit ihm der gesamte Pfannenbereich delegiert war, wurden keine Teflonbeschichtungen mehr zerstört. Wenn Daniel Hemberg mit Geräten umging, erwuchs ihnen eine Haltbarkeit, die von der industriellen Vorsehung gewiß nicht geschätzt würde, im Fall von mehr hembergähnlichen Konsumenten. Mehr Daniels wären auch volkswirtschaftlich gesehen kein Gewinn.

Ein Bewunderungskommentar von seiten Violas schien angebracht, und sie gab ihn ab. Da und dort, weißt du, Daniel, flimmern so VORBILD-Bruchstückchen in mir auf, das schon. Du im Haushalt, Fischer-Dieskau mit seiner überblickhaften Gerechtigkeit, ich meine, weil er trotz Schuberts gesamtem Liedwerk ebenso intensiv wie Jesus ist, beispielsweise und so weiter und so fort. Hm? Viola wartete jetzt einfach nur noch ab, denn ihr Anteil an der Küchenarbeit war mit Tischdecken und Wein-Anrichten abgehakt. Gern schaute sie Daniel zu. Er entfernte mit großer Geduld jegliche Fettspuren am verbliebenen länglichen Stück von Kalbsfilet. Ihr fiel ein, wie geduldig er sie abends mit dem Marament-Balsam bearbeitete. Das Kalbsfilet und ihr auch ein wenig bläulich-rosiges Oberärmchen wirkten nun auf sie wie zwei Patienten des gleichen behutsamen, sachlich ausdauernden Arztes. Es konnte dem guten Daniel nicht mehr viel Anreiz bieten, ihr Oberärmchen, heutzutage, 47 Jahre alt, ein nur mehr rheumatisches Gebilde. Das Schöne an der Ehe war doch auch eine Abwechslung innerhalb der Verwendungszwecke. Kein Körpergebiet wurde ja so ganz überflüssig. Sie wurden schon noch alle gebraucht, fast alle, irgendwie schon noch, doch.

Wäre ich nicht so realistisch, klagte Viola, dann klappte es ja vielleicht, etwa mit Kierkegaard, im Bereich MÜSSIGGANG, was meinst du?

Und was meinst DU, fragte Daniel zurück. Auf seine systematische Art hatte er mittlerweile genausoviel gegessen wie geplant, von ihm für sich, an diesem Mittagstisch, willensstark und etwas blaß nun, im Stuhl angelehnt, auf das jeweils ganz und gar ungewisse Ende von Violas Nahrungsaufnahme wartend. Sie verfügte nicht über diese inneren Ampeln, die auf ROT schalteten, wenn es am besten schmeckte. Wenn sie sich so richtig eingegessen hatte. Vor allem dem Nachtisch gegenüber bemächtigte sich eine gewisse Desorganisation ihrer Signalanlagen im Gehirn. Das lag vielleicht am silbernen Kinderlöffel, einem Format zwischen Suppenlöffel und Kaffeelöffel. Den benutzte

Viola für ihre Dessert-Erfindungen. Ihr Gesicht nahm einen zutraulichen Ausdruck an. Sie schien auf Gnade angewiesen zu sein. Um auch einem einfach bloß kindischen Pudding einen Anstrich von Gesundheitsmaßnahme zu geben, rührte sie sich aus mehreren Reformhauspackungen die ödesten Keime und Körner und sonstige Spielverderber in einen Brei zusammen, der dann irgendwie tröstlich auf sie wirkte.

Ich meine, daß Kierkegaard vom wirklich reifen oder klugen oder wasweißich, erwachsenen Menschen verlangte, er müsse sich auch auf das Phänomen Müssiggang verstehen, AUCH, nicht wahr?

Hmhm, machte Daniel. Er fand, daß seine Frau etwas zu versessen ihr Mischgericht in sich hinein schaufle. Es handelte sich da täglich zweimal um eine Gefräßigkeit, die er nicht ganz begriff. Als gelte es, einen Notstand auszugleichen, ein bißchen danach sah ihr übereifriges Essen schon aus.

Müßiggang, du, Daniel, mein ewiges Problem, oder stimmt's nicht? Viola empfand ja, wie sehr es stimmte, auch auf Genuß übertragbar wäre, ausbaufähig bis dorthinaus, bis hin zum Nachtisch, den sie sich jetzt schon wieder, mit einem Schub Kleie vermasselte. Da täte ein Musterbild gut. Es wäre gesund für mich. Hm?

Aber war sie nicht auch ein wenig stolz auf ihre Unfähigkeiten, dem Schönen, einfach Guten, selbstverständlich Angenehmen gegenüber? Sie fragte sich das manchmal. Überwiegend litt sie, doch. Und deshalb galt es, das Beste draus zu machen. Sublimation! Ich kann mich einfach nicht entspannen, behauptete sie, der Wahrheit entsprechend und, weil das übel genug war, dann schon auch eine Spur prahlerisch. In diesem Unglück mit sich selber identisch mußte sie, aus Notwehr, ein bißchen Glück aus ihm herausschinden, nicht wahr? Viola schweifte vom Vorbilder-Symposion ab und erinnerte sich der Tagung über das Thema Oh wir Reichen – ach ihr Armen. Sie erinnerte sich – ein Gleichzeitigkeitsvorgang in ihrem Bewußtsein – eines Haßgefühls, das von ihr zur theologisch-politologisch gemixten Persönlichkeit von Frau Doktor Knapp-Knabe gewandert und aus der Richtung zu ihr zurückgekehrt war, über den Podiumsdiskussionstisch hinweg. Viola, diebisch aber unerkannt im Umgang mit einer These von Adorno, blieb hartnäckig bei der Behauptung, die Identifizierungskraft des Menschen reiche nun einmal nicht aus zu einem wahrhaftigen Mitleid, das weltweit alle Grenzen sprengte. Frau Knapp-Knabe bestand auf mehr sozialem Gewissen. Viola beharrte auf der Individualität. Frau Knapp-Knabe predigte die Kommunikationspflicht. Kontakt Kontakt Kontakt!

Viola war sich ziemlich sicher, daß längst ihr Gesichtsausdruck als Antwort genügte, MEIN GESICHT SPRICHT BÄNDE, dachte sie, und es handelte sich um die Bände VERACHTUNG/ÜBERLEGENHEIT/SCHLUSS MIT DEM GEREDE. Frau Knapp-Knabe fand Viola anachronistisch innerlich und einzelgängerisch, sich selber klassenkämpferisch und zu allem bereit, sie sah aber so aus, als habe sie keine Einschlafprobleme. Viola Hemberg: sind Sie nicht geradezu asozial, mit solcher Hoffnungslosigkeit nichts als ihr eigenes Ich bespiegelnd? Mehr kann man nicht tun, und darin gehe ich bis zum Äußersten, und bequem ist es gar nicht, hatte Viola geantwortet, ein wenig übertreibend. Frau Knapp-Knabe war dann, mit persönlichem Erleben dem Publikum zugewandt, etwas zu ausführlich geworden. Vor kurzem hatte sie einen chilenischen Hungerstreik als Beobachterin begleitet, und selber auch nur das Nötigste an Nahrung zu sich genommen, und dies Nötigste lediglich, um ein beschreibender Zeuge sein zu können. Währenddessen hatten die Chilenen, diese alarmierenden Versuchskaninchen, sich von der elementaren Wucht der Volksmusik förmlich ernährt. Wenn Frau Knapp-Knabe sich in New York aufhielt, schlenderte sie am allerliebsten durch die Slums und gab sich mit einer schäbigen Unterkunft irgendwo hinter der 170. Straße zufrieden. Frau Knapp-Knabe war ZEUGE, auf Schritt und Tritt, wo immer sie ging und stand, und fühlte sich, bei den allergrößten Sorgen um die Zukunft der Menschheit, persönlich vorwiegend wohl. Viola wußte es genau: sie selber fühlte sich weniger wohl als Frau Knapp-Knabe, obwohl die Sorgen, die sie sich machte, wie eingesperrt wirkten, verglichen mit den weiträumigen Sorgen der Diskussionspartnerin. Meine Sorgen, auf winzigem Raum, sie sind dennoch die größeren, die ununterbrochen schädigenden, es ist meine Seele, an der es nagt, während die andern, nach getaner Arbeit mit dem Überblick in Harlem oder Chile oder sonstwo, vergnüglich erregt ihre Erfahrungen in die Schreibmaschinen tippen.

Am liebsten war Viola, wenn schon diese unleidliche Tagung in ihr auftauchen mußte, die Erinnerung an die seltsam hängenden Wildlederhosen der Frau Knapp-Knabe. Überhaupt war sie äußerlich so gar keine Konkurrenz. Sie überdachte die Teilnehmerliste fürs VORBILDER-Symposion. Welche ungefähr gleichaltrigen Frauen säßen mit am Tisch? Es kam zu einer unerfreulichen Überschneidung: Viola mußte mit dem Dessert aufhören, eine weitere Portion wäre dem nachsichtigsten Daniel gegenüber nicht mehr vertretbar und ausgerechnet im

Abnabelungsprozeß von Kinderlöffel und Breischüsselchen fiel ihr Katrin Fuchs ein. Stand sie nicht auf der Liste? Wieder so ein polemischer Mensch, aber zusätzlich mit einer verblüffenden rotgoldenen Haarfülle. Blassem Teint, einer eleganten, schmalen Physiognomie. Oder doch ein wenig pferdeähnlich, genau besehen? Viola blieb etwas lustlos, als sie sagte: Kaum erblicke ich ein Mikrophon, da möchte ich auch schon schweigen. Total verstummen. Hörst du?

Daniel kam diese Selbstaussage nicht ganz neu vor. Viola kopierte frühere Fassungen ihrer selbst. Er bezweifelte, ob es sich um IDEALE Fassungen handelte. Einer Imitation nachzueifern, es schadete ein wenig ihrem gemeinsamen Fortkommen durch die Tageskonstruktion. Denk an die stimulierende Wirkung des Reisefiebers für deine Verdauung, Liebchen, sagte er gutmütig, während er sich um den Espresso kümmerte. Viola fand immer seinen Espresso wohlschmeckender und auch bekömmlicher als den, dessen Urheber sie war, nur noch ziemlich selten, aus diesem Grunde eben. Und es wird außerdem eine ungewöhnlich komplizierte Fahrerei, ergänzte Daniel seinen Hinweis. Dreimal umsteigen, so viel ich bis jetzt erkunden konnte. Daraufhin spürte Viola schon jetzt, daß sie die Inhaberin von Gedärmwindungen war. Andeutungsweise. O ja, sie wußten gut, wie sie einer dem andern beispringen mußten. Wie sie das hinkriegten. Gut.

Ich frag mich bloß, wann dieser ganze Streß in Dystreß umschlägt, Daniel, sagte Viola. Wie gern spülte sie doch täglich dreimal ihr liebes ehrliches kleinstfamiliengeschichtliches Geschirr. Wie hing sie doch an diesen kleinen vertrauenerweckenden Alltagsangelhaken. Zappelte ganz beruhigt an ihnen. Jede auch kurzfristige Ablösung bedeutete Gefahr! Verlust von Grund und Boden und rotem Faden. Dieser närrische Eifer, mitzutun bei den geschwätzigen Angelegenheiten dieser Welt, der geistigen oder wie immer man sie nennen sollte. Landgewinnung, weiter mit dem Tag! Viola nahm es sich fest vor, sie wollte die Zügel straffen, nun bei der vorgesehenen Dreiviertelstunde für die überregionale Presse. Viola las mit dem gewohnten Herzklopfen hinter Daniel her. Immer etwas kurzatmig. Daniel war ein konzentrationsfähiger Leser. Viola kam nicht so recht los vom Foto einer Politikerin, deren mittelständisch biedere Frisur wie die Nachahmung einer Nachahmung auf sie wirkte. Wie die Demonstration der Herstellbarkeit, des im Bereich des Möglichen liegenden, völlig utopiefern. Was aber hatte Viola diesem vorsichtig aufgedonnerten Kopf entgegenzusetzen? Diese Politikerin war in ihrem, Violas, Alter, zog

jedoch die Konsequenzen daraus. In Viola steckte zu viel Unbeschei-
denheit. Die Politikerin vertraute ihr Haar einem Fachmann an, ehe es
zum zwar individuellen, aber trostlosen Kapitel verkam. Viola wollte
stets eine Originalausgabe ihrer selbst sein und sagte es Daniel. Beim
Warten auf seine Antwort empfand sie, daß an der Sache etwas nicht
ganz stimmte. Sie rannte einem irgendwie idealistisch geratenen Bild
ihrer selbst hinterher, einer Art Vorbild, durchaus. Aber nicht doch
eher einem Trugbild? Einer Mixtur aus Hoffnung und geschönter
Erinnerung an irgendwelche Momente von früher, mit strafferer
Haut, mit unternehmungslustigerem Geist, einfach jüngerem Exi-
stentialgerüst? Ich möchte mich schon unterscheiden, Daniel, sag
was! Aber wodurch denn? Naturbelassen, sah ihr Haar schutzbedürf-
tig aus oder schlichtweg: strähnig. Naturbelassen war ihr Gemüt
etwas zu schwächlich. Insgesamt bedurfte Viola eines Vorschusses an
mitleidvollem, gnädigem Verzeihen. Daniel erkannte das. Du unter-
scheidest dich, du tust es wirklich, Liebes, sagte er, überzeugt war er
auch davon, unvergnügt auch. Ihm wurde erst wieder wohler, als er
nach zwei Zeilen der Eingewöhnung zurückfand in die Abenteuer des
Paragraphen 21 der Steuernovelle. Kein Problem zu wissen, wie ich
nicht sein will, dachte Viola.

Ungeduld und Lässigkeit, die zwei Hauptsünden, sagte sie zu Daniel
im Verlauf der Gewohnheit, mit dem Weg zum Altglaskübel, in dem
sie heute zwölf Flaschen und ein Nescaféglas versenkten, einen Rund-
gang durch ihren Wohnbezirk zu verbinden. Genieße den Abwurf
der Flaschen! Das zu einem Flüstern gedämpfte Geklirr, jedesmal,
nimm es wahr! Es könnte von mir sein, das mit der UNGEDULD und
der LÄSSIGKEIT, wie?

Und ist von wem, Schatz?

Kafka, Schatz. Doch auch ohne Kafka, ich hätte das in mir, sowieso,
als dauernden Befehl an mich. Du siehst, wie es steht, mit Vorbildern.
Eigentlich ist man sich selber genug. Ich meine, mit Hilfe des ganzen
Instrumentariums an Vorsätzen und so weiter, an Maximen.

Und an Lesefrüchten, dachte Daniel. Sie gingen jetzt an Vogts Grundstück vorbei. Wie Daniel wußte, war Viola ein wenig neidisch auf die
günstigere Wohnlage, den buschigeren Garten, auf das mit seinem
Schindelbelag etwas altertümliche, klassizistisch gegliederte und ge-
räumige Haus dieser entfernten Nachbarn. Viola hielt an einem ziemlich festen Begriff von vorbildlichem Wohnen für sie beide fest. Sie
hielt es fast sogar für eine Gesundheitsmaßnahme, nach dem noch zu
Wünschenden zu fahnden, nicht zur Ruhe zu kommen, nicht total

zufrieden zu werden, sondern weiter zu trachten, und deshalb war ein Spaziergang längs des Vogtschen Grundstücks Therapie, wenn auch eine etwas plagende, aber sie brauchte das, ihre ganzen Lebensumstände sahen schon allzusehr nach dem Erreichten aus. Nur schätzte sie Begegnungen mit Ellen Vogt überhaupt nicht. Und jetzt fuhr Ellen Vogt mit ihrem verfluchten Zweitwagen die Auffahrt herauf. Viola bekam ihr analphabetisches Gefühl. Daß sie nicht Autofahren konnte, setzte sie in ihren eigenen Augen herab.

Merkwürdig, nicht wahr, daß Frauen erst gar nicht in Betracht kommen, bei mir, als Vorbilder oder so was, diese Rippen, diese Nebenprodukte.

Ellen Vogt war eine ansehnliche Rippe, ein vorzüglich funktionierendes Nebenprodukt, nun in genau den dunkelbraunen Cordjeans aus dem Auto steigend, die Viola seit Monaten vergeblich zu kaufen versuchte. Frauen können nicht mal richtig parkieren, sagte sie.

Wie wär's mit Madame Curie, schlug Daniel vor. Er kannte Violas fixe Idee von der biologischen Verdammnis der Frauen: zu geringerer Geistesleistung, zu defekter Schöpferkraft. Alles in allem verspürte er kaum noch die geringste Lust, an diesem Thema weiterzuhäkeln, langsam so den Tag hindurch, Masche für Masche. Er sah voraus, alles bis ins Detail, daß seine Frau mit dem üblichen Unbehagen zum Symposion aufbräche, außerstande, ihre Mitwirkung rückgängig zu machen, besessen vom Drang, so kurz wie möglich und auch schneidend-schnippisch ihre Stimme zu erheben, dort vor Publikum, auch für die Nordschiene der 3. Programme, für Lebens- und Leidensgenossen, denn es ging ihr nur darum, die Stimme zu erheben, sich irgendwie doch bemerkbar zu machen. Es war eine Überlebensfrage. Sie würde wenigstens nach ihrem Tode in irgendwelchen Archiven ruhen, als Stimme und Anblick bei all diesen verachteten Tagungen. Nur die Unsterblichkeit war ihr Ideal. Und nur ihre eigene; ein Grund also, ihr nicht zu widersprechen, als sie ICH BIN TATSÄCHLICH MEIN EIGENES IDEAL, von sich gab, wieder am Schauplatz Küche, wieder beim professionell ärztlich wirkenden Daniel, den Viola betrachtete, nun, als er bleiche Putenschenkel zum Bratprozeß lagerte. Auch diesmal dachte sie an ihr eigenes Fleisch. Wie beim Kalbsfilet. Daniels Umgang mit den Naturphänomenen, eingeschlossen ihren Körper, vermittelte etwas Ruhevolles. Warum aber ging heute von dieser Ausstrahlung nichts auf Viola über? Eher war sie nervös. Es kam kein rechter Appetit auf, außerdem. Die Küchenanblicke hatten zu viel Vergängliches, heute abend für sie, die sich selber sah: als abgestorben, von Daniel sachlich-betrübt zurechtgemacht für Abläufe, die einfach notwendig waren zwischen Tod und Einäscherung, oder sonstwie gearteter Beerdigung. Ich ruhe in mir, Daniel, rief sie, ratlos vor Ungeduld. War das der Kreislauf? Das Älterwerden hätte ein paar Reize dringend nötig. Mit 47 Jahren, ausgerechnet blödsinnigerweise 47 Jahren, überhaupt noch das Mindeste vorzuhaben auf der Welt, es kam Viola plötzlich absolut verrückt vor. Eine grenzenlose Idiotie. Ein gewaltiger Irrtum. Das Schöne dieses Sonntags hatte vielleicht auch schon ein bißchen zu lang angehalten. Etwas mit dem Wetter könnte nun einmal geschehen. Eine Veränderung wäre vonnöten. Was gab's im Fernsehen? Viola wünschte, ein Mensch zu sein, der weniger abhing von den Diktaten der Fernsehprogrammdisponenten, diesen Misanthropen, oft genug. Am liebsten würde ich heut abend nochmal ICH HATTE VIEL BEKÜMMERNIS hören, sagte Viola lügenhaft, noch mal Fischer-Dieskau, ha, und ich wäre sicher, daß ich meinen Beitrag nur so in die Maschine reinratterte, du.

In aller Seelenruhe sagte Daniel, das Schmatzen der Putenschenkel, die er liebhaberhaft sorgsam in die Pfanne drückte, behutsam übertönend: Ich werde dir morgen nach dem Vormittagsdienst die Platte besorgen, Liebes, und dann kannst du loslegen, ja?

Im Badezimmer, vor dem Spiegel, wußte Viola tief liebevoll erregt, daß sie jetzt gleich beim Abendessen DU BISTS, MEIN WAHRES VORBILD, SO RICHTIG VON A–Z zu Daniel sagen wollte. Sie schaute sich an. Sie hatte Glück und sah zwischen den richtig arrangierten Spiegeltürchen ihres Spiegelschränkchens den Bandleader Ardie Wood, oder so ähnlich, von der Gruppe MONUMENTS, sie sah dessen schulterlanges Haar mit diesem beabsichtigten zufälligen Schwipp, im Halbprofil auch, sie sah nicht sich selber, und ganz in sich gekehrt aß sie anschließend zu viel von der Nachspeise, Aprikosenkompott unkenntlich durch Zutaten, eine kindische Verunstaltung, angerührt nicht von Ardie, sondern von ihr, Viola Hemberg, die nun eigentlich ziemlich zuversichtlich an das Symposion dachte. Irgendwie, so glaubte sie fast fest, bekäme sie es schon hin, bis zum Zeitpunkt des Symposions so wie Ardie auszusehen, und inhaltlich ginge von ihr die Wirkung eines Extrakts aus: Danke, Daniel-Schatz, auch für den Gottfried Keller-Tip. Ja, der und Kierkegaard, verrührt wie Kleie mit Leinsamen, und Goethe, Bach, Fischer-Dieskau, mit dem Kinderlöffel, abgelutscht und trostreich, Kafka als Widerstand wie Weizenkeime, und sehr viel ehelicher heißgeliebter kostbarster Daniel obendrauf, die genießbare körnige und äußerst gesunde Krönung.

Neue amerikanische Lyrik und Prosa

Christopher Middleton
Vorbemerkung zur Auswahl amerikanischer Lyrik

Zum gegenwärtigen Zeitpunkt kann ich mir eine kleine Auswahl von Gedichten, guten Gedichten, die «repräsentativ» für bedeutende «Trends» in den USA wären, gar nicht vorstellen. Als die Herausgeber des *Literaturmagazins* mich einluden, eine kleine Auswahl zusammenzustellen, dachte ich sofort daran, Texte von Schriftstellern zu schicken, die sich stark voneinander unterscheiden. Demnach habe ich Arbeiten von begabten und phantasievollen Dichtern ausgewählt, deren Verschiedenartigkeit dem Leser ein Bild der gegenwärtigen Vielfalt der Dichtung in den USA vermittelt, ohne ihn mit der Mittelmäßigkeit zu konfrontieren, die mit dieser Entwicklung einhergeht.

Soweit mir bekannt ist, gibt es zur Zeit keine beherrschende oder auch nur einflußreiche «Schule» (nachdem die «New York School» sich aufgelöst hat).

Von den Dichtern, die ich ausgewählt habe, genießt allein John Ashbery nationales (und etwas internationales) Ansehen. Er wird jetzt sehr gefeiert; das ist auch in Ordnung so, jedoch bleibt zu hoffen, daß er nicht zum Nachfolger etwa eines Robert Lowell avanciert, zum Laureaten des literarischen Establishments der Ostküste. Ich habe außerdem ein paar harte kleine Gedichte von Ai ausgesucht, aus ihrem ersten Buch ‹Cruelty›. Ai ist gemischter ethnischer Herkunft (schwarz-irisch-japanisch-indianisch), doch ihre Gedichte besitzen, wenn sie von ihr gelesen werden, eine ausgesprochen schwarze Jazz-Synkopierung. Rita Dove ist ebenfalls eine schwarze Dichterin, und ihre Arbeiten (bisher noch keine Buchveröffentlichung) sind sehr vielversprechend. Vor kurzem schrieb sie zusammen mit Fred Viebahn einen Aufsatz über zeitgenössische schwarzamerikanische Dichtung für die *Akzente*[1], und 1974/75 lebte sie als Fulbright/Hays-Stipendiatin der Germanistik in Tübingen. Dara Wier aus Louisiana, bis jetzt noch wenig bekannt – ihr erstes Buch erschien im Frühjahr –, hat mit Ai die beunruhigende Wildheit und die Schärfe (des Ohrs und der Bilder) gemeinsam, ebenso die Konzentration auf schmerzhafte, harte Themen. Diese Dichterinnen enthalten sich einer «Intellektualisierung» auf eine Art, die ihre Gedichte um so faszinierender und packender machen. Alle drei sind außergewöhnlich intelligente Dichter, präzise im Detail.

David Wevill ist ursprünglich Kanadier. In Japan geboren, verbrachte er auch später die meiste Zeit außerhalb Kanadas (in Burma, London und jetzt in Texas); seine ‹Rincones› schrieb er während eines Aufenthalts in Spanien 1974/75. Mir gefällt die eckige Offenheit seiner Arbeiten, die ständige Aufnahmebereitschaft für Geschehnisse im Leben anderer, durchzogen von schroffen Schrägschnitten einer Selbstprüfung: eine Art psychische Weite, die er dem Studium Ezra Pounds und Pindars verdankt, aber auch einem tiefen Empfinden für den amerikanischen Südwesten und seine indianischen Legenden. Schließlich Keith Waldrop, vielleicht der einzige wirklich fortgeschrittene experimentelle Dichter in diesem erstaunlichen Land von Heuchlern, Götzenanbetern und Klassifizierern. Waldrops Buch ‹The Garden of Effort›, dem ‹Ein Hut voll Flut› entnommen wurde, ist ein einmaliges Buch, das läßt sich bereits sagen, doch kein kommerzieller Verleger hat sich bis jetzt herangewagt. Waldrops Haus in Providence (Rhode Island) ist ein Bücherlabyrinth (einige Zimmer sind von den strahlenden Massen verschont geblieben, und im Keller gibt es kleine Druckpressen), aber seine Gedichte haben überhaupt nichts Angelesenes. Es sind eigenwillige aphoristische Äußerungen, zufällig aufgeschnappt in den voller Überraschungen steckenden Seitenstraßen der Zitadelle der Sprache, oder herabgesunken aus den magischen Höhen über ihren Türmen. Sie können auch witzig sein, wie Satie und Roussel witzig sind.
Ich hoffe, daß alle Gedichte auch in der Übersetzung den Leser als feine, ungewöhnliche Werke aus Wörtern und Illuminationen erreichen, losgeschickt von bestimmten originellen Schreibern an verschiedenen Orten in der Weite Nordamerikas.

(Aus dem Amerikanischen von Rolf Eckart John)

Anmerkung
[1] Inzwischen in *Akzente*, Nr. 6/77 unter dem Titel ‹*Geschichte ist unser Herzschlag*› erschienen

David Wevill

Rincon* für gedachte Abstraktionen

Schwüle: ein Sommer auf dem Land
wie andere Sommer in den Städten
gemessen an seinem Licht oder einem anderen
das kommt oder ausbleibt
Gestank der alten Erde. Diese

Ecke hat keinen Ausgang. Wenn ich mich erinnere,
ist es die Genugtuung des Erinnerns & nicht einmal
ein Körper oder ein Gesicht wonach ich
suche, die Fäden in meiner Hand
vibrieren noch in den Winden der Erde.

Orpheus ist zu alt, um sich seinen Fragen zu stellen.
Hier oben & da unten gibt es eine größere Gewißheit
als Liebe in
der Erinnerung einer Person. Blut
wird dick wie eine alte Katze nach vielen Kämpfen
die jetzt ausgestreckt in der Sonne schläft.

Auf dem Land lernen wir das Schweigen
doch unter Freunden sind wir zu redselig
unser Geschwätz ist alt, welche
Neuigkeiten müssen wir erfinden. Wir töten Schmerz.
Wir töten aus Schmerz & töten den Schmerz
der Dinge die wir töten.

Dieser Sommer in den Städten läßt das Land in einem Alter
erscheinen in dem es sich wohl fühlt:
der Geist der Unabhängigkeit, befreit von
der Wahl eine Lüge zu wählen. Seen
umgeben von Fichten & Tannen werden immer Hintergrund sein.
Was in der Umgebung passiert ist die Erdnähe

---

* Ein Wort spanischen Ursprungs, das hier für eine kleine Form des *Liedes*,
und im weitesten Sinne für *Eindrücke*, *Bilder* oder auch *Images* (Imagismus)
stehen könnte.

der unersättlichen Alternativen. Eine nach der anderen
zerreißen sie die Klänge des Lieds
& das Lied wird durch Lärm ersetzt der seinen
eigenen Wind erzeugt. In diesem Garten
in diesem Slum
erhebe ich mich gegen mich selbst & lösche mich
aus der Erinnerung. Wo sind sie geblieben,
der Mann + die Frau die entsetzt
flohen vor dem wütenden Engel & lernen

mußten Feuer zu machen & neue Wörter zu finden
für die Dinge die sie nicht lieben konnten.
Sie waren wie wir, nicht nobel oder heroisch aber
gezwungen zu behalten, was sie verloren hatten,
es mit Händen neu zu schaffen, mit dem kleinstmöglichen
Abbild ihrer selbst   & diese

Ecke hat keinen Ausgang. Sich erinnern
scheint möglich, doch es ist falsch, brüchige
Festigkeit, betäubender Wortschwall im
Sommerdonner. Verglichen mit dem alten Licht
ist man so blaß wie ein Fisch & noch nicht
geboren. & diejenigen die ihre Zeit in Unordnung bringen
erinnern sich an nichts, außer daran wie es ist, nicht zu leben.

Rincon für Paco den Narren

Wenn du grunzt wird man verstehen
daß du hungrig bist, doch die verlorene
Musik der Erde klingt anders.

Er, der mit den Männern im Trauerzug geht
& den Schwanz eines Esels hält
auf dem Weg ins Tal
ist glücklich.

Doch auf deine Genitalien zu zeigen
wenn eine Frau vorbeigeht, ist mehr als Hunger
& wer kann dir das sagen
nicht die Kinder mit ihren Steinen.

Diejenigen von uns die Stimmen haben
versuchen es immer wieder
doch die Nächte verschlingen unsere Schatten, lassen uns
nirgendwo zurück um dich zu treffen.

Klänge. Du hast kein einziges Wort
um uns festzuhalten.
Doch die verlorene Musik der Erde klingt anders,
sie ist unruhiger.

Ich bin in den Himmel aufgestiegen, dort schwebt mein Gesicht
das nach dir Ausschau hält.

Rincon für das Gesicht in Hotels

Madrid im Regen. Jeden Tag
murmelt derselbe Verrückte
am Fenster «Wasser».

Ein Wind dann zwei
suchen das schwarze Nachmittagslicht
im Museo del Prado.
Ja ja, es hat Ärger gegeben
warum bist du gekommen.

Der schwarze Wind & der weiße Wind
zwei Pferde ziehen einen Stern
es kann verhängnisvoll sein

Wolken treiben im Regen von den Bergen herab
Farben treiben im Regen von den Bergen herab
Mütter Väter Namen

Aber an regnerischen Tagen trotten die Ziegen
unter Regenschirmen daher
auf Pfaden in der Nähe des gläsernen Gewächshauses
Ziegen mit Fischaugen.

Nördlich in Richtung Burgos schraubt sich die Straße
höher & höher, bricht durch die Wolken nach Frankreich ein
eine Landkarte aus dunklen Farben. Die gleiche
Geschichte plant bereits ihre Flucht
in eine bessere.

Etwas mit zu großen Schritten ist hier
vorbeigekommen, hat Menschen & Steine zerbrochen
alle laufen davon, bis auf einen Esel der
sich nicht rührt.

(Aus dem Amerikanischen von Rolf Eckart John)

John Ashbery

Der kleine Däumling

Die großen Hotels, tanzende Mädchen
Drängen nach vorn unter dem Schleier «der verlorenen Illusion»,
Die Beschäftigung mit diesem oder jenem Tag.
Es gibt keinen Tag im Kalender,
Den die Molkereigenossenschaft verschickt hat,
Nach dem du so verrückt bist wie nach
Dem Körper einer träumenden Frau in einem Traum:
Alle knicken um, wenn man sie an sich zieht,
Zu zart gewachsen, die Blüte zu locker und zu schwer,
Erröten sie mit feinem Blattwerk aus Träumen.
Die Autos, Hüte aus Flittergold,
Kuchen als Abendbrot, die liebenden Kinder
Nehmen die einsame, abschüssige Traumstraße
Und werden nicht mehr gesehen.
Was ist es, Undine?
Jetzt können die Klänge kaum gehört werden
Im Tumult des abflauenden Sturms,
Der dritte Wunsch bleibt unausgesprochen.

Ich erinnere mich, dich in einem dunklen
Apriltraum getroffen zu haben, dich oder irgendein Mädchen,
Eine Kette aus Wünschen lebendig und atmend um den Hals.
Geblendet von der Dunkelheit, deren
Glanz sich in der Mittagssonne in salzig-gläsernen Sand verwandelte,
Konnten wir nichts voneinander wissen oder davon, welcher Teil
Dem anderen gehörte, niedergeworfen im elektrischen Regensturm.
Erst allmählich kamen die Hügel in Sicht,
Die unsere Körper, worin wir selber waren, im Sinn hatten,
Doch nur bruchstückhaft, wie durch dichten Dunst,
Der sich aus Nebelschwaden löst. Kein schlechterer Zeitpunkt war
    denkbar,
Noch dazu war alles Wunsch, aber schon gewünscht und vorbei.
Der Augenblick wurde zum Denkmal seiner selbst,
Niemand wird es jemals sehen oder wissen, daß es da war.

Auch diese Zeit verging und nachts
Verblaßte die Nacht zu weichen Spiralen oder Blattwerk,
Es gab Schlafkabinen in der Nähe, mattes Licht,
Nächtliche Freundlichkeit eines Tellers Milch für die Feen,
Die es sonst vielleicht weniger gut meinten:
Freundschaft weißer Laken, verklebt mit Milch.
Und immer die offene Dunkelheit, in der ein Name
Wieder und wieder gerufen wird: Ariane, Ariane!
Hast du deshalb deine Schwestern aus dem Schlaf zurückgeholt
Und hat dich jetzt der mit dem blauen Bart überlistet?
Doch vielleicht ist alles so zum Besten: Laß
Diese Schwestern in das saphirblaue
Haar des aufkommenden Tages schleichen.
Es gibt noch andere erfundene Länder,
Wo wir uns für alle Zeit verstecken können,
Dahintreiben mit nie endenden Wünschen und Traurigkeit,
Eis lutschen, sentimentale Lieder singen,
Namen beim Namen nennen.

Nachmittag in der Stadt

Ein Dunstschleier schützt diesen
Lang vergangenen Nachmittag, vergessen von allen
Auf dieser Fotografie, die meisten von ihnen sind
Schreiend verschlungen worden von Alter und Tod.

Wenn Amerika zu fassen wäre
Oder wenigstens die klare Vergeßlichkeit,
Die durch unsere Vorhaben sickert
Und unsere Werke mit einem Makel zurückläßt
Der auch vergänglich ist,

Und seiner gedenkt,
Weil es sich schließlich doch erklärt:
Grauer Lorbeer, das Warten zu Dritt
Auf bessere Lichtverhältnisse,
Ein Lufthauch hebt das Haar von dem,
Dessen Spiegelbild im Swimmingpool Kopf steht.

Gemischte Gefühle

Ein angenehmer Geruch nach gebratenen Würstchen
Überfällt die Sinne, dazu eine alte, ziemlich verblichene
Fotografie, auf der sich, wie es scheint, Mädchen
Um einen alten Kampfbomber scharen, Baujahr zirka 1942.
Wie soll man diesen Mädchen, falls es wirklich welche sind,
Diesen Ruths, Lindas, Pats und Sheilas
Klarmachen, welche gewaltigen Veränderungen stattgefunden haben
Im System unserer Gesellschaft, die das Gewebe
Aller Dinge darin ändert? Und doch
Sehen sie irgendwie so aus, als wüßten sie Bescheid, abgesehen davon,
Daß es sehr schwierig ist, sie zu erkennen, es ist schwer, sich
Genau vorzustellen, welchen Ausdruck ihre Gesichter haben.
Was sind eure Hobbies, Mädchen? Ach Quatsch,
Könnte eine sagen, dieser Kerl geht mir auf die Nerven.
Laßt uns weitermachen und ausgehen, irgendwohin
Durch die Schluchten eines Bekleidungscenters
In ein kleines Café und eine Tasse Kaffee trinken.
Ich bin nicht gekränkt, weil mich diese Kreaturen (das richtige Wort!)
Meiner Phantasie, die mich in solche Hochstimmung versetzen,
So wenig beachten. Wie auch immer, es ist Teil der komplizierten
Routine eines Flirts, ganz ohne Zweifel. Doch dies Gerede
Über ein Bekleidungscenter? Sicher ist es kalifornisches Sonnenlicht,
Das auf sie niederkommt und auf die alte Kiste, auf der sie
Sich rekeln und die das Donald Duck-Emblem
fast ganz verblassen ließ.
Vielleicht haben sie gelogen, doch näherliegend ist, daß ihr
Kleiner Verstand nicht sehr viel Informationen behalten kann.

Vielleicht nicht einmal eine Tatsache. Deshalb glauben sie,
Sie wären in New York. Es gefällt mir,
Wie sie aussehen, sich bewegen und sich fühlen. Ich frage mich,
Wie sie so geworden sind, will aber nicht noch
Mehr Zeit damit vergeuden, über sie nachzudenken.
Ich habe sie schon vergessen,
Bis zu jenem Tag in nicht allzu ferner Zukunft,
Wenn wir uns womöglich in der Halle eines modernen Flughafens
    treffen,
Und sie so verblüffend jung und frisch aussehen wie auf diesem
    Foto,
Aber voll gegensätzlicher Ideen sind, unnützen wie
Lohnenswerten, die doch alle die Oberfläche unserer Gedanken über-
    fluten,
Während wir etwas vom Himmel und dem Wetter und den Wäldern
    der Veränderung stammeln.

(Aus dem Amerikanischen von Rolf Eckart John)

Rita Dove

Die Vogelfrau

Als die Männer heimkehrten, blieb alles stehen,
wie er es verlassen hatte – – ihre Schürze, die Hintertreppe,
die Sonne, die über Frankreich an Höhe verlor
wie die Vögel, die von den Feldern aufflogen,
ein schwirrender Vorhang von Flak – –

Barmherzigkeit!

ihr Sohn, ihr Mann. Sie ging ins Haus, fütterte den Wellensittich,
brach ihm den Hals. Spätzle sprudelten im Topf,
Windspiele klingeln über dem Dampf, ihr Gesicht
im Flurspiegel, aufgedunsen, Erbarmen.
Alles drehte durch.

Eichelhäher, Krähen!

Sie hing den Talg an die Äste, die Luft frisch,
um ihren Kopf in winziger, ruckhafter Mechanik
– – Stare, Finken – – ihr Kopf eine Federkrone.
Sie aß weniger, wurde leichter, Luft stach
durch ihre Knochen, sie sang

ein kleines Lied.

«Ein Liedchen, Kinder!» Die Kinder liefen davon.
Sie bewegte sich über den Hof wie ein alter nasser Vogel.
Immer noch im Krieg, stand sie am Morgen auf und schaute
nach Rudi aus, der kehrte auf Krücken heim,
die dünnen Beine balancierten das Atom seines Lebens.

(Aus dem Amerikanischen von Rolf Eckart John)

David Walker (1785–1830)*

Frei um zu reisen, ließ er sich noch immer nicht davon überzeugen,
wie glücklich er war: *«Sie beuten uns aus und schlagen und trampeln*
   auf uns herum wie auf Klapperschlangen.» Zu Hause in der Brattle
   Street nahm er das Schild
von der Tür des Kleiderladens. Den ganzen Tag hinter dem Laden-
   tisch – –
weiße Mützen, Seemannsjacken mit Bierflecken. Kompaßnadeln,
ausdrucksvoll wie Stimmgabeln, zeigten zitternd nach Norden.
Abends bummerte der Ventilator an der Decke wie ein zweiter Puls.
«O Himmel! Ich schäume über!! Ich kann kaum die Feder
   bewegen!!»

Im Vertrauen auf ein Augenzwinkern wurden Pamphlete
in Hosentaschen gestopft. Pamphlete, transportiert im
Mantelfutter reisender Seeleute, Jacken
salzverkrustet, von Angetrunkenen bei Zahlmeistern in Carolina
eingetauscht, die Pamphlete herausgerissen, vorgelesen:
«Schwarze Männer, auch ihr seid kluge Männer.»
Aufruhr. Ungläubigkeit. Ein Aufschrei in der Legislative.

«Wir sind die ärmsten, am meisten entwürdigten und erniedrigten
Wesen, die je auf der Erde gelebt haben.»
Die juwelengeschmückten bunten Vögel in den Vortragssälen zit-
   terten,
sie preßten seine schwarze Hand zwischen ihre Handschuhe.

* David Walker, geboren 1785, militanter Neger-Führer und Prediger. Ging
ca. 1827 nach Boston, wo er in der Brattle Street einen Laden für gebrauchte
Kleidung aufmachte.
1829 erschien das im Gedicht erwähnte Pamphlet: *«Walker's Appeal in four*
articles together with a Preamble to the Colored Citizens of the World, but in
particular and very expressly to these of the United States of America», in dem
er die schwarze Bevölkerung aufrief, sich gegen ihre Unterdrücker (Sklaven-
halter) zu erheben, wenn notwendig, mit Gewalt. Eine zweite Auflage des
Pamphlets erschien 1930, und nur einen Tag, nachdem ein Exemplar in den
Südstaaten gefunden und beschlagnahmt worden war, wurde dessen Verbreit-
ung per Gesetz zum «Kapitalverbrechen» erklärt und auf Walker ein Kopf-
geld ausgesetzt. Einige Monate später starb Walker unter mysteriösen Umständen, wahrscheinlich durch Vergiftung.

Jeder halbe Schritt war gar kein Schritt. Nicht genug – –
jeden Morgen nahm der Mann an der Ecke ein neues Bündel Stiefel
von der Schulter. «Ich bin glücklich!» sagte er.
«Ich möchte niemals besser leben oder glücklicher sein,
wenn ich nur genug Stiefel und Schuhe zum Putzen kriege!»

Es ist nie genug. Eine zweite Auflage. Eine dritte.
Die Zeitungen gegen Sklaverei sind *völlig entsetzt.*
Menschlichkeit, Güte und Gottesfurcht
besteht nicht darin, Teufel zu beschützen. Genug – –
seine Person (ist das alles?), aufgefunden mit dem Gesicht nach unten,
   im Hauseingang in
der Brattle Street: der Hals noch dunkler als seine Freunde
in Erinnerung hatten. Ihr Gift? Unseres? Unsicher in allem,
brauchen wir ihn noch – – diesen Evangelisten, einen der großen
   Aufrührer.

(Aus dem Amerikanischen von Rolf Eckart John)

Keith Waldrop

Ein Hut voll Flut

1

Außerhalb des Kalenders
Werwölfe und andere
Gefahrenstellen.

Fast alle, weißt
du, sind tot.

Zähne, Fingernägel und
Haare – was für eine bewegende
Landschaft.

Zwei Punkte am
Horizont streiten sich
um einen Geburtstag.

2

Bin ich ein Gefangener?

Kürbisse bekommen durch Aushöhlen
Augen, Nase, Grinsen.

Erinnere dich nur mit dem
an mich, was
ich im Schlaf gesagt habe.

Korridore und Kisten quillen
aus kleinen Zellen.

Leer? Voll?

Zeit. Die Ausgiebigkeit
der Zeit.

3

Ein Gesicht am
Fenster und ich vergesse,
daß ich im Haus bin.

Ihre Sprache, mit
so vielen Bedeutungen.

Ich, ein Teil
von dir, ein
Teil von mir.

Unser instabiles
System – Beweise
mit der Zeit.

Große Augen von
Christen oder
dekadenten Heiden.

Einige Dinge habe ich
durchschaut und
umgekehrt.

Viel wert,
aber nicht unbedingt
der Mühe wert.

In verschiedenen
Gruppierungen, ein
Augenblick, als wäre es
ein Augenblick.

Nicht Körper, aber
«Wesen
vorsichtig abstrahiert».

Das ungelebte Leben ist
keine Untersuchung wert.

4
Was passiert
im genauen
Zentrum?

Bewußtsein
ausschließlich
Umwelt.

Pianos, komplex
wie sie sind, sollten
nicht als unsere
Rivalen gelten.

Ich kann mich
an alles erinnern, und es ist
alles falsch.

Mach einen Sprung nach vorn
und keiner bleibt am Leben.

Annäherung
an ein Gewebe:
näher, weiter.

Näher.

5
Knochenfahles Licht, ausgebreitet
in Mustern
von einem Dutzend beliebiger
Figuren.

Fast erwartet.

Verblaßt – ich
wühle zwischen
Träumen.

Euphemismen
als Schleier. Plaudereien
aus Kindergärten.

Mein richtiger
Hauseingang und ein
Schatten, Gesicht nach unten.

6
Abwesenheit als
Fetischobjekt.

Geschichte wiederhergestellt.

Krank vor
Erinnerung, ausgenommen
ich erinnere mich.

Entdeckung einer
Sackgasse. Mach weiter,
stell Vermutungen an.

Das vage
Konzept einer
Ankunft.

Am hellichten
Tag, es gab
keine weiteren Symptome.

7
Freude und Leid
erfrischen die
Seele, physisch
gesehen.

Die besseren Spiele sind die
schwereren.

Die Vorstellung, mit
einem Dreirad durch
schwerelosen Raum zu fahren.

Oder, wenigstens eine
Chance zu verlieren.

Und, nun gut, auch
wenn sie nicht eingehalten werden,
bleiben es Regeln.

8

Welcher Choral, welche
Fehlerquote kann sich mit der
Geschichte Frankreichs vergleichen?

Sogar von einer Ecke
der Halle bis
in die andere.

Die Erde – dieses
Spannungsfeld.

Einige mehr oder weniger
schwer verständliche linguistische
Probleme oder Tee.

9

Dein Körper zeigt sich
ohne Probleme.

Ruhe an der Oberfläche.

Dies ist eine
Gelegenheit zur Durchsichtigkeit.

Du reflektierst. Du
verwirfst.

Fließendes Licht,
deine Umrisse.

Es dauert einen
Augenblick
dich zu sehen.

Die sonnigste Umarmung
strahlt Ungenauigkeit aus.

Elementarer Geist.

Das Stück, unsere
Symmetrien.

Sonst
klar, dunkel.

10
Angefangen
von «hier».

Ein Blick in alle
Richtungen, nicht – um
sicherzugehen – sofort.

Der Garten der Mühe.

Die Verdammten
können nicht sagen
«jetzt».

(Aus dem Amerikanischen von Rolf Eckart John)

Dara Wier

Blutsbande

Rost in der Dachrinne verdirbt das Regenwasser.
Dein Sohn macht die Zisterne sauber.
Er wird hineinpissen und wissen, daß ihr davon trinkt.
Er steckt den Schwanz in das Abflußrohr
und denkt dabei an irgendein Mädchen, an das er ran will.
Du hast ihm nicht die Axt über den Kopf geschlagen.
Es war dein Bruder, der angerannt kam, um dir zu sagen,
daß er einen Anfall hat und sich die Zunge abbeißen will.
Das war die erste Reise mit dem Krankenwagen.

Die Apfelsinenbäume sind so schwarz wie Stiefelleder,
der kahle Kopf des Jungen sieht aus wie ein Kalbsgesicht,
das zwischen den Blättern durchlugt. Er schneidet Johnson Grass*
und verspricht, den Griff der Sichel nicht abzubrechen.
Wenn du mit seinem Wasser vorbeikommst, mußt du mit ansehen,
wie er sich mit gelb verfärbter Haut auf der Erde wälzt.
Du rufst deinen Mann von der anderen Seite des Feldes zu Hilfe.

Feuerstühle jagen über den Weg, ihr Staub knietief.
Der Junge ist bei einem Nachbarn eingebrochen, wo du ihn weinend
    findest.
Er hat in den Schuppen geschissen und wollte es verstecken, knetete
das Zeug wie Mörtel. Du wirst nicht mehr mit ihm fertig und willst
ihn los sein.

Nachts sperrst du ihn ins Hinterzimmer und schläfst auf dem Sofa,
Patronen unterm Kissen, Nachtlicht poliert den Gewehrkolben.
Die Ärzte sagen, er kann von Glück reden, daß er lebt,
zuerst ging sein Magen kaputt, dann brachte ihn schlechtes Blut fast
    um.

---

* Hirse-Art. Amerikanisch auch «Negerhirse».

Wenn die Haut zerreißt

Die Futtermittel-Fabrik mahlt Fisch zu Gestank.
In der Eisbox kühlt eine tote Taube ab, während Mama
in einem Gußeisentopf Kürbis kocht.

Vorne im Haus, wo Knoblauch zum Trocknen liegt,
wartest du auf den Jungen von Buras.
Flußsand ist so weich wie irgendein Scheunenbett.

Ihr beide rollt in den Knoblauchsträuchern und pimpert, daß die
    Fetzen fliegen.
Mama taucht Hemden in ein Stärkebad, wringt sie aus
und legt die Packen auf die Seite zum Bügeln.

Nach dem erstenmal gehst du nach Hause, hilfst Mama
das Abendessen machen. Du fragst dich, warum es so lange dauert.
Auf deinem Bauch klebt eine weiße Schicht getrocknetes Sperma,

du spuckst darauf, um es zu riechen. Mama bügelt
Blusen, weiße Frackhemden, die Stärke trocknet
unter ihren Nägeln.

Du nimmst eine Rasierklinge, um Blasen an den Hacken
aufzuschneiden, die deine Schulschuhe machen, und wirfst
die Haut in den Fluß.

Wenn es zu lange kalt ist, zu frostig, verfaulen grüne
Apfelsinen an den Zweigen. Der Knoten auf deinem Bauch
wächst nach innen, wie der Knoten einer Navel-Apfelsine.

Du wünscht dir, daß dein Bauch abfällt.
Du wirfst Knoblauchzehen in die Luft, ihr Geruch, wie
der Blutgeruch, bleibt den ganzen Tag an deinen Händen.

Dieses kalte Sonst gar nichts

Eine Hausschlange hat im Holzschuppen ihr Nest gebaut.
Dein Mann ist wieder nach einem Job unterwegs.
Er sagt Süd-Florida, da wird
den ganzen Winter über gebaut.

Milchfieber macht dich schläfrig.
Wenn das Baby gestillt wäre, könntest du arbeiten.
Du hast die Fenster geputzt, bis sie verschwunden sind,
jetzt kommt nur noch mehr Wetter durch.

Der einzige Silberbecher glänzt auf dem Regal
wie ein gieriger Mund.
Wenn du Socken trägst, rutschst du auf dem Holzfußboden aus.
Wenn du Reis oder Maisbrei kochst,
ärgert es dich, daß die Fenster beschlagen,
und du fühlst dich dahinter begraben.

Wie der Wind will heute auch das Kind nicht aufhören zu heulen.
Wenn es wieder schreit, kann ich nichts machen,
außer es mit Milch zu verbrühen, bis es aufhört.

(Aus dem Amerikanischen von Rolf Eckart John)

Ai

Hebamme auf dem Land: ein Tag

Ich beuge mich über die Frau.
Es ist das dritte Mal, dazwischen Abtreibungen.
Ich tauche ein Handtuch in den Eimer heißes Wasser
und wische das erste Blut weg,
als blaurosa die Wölbung eines Kopfes durchkommt.
Ein dürres rotes Kind schiebt sich aus ihr auf meine Hände,
wie aus dem Lagerhaus das Eis die Rutsche runtergleitet.

Es ist geschafft, der Gestank nach Geburt, der Alte Bär
ragt auf den Hinterbeinen vor mir hoch,
und ich will rausgehen,
aber draußen riecht es auch so.
Die Frau zuckt mit dem linken Auge,
und unter ihr, orangefarben wie ein Sonnenaufgang, breitet sich
ein Fleck auf dem Bettuch aus.
Ich halte meine kurzen, plumpen Finger vors Gesicht
und laß sie bluten, mein Gott, ich laß sie bluten.

Bevor du gehst

Ich stelle die Schüssel rohes Gemüse auf den Tisch.
Du weißt, jetzt bin ich reif.
Du kannst mich beißen, ich werde nicht bluten;
zieh mir einfach den Kimono aus. Iß, dann geh, hau ab.
Ich werde dich nicht vermissen, doch diese eine Stunde
nimm mich bei den Arschbacken
und drück mich gegen deinen Bauch, so fest du kannst.
Fülle meinen Tunnel mit dem Geheul,
das du hinter deinem Reißverschluß zurückhältst,
und wenn's vorbei ist, keine Angst, ich bleibe stehn.
Ich bin eine Stute. Jeder Nagelkopf
in meinen Hüften hat dein Gesicht,
doch nicht einmal du, du Schuft, wirst mich unterkriegen.

Alles: Eloy, Arizona, 1956

Die Blechhütte, worin mein Baby auf dem Rücken schläft,
wie es der Hund ihm vormacht;
der Highway, schwarzes Zebra, mit einem weißen Streifen;
ein halber Cent in meiner Tasche für Kaugummi;
du glaubst, du bist alles, was ich habe.
Doch wenn der Zweitonner zum Stehen kommt
und der Fahrer aussteigt,
sitze ich im Schatten, winke mit jedem Finger einzeln,
die ganze Hand hebe ich auf bis zuletzt.

Er ist der Schlüssel, Reifen, ein Feuer, das wächst in seinem Bauch
im Straßencafé weiter oben.
Ich bin die roten Fußnägel, enges blaues Oberteil, schwarzer Rock.
Er gehört mir heute nacht. Ich kenne ihn nicht.
Er kann mir nur ein Stück auf einmal nehmen.

(Aus dem Amerikanischen von Jürgen Theobaldy)

John Batki

Schwanz des Tigers

Das Wohnzimmer

Kaffee dampft   «Der Reichstag
brennt», sagt Sandy, ein Vorschlag
einfach genug   Wie die Leute
durch den Raum wandeln, in knallbunten
Kleidern   Knöchel, Brüste, Schnurrbärte
Oh die einzelnen Teile der Leute!
Jemand trägt ein Messer,
ein Erdnußbutter-Brot in der anderen Hand
Eine Dame bückt sich, um ein Foto aufzuheben
und das scheint sich alles beschleunigt zu haben
Aber eine Stimme sagt «Immer langsamer»
Die Leute versuchen um einen Körper herumzugehen
der auf dem Boden liegt   Der Körper wirft
ein Paar Knie ab   «Ich finde dich fantastisch»,
sagt ein Mädchen am Kamin   «Nimm deinen
Romantizismus, zieh ihm ein weißes Kleid an,
zieh ihn langsam durch deinen Arsch», bemerkt
ein gelehrter Mann mit Brille und einem Bart
Zuletzt lesen 3 Individuen
verschiedene orientalische Texte   Ein Mädchen mit
Beinen ist von einer Poesie-Zeitschrift gefesselt
(Seufz) Wie wunderbar und unvorhersehbar
die krummen Kanäle dieser Gesellschaft!
«Entschuldige, entschuldige», wiederholt
eine geduldige Stimme, und steigt über die Schulter
einer sitzenden Figur   Dann setzt sie sich auf einen
Kaffeetisch, versperrt mir die Sicht
Ein Gong kracht, holtert &
poltert hinter der Tür   Eine Seemuschel
wird geblasen, ganz laut   Der Ton
kommt näher, von der Küche in
dieses Zimmer, das Wohnzimmer.

Die Veranda

Die Fliegen versammeln sich
auf den Dielen der Veranda. Sie kreuzen sich
und steigen auf und landen wieder, tun ständig
etwas. Sie reiben ihre Beine aneinander,
halten inne, zu beten, grasen, rennen,
sie machen kein Geräusch. Stimmen
und Hammerschläge in der Scheune,
einen Steinwurf von hier. Das plötzliche
Tuckern eines Motors: put put put. Stirbt
dann. Ein Rachen hustet. «Sie ist
Steinbock.» «Er ist ein Freund von . . .» Putput
put, gequält, put put. Es ist angenehm, ein Dichter
zu sein, denn du lebst und lernst.
Manche deiner Arbeiten beruhen vielleicht auf
nichts. Voll Hoffnung sind deine Zeilen
Hasen, aus einem Hut gezogen.
   Jemand wirft ein Seil
vom Scheunendach, das Silber ist.
Dieser Jemand sitzt oben, direkt
neben den Wolken. Er scheint
ganz klar zu sein. Tap tap tap tap. Ohne wirklich zu versuchen abzuhauen. Tap
tap BANG bang. Tja, wir sind kosmische
Ausreißer, wenn man das so sagen darf, wir sausen
von Ereignis zu Ereignis, wie die aufregenden
Fliegen, auf der Veranda.

Zeit-Stück

Fünfunddreißig Blondinen mit schönen Beinen und konservativer Kleidung senden scheue Strahlen in meine Richtung auf der Fifth Avenue. Ich entblöße meine nicht eingeweihte Brust dem Erschießungskommando von gift-glücklichen Kiff-Verehrern, die auf Ming-Porzellan aus der Zeit der Unberührten Jungfrau stehen. «Bekennst du dich zum ungehemmten Umgang mit seelischen Anheizern?» fragt streng ein Mann in Uniform, eine Strahlenpistole auf mein Brustbein gerichtet. «Mein einziger Anheizer ist Joicy Frucht-Kaugummi . . .» stottere ich undeutlich, aber es ist zu spät.

Sonntagmorgen

Ich bin überwältigt von zwei deiner Waffeln
mit Schlagsahne und Erdbeeren,
zwei deiner Waffeln, und du hast mich dazu gebracht
sie für uns zu machen, dieser sonnige Mittag
auf deinem alten Waffeleisen, das war
für die Bräute der vierziger Jahre,
was ein Mixer für die Bräute
von 1974 ist, wenn es welche gibt.
Kugeln fliegen über die Straße.
Die zischenden Querschläger machen
diese Waffeln wahrhaft köstlich.
Der Mann auf dem Markt
würde keine Essenmarken nehmen.
Ich bin auch ein Freiheitskämpfer.

(Aus dem Amerikanischen von Bodo Morshäuser)

Grace Paley
Die Immigrantengeschichte

Jack fragte mich: ist es nicht schrecklich, im Schatten des Elends von anderen Menschen aufzuwachsen?

Doch schon, sagte ich. Wie du weißt, ich bin im Sommersonnenschein aufstrebender Mobilität aufgewachsen. Hat eine Menge ausgebleicht von dem dunklen uralten Kummer.

Er sprach weiter von *seinem* Leben. Dein Fehler ist es nicht, wenn das so ist. Deine unguten Voraussetzungen sind nicht dein Fehler. Und doch bist du andauernd wütend. Hilft nichts als unausgesetzte Rage. Oder die Klapsmühle.

Und wenn all dies Elend von der Geschichte kommt? fragte ich.

Der grausamen Geschichte Europas, sagte er. Womit er einem meiner Standardthemen ironischen Respekt zollte.

Die ganze Welt sollte sich gegen Europa stellen, Jack, wegen seiner grausamen Geschichte, und zwar zu Europas eigenem Vorteil, denn nach ungefähr tausend Jahren wird es wohl zu Vernunft gekommen sein.

Unsinn, sagte er unbefangen, tausend Jahre permanenter aufreizender imperialer Geschichte bringen es mit sich, daß einer Feinde kriegt, und wenn er mit diesen Feinden nichts andres zu tun hat, als zu Vernunft zu kommen, was dann?

Mein Lieber, wer kennt schon die Macht der Vernunft. Weder hat man sie entwickelt noch erprobt in hinreichendem Maße.

Ich will dir etwas sagen, sagte er. Hör zu. Eines Nachts als ich aufwachte schlief mein Vater im Gitterbett.

Merkwürdig, wieso, sagte ich.

Meine Mutter ließ ihn im Gitterbett schlafen.

Die ganze Zeit?

Die Zeit jedenfalls. Die Zeit, als ich ihn da liegen sah.

Merkwürdig, wieso, sagte ich.

Weil sie nicht von ihm gefickt werden wollte, sagte er.

Glaub ich nicht. Von wem weißt du das?

Ich weiß es. Er hat mir seinen steifen Finger hingehalten.

Glaub ich nicht. Höchstens wenn sie fünf Babies hatte, eins nach dem anderen. Oder sie mußten um sechs Uhr früh aufstehen. Oder die beiden haßten sich. Die meisten wollen, daß ihre Männer es ihnen machen.

Quatsch mit Sauce. Er sollte sich schuldig fühlen. Nix in den Eiern, was?

Diese Frage vermag ich nicht zu beantworten, niemals. Wieder und wieder voll Besorgnis gestellt, könnte sie verantwortlich werden für die Zerstörung der ganzen Welt. Ich legte zwei Schweigeminuten ein.

Er sagte: Jammer Jammer Jammer. Gräue. Ich sehe alles sehr sehr grau. Meine Mutter tritt an das Gitterbett. Shmul, sagt sie, aufstehen. Lauf zur Ecke und hol mir ein halbes Pfund Weißkäse. Dann rüber zum Drugstore und hol mir ein Fläschchen Lebertran. Mein Vater, zusammengedrückt wie ein alter grauer Fötus, schaut auf und lächelt, lächelt, lächelt sie an. Die Fotze.

Woher willst du denn wissen, was da los war. Du warst fünf.

Was denkst du, was da los war?

Werd ich dir gleich sagen. Ist nicht so schwer. Jeder Volltrottel, der ein halbwegs normales Leben hinter sich hat, könnt es dir sagen. Jeder, dessen Hirn nicht mit dem zehn Jahre alten Kompost nimmersatter Analyse fermentiert hat. Jeder kann's dir sagen.

Sag mir, was, schrie er.

Der Grund dafür, daß dein Vater in dem Gitterbett schlief, war der, daß ihr beiden, deine Schwester und du, die ihr gewöhnlich im Gitterbett schlieft, Scharlach hattet und anständige Betten brauchtet und mehr Platz zum schwitzen und daß ihr hohes Fieber kriegen solltet um entweder gesund zu werden oder zu sterben.

Wer hat dir das gesagt? Er machte einen Ausfall gegen mich, als wär ich sein Feind.

Du feindseliger Arsch, sagte er. Immer siehst du alles durch deine rosarote Brille. Du mit deinem rosaroten Rotzgemüt. In der sechsten Klasse warst du schon so. Eines Tages erschienst du mit drei amerikanischen Fahnen in der Schule.

Das stimmte. Ich gab, dreißig Jahre ist es her, vor der versammelten sechsten Klasse eine Erklärung ab. Ich sagte: Ich danke Gott jeden Tag, daß ich nicht in Europa bin. Ich danke Gott, daß ich amerikanisch geboren worden bin und auf der Ostseite der Hundertzweiundsiebzigsten Straße wohne, wo es ein Lebensmittelgeschäft, einen Süßwarenladen und einen Drugstore an der Ecke gibt und in demselben Block eine Synagoge, und wo zwei Ärzte ihre Praxis haben.

Die Hundertzweiundsiebzigste Straße war ein Haufen Scheiße, sagte er. Alle lebten von der Wohlfahrt. Außer dir. Dreißig Menschen hatten Tb. Bürger, Un-bürger, ganz gleich wer, litten Hunger bis zum Krieg. Gottdank hat der Kapitalismus seinen Krieg, den er aus dem

Sack lassen kann, von Zeit zu Zeit. Sonst wären wir alle längst tot. Ha ha.

Ich bin froh, daß dich die allgemeine Gehirnwäsche samt Aktien Obligationen Bargeld noch nicht total geschafft hat. Ich bin froh, dich den Kapitalismus nennen zu hören, ab und an.

Auf Grund von Armut, Gescheitheit und dem frühzeitigen Auftreten einer Menge flaumiger Haare in Gesicht und Leistengegend war mein Freund Jack ein beachtlicher Marxist und Freudianer am Morgen seines zwölften Geburtstags.

Tatsächlich, sein Kopf war eingedickt mit Ideen. Ich hing weiter meine Fahnen aus. Achtundzwanzig Fahnen flatterten in den verschiedensten Räumen und Fenstern. Eine hatte ich mir auf den Arm tätowiert. Sie ist etwas verblichen, aber dafür ganz schön auseinandergegangen in meinen mittleren Jahren.

Vermutlich bin ich von uns beiden heutzutage die Radikalere, sagte ich. Während der McCarthy-Hetze konnte mich keiner rausradieren aus meinem Beruf, brauchte mich also nicht ins große Geschäft zu stürzen und ein Vermögen machen. (Daß viele bis auf den heutigen Tag rausradiert geblieben sind, ist klar, talentierte Ingenieure, begeisterungsfähige Lehrer ... was mich oft an Mut und Loyalität gemahnt.)

Ich glaub, ich seh die Welt genauso klar wie du. Rosarot ist keine schlechtere Fensterscheibe, um in die Welt zu sehen als Düstergrau.

Ja ja ja ja ja ja, sagte er. Geh ich dir auf die Nerven? Hör mal:

Mein Vater und meine Mutter kamen aus einer kleinen Stadt in Polen. Sie hatten drei Söhne. Mein Vater entschied, nach Amerika auszuwandern, um sich 1. aus dem Krieg rauszuhalten, um sich 2. aus dem Knast rauszuhalten und um 3. seine Kinder von den tagtäglichen Kriegen und Pogromen zu verschonen. Eltern, Onkel und Großmütter halfen mit ihren Ersparnissen und so brach er auf, wie Hunderte von Tausenden von anderen in jenem Jahr. In Amerika, New York City, führte er ein hartes Leben, aber voll Hoffnung. Manchmal spazierte er die Delancey Straße hinunter. Manchmal ging er wie ein Junggeselle ins Theater an der Zweiten Avenue. Meistens legte er sein Geld beiseite für den Tag, an dem er seine Frau und seine Söhne herüberbringen könnte. Inzwischen war Polen von Hungersnot heimgesucht. Nicht von Hunger, den alle Amerikaner sechs-, siebenmal täglich ertragen, sondern von HUNGERSNOT, die dem Körper befiehlt, sich selbst zu verzehren. Erst das Fett, dann das Fleisch, die Muskeln und dann das Blut. Ziemlich rasch fraß HUNGERSNOT die Körper der kleinen Jungen. Mein Vater holte meine Mutter vom Schiff ab. Er sah in ihr Gesicht. Er sah auf ihre Hände. Sie hatte kein Baby im Arm, keine Kinder zerrten an ihrem Rock. Das Haar trug sie nicht in zwei langen schwarzen Flechten. Ein Taschentuch war über eine dunkle, steifstarre Perücke gelegt. Ihr Kopf, geschoren wie der Kopf einer rückständigen orthodoxen Braut; dabei waren sie ernste fortschrittliche Sozialisten gewesen, wie die meisten jungen Leute in ihrer Stadt. Er nahm sie bei der Hand. Er führte sie nach Hause. Allein gingen sie nirgendwo hin. Außer zur Arbeit oder zum Einkaufen. Wenn sie sich zu Tisch setzten, hielten sie sich die Hand, auch beim Frühstück. Manchmal tätschelte er ihre Hand, manchmal tätschelte sie seine. Er las ihr aus der Zeitung vor jeden Abend.

Sie sitzen auf ihren Stuhlkanten, er vorn übergebeugt, um ihr vorzulesen bei dieser Funzel von Glühbirne. Manchmal lächelt sie, ganz wenig. Dann läßt er die Zeitung sinken, nimmt ihre beiden Hände in die seinen, als ob sie Wärme brauchten. Er liest weiter. Gerade jenseits des Tischs, hinter ihren Köpfen, liegt das Dunkel der Küche, des Schlafzimmers und des Eßzimmers, dieses schattige Dunkel, in dem ich als Kind zu Abend aß, Schularbeiten machte und schlafen ging.

(Aus dem Amerikanischen von Marianne Frisch)

Susan Sontag
Projekt einer Reise nach China

I

Ich fahre nach China.

Ich werde über die Lowo-Brücke gehen, die den
Chum-Chum überspannt, zwischen Hongkong und
China.

Wenn ich eine Zeitlang in China gewesen bin,
werde ich über die Lowo-Brücke gehen, die den
Chum-Chum überspannt, zwischen China und
Hongkong.

Fünf Variablen:
> Lowo-Brücke
> Chum-Chum
> Hongkong
> China
> Schirmmützen

Andere mögliche Permutationen bedenken.

Ich war noch nie in China.

Ich wollte immer nach China gehen. Immer.

II

Wird diese Reise eine Sehnsucht stillen?
> F. (sucht Zeit zu gewinnen) Die Sehnsucht
> nach China zu gehen, meinst du?
> A. Jede Sehnsucht.

Ja.

Archäologie von Sehnsüchten.

Aber das ist mein ganzes Leben.

Nur keine Panik. «Bekennen ist nichts. Erkennen alles.» Das ist ein Zitat, aber ich werde nicht sagen, von wem.

Anhaltspunkte:
> ein Schriftsteller
> ein weiser Mensch
> ein Österreicher (das heißt ein Wiener Jude)
> ein Flüchtling
> er starb 1951 in Amerika

Bekennen meint mich, Erkennen alle.

Archäologie von Konzepten.

Ist mir ein Wortspiel gestattet?

III

Das Konzept dieser Reise ist sehr alt.

Geboren wurde es – wann? So weit zurück wie die Erinnerung reicht.
> Die Möglichkeit überprüfen, daß ich in China konzipiert, das heißt gezeugt wurde. Geboren aber in New York und aufgezogen anderswo (Amerika).
> M. schreiben
>> oder anrufen?

Pränatale Beziehungen zu China: bestimmte Nahrungsmittel, vielleicht. Aber ich erinnere mich nicht, daß M. gesagt hat, sie *möge* chinesisches Essen.
> Hat sie nicht gesagt, sie hätte bei dem Bankett des Generals das ganze hundert Jahre alte Ei in die Serviette gespuckt.

Irgendwas sickert durch, durch die blutigen Membranen. Jedenfalls.

Myrna Loy China, *Turandot* China. Schöne Millionärs-Sung-Sisters von Wellesley und Wesleyan & ihre Männer. Eine Landschaft aus Jade, Teak, Bambus, gebratenem Hund.

Missionare, ausländische Militärbeobachter, Pelzhändler in der Wüste Gobi, darunter mein junger Vater.

Chinesische Kunstwerke, über das erste Wohnzimmer verstreut, an das ich mich erinnere (wir zogen weg, als ich sechs war): klobige Elfenbein- und Rosenharz-Elefanten paradierend, schmale Reispapierrollen mit schwarzer Kalligraphie in vergoldeten Holzrahmen, Buddha, der Vielfraß, stillgelegt unter einem ausladenden Lampenschirm aus strammer rosa Seide, oder ein bemitleidenswerter Buddha, schmächtig, aus weißem Porzellan.

> Kenner chinesischer Kunst unterscheiden
> zwischen Porzellan und Proto-porzellan.

Kolonialherren sammeln.

Trophäen wurden heimgebracht, solche, die man als Zeichen der Ehrerbietung zurückgelassen hatte in dem anderen Wohnzimmer, in dem wirklichen chinesischen Haus, das ich nie gesehen habe. Untypische, dunkle Gegenstände. Von zweifelhaftem Geschmack (aber das weiß ich erst jetzt). Verwirrende Angebinde: das Armband zum Geburtstag aus fünf schmalen röhrenförmigen Stäbchen, grüne Jade, jedes winzige Ende in Gold gefaßt, ich habe es nie getragen.

> Die Jadefarben:
>
> > grün, alle Arten, hervorstechend
> > das smaragdgrün und blaugrün
> > weiß
> > grau
> > gelb
> > bräunlich
> > rötlich
> > andere Farben

Eins ist sicher: Die erste Lüge, die ich aussprach, hat meines Wissens China ausgelöst. Als ich in die erste Klasse kam, erzählte ich den

Klassenkameraden, ich wäre in China geboren. Ich glaube, sie waren beeindruckt.

Ich weiß, daß ich nicht in China geboren bin.

Die vier Gründe, warum ich nach China möchte:
> Causa materialis
> Causa formalis
> Causa efficieus
> Causa finalis

Das älteste Land der Welt: es braucht Jahre zähen Studiums, um seine Sprache zu lernen. Das Science-fiction-Land, in dem jeder mit der gleichen Stimme spricht: Mao-Tse-Tungisiert.

Was ist das für eine Stimme – die Stimme der Person, die nach China will? Die Stimme eines Kindes. Unter sechs Jahren.

Ist nach China fahren wie zum Mond fliegen? Ich werd's dir sagen, wenn ich zurückkomme.

Ist nach China fahren wie wiedergeboren werden?

Vergessen, daß ich in China gezeugt wurde.

IV

Nicht nur mein Vater und meine Mutter, auch Richard und Pat Nixon waren in China, vor mir. Ganz zu schweigen von Marco Polo, Matteo Ricci, den Brüdern Lumière (oder zumindest einem von ihnen), Teilhard de Chardin, Pearl Buck, Paul Claudel und Norman Bethune. Henry Luce ist da geboren. Alle träumen davon zurückzukehren.
> Ist M. vor drei Jahren von Kalifornien nach
> Hawaii gezogen, um näher an China zu sein?

Als M. für immer zurückgekommen war, sagte sie häufig: «In China reden Kinder nicht.» Aber wenn sie mir erzählte, daß Rülpsen bei Tisch in China eine höfliche Geste sei, um Wohlgefallen an der Mahlzeit zu bekunden, so hieß das noch lange nicht, daß ich rülpsen durfte.

Verständlich, kaum war ich aus dem Haus, bauschte ich China auf. Ich wußte, ich log, als ich in der Schule erzählte, ich wäre da geboren; aber weil diese Lüge nur ein geringer Bruchteil einer so viel größeren und umfassenderen Lüge war, war sie wohl verzeihlich. Ausgesprochen im Dienste jener größeren Lüge wurde meine Lüge eine Art Wahrheit. Die Hauptsache war, ich konnte meine Klassenkameraden überzeugen, daß es China wirklich gab.

Habe ich diese Lüge zum erstenmal ausgesprochen, bevor oder nachdem ich in der Schule verkündet hatte, ich sei Halbwaise?
Das war wahr.

Ich habe immer gedacht, China ist so weit wie einer kommen kann.
Immer noch wahr.

Als ich zehn war, grub ich im Garten hinter dem Haus ein Loch. Ich hörte auf zu graben, als es sechs mal sechs mal sechs Fuß maß. «Was soll das werden?» sagte unser Mädchen. «Willst du dich bis nach China graben?»

Nein. Ich wollte nur einen Platz zum Drinsitzen. Ich legte acht Fuß lange Bretter über das Loch: die Wüstensonne brennt. Das Haus, in dem wir damals wohnten, hatte vier Zimmer, ein Stuckbungalow an einem Feldweg am Stadtrand. Die Elfenbein- und Quarz-Elefanten waren unter den Hammer gekommen.
mein Refugium
meine Zelle
mein Studio
mein Grab

Ja. Ich wollte mich bis nach China durchgraben. Und am andern Ende angekommen, herausschießen. Im Kopfstand oder auf allen vieren.

Eines Tages fuhr der Hausbesitzer in seinem Jeep vor und sagte M., innerhalb von vierundzwanzig Stunden müsse das Loch aufgefüllt sein. Es sei gefährlich. Einer, der nachts durch den Garten ginge, könnte reinfallen. Ich zeigte ihm, daß es vollständig mit Brettern abgedeckt war, mit massiven Brettern, abgesehen von einem kleinen viereckigen Eingang am Nordrand, in den selbst ich nur mit größter Mühe paßte.

Und wennschon, wer sollte nachts durch den
Garten gehen? Ein Kojote? Ein verirrter Indianer?
Ein tuberkulöser oder ein asthmatischer Nachbar?
Ein zorniger Hausbesitzer?

Drinnen in der Höhle kratzte ich in die Ostwand eine Nische, ich
stellte eine Kerze hinein. Ich saß auf dem Boden. Erde rieselte durch
die Ritzen zwischen den Brettern in meinen Mund. Es war zu dunkel
zum Lesen.

Wenn ich runtersprang, hatte ich keinen Augenblick Angst, ich könnte auf einer Schlange oder
auf einem Gilamonster landen, das zusammengerollt
auf dem Boden der Höhle liegen könnte.

Ich füllte das Loch auf. Unser Mädchen half mir.

Drei Monate später habe ich es wieder ausgegraben. Es fiel leichter
diesmal, weil die Erde locker war. Ich dachte an Tom Sawyer mit
seinem Zaun, den er streichen sollte, und kriegte drei der fünf Fuller
Kinder von gegenüber dazu, mir zu helfen. Ich versprach ihnen, sie
dürften in meiner Höhle sitzen, immer wenn ich sie nicht benutzte.

Südwest. Südwest. Meine Wüstenkindheit, schlingernd, trocken,
heiß.

Ich habe über folgende chinesische Entsprechungen nachgedacht:

OSTEN	SÜDEN	MITTE	WESTEN	NORDEN
Holz	Feuer	Erde	Metall	Wasser
blaugrün	rot	gelb	weiß	schwarz
Frühling	Sommer	Sommerende/ Herbstanfang	Herbst	Winter
grün	rot		weiß	schwarz
Drache	Vogel		Tiger	Schildkröte
Zorn	Freude	Mitgefühl	Kummer	Furcht

Ich möchte in der Mitte sein.

Die Mitte ist Erde, gelb; sie reicht vom Sommerende bis zum Herbst-
anfang. Es gibt keinen Vogel, kein Tier.

Mitgefühl.

V

Auf Einladung der chinesischen Regierung fahre ich nach China.

Warum mag jeder China? Jeder.

Chinesische Sachen:
>   Chinesisches Essen
>   Chinesische Wäschereien
>   Chinesische Folter

China ist natürlich zu groß für einen Ausländer, um es zu verstehen. Aber das sind die meisten Orte.

Gegenwärtig frage ich nicht nach der Revolution (der chinesischen Revolution), sondern versuche, Bedeutungen zu erfassen: Geduld.

Und Grausamkeit. Und den unendlichen Dünkel des Abendlandes. Die hochdekorierten Offiziere, die die anglo-französische Besetzung Pekings im Jahre 1860 anführten, segelten vermutlich zurück nach Europa mit Kisten und Koffern voller *Chinoiserien* und mit den hochachtungsvollen Träumen einer späteren Wiederkehr: als Zivilisten und Connaisseure.
>   Der Sommerpalast, «die Kathedrale Asiens»
>   (Victor Hugo), geplündert und niedergebrannt.
>   Chinese Gordon

Chinesische Geduld. Wer assimiliert sich wem?

Mein Vater war sechzehn, als er zum erstenmal nach China ging. M. war, glaube ich, vierundzwanzig.

Ich weine noch immer in allen Filmen mit der Szene vom Vater, der nach langer entsetzlicher Abwesenheit nach Hause kommt. Ich weine, wenn er sein Kind in die Arme nimmt. Seine Kinder.

Ich selbst erwarb den ersten chinesischen Gegenstand in Hanoi, im Mai 1968. Ein Paar grün-weiße Segeltuchschuhe, «Made in China», stand in erhabenen Lettern auf den Gummisohlen.

Als ich im April 1968 in einer Rikscha durch Pnom Penh fuhr, dachte ich an eine Fotografie von meinem Vater in einer Rikscha in Tin-Tsin, aufgenommen 1931. Er sieht zufrieden aus, jungenhaft, scheu und abwesend. Er starrt in die Kamera.

Eine Reise in die Geschichte meiner Familie. Man hat mir erzählt, die Chinesen zeigten sich erfreut, wenn sie erfahren, daß den Besucher aus Europa oder Amerika irgend etwas mit dem Vorkriegschina verbindet. Einspruch: Aber meine Eltern waren auf der falschen Seite. Liebenswerte spitzfindige chinesische Erwiderung: Aber zu ihrer Zeit waren alle Ausländer, die in China lebten, auf der falschen Seite.

La condition humaine wird in der englischen Übersetzung zu Man's Fate. Nicht überzeugend.

Schon immer mochte ich hundert Jahre alte Eier (es sind Enteneier, circa zwei Jahre alt, so lange brauchen sie, um zu einem ausgezeichneten grünschwarz schimmernden Käse zu werden.)
> Ich hab mir immer gewünscht, sie wären
> hundert Jahre alt. Stell dir vor, in was
> sie sich in der Zeit verwandelt hätten.)

In New Yorker Restaurants und in San Francisco bestelle ich oft eine Portion. Die Kellner fragen in spärlichem Englisch, ob mir klar sei, was ich bestelle. Ich bestätige: O ja. Die Kellner verschwinden. Wenn die Bestellung kommt, erkläre ich meinen Freunden am Tisch, wie köstlich sie ist, und am Ende bleibt es dabei, daß ich alle Scheibchen selbst esse; alle, die ich kenne, finden den Anblick ekelerregend.
> F. Hat David nicht die Eier probiert?
> Mehr als einmal?
> A. Ja. Mir zuliebe.

Pilgerfahrt.

Ich kehre nicht zu meinem Geburtsort zurück, sondern zu dem Ort, an dem ich gezeugt wurde.

Als ich vier war, lernte ich von dem Geschäftspartner meines Vaters, Mr. Chen, wie man mit Stäbchen ißt. Auf seiner ersten und einzigen Amerikareise. Er sagte, ich sähe chinesisch aus.

Chinesisches Essen
Chinesische Folter
Chinesische Höflichkeit

M. sah uns an. Zustimmend. Sie alle fuhren zusammen mit dem Schiff zurück.

China hieß für mich Gegenstände. Und Abwesenheit. M. hatte ein gleißendes Seidengewand, senf-, goldfarben, das der Hofdame einer Kaiserinwitwe gehört hatte, wie sie sagte.

Und Disziplin. Und Schweigsamkeit.

Was machten sie eigentlich alle in China, damals? Mein Vater und meine Mutter spielten Great Gatsby und Daisy in der Britischen Kolonie, während Mao Tse-tung Tausende von Meilen landeinwärts marschierte, marschierte, marschierte, marschierte, marschierte, marschierte. Und in den Städten Millionen magerer Kulis, Opium rauchend, Rikschas ziehend, auf Gehsteige pissend, von Fremden herumgeschubst, von Fliegen geplagt.

Nicht lokalisierbare «Weißrussen», Albinos, über Samowaren nikkend, wie ich sie mir, als ich fünf war, vorgestellt habe.

Ich stellte mir Boxer vor, wie sie ihre schweren Lederhandschuhe anhoben, um das niederprasselnde Blei von Krupp-Kanonen abzuwehren. Kein Wunder, daß sie geschlagen wurden.

In einem Konversationslexikon sehe ich ein Foto mit der Bildunterschrift: «Erinnerungsfoto einer Gruppe von Westlern und der Leichen geschundener Boxer. Hongkong 1899.» Im Vordergrund eine Reihe enthaupteter Chinesenkörper, deren Köpfe ein Stück weit weggerollt sind; es ist nicht immer auszumachen, welcher Körper zu welchem Kopf gehört. Sieben Weiße dahinter, posieren für die Kamera. Zwei tragen ihre Safari-Hüte, ein Dritter hält seinen zur Rechten. In dem Wasser hinter ihnen – es sieht seicht aus – einige Sampans. Links der Anfang eines Dorfes. Im Hintergrund Berge, leicht von Schnee bestäubt.
Die Männer lächeln.
Es besteht kein Zweifel, es muß einen

achten Westler geben, ihren Freund, der
die Aufnahme macht.

Shanghai riecht nach Weihrauch, Schießpulver und Kot. Ein Senator
der Vereinigten Staaten (aus Missouri) um die Jahrhundertwende:
«Mit Gottes Hilfe werden wir Shanghai hoch, höher und noch höher
bringen, bis es das Niveau von Kansas City erreicht.» Buffalo, Ende
der dreißiger Jahre, ausgewcidet von den Bajonetten einmarschieren-
der japanischer Soldaten, stöhnt in den Straßen von Tien-Sin.

Draußen vor den verpesteten Städten kauert manchmal ein Weiser am
Vorsprung eines grünen Berges. Eine Menge gefällige Geographie
trennt den Weisen von seinem nächsten Gegenüber. Alle Weisen sind
alt, aber nicht alle behaart genug, um sich Bärte stehen zu lassen.

Kriegsherren, Feudalherren, Mandarine, Konkubinen.
Alte China-Hasen,   Flying Tigers.

Worte wie Bilder. Schattenspiele. Sturm über Asien.

VI

Es interessiert mich die Weisheit. Es interessieren mich Mauern.
China ist für beides berühmt.

Aus einer Eintragung über China in der *Encyclopaedia Universalis*
(Bd. 4, Paris 1968, S. 306): «Dans les conversations, on aime toujours
les successions de courtes phrases dont chacune est induite de la
précédente, selon la méthode chinoise traditionelle de raisonnement.»

Leben, in Zitaten gelebt. In China hat die Kunst des Zitierens erden-
ferne Höhen erreicht. Wegweiser für alle Vorhaben.

Es gibt eine Frau in China, neunundzwanzig Jahre alt, deren rechter
Fuß sitzt an ihrem linken Bein. Ihr Name ist Su-Wen-Shi. Das Eisen-
bahnunglück, das sie ihr rechtes Bein und ihren linken Fuß kostete,
ereignete sich im Januar 1972. Die Operation, die ihren rechten Fuß
auf ihr linkes Bein verpflanzt hat, fand in Peking statt und wurde laut
People's Daily «gemäß den proletarischen Richtlinien des Vorsitzen-

den Mao zu Fragen des Gesundheitswesens, sowie auch dank der fortgeschrittenen chirurgischen Techniken durchgeführt».

Der Zeitungsartikel erklärt, warum die
Chirurgen nicht ihren linken Fuß an das
linke Bein zurückversetzt haben: die
Knochen des linken Fußes waren zerschmettert,
der rechte Fuß war intakt.
Es wird vom Leser nicht erwartet, der Sache
Glauben zu schenken. Es ist kein chirurgisches
Wunder.

Ich betrachte das Foto von Su-Wen-Shi. Sie sitzt aufrecht an einem Tisch, der mit einem weißen Tuch bedeckt ist. Sie lächelt. Ihre Hände umklammern das gebeugte linke Knie.

Ihr rechter Fuß ist sehr groß.

Die Fliegen sind weg, vernichtet vor zwanzig Jahren. In der Großen Fliegen-Vernichtungs-Kampagne. Intellektuelle, die Selbstkritik geübt hatten und danach zwecks Umerziehung durch Teilnahme am bäuerlichen Alltag aufs Land verschickt worden waren, kehren in ihre Berufe zurück. Nach Shanghai, Peking und Kanton.

Weisheit ist einfacher geworden. Praktischer. Durchlässiger. Die Gebeine der Weisen bleichen in Berghöhlen, und die Städte sind sauber. Die Leute sind begierig, sich die Wahrheit zu sagen, gegenseitig.

Füße werden schon lange nicht mehr eingebunden. Frauen kommen zusammen, um «Bitterkeit zu sagen» über Männer. Kinder sagen antiimperialistische Märchen auf. Soldaten wählen und entlassen ihre Offiziere. Ethnischen Minderheiten macht man begrenzte Zugeständnisse an Folklore. Tschou En-lai bleibt mager und gut aussehend wie Tyrone Power. Hingegen Mao gleicht jetzt dem fetten Buddha unterm Lampenschirm. Jederman ist sehr ruhig.

VII

Drei Dinge habe ich mir zwanzig Jahre lang vorgenommen, die ich, bevor ich sterbe, tun würde:

das Matterhorn besteigen
Harfespielen lernen
Chinesisch lernen

Vielleicht ist's nicht zu spät, das Matterhorn zu besteigen (so wie Mao Tse-tung, vorbildlich alt, elf Meilen den Jangtse hinunterschwamm?) Meine über- und über-umsorgten Lungen sind heute robuster als in der Teenagerzeit.

Richard Mallory verschwand für immer, hinter einer riesigen Wolke, grade als man ihn sich der Spitze des Gipfels nähern sah. Mein Vater mit seiner Tuberkulose kam aus China nie zurück.

Ich hatte nie Zweifel, daß ich nach China gehen würde, eines Tages. Selbst damals nicht, als es schwer war, unmöglich sogar für Amerikaner.
Ich war so zuversichtlich, daß ich nicht einmal
erwog, das in mein Dreipunkteprogramm aufzunehmen.

David trägt den Ring meines Vaters. Der Ring, sowie ein weißer Seidenschal mit den mit schwarzem Seidenfaden aufgestickten Initialen und eine schweinslederne Brieftasche, auf deren Innenseite sein Name in kleinen Goldbuchstaben geprägt ist, das ist alles, was ich von dem besitze, was ihm gehört hat. Ich weiß nicht, wie seine Schrift aussah, nicht einmal seine Unterschrift. Auch das flache Siegel des Rings trägt die Initialen.
Erstaunlich, daß er genau auf Davids Finger
passen sollte.

Acht Variablen:
Rikscha
mein Sohn
mein Vater
Ring meines Vaters
Tod
China
Optimismus
blaue Jacken

Die Zahl der möglichen Permutationen ist eindrucksvoll: episch, pathetisch. Belebend.

Ein paar Fotos habe ich auch noch, alle vor meiner Geburt aufgenommen. In Rikschas, auf Kamelen und an Deck von Schiffen, vor der Mauer der Verbotenen Stadt. Allein. Mit seiner Geliebten. Mit M. Mit den beiden Kompagnons, Mr. Chen und dem Weißrussen.

Bedrückend, einen unsichtbaren Vater zu haben.
       F.: Hat David nicht auch einen unsichtbaren Vater?
       A.: Ja, aber Davids Vater ist kein toter Jüngling.

Mein Vater wird immer jünger. (Ich weiß nicht, wo er begraben ist. M. sagt, sie hätte es vergessen.)

Ein nicht zu Ende gelittener Schmerz, der sich verlieren mag, ja mag, im endlosen chinesischen Lächeln.

VIII

Das exotischste aller Länder.

China ist nicht ein Land, in das zumindest ich nicht gehen kann, nur weil ich mich dafür entschieden habe.

Meine Eltern entschieden sich dagegen, mich nach China zu bringen. Ich mußte warten, bis die Regierung mich einlud.
       Eine andere Regierung.

Denn während ich auf ihr China wartete, war das China der Chinesenzöpfe und das China Tschang-Kai-Scheks und der nicht zu zählenden Menschenmassen umgewandelt zu dem China des Optimismus, der leuchtenden Zukunft, der nicht zu zählenden Menschenmassen, der blauen Jacken und Schirmmützen.

Konzept, Vor-Konzept.

Welches Konzept kann ich im voraus für diese Reise haben?

Eine Reise auf der Suche nach politischer Verständigung?
«Anmerkungen zu einer Definition der Kulturrevolution?»

Ja. Jedoch basierend auf Mutmaßungen, belebt von Fehlkonzepten. Zumal ich die Sprache nicht verstehe. Jetzt bin ich sechs Jahre älter als mein Vater als er starb. Ich habe das Matterhorn nicht bestiegen, habe nicht Harfe spielen gelernt, nicht Chinesisch studiert.

Eine Reise, um persönlichen Kummer zu mildern?

Wenn es das ist, so wird der Kummer durch einen Willensakt gemildert: denn ich will dem Kummer ein Ende setzen. Tod ist unerläßlich, unverhandelbar. Nicht assimilierbar. Aber wer assimiliert sich wem? «Alle Menschen müssen sterben, aber der Tod kann seiner Bedeutung nach verschieden sein.» Der altchinesische Schriftsteller Su-Mon-Tschen sagt: «Obgleich der Tod alle Menschen gleichermaßen trifft, mag er doch schwerer als der Berg Tai oder leichter als eine Feder sein.»

> Das ist nicht das vollständige Zitat, das in
> «Worte des Vorsitzenden Mao Tse-tung» widerge-
> geben wird, aber im Augenblick brauche ich
> nicht mehr.
> Beachte, daß sogar dieses verkürzte Zitat
> Mao Tse-tungs ein Zitat im Zitat ist.
> Der weggelassene Schlußteil macht deutlich,
> daß der schwere Tod erstrebenswert ist,
> nicht der leichte.

Er starb so weit entfernt. Ich suche meines Vaters Tod auf, und er wird schwerer. Ich werde ihn selbst begraben.

Ich will in ein Land, das ganz und gar anders ist als ich. Ob da Zukunft ist oder Vergangenheit, braucht nicht im voraus entschieden zu werden.

Was die Chinesen von uns unterscheidet, ist, daß sie gleichzeitig in der Zukunft und in der Vergangenheit leben.

Hypothese: Individuen, die wahrhaftig bemerkenswert erscheinen, erwecken den Eindruck, sie gehörten einer anderen Epoche an. (Ent-

weder einer Epoche der Vergangenheit oder, einfach, der Zukunft.)
Kein außergewöhnlicher Mensch tritt ausschließlich als Zeitgenosse
in Erscheinung. Zeitgenössische Menschen treten überhaupt nicht in
Erscheinung:

> sie sind unsichtbar.

Sittlichkeit ist das Vermächtnis der Vergangenheit. Sittlichkeit beherrscht das Reich der Zukunft. Wir zögern. Vorsichtig, ironisch,
desillusioniert. Was für eine schwierige Brücke ist diese Gegenwart
geworden. Wie viele viele Reisen müssen wir unternehmen, um nicht
leer und unsichtbar zu sein.

IX

Aus ‹*The Great Gatsby*›, S. 2: «Als ich vorigen Herbst aus dem Osten
zurückkam, hätte ich am liebsten die Welt in eine Uniform gesteckt
und sozusagen für immer moralisch stramm stehen lassen. Ich hatte
genug von den turbulenten Exkursionen und dem Privileg, hie und da
einen Blick in das menschliche Herz zu erhaschen.»

> Ein anderer «Osten», aber das macht nichts.
> Das Zitat paßt.
> Fitzgerald meinte New York, nicht China.
> (Es wäre viel zu sagen über «die Entdeckung der
> modernen Funktion des Zitats», die Hannah Arendt
> Walter Benjamin zuschreibt. In ihrem Essay ‹*Walter
> Benjamin*›.
> Tatsachen:
>> ein Schriftsteller
>> ein hervorragender Mensch
>> ein Deutscher [das heißt ein Berliner Jude]
>> ein Flüchtling
>> er starb 1940 an der französisch-
>> spanischen Grenze
>> Neben Benjamin Mao Tse-tung und
>> Godard stellen.)

«Als ich vorigen Herbst aus dem Osten zurückkam, hätte ich am
liebsten die Welt . . .» Warum eigentlich sollte die Welt nicht moralisch stramm stehen? Arme, angeschlagene Welt.

Erste Hälfte eines zweiten Zitats des ungenannten österreichisch-jüdischen Flüchtlingsweisen, gestorben in Amerika: «Der Mensch als solcher ist nicht das Problem unserer Zeit. Die Probleme von Individuen schwinden dahin und sind sogar verboten, moralisch verboten.»

Ich habe keine Angst, einfach zu werden, wenn ich nach China gehe. Die Wahrheit *ist* einfach.

Man wird mich herumführen, um Fabriken, Schulen, Landwirtschaftskollektive, Krankenhäuser, Museen und Dämme zu besichtigen. Man wird Bankette und Ballette bieten. Ich werde nie allein sein. Ich werde oft lächeln (obgleich ich kein Chinesisch verstehe).

Zweite Hälfte des nicht identifizierten Zitats: «Persönliche Probleme von Individuen sind der Götter Gelächter geworden, und sie haben recht mit ihrer Mitleidlosigkeit.»

«Individualismus bekämpfen», sagt der Vorsitzende Mao. Der Meister-Moralist.

Es gab Zeiten, da bedeutete China äußerste Verfeinerung: in der Keramik, der Grausamkeit, der Astrologie, dem Essen, der Erotik, der Landschaftsmalerei, der Verknüpfung von Gedanken und geschriebenen Zeichen. Jetzt bedeutet China äußerste Vereinfachung.

Was mich ganz kalt läßt, ist die Vorstellung von dem Gerede über das «Gut-sein» am Vorabend meiner Abreise nach China. Die Befürchtung, zu gut sein zu können, die ich bei meinen Bekannten entdecke, teile ich nicht.

> Als ob Gut-sein Energieverlust zur Folge hätte,
> Individualitätsverlust;
> > bei Männern den Verlust
> > ihrer Männlichkeit.

«Gut-sein währt am längsten». Amerikanisches Sprichwort.

«Es ist für niemanden schwer, ein wenig Gutes zu tun. Was schwer ist, ist sein ganzes Leben lang Gutes zu tun, und nie etwas Böses zu tun . . .» (Worte des Vorsitzenden Mao Tse-tung).

Eine Welt, wimmelnd von unterdrückten Kulis und Konkubinen. Wimmelnd von grausamen Großgrundbesitzern. Von arroganten Mandarinen, die mit verschränkten Armen ihre langen Fingernägel in die weißen Ärmel ihrer Gewänder stecken. Sie alle verwandeln sich in himmlische Heerscharen von Pfadfindern und Pfadfinderinnen, während der Rote Stern über China aufsteigt.

Warum soll man nicht gut sein wollen?

Um gut zu sein, muß man einfacher sein. Einfacher, im Sinne vom Zurückgehen zu den Ursprüngen. Einfacher, im Sinne des großen Vergessens.

X

Einmal, als Vater und M. von China in die Vereinigten Staaten zurückfuhren, um ihr Kind (oder ihre Kinder) zu sehen, nahmen sie den Zug. In der Transsibirischen Eisenbahn – zehn Tage ohne Speisewagen – kochten sie in ihrem Abteil auf einem Spirituskocher. Da schon ein einziger Zug Zigarettenqualm reichte, damit Vater seinen Asthmaanfall kriegte, wird M., die raucht, vermutlich viel Zeit im Gang gestanden haben.

> Ich stelle mir das vor. M. hat mir nie davon
> erzählt, aber sie hat mir diese Geschichte
> erzählt.

Auf der Fahrt durch Stalin-Rußland wollte M. aussteigen, als der Zug in Bialystok hielt, wo ihre Mutter, die in Los Angeles gestorben war, als M. vierzehn Jahre alt war, geboren wurde. Aber in den dreißiger Jahren waren die Türen der Ausländerwagen plombiert.

> Der Zug stand mehrere Stunden im Bahnhof.
> Alte Weiblein klopften an die vereisten Scheiben
> und wollten lauwarmen Kwass und Orangen verkaufen.
> M. weinte.
> Sie wollte den so entfernten Boden unter ihren
> Füßen spüren, auf dem ihre Mutter geboren war.
> Ein einziges Mal.
> Es wurde ihr nicht gestattet. (Man hatte sie
> gewarnt, man würde sie festnehmen, wenn sie

noch einmal darum bäte, für eine Minute aussteigen zu dürfen.)
Sie weinte.

> Sie hat mir nicht erzählt, daß sie
> geweint hat, aber ich weiß es. Ich
> sehe sie vor mir.

Mitgefühl. Vermächtnis vom Verlust. Frauen kommen zusammen,
«um Bitterkeit zu sagen». Ich bin bitter gewesen.

Warum soll man *nicht* gut sein wollen? Eine Chance des Herzens.
(Das Herz, der exotischste Ort, den es gibt.)

Wenn ich M. vergebe, so löse ich mich ab. In all den Jahren hat sie
ihrer Mutter nicht verziehen, daß sie gestorben ist. Ich will Vater
verzeihen. Daß er gestorben ist.

> Soll David seinem Vater verzeihen? (Nicht daß
> er gestorben ist.)
> Muß er selbst entscheiden.

«Die Probleme von Individuen schwinden dahin . . .»

XI

Irgendwo in mir drinnen bin ich unbeteiligt. Ich bin immer unbeteiligt gewesen (partiell). Immer.

> Orientalisches Unbeteiligtsein?
> Stolz?
> Angst vor Schmerz?

Was Schmerzen angeht, so war ich gewitzt.

Als M. im Frühjahr 1939 von China in die Vereinigten Staaten zurückgekehrt war, dauerte es mehrere Monate, bis sie mir sagte, daß
Vater nicht zurückkäme. Ich war fast am Ende der ersten Schulklasse,
in der meine Klassenkameraden glaubten, ich sei in China geboren.
Als M. mich ins Wohnzimmer zitierte, da wußte ich, daß es sich um
eine feierliche Angelegenheit handeln mußte.

> Wohin auch immer ich mich drehte, mich krümmte

auf dem Brokatsofa, so saß da ein Buddha, um
mich abzulenken.
Sie machte es kurz.
Ich weinte nicht lange. Ich stellte mir vor, wie
ich das neue Ereignis meinen Freunden verkünden
würde.
Man schickte mich zum Spielen nach draußen.
Ich glaubte nicht wirklich, daß mein Vater tot war.

Liebste M., ich kann nicht telefonieren. Ich bin sechs Jahre alt. Mein
Kummer fällt wie Schnee auf den warmen Grund deiner Gleichgültigkeit. Du atmest deinen eigenen Schmerz.

Kummer ließ mich reifer werden. Die Lungen flatterten. Der Wille
wurde stärker. Wir zogen in die Wüste.

Aus ‹*Le Potomak*› von Cocteau (Ausgabe von 1919, Seite 66): «Il était,
dans la ville de Tien-Sin, un papillon.»

Irgendwie war mein Vater in Tien-Sin verlorengegangen. Um so
wichtiger war es, daß ich in China gezeugt wurde.

Um so wichtiger scheint es jetzt, dorthin zu gehen. Die Geschichte
tilgt jetzt die persönlichen, individuellen Gründe. Bleicht sie aus.
Verschiebt sie, macht sie nichtig. Dank der Arbeit der größten Persönlichkeit der Weltgeschichte seit Napoleon.

Laß dich nicht fallen. Schmerz ist nicht unvermeidlich. Befolge die
fröhliche Lehre Maos: «Seid vereinigt, gestrafft, ernst und regsam»
(Seite 174, erste deutsche Auflage, Peking 1967).

Was heißt das, «gestrafft sein»? Jeder gestrafft in sich selbst, und
versuchend, dem Kollektivgesumm aus dem Weg zu gehen?
Schön und gut, außer der Gefahr, daß sich zu viele
Wahrheiten aufhäufen.
Und denk an den Nachteil des «Vereint-Seins».

Der Grad der Gestrafftheit entspricht dem Grad bis zu dem einer
nicht faul ist, Gewohnheiten unterläuft. Wachsam sein.

Die Wahrheit ist einfach, sehr einfach. Zentriert. Aber die Menschen sehnen sich nach anderem Stoff als Wahrheit. Nach ihren privilegierten Abweichungen in der Philosophie, in der Literatur, zum Beispiel.

Ich achte meine Begierden sehr, und sie machen mich ungeduldig.

«Die Literatur ist die Ungeduld des Wissens.» (Drittes und letztes Zitat des ungenannten österreichisch-jüdischen Weisen, der als Flüchtling starb, in Amerika.)

Jetzt, im Besitz meines Visums, werde ich ungeduldig, nach China zu fahren. Wissenwollen. Werde ich durch den Konflikt mit der Literatur daran gehindert?

Ein Konflikt, der nicht existiert laut Mao, nachzulesen in den Yenan-Vorlesungen und anderswo. Wenn Literatur dem Volke dient.

Aber wir werden von Wörtern beherrscht (Literatur zeigt uns, was Wörtern widerfährt). Genauer gesagt, wir sind von Zitaten beherrscht. Nicht nur in China, überall sonst auch. Soviel zur Vermittelbarkeit von Vergangenheit. Sätze zerlegen, Erinnerungen aufbrechen.
 Wenn meine Erinnerungen zu Schlagworten werden,
 brauche ich sie nicht mehr. Traue ich ihnen nicht mehr.
   Wieder eine Lüge?
   Eine absichtslose Wahrheit?

Tod stirbt nicht. Und die Probleme der Literatur schwinden nicht dahin . . .

XII

Wenn ich über die Lowo-Brücke gegangen sein werde, die den Chum-Chum überspannt zwischen Hongkong und China, werde ich einen Zug nach Kanton besteigen.

Von da an bin ich in den Händen eines Komitees. Meine Gastgeber. Mein anmutiger bürokratischer Vergil. Sie steuern meinen Reiseweg. Sie wissen, was ich sehen soll; und ich werde nicht disputieren. Nur falls ich aufgefordert werde, zusätzliche Vorschläge zu machen, so werde ich sagen: je weiter nördlich desto besser. Ich würde näher herankommen.

Ich hasse Kälte. Meine Wüstenkindheit machte aus mir eine hartnäckige Liebhaberin von Hitze, von Tropen und Wüsten; aber auf dieser Reise bin ich willens, soviel Kälte zu ertragen wie nötig.
In China gibt es kalte Wüsten, wie die Wüste Gobi.

Mythische Reise.

Als Ungerechtigkeit und Verantwortungslosigkeit noch nicht so grell und schrill waren, führten mythische Reisen an Orte außerhalb der Geschichte. In die Hölle, zum Beispiel. Das Totenland.

Heute sind diese Reisen gänzlich von Geschichte umschrieben. Mythische Reisen an Orte, die durch die Geschichte wirklich erwähnt sind und durch des einzelnen eigene Geschichte geweiht sind.

Das Ergebnis ist, unvermeidlich, Literatur. Eher als Wissen.

Reisen als Sammeltätigkeit. Kolonialismus der Seele, jeder Seele, auch der noch so wohlmeinenden.
Auch der noch so keuschen, der zur Güte entschlossenen

An der Grenze zwischen Literatur und Wissen bricht das Seelenorchester in eine lautstarke Fuge aus. Der Reisende taumelt, zittert. Stammelt.

Jetzt keine Panik. Aber um die Reise fortzusetzen, weder als Kolonialist noch als Eingeborener, bedarf es großer Klugheit. Reisen zur Dechiffrierung. Reisen als Entlastung. Ich nehme nur einen kleinen Koffer mit, weder eine Schreibmaschine noch eine Kamera. Kein Bandgerät. Hoffe, der Versuchung zu widerstehen, irgendwelche chinesischen Gegenstände mitzubringen. Ganz gleich wie wohlgeformt, oder irgendwelche Souvenirs, ganz gleich, wie erinnerungsträchtig. Wo ich doch schon so viele Erinnerungen im Kopf habe.

Wie ungeduldig ich bin, nach China aufzubrechen! Zumal, bevor ich aufbreche, ein Teil von mir diese lange Reise, die mich an die Grenze bringt, schon hinter sich hat, schon durch das Land gereist ist, schon wieder zurückgekommen ist.

Wenn ich über die Lowo-Brücke gegangen sein werde, die den Chum-Chum überspannt zwischen China und Hongkong, werde ich ein Flugzeug nach Honolulu nehmen.
>Wo ich auch noch nie gewesen bin.
>Ein Zwischenhalt, ein paar Tage. Nach drei Jahren
>bin ich diese nicht bestehende Literatur satt, ich
>meine, die ungeschriebenen Briefe, die aufgeschobenen
>Telefonate zwischen mir und M.

Danach steige ich in ein anderes Flugzeug, in dem ich allein sein kann: zumindest abgeschirmt vom Kollektivgesumm. Und auch von den Tränen mit denen das von unendlichem Selbstmitleid bewegte Herz – sei es aus Erleichterung oder Indifferenz – die Dinge belehnt.

XIII

Ich werde die Chum-Chum-Brücke überqueren. In beiden Richtungen.

Und danach? Niemand wird überrascht sein. Danach kommt die Literatur.
>Die Ungeduld zu wissen
>Selbstbeherrschung
>Ungeduld in der Selbstbeherrschung

Mit Vergnügen wäre ich einverstanden zu schweigen. Aber dann, leider, werde ich wahrscheinlich nichts wissen. Um auf Literatur verzichten zu können, müßte ich ganz sicher sein, daß ich wissen kann. Eine Sicherheit, die meine Ahnungslosigkeit drastisch bestätigen würde.

Literatur, also. Literatur vorher und nachher, wenn es sein muß. Was mich keineswegs den Forderungen des Takts und der Rücksichtnahme enthebt, bei dieser überprogrammierten Reise. Ich habe Angst, so vielen widersprüchlichen Anrechten nicht gewachsen zu sein.

Die einzige Lösung: beides. Wissen und nicht wissen. Literatur und Nicht-Literatur, wobei ich den gleichen Verbal-Gestus gebrauche.

Bei den sogenannten Romantikern des vergangenen Jahrhunderts bestand das Ergebnis einer Reise nahezu immer in der Hervorbringung eines Buchs. Man reiste nach Rom, Athen, Jerusalem – und auch weiter – mit der Absicht, darüber zu schreiben.

Vielleicht schreibe ich das Buch über meine Reise nach China, bevor ich fahre.

(Aus dem Amerikanischen von Marianne Frisch)

Marvin Cohen

Gruppendenken ist Mode in Bewegung;
meine Individualität, nie Schritt haltend,
immer weit vorn. Der Kompaß
zeigt dorthin, wo ich nie streunte.
Das wird die Richtung sein, bald schon.

Ich war nicht vorbereitet auf das Zusichkommen der Massen, das sich plötzlich vollzog. Die letzte ihrer Art hatte sich drei Monate zuvor ereignet und wie eine geistige Seuche alle Leute auf einmal erfaßt.

Gewisse Ideen, die ganz bescheiden, ohne jede Anmaßung, anfangen, nehmen plötzlich die Dimensionen eines epidemischen Erdrutsches an; und können erst zum Stillstand gebracht werden, wenn all die Konformitätsgehirne sie gleichzeitig zur großen Mode gemacht haben.

Ich indessen habe regelmäßig einen schlechten Start. Was bei anderen gleichzeitig geschieht, vollzieht sich in meinem Falle mit einer Verzögerung, die mich von Anfang an in Verzug geraten läßt. Und wenn ich schließlich kapiere, ist der Taumel bereits verflogen. Inzwischen liegt etwas Neues in der Luft; auf das ich schlecht vorbereitet bin.

Meine Langsamkeit macht mich zum Exzentriker und liefert meine verspätete Entschuldigung. Die modebewußten Konformisten betrachten mich als Kretin. Das läßt *sie* gut aussehen. Auf Kosten des Narren, als den sie mich hinstellen.

Nachzuhinken in Sachen Kleidermode ist kein so großes Verbrechen; denn jeder weiß schließlich, daß Kleidung eine oberflächlichere Angelegenheit ist als Ideen. Für den *wahren* Konformisten hat Ideen-Konformität einen weit höheren Stellenwert als Kleider- oder Haarmoden, als Schlager oder die Frage, welcher Urlaubsort *in* ist und für welche Sportler man schwärmen muß oder als so nebensächliche Dinge wie Geschmacksfragen in Kunst und Musik oder das Problem, welchen Roman «man» liest.

Heute war alles elektrisiert von der radikalsten unter den politischen Überzeugungen, die sich wie das sprichwörtliche Lauffeuer ausbreitete, um die trockenen Scheite auf jedermanns mit Sägespäne bedecktem Holzplatz zu entzünden. Es war plötzlich Mode, ein glühender Revolutionär zu sein und – wenn das nicht zuweit ging – soweit zu gehen, den Sturz der Regierung zu propagieren; und überdies der Verfassung zu mißtrauen, auf der ihre Autorität gründet.

Drei Monate zuvor noch war es «in», so konservativ zu sein, daß man die inkarnierte Reaktion war, die sich jeglichem Fortschritt verschloß. Alle Liberalen schalteten dann von diesem konservativen Taumel, der vor drei Monaten herrschte, um auf den revolutionären Taumel von heute. Sie wollten sich nichts wegschnappen lassen; sie waren versessen darauf, sich in die wilde Woge oder den Trubel zu stürzen, ehe die Vorläufer, Schrittmacher oder Avantgardisten dazu kamen, um so vorn zu liegen und das Signal zum großen Rush zu geben. Die Liberalen waren in ihrem Denken ganz auf diese äußeren Fluktuationen fixiert; ihre Antennen reagieren hochempfindlich auf die kleinsten Veränderungen der Wellenlängen, nehmen im Geiste vorweg, was sich erst anbahnt und passen sich ihm schon im Keim an. Sie sind so clever! Nicht so ich. Meine Antennen sind unempfindlich.

Da saß ich nun. Ich hatte (zu diesem Zeitpunkt bereits schrecklich veraltete, überholte, unmoderne) die reaktionäre Haltung wie sie die voraufgehende Seuche verlangte, erst eingenommen, nachdem mir das Ganze bis ans Herz gedrungen war, und sie hatte sich, da ich ein träger Typ war, in mir verhärtet. Die über die Maßen flexiblen, dauerhaft anpassungsfähigen Mitangehörigen meiner Spezies protestierten jetzt eifrig und verkündeten, daß die derzeitige Administration gestürzt und das korrupte System, das sie trüge, zerstört werden müsse – und zwar ohne Zögern, da Bedenken und Skrupel die psychischen Spione im Sold des korrupten Regimes seien. Debatten, Überlegungen, kühle Seelenanalyse, skeptisches Vorgehen, kritische Erörterung waren für sie nichts als Hinhaltetaktiken, die dem Zweck dienten, das Unvermeidliche fernzuhalten. Aber der Tag war nahe, wie der Tag des Jüngsten Gerichts, der Wiederkunft, der Jüngste Tag oder das Ende der Welt. Jene, die zum exklusiven Kreis der Wissenden gehörten, fieberten ihm entgegen. Der Tag des Gerichts kommt schließlich nicht jeden Tag für alle Zeiten.

Es war nur eine vorübergehende Mode. Ich verpaßte sie auf der ganzen Linie. Ich hatte nicht mitgemacht. Man lachte über mich. Ich war immer noch ein Reaktionär.

Inzwischen ist Zeit vergangen, das Pendel ist zur anderen Seite geschwungen. Das, worin ich mit meinen Schwierigkeiten, in Gang zu kommen, steckengeblieben bin, nähert sich aufs neue. Bald wird es wieder der letzte Schrei sein.

Ich bin der Meute weit voraus. Ich bin schon da. Sollen sie mich doch einholen.

Während sie umherrannten, blieb ich, wo ich war. Was für einen Weitblick habe ich bewiesen! Im richtigen Augenblick lag ich richtig.

Ein anfechtbarer Tempel für Mars

Ein rechtschaffen traditionsbewußtes Land hat eine lange Geschichte der edlen Kriegskunst; deshalb ist eines seiner prominentesten Gebäude ein zentral gelegenes, attraktives Kriegsmuseum. Nur Pazifisten empfinden den Inhalt dieses öffentlichen Gebäudes als düster, schaurig, häßlich und niederdrückend. Mit dieser Meinung riskieren sie Gefängnisstrafen, öffentliche Kritik und ein Dasein als Bürger zweiter Klasse.

Zu besichtigen sind Uniformen der Armee und der Marine aus allen Epochen – von der modernen Gegenwart zurück durch die militärischen und seemännischen Generationen bis hin zu den vornationalen Ursprüngen des Landes, als ein primitiver Stamm umherziehender Krieger die Szene beherrschte, deren Gemeinschaftsriten in kriegslüstern-heidnischen Exkursionen bestanden; Plünderer, Marodeure, Räuber und Wilde, die skalpierten und verstümmelten und deren Vokabular unbelastet war von dem Wort «Gnade».

An die Stelle dieser barbarischen Anfänge ist heute eine superkultivierte, durch die Politur der neuesten Instrumente zivilisierte Kriegsmaschinerie getreten. Solche Verfeinerungen treiben die Kultur voran auf dem Pfad, den die Raubgier der Vorfahren geschlagen hat. Auf der Straße des Krieges hat das Reaktionäre Vorfahrt.

Diese Republik hat Mars zu ihrem obersten Genius gemacht. Hader ist ihre Harmonie und fremde Zwietracht verstärkt der Drang ihrer Bewohner zu entindividualisierter Solidarität. Jedes Aufwallen des Nationalismus provoziert Hymnen auf allen Lippen. Stolz schürt Übereinstimmung eines ganzen Volkes.

Der Gemeinschaftstempel wird besucht.

Das Kriegsmuseum zeigt sowohl einheimische als auch feindliche Waffen und rühmt sich einer hervorragenden Sammlung eroberter Trophäen und metallischer Erinnerungen an tödliche Heimtücke. Was das Haus bietet, ist ein einziges Zeugnis des heldenhaften Kampfes. Saal auf Saal dröhnt vom Donnerschlag eines Blutbads. Jede Ära brachte das gleiche Resultat zustande; es bestand vorwiegend darin, daß in fernen Tälern oder nahen Ebenen Menschenmaterial als Kanonenfutter verbraucht wurde. Krieg war die chronische Profession dieses Landes. Sieg wurde bevorzugt, aber Niederlage war immer noch besser als Frieden.

Doch auch Frieden mußte es geben, damit man sich des Siegs erfreuen, trauern und sich auf den nächsten Krieg vorbereiten konnte.

Damit man reparieren konnte, was zerstört war, Komplotte schmieden und den neuen Krieg erklären konnte.

Den Frieden zwischen zwei Kriegen brauchte man, um neuen Mut zu schöpfen; um die Rekrutierungstaktik zu verfeinern oder den Anreiz, sich rekrutieren zu lassen, zu erhöhen; um veraltete Waffen auszutauschen gegen Waffen von größerer Präzision, hergestellt nach den Prinzipien einer fortschrittlichen Ökonomie mit dem Ziel, die Zerstörungspotenz zu neuen Extremen zu steigern; um das Offizierskorps aufzupolieren nach einem gerechten Beurteilungssystem, das nur eine Zunahme der Fähigkeiten kennt; um irregeleitete Tauben zu läutern und den Extremismus harter Falken zu preisen; um den Ausbildungsprozeß zu beschleunigen; um die Munitionsvorräte zu verfielfachen; um harmlose Muße zu rationieren, wie sie in der Leere gedieh, die aus dem Mangel an Kampfhandlungen erwuchs; um die Daumenschrauben der Disziplin fester zu ziehen; um die patriotische Gesinnung durch Propaganda zu stärken; um diplomatische Unnachgiebigkeit zu praktizieren und taktlose Botschafter einzusetzen; um als Teil einer Anti-Auslands-Politik «Landgraf-werde-hart»-Kampagnen zu betreiben und aufmüpfige Länder mit starren Forderungen und provokanten Ultimaten unter Druck zu setzen; um im eigenen Lande wirtschaftliche Krisen zu entfachen und so eine etwaige Friedensbegeisterung zu untergraben und nach dem Motto «Friede zahlt sich nicht aus» eine Rezession herbeizuführen, die nur durch einen Krieg überwunden werden kann, der zugleich ein vorzügliches Mittel gegen Arbeitslosigkeit ist; um die Geschichte neu zu schreiben und dabei im Sinne des erwünschten Bildes Punkte zu sammeln, die die Waagschale der Revanche zu sinken bringen; um den Mythos der eigenen Überlegenheit (beschädigt durch natürliche Feinde, zu neuem Glanz gebracht durch die Ausübung tödlicher Gewalt) zu propagieren. Der Friede war stets eine wichtige Phase des Kriegs, die leere Verlustlisten und volle Rekrutierungslisten brachte. In der prestigegeladenen Aura des Geheimnisvollen diskutierten die Anführer strategische Fragen; der fatale Entschluß zur nächsten Auslöschung ganzer Völkerstämme bereite den daraus folgenden und damit gerechtfertigten und dabei doch beliebigen Massenmord vor, abgesegnet durch ein internationales Protokoll und in Gegenwart der begabtesten Journalisten, deren Furcht und Entsetzen sämtliche Massenmedien verarbeiteten, damit Millionen Zeitungsleser und weitere Millionen vor grauweißen Mattscheiben mit ihrer lähmenden Informationsmagie erleben können, wie in ihnen das Gefühl der Spannung abgebaut und ihre erwartungsvolle Ungeduld gezügelt wurden. Der Friede war stets ein herrliches Atemholen. Das Kriegsmuseum wurde auf Hochglanz gebracht und sein leicht diabolischer Kurator entwarf ein noch eindrucksvolleres Arrangement. Dem *letzten* Krieg wurde im Hauptsaal räumliche Priorität zuerkannt; denn die Erinnerungen waren noch frisch; selbst Kinder hatten noch eine lebendige Vorstellung davon und spielten mit hübschem Spielzeug, das ihn vergegenwärtigte: mit Panzern in Tarnfarbe, bleiernen Guerilla-Truppen, schimmernden Flugzeugträgern, verrußten Bombern, die zögernde Fallschirmjäger aus ihrem Innern entließen, mit schnittigen U-Booten, die zum Abschuß des Torpedos bereit sind wie die Biene vor dem Stich. Ein herrlicher Zeitvertreib! – eine praktische Anleitung für die ganz jungen und zugleich ein Impuls für die realistische Phantasie zugunsten einer wohltemperierten Einbildungskraft. In der Langeweile des Waffenstillstands war das Museum symbolischer Ersatz für das Eigentliche. Abkommen wurden ausgehandelt, die die Möglichkeit einer Wiederaufnahme der Feindseligkeiten in großzügigerem Maßstab und mit neuen Kräften, vielleicht gar mit neuen Gegnern, gleich einschlossen. Ein Flügel des Kriegsmuseums war den «Voraussagen» gewidmet; hier wurden Spekulationen über die Vielfalt der Nachrichten angestellt, die lautstark den Augenblick beschworen, da das Schicksal seinen Lauf nahm. Ihr werdet es erleben.

Auf die kleinen Mädchen, die das Museum besuchten, warteten Generationen von Lazarettschwestern: Kleiderpuppen, die die einschlägigen Moden der verschiedenen Epochen veranschaulichten. Und die Heimatfront war repräsentiert durch angemessene Schaukästen, in denen das patriotische Bemühen in Fabriken und anderen Schlüsselpositionen zu bewundern war.

Ältliche Besucher, die gebeugt und mit Krückstock umhergingen, waren von Nostalgie umnebelte Veteranen. Sie hatten ihr Heldentum an der Front absolviert; hier und da legte ein amputiertes Bein und ein fehlender Arm Zeugnis davon ab oder der Stock, der behutsam von Blinden gehalten wurde, deren Finger die Oberfläche des Geschützes und die Tragfläche des Sturzkampfbombers «lasen». Jeder Tag war ein Tag der Inspiration in diesem volkstümlichen Museum. Hier wohnte die Seele der Nation.

Der Orden-Saal wirkt wie eine farbenprächtige Schmetterlingssammlung. Jungen, die in diesen Saal hineinwandern, kamen taumelnd wieder heraus, angefüllt bis zum Hals mit dem mächtigen Ansporn eines Traums. Ehre ist hinreichender Lohn, aber ein Orden bestätigt sie, verleiht ihrer Vortrefflichkeit augenfälligen Glanz; der gewölbten Brust, auf der der Orden ruht, ist ein Schimmer eigen, der mehr verrät als den inneren Reichtum eines nur technischen Herzens, das rotes Blut pumpt, um Gliedmaßen zu versorgen, die zur nationalen Verteidigung bewaffnet sind. Ehre, die auf dem Schlachtfeld erworben ist, renommiert mit einer mutigen Tat, und die Mädchen zerschmelzen vor Bewunderung. Soldat, Seemann, Marineinfanterist oder Pilot: der Glanz des Ego ist das heroische Geschenk des Krieges.

Stadt der Bewegung

Es gibt eine Stadt, die ist, wo sie ist, so daß einer schon von weither kommen mußte, wenn er hingelangen wollte; von weither heißt von dort, wo die meisten Menschen sind, was daran lag, daß diese Stadt «fernab» war. Eines Tages war es die Stadt müde, darauf zu warten, daß Menschen zu ihr kamen; also brachte sie Kugellager unter ihren gesammelten Füßen an und begann zu rollen. Sie reiste ganz einfach dorthin, wo die Menschen sind. Ihr Ruhm als die erste mobile Stadt breitete sich aus. Andere Städte eiferten ihr neiderfüllt nach, indem sie sich ebenfalls Räder zulegten. Aber sie gelangten buchstäblich nirgendwohin. Diese Stadt war die erste und einzige, die – wie ein riesiger Reisebus – zu den Menschen fuhr. Die Menschen, die auf ihren Besuch hofften, standen Schlange an verschiedenen Stationen, von denen es hieß, daß sie vorbeikommen würde. Die Stadt kam, hielt an, und die Passagiere stiegen auf – zur großen Zufriedenheit der fidelen Handelskammer der rollenden Stadt, deren Gebühren für zusteigende Touristen und andere Besucher, die nur für eine begrenzte Zeit blieben, den Gebühren für Transport mit festem Wohnsitz entsprachen. Bald schon entwickelte die Stadt neue Züge. Ihr Kirchturm zum Beispiel verlor um des Stromlinieneffekts willen seine vertikale Position zugunsten einer horizontalen, da er schließlich zu einem Gemeinwesen in Bewegung gehörte, dessen Kirchengemeinde sich durch eine bemerkenswerte Wanderfluktuation auszeichnete. Die Hotels in dieser Stadt hatten die Tendenz, zu einem einzigen großen Motel zu geraten; denn was ist eine Stadt, wenn man nicht darin schlafen kann. (Träume müssen sich auf ruhendem Grund drehen.)

Die meisten Städte haben eine *Lage*, an Berghängen zum Beispiel, in einer Ebene oder an einem Flußufer. Diese Stadt veränderte unentwegt ihre Lage; die Lage hing davon ab, wo sie gerade rollte und welche Richtung sie auf ihren diversen Wegen nahm. Ihre Fähigkeit, keinen festen Standort zu haben, brachte es mit sich, daß sie durch viele Landschaften kam und an nicht wenigen Meeren vorbei. Die Ratsherren im Rathaus sagten: «Diese Stadt kommt herum!» Wie recht sie hatten.

Aber es gab auch einige Andersdenkende, besonders unter den Stadtplanern (wie sie Teil jeder kosmopolitischen Bürokratie sind). «Wir wollen feste Wurzeln», sagte ihr Sprecher. «Wir wollen *besucht werden* und die Leute nicht mehr unterwürfig anflehen müssen, unsere Bürger zu werden, und auf dieser unerbittlichen Jagd von unserer Bahn abweichen. Außerdem wird die Würde einer Stadt untergraben, wenn sie von zu vielen Durchreisenden heimgesucht wird und zu wenige festverwurzelte Eingeborene hat, die über Generationen hinweg getreu einer ortsverbundenen Familientradition erzogen werden und erziehen können. Wo bleibt der Sinn für eine *Gemeinschaft*, wenn der Boden unter unseren Füßen sich ständig verändert? Überdies entwickeln wir keine Achtung für das Land – für *ein* Land; ein typisches Symptom dafür ist die Tatsache, daß unser Sinn für die Landwirtschaft nachläßt. Bei unseren Bauern verbreitet sich ein Gefühl der Sinnlosigkeit; das Land gleitet uns unter den Füßen weg, was das Pflügen zu einem unsicheren Unterfangen macht. Wir treiben es zu weit mit uns. Wir haben nicht einmal mehr die gleiche Nationalität wie früher; wir treiben ganz einfach durch die Länder und lassen sie hinter uns, wie ein Schiff die Wogen hinter sich läßt, die gegen seinen Bug branden. Wir müssen innehalten. Es ist an der Zeit, ans Bewahren zu gehen. Wir *müssen* auf die Bremse treten. Und wieder Wurzeln schlagen, um der nationalen Identität, der kulturellen Stabilität und unseres Zusammenhalts als einziges, geeintes Volk willen. Tun wir dies nicht, so werden wir nirgendwohin gelangen, weil wir in zu kurzer Zeit an zu vielen Orten sind. Ich bin zutiefst überzeugt, daß wir für alle Zeit an ein und demselben Ort bleiben sollten. Dazu bekenne ich mich.»

Auf einer öffentlichen Versammlung erhielt dieser Abweichler Beifall; aber die Stadt, einmal auf den Wechsel eingestellt, rollte weiter.

Trotz so reaktionärer Ansichten, wie sie der Reisegegner von der Stadtplanung vortrug, setzte die Stadt auch weiterhin kein Moos an, sondern fuhr weiter wie ein prachtvoll besiedelter Stein, der im Dahinrollen vielerlei Sorten von fremdem Staub und ein heroisches Gefühl der Heimatlosigkeit aufwirbelte. Doch dann geschah es: die Bürger der Stadt bekamen Heimweh! Sie bekamen Heimweh nach eben der Stadt, in der sie lebten; und das nur, weil diese Stadt nirgends ihren festen Platz hatte, sondern von Ort zu Ort rollte und die Bewohner durch die Mannigfaltigkeit der vorüberziehenden Aussichten verwirrte. Aber «das wird vorüberziehen», sagten sie in Anspielung auf ihr Bewegungsheimweh. Und weiter zog sie, diese Gemeinde ohne Land, deren Heimat sich überallhin ausbreitete in einem heimatlosen Strahlen weitab von jenem zentralen Mythos, den die Legende als den Traum von der Heimat beschreibt. Es war eine internationale Stadt; die Läden verkauften die verschiedensten Waren, selbst solche Läden, die Spezialitäten der heimischen Natur anpriesen; was den «Wein des Landes» betrifft, so war er ganz einfach nicht zu kaufen. Nach und nach entwickelte sich die Stadt zu einem Gebilde ohne charakteristische Züge, zum Produkt eines undefinierbaren Internationalismus, das durch eine über die Maßen nebulose «Modernität» gekennzeichnet war. Sooft sie den Ort wechselt, wechselt die Stadt auch ihren Bürgermeister, um sich dem neuen Klima anzupassen – dem Meinungsklima ebenso wie dem Wetter. «Wo sind wir?» ist die häufigste Frage, die ein Bürger dem anderen stellt. Sie erweist sich sehr bald als unbeantwortbar.

Wie der Ewige Jude oder Odysseus, der nach Ithaka zurückstrebt und vom boshaften Neptun mit nautischem Ungemach geschlagen wird, durchstreift diese Stadt die Welt über ein ermüdendes Labyrinth von Straßen und Wegen. Vorausschauende Ingenieure haben sie sogar mit Segeln versehen und mit dem hölzernen Boden eines Schiffs, damit sie auch Meere überqueren kann. Nicht einmal die Luft ist ein Hindernis auf ihrer Reise. Luftfahrttechniker haben sie mit Tragflächen und gewaltigen Propellern ausgestattet, die sie in die Lage versetzen, ausgedehnte Flüge durch den Kosmos zu unternehmen, und zwar in solcher Höhe, daß Mondraketen die nationale Sicherheit gefährden. Die Nähe der Sonne auf diesen Exkursionen ins All hat dazu geführt, daß sich ihre Bürger durch eine charakteristische Einheitsbräune auszeichnen. Diese Bräune wiederum stimuliert das Sexualleben und treibt so die Geburtenrate in die Höhe.

Steht ihr der Sinn danach, wird die Stadt mit Hilfe von Fertigbauteilen in ein die Meere durchpflügendes Unterseeboot umgebaut, was die Bürger nicht stört, da sie vorsorglich mit Geräten ausgerüstet sind, die das Atmen unter Wasser ermöglichen (mit kugelförmigen Glasmasken und robusten Schnorcheln). Auf diese Weise können all jene, die von ihrer Neugier dazu getrieben werden, Fischschwärme auskundschaften und Seetang untersuchen, der seit endlosen Zeiten auf dem versunkenen Bett der Erde vor sich hin fault. Da die Forschungsobjekte so leicht zugänglich sind, liegt das Schwergewicht der Bildung in der Stadt auf dem Sektor der Naturwissenschaft.

Auch archäologische Expeditionen werden stets mit großer Regelmäßigkeit unternommen. Die Stadt hat einen Riecher für die Wissenschaft und bringt mit frenetischer Tüchtigkeit halbverdaute Tatsachen ans Licht.

Alle Bewohner der Stadt sind dick. Der Grund dafür ist, daß sie den Leitspruch ihres Gemeinwesens ernst nehmen, der da lautet: «Reisen erweitert.»

Es gibt gewisse Einwanderungsquoten. Und nur diejenigen, die nicht dürfen, dürfen einen Antrag stellen. Diese Stadt ist der tempo-orientierteste Schmelztiegel, in dem es je vor Rassen brutzelte. Jeder einzelne Bürger ist ein erwiesener Ausländer. Und alle *anderen* Bürger sind nicht minder *un*erwiesene Ausländer. Gleichwohl treibt der Nationalstolz weiterhin üppige Blüten.

Der Mythos der Herrenrasse dominiert. Die Stadt betrachtet sich nicht nur als Nation (als Republik), sondern als eigenständige Rasse. Das einschlägige Motto der Bürger heißt: «Rasse ist das Zeichen des Schnellen.»

Deshalb beschleunigen sie die Bewegung. Mit atemberaubendem Schwung rast die mobile Stadt auf ihrer immer weiter werdenden Bahn dahin. Nur Piloten und Nautiker kommen noch als Bürgermeister in Betracht. Die Stadt rollt so schnell, daß die Polizisten nicht einmal Pferde oder Autos brauchen. Sie brauchen nur still dazustehen, und schon sind sie auf der Spur.

Krankenhäuser begleiten die übrige Stadt, so daß die Bettlägerigen mitfahren; man nennt sie reisende Rekonvaleszenten, und Krankenschwestern und Ärzte sorgen dafür, daß ihre Gebrechen stets in einer Bahn bleiben, die man die Bahn des Fortschritts nennt. Die Bakterien sind beweglich wie die Luft, und die Krankheit schreitet mit rasanter Geschwindigkeit auf ihrer tödlichen Bahn fort. Ihr Gegenspieler jedoch, die Gesundung, steht ihr an Tempo nicht nach.

Diese Stadt verfügt über ein eingebautes Eisenbahnnetz. Alle Schienen führen zu ihren erdachten Bahnhöfen. Die sperrigen Züge selbst jedoch fehlen, was den Vorteil hat, daß die Stadt nicht durch das fremde Gewicht von Maschinen, Lokomotiven und ratternden Personenwagen behindert wird.

Die Durchführung von Pferderennen ist schwierig. Denn wie soll man die relative Laufgeschwindigkeit von Pferden taxieren, die auf einer Bahn im Innern einer Stadt dahingaloppieren, die sich selbst ebenfalls bewegt? So kommt es, daß das Wetten nicht zu den alltäglichen Verbrechen gehört.

Auch einen eingebauten Historiker hat diese Stadt. Er zeichnet ihren Fortschritt auf. Er wird langsam alt. Auch der Sohn, den er ausbildet (um sich eines Tages durch ihn zu ersetzen), altert; aber er altert langsamer, denn sein Start im Leben fand immer später statt und stand niemals vorn auf der Liste der Prioritäten.

Der offizielle Geograph der Stadt erlitt einen Nervenzusammenbruch, der sich derart in die Länge zog, daß das Ergebnis zwangsläufig Irrsinn war. Er wurde von der Stadt in den Wahnsinn getrieben, und alle hatten Tränen in ihren von Bewegung gezeichneten Gesichtern.

Die Schwerkraft wirkt höchst seltsam in dieser Stadt. Gegenstände fallen nicht senkrecht herunter, sondern sinken in einem schiefen Winkel herab, da die Vorwärtsbewegung des Ganzen wie ein Hebel wirkt, der ihn zur Seite drückt. Wer einen Ball in die Luft wirft, kann beobachten, wie er abdriftet.

Spiele haben etwas Verwirrendes in dieser Stadt. Der Spielstand ist zumeist unglaubwürdig. Sieger und Besiegter haben gleichermaßen das Gefühl, in ein und demselben Boot zu sitzen. Die Demokratie nimmt ihrem Wettstreit ein wenig von seiner Schärfe.

Einmal wurde diese Stadt von einem Bürgerkrieg heimgesucht. Sie war gespalten in zwei Fortschrittsgeschwindigkeiten. Nach und nach aber gewann eine der beiden Geschwindigkeiten die Oberhand.

Die Damenmode wechselt täglich, wenn nicht gar von Minute zu Minute. Die Frauen sind ständig damit beschäftigt, ihre Kleider auszuziehen und neue Kleider anzuziehen. Die Männer dokumentieren den Rhythmus oder heben die Intervalle zwischen den einzelnen Bekleidungsszenen hervor, indem sie auf der dargebotenen Nacktheit der Frauen liegen, bis krampfhafte Zuckungen die überlagernden männlichen Kräfte erschöpfen. Die Mode versetzt jeden einzelnen in einen permanenten Zustand der Erregung. Sexualität ist keine Nebensache: immer wieder stürmen die Leute in das nächstliegende Hurenhaus.

Die Stadt hat eine Morgenzeitung und eine Abend- (oder Nachmittags-)Zeitung. Ihre Auflage ist gekennzeichnet durch rasante Berg- und Talfahrten. Jede der beiden rühmt sich ihrer Leserschaft. Und beide vertreten blindlings eine weitsichtig-liberale Tendenz, die zu radikal ist, als daß sie Stabilität gewährleisten könnte. Ihre Misere spiegelt die Unsicherheit der Fundamente wider, auf denen die Stadt unsicher gründet in ihrer Neigung, so konsequent in Bewegung zu sein, daß die Bewegung selbst in Bewegung gerät wie bei einem Film, in dem die Kamera Räder auf verschiedenen Spuren laufen läßt und so den Zuschauer, der seine Spur verfolgt, zutiefst verwirrt. Die Kunst selbst führt an den Rand der Auflösung, denn zu viele Moleküle untergraben die Einheit des Ganzen.

Die Bürger der Stadt leiden an der Bewegungskrankheit. Der Staatskörper ist nicht einmal in der Lage innezuhalten, damit der Privatkörper sich am Straßenrand in Ruhe übergeben kann. Der Fluch der Stadt ist der Mangel an Stabilität. Die Bewegung verzögert den Fortschritt, der in einer Lache der Reglosigkeit stagniert.

Die Alten und Gebrechlichen halten nach Frieden Ausschau. Wo ist der eine, unveränderliche Horizont, ein Maßstab, mit dessen Hilfe sich andere Bewegungen – wie die der guten alten Sonne – ermessen lassen? So allgemein ist die Bewegung in dieser Stadt, daß selbst die Darmbewegungen sich, beschämt durch ihre Rückständigkeit, Regelmäßigkeit angewöhnt haben. Die Stadt bewegt sich, aber der Globus, auf dem sie sich bewegt, bewegt sich ebenfalls. Und auch das Firmament, an dem der Globus hängt, hat seine eigene Bewegung. Die Luft schwimmt in Meeren von Bewegung. Der Atem wird verschlungen und wieder ausgestoßen. So schließt sich der Bewegungszyklus.

Zahllose Bürger wandern in stillere Länder aus. Sie sehnen sich nach Beständigkeit und Ruhe. Die Erfahrung hat in ihnen einen Widerwillen gegen Veränderungen geweckt. Sie suchen nach dem Unveränderlichen, mag es auch schal und leblos sein. Sie suchen die Stadt, die wie ein Baum ist, der sich nie vom Fleck rührt.

Diese Stadt hat es eilig. Geburt überrundet Tod. Deshalb werden ständig höher gelegene Ebenen und Ränge gebaut, um Platz zu schaffen für den Überschuß. Katakomben unterirdischer Friedhöfe nehmen durch düstere Tunnel und fleischfressende Kanäle die Toten auf, die dennoch auf der gleichen Bahn reisen wie die lebenden Bürger, die ihren kommerziellen Interessen auf lebendigem Terrain nachjagen. Tote und Lebende tauchen durch den gleichen Ozon; eine gemeinsame Vergnügungsreise auf einem Gefährt, das sie in rascher Fahrt durch Zonen des Vergessens transportiert. Grenzen und Dimensionen sind kein Hindernis. Zeit ist nichts als eine vergängliche Metapher für das falsch abgelegte und in rasendem Tempo überrollte Element Raum. Uhren sind widerwärtige Zeitkontrolleure in dieser Stadt. Ihr Ticken frißt unsere Ewigkeiten auf.

Diese Stadt trauert ihren ehemaligen Bürgern nach, die in ferne Länder ausgewandert sind mit Pässen, die aus Verzweiflung entstanden, und Visa, die von ungeheurem Tempo zeugten. Die Bewegung führt sich selbst *ad absurdum*, indem sie unentwegt im gleichen Zustand verharrt. So wirkt sie letztlich als reaktionärer Faktor; denn sie hemmt den *wahren* Fortschritt, indem sie in jedem Augenblick ein monotones Voranschreiten propagiert, das nichts anderes ist als eine Phase im Prozeß unserer Hinwendung zur gemächlichen Ruhe einer Wahrheit.

Auf Berghängen schnallt sich die Stadt Skier unter. Durch den Schnee gleitet sie einem südlichen Frühling entgegen. Auf Rollschuhen überquert sie Wiesen. Ihre Kontinuität ist bei aller Mannigfaltigkeit ungebrochen.

Sie rollt durch Blumenbeete, über denen sich Wolkengebirge türmen. Sie macht eine Rundfahrt durch die Nationen. Man kann sie nicht erreichen; man muß von *ihr* erreicht werden.

Ihr, die ihr euch nach dieser Stadt sehnt: Wartet. Sie wird kommen, angespornt durch das Gelangweiltsein, das ihr ausdünstet – das Gelangweiltsein von dem Ort eures Aufenthalts, von der düsteren Höhle, in der eure dem Untergang geweihte Behausung ist. Wenn die Zeit reif ist, kommt die Stadt: dann steigt ein.

In ihr werdet ihr davongetragen. Das Transportsystem transportiert das Ich zu neuen Schauplätzen der Identität. Auf vielen Strömungen ruht die Bewegung, von der das Dasein in all seinen Gefährdungen lebt. Die Gewißheit hinter sich lassend, rollt die Stadt dahin auf einer vielbefahrenen Straße, die zu den Grenzbezirken des Mysteriums führt, des Ortes, der dazu ausersehen ist, jener schwarz glänzende Punkt zu sein, an dem die Stadt auf ihrer Reise einen friedlichen Hafen anlaufen kann, wo die Bewegung den schmerzlichen Verlust eines Mutterleibes überwunden hat.

Die Stadt braust durch den Raum. Trunken von ihrem schwindelerregenden Flug, rasen auswechselbare Bürger dahin, um irgendwann im Verlauf einer Säuberungsaktion ausgewechselt zu werden gegen jene Neugeborenen, die an Bord dieses Schiffs der Neugier kommen. Staub, der hinten aufgewirbelt wird, liefert den Tau für den Regenbogen der Wiederkehr; Karten werden befruchtet durch Substanz, um das Stampfen des Motors dieser Stadt sorgfältig zu verzeichnen. Das ungeheure Gewicht einer Stadt, verwandelt durch geflügelte Räder in die Leichtigkeit, die Geschwindigkeit stiftet, damit die fernen Grenzen des Alls ganz nahe heranrücken, vergegenwärtigt, wie Augen, übersättigt von jeder Dosis zögernder Unmittelbarkeit, unbeständige

Frische tanken. Die Polizei der Stadt ist ein sich fortsetzender Zustand der Veränderung, der sich so vervielfacht; Einförmigkeit durchstreift ein unbeständiges Feld. Horizonte werden eingeholt und keine Grenze ist Hindernis. Keine relative Entfernung kann Vorposten sein gegen das Absolute; das All wird kolonialisiert für ein Imperium, wird Objekt der Expansionswut einer Stadt. Nächstes Ziel des imperialen Drangs ist die Unendlichkeit.

Und bald schon ist sie eingeholt. Was anderes steht nunmehr zu erwarten als die Unterwerfung der Ewigkeit? Zuerst wird die *Orts*zeit niedergemetzelt; die *mittlere* Zeit wird in der Flanke angegriffen und wenig später liquidiert; unsere Stadt zieht gegen den Tod höchstselbst zu Felde! Kann Gott mit seinen veralteten Waffen erfolgreich Widerstand leisten?

Nein! Die Zeit ist rasch erledigt und der Gnade einer Stadt ausgeliefert. Und alle alten Geheimnisse werden auf die Knie gezwungen. Nichts widersteht der totalen Durchdringung durch das Wissen. Was für prachtvolle Trophäen stehen der Zentralbibliothek ins Haus!

Der Gutes-Seher

Ein Satiriker kritisierte die Menschheit. Seine Spitzen waren boshaft und geistreich. Er ließ kleine Schwächen wie Laster wirken, und seine Geschicklichkeit verwandelte Tugenden in Schwächen. Er reduzierte die Menschheit auf den miesesten Durchschnitt, brachte sie auf ihren primitivsten gemeinsamen Nenner.

Dann wurde er selber kritisiert, zum Objekt einer Gegensatire gemacht. Seine giftige Selbstverteidigung löste nichts anderes als Vergeltungsschläge seiner rachsüchtigen Feinde aus, die so gehässig waren, daß er seither nur noch die Menschheit preist und ihre Vortrefflichkeiten rühmt, die er in jedem einzelnen Mitglied der Bevölkerung entdeckt. Sein Lobgesang ist Dokument einer berühmten Umkehr.

Jetzt haben ihn alle gern. Er ist bekannt für seine «positive Einstellung», die so gut zu seiner «konstruktiven Lebensauffassung» paßt. Ihm wird viel Ehre zuteil, und jedermann zollt ihm Respekt.

Man zitiert seinen Ausspruch: «Der Mensch ist wunderbar.» Das schafft große Freude im ganzen Land.

Und niemandem entgeht, daß dieser geheilte Mann, dessen «Nein» so vehement dem «Ja» zugestimmt hat, offensichtlich glücklich ist. Wo immer Gutes verborgen ist, sieht er's.

Und wo nichts Gutes ist, läßt er es mit anmutigem Geschick als großmütige Fiktion entstehen, an die er glaubt. Der Himmel beabsichtigt, soviel Phantasie zu belohnen.

(Aus dem Amerikanischen von Mark Rien)

Donald Barthelme
Das Konservatorium

Die zwei Frauen, Maggie und Hilda, sind um fünfunddreißig. Die Glocken sind Friedhofsglocken; das Thema hingegen sollte beschwingt sein, zum Beispiel der Respighi auf Seite 2 der Aufnahme Deutsche Grammophon 2530247 oder etwas Ähnliches.

Eine eher ernste und förmliche Sprechweise wird empfohlen. Die umgangssprachlichen Elemente sollten sich dagegen abheben.

MUSIK (THEMA).

GERÄUSCH (GLOCKEN S. ANMERKUNGEN).

MAGGIE Komm, Hilda, hör auf mit dem Trübsalblasen.

HILDA Ist schon ein harter Schlag, Maggie.

MAGGIE Mach dir nichts draus, laß dich bloß nicht unterkriegen.

HILDA Einst meint ich, sie würden mich zulassen zum Konservatorium, aber jetzt weiß ich, sie werden mich nie zulassen zum Konservatorium.

MAGGIE Ja, die sind da sehr wählerisch, wen die zulassen zum Konservatorium. Die werden dich nie zulassen zum Konservatorium.

HILDA Die werden mich nie zulassen zum Konservatorium, das weiß ich jetzt langsam.

MAGGIE Du bist nicht der Stoff, aus dem Konservatorien gemacht werden. Das ist des Pudels Kern.

HILDA Sie sind nicht von Bedeutung, haben die mir gesagt, stell dir das mal vor, Sie sind nicht von Bedeutung, was ist denn so bedeutend an Ihnen?

MAGGIE Hör auf mit dem Trübsalblasen.

HILDA Ist schon ein harter Schlag, Maggie.

GERÄUSCH (STREICHHOLZANZÜNDEN, DREIMAL).

HILDA (ELEGISCH): Als ich ein kleines Mädchen war, machte ich Kuchen aus Eierpampe, ließ Schnürchen in die Tümpel von Flußkrebsen baumeln in der Hoffnung, die dämlichen Krebse würden anbeißen und sich ans Licht des Tages ziehen lassen. Kratzte und heulte, schleckte Eis am Stiel, und sang «How High the Moon». Schnippte den Grillen die Flügelchen ab und ließ herrenlose Scrabble-Teilchen auf der Jauche treiben. Alles perfekt und normal und perfekt.

MAGGIE	Pizzicatos von Muße und Wonne.
HILDA	Ich bereitete mich vor, machte mich fertig für den großen Tag.
MAGGIE	Eisiger Tag mit Salz auf allen Straßen.
HILDA	Malte mir Verhaltensweisen aus und programmierte hübsche Sprüche.
MAGGIE	Warfst Pfennige auf den Strich, der in den Sand gekratzt war.
HILDA	Frisierte und defrisierte meinen glänzenden Haarschwall.
MAGGIE	(IM TON EINES POLIZEIFAHRDIENSTLEITERS): Da, ein Mann. Weichbild Ecke Achzehnte.
HILDA	Band Leuchtkugeln an meine Extremitäten und drapierte Pfefferminzstangen in meinen glänzenden Haarschwall. Machte mich fertig für den großen Tag.
MAGGIE	Denn ich bestreite nicht, daß ich allmählich die Nase voll habe.
HILDA	Tonstörungen im noch nicht begriffenen System.
MAGGIE	Oh, dieser kleine Bund von Clowns. Oh, seine süßen Spannungen.
HILDA	Überaus gnädigste und liebste Freundin. Für wen in aller Welt wurde sie geschaffen, diese trübtörichte Zeit.
MAGGIE	Meinen Ansprüchen wurde nicht genüge getan. Erstens, zweitens, drittens, viertens.
HILDA	An dir bewundre ich Schwung und Manieren, bedaure hingegen Angst und Vernünftigkeit.
MAGGIE	Wer immer strebend sich bemüht, immer.
HILDA	Immerhin etwas, was wir schaffen. Unser Verdammtestes. Das lassen wir uns nicht nehmen.
MAGGIE	Der Außenminister zeigt Interesse. Der Handelsminister auch.
HILDA	Die hängen mit drin. Schutzlos sind wir nicht. Soldaten und Polizisten.
MAGGIE	(WIE VORHER): Da, ein Mann, Mercer Street Ecke Sechzehnte.
HILDA	Investieren eine Menge Aufmerksamkeit. Klare Vorstellung von dem, was zu schaffen ist und was nicht zu schaffen ist.
MAGGIE	Fortschritt mit Ausdehnung weit in die Zukunft. Dämme und Aquädukte. Die verblüffende Kraft des starken Mannes.

HILDA	Organisieren unsere archetypischen Wünsche, wie Mutter, die heute ein Geschäft entdeckt, das morgen geschlossen sein wird.
MAGGIE	Freundschaft, eine der Mütter der Porzellankiste.
HILDA	Aber nur eine.
GERÄUSCH	(ERDRUTSCH; FÜNF SEKUNDEN).
MAGGIE	Ich bin in einer Stadthalle aufgetreten. Allein unter den brennenden Scheinwerfern.
HILDA	Die Halle gerammelt voll mit bewundernden Gesichtern. Mit Ausnahme von ein paar wenigen.
MAGGIE	Julia war da. Die abgefackte Julia.
HILDA	Aber ich dachte, du magst sie, oder nicht?
MAGGIE	Na ja, ich meine, wer kann schon violetten Augen widerstehen?
HILDA	Muß die Sachen angehen, kratzen, wenn's juckt. Pläne, Komplotte, Anweisungen, Richtlinien.
MAGGIE	Na ja, ich meine, wer kann schon spitzen Knien widerstehen?
HILDA	Ja, sie hat ihren Schmelz verloren. Absolut futschikato.
MAGGIE	Die Unwirtlichkeit der Großstadt mit ihren Auswirkungen auf eine im wesentlichen nicht großstädtische Sensibilität.
HILDA	Aber ich liebe Großstädte und kann's nicht haben, wenn man schlecht von ihnen spricht.
MAGGIE	Klar, ich auch nicht. Aber immerhin. Und doch.
HILDA	Stell dir vor, Julia hat was mit Bally.
MAGGIE	O ja, hab ich von gehört, reißt das Maul ziemlich auf.
HILDA	Aber schöne Hüftknochen, das muß man ihm lassen.
MAGGIE	Ich erinnre mich, ich kann sie noch fühlen, wie sie sich in mich hineinbohrten, lang ist's her, an heißen Nachmittagen und in kühlen Nächten und beim morgendlichen Stehaufmännchen-Fieber.
HILDA	Ja, Bally ist eine fürstliche Erinnerung für alle Frauen.
GERÄUSCH	(FALLEN EINER GUILLOTINE).
MAGGIE	Mein bestes Gespenst. Das Gespenst, an das ich denke, in schlechten Zeiten und in guten.
HILDA	Hab versucht, meine Farben zu mischen. Hab versucht, einen gegen den andern auszuspielen. Hab versucht zu stornieren.
MAGGIE	Nicht daß ich deine verschiedenen Phasen geringschätz-

te. Deine süßen langatmigen Erklärungen. Höhepunkt-arme Art von schließlich und endlich einflußlosen Aktivitäten.

HILDA Die du so gut in Auditorien mimst, in großen und kleinen.

GERÄUSCH (FALLEN EINER GUILLOTINE).

MAGGIE (MITFÜHLEND): Komm, Hilda, hör auf mit dem Trübsalblasen.

HILDA Ist aber ein harter Schlag, Maggie.

MAGGIE Wann wirst du dich wandeln, in einen Laib Brot, in einen Fisch verwandeln?

HILDA Christliche Metaphorik unterrichten sie auch am Konservatorium, auch islamische Metaphorik und die Metaphorik der öffentlichen Sicherheit.

MAGGIE Rote, gelbe und grüne Scheiben.

HILDA Nachdem sie's mir gesagt hatten, stellte ich mich zwischen die Stangen meiner Rikscha und trottete schwerfällig davon.

MAGGIE Das große schwarze Eisenportal des Konservatoriums wird dir für immer und ewig verschlossen bleiben.

HILDA Trottete schwerfällig davon in Richtung meines Hauses. Meines kleinen armseligen Hauses.

MAGGIE Komm, Hilda, hör auf mit dem Trübsalblasen.

HILDA Ja, ich versuch noch immer, ins Konservatorium zu kommen, obwohl meine Chancen wahrscheinlich nie so schlecht standen.

MAGGIE Sie nehmen keine schwangeren Frauen im Konservatorium.

HILDA Hab ich ihnen nicht gesagt; ich hab geschwindelt.

MAGGIE Haben sie dich nicht gefragt?

HILDA Nein, sie haben vergessen zu fragen, und ich hab's ihnen nicht gesagt.

MAGGIE Na, dann kann das nicht der Grund sein dafür, daß ...

HILDA Die wußten's, das hab ich gemerkt.

MAGGIE Das Konservatorium steht ihm feindlich gegenüber dem neuen Geist, der neue Geist ist dort nicht gern gesehen.

HILDA Tja, Maggie, aber trotzdem, es ist ein harter Schlag. Ich mußte zurück in mein Haus.

MAGGIE Wo du, obwohl du die führenden Künstler und Intellektuellen deiner Zeit empfängst, zunehmend mutloser und depressiver wirst.

HILDA	Ja, er war ein fürchterlicherAnwalt.
MAGGIE	Und Liebhaber?
HILDA	Das auch, fürchterlich. Er sagte, er kann mich nicht ins Konservatorium bringen, weil ich so unbedeutend bin.
MAGGIE	Haben sie Schulgeld verlangt?
HILDA	Schulgeld verlangen sie immer. Pfundweise.
MAGGIE	Ich stand auf der Terrasse hinten am Konservatorium und war in den Anblick der Fliesen versunken, rot vom Herzblut von Generationen von Konservatoriumsstudenten. Wie ich da so stand, dacht ich bei mir: Hilda wird nie im Leben zugelassen zum Konservatorium.
HILDA	Ich las das Konservatoriumsrundschreiben, und mein Name stand nicht auf der Liste.
MAGGIE	Weißt du, ich glaub, zum Teil war's auch dein Gebuhle um den neuen Geist, das gegen dich gesprochen hat.
HILDA	Nie werde ich dem neuen Geist abschwören.
MAGGIE	Und dann bist du auch noch Veteranin, ich hätte gemeint, das würde zu deinen Gunsten sprechen . . .
GERÄUSCH	(AUSSCHNITT KAMMERMUSIK, LANGSAM: VIER SEKUNDEN).
MAGGIE	Und doch habe ich mit meinem wirklich irren Humor und mit meiner quietschfidelen und gedankenlosen Art echt! eine Menge Ärger verursacht.
HILDA	Glaub, das stimmt. Wenn man's genau nimmt.
MAGGIE	Auf allen vieren in die Wälder brechend wie eine Mutter bellend, alles beißend, was sich vor mir bewegt . . .
HILDA	Sammelst du auch Bindfäden?
MAGGIE	An meinen freien Abenden und bei bezahltem Urlaub. Mache das beste aus der Zeit, die mir auf Erden geblieben ist. Knüpfen, Nähen, Weben, Schweißen.
HILDA	Namen finden, Lou, Ludwig, Louis.
MAGGIE	Und seine Zehen, wundervolle Zehen; Zehen hat der Mann!
HILDA	Ausstaffiert mit Ringen und Gummibändchen.
MAGGIE	Hat eine Vorliebe für weiß. Weiße Kleider, weiße Leibchen, Schürzen, Blumen, Soßen.
HILDA	Er war schon ein gesalzener Hund. Gesalzener Hund.
MAGGIE	Ich war mal zum Schießen mit ihm, Fasan, er erwischte einen, mit seinem Prachtgewehr. Der Vogel platzte wie

ein explodierendes Kissen.

GERÄUSCH (JEMAND PUTZT SICH KRÄFTIG DIE ZÄHNE).

HILDA   Wir stehen daneben, müssen mit ansehen, wie ihre Adler-
          augen forschend Ausschau halten nach wasweißich. Und
          dann sagen wir «Guter Schuß!»

MAGGIE   Ach, ich hätt's besser machen können, besser, hab's
          schleifen lassen.

GERÄUSCH (JEMAND PUTZT SICH KRÄFTIG DIE ZÄHNE).

HILDA   Oder schlechter, bloß kein Trübsal blasen deswegen,
          hättest dich mit deinem süßen Hintern reinsetzen kön-
          nen, wo's schlimmer ist, in Fron bei fieseren Charak-
          teren.

GERÄUSCH (NÄHMASCHINE GEHT AN UND AUS; ACHT SEKUNDEN).

MAGGIE   Ich hab mir Mühe gegeben. Was ich am besten kann.

GERÄUSCH (FALLEN EINER GUILLOTINE).

HILDA   Darin bist du großartig. Wirklich erstklassig.

MAGGIE   Bis zur Erschöpfung. Häng die Wände mit Bildern voll
          und leg rutschfeste Beläge unter die Teppiche.

HILDA   Ich bewundre dich wirklich. Wirklich. Bis an die Zähne.

MAGGIE   Sich den Arsch aufreißen, nur so geht's.

HILDA   Wie wir aus den Biographien all der großen Figuren aus
          der Vergangenheit lernen können. Heraklit und Lancelot
          du Lac.

MAGGIE   Poliere die Türknäufe mit Meister Proper und bring den
          Heilbutt rein, in sein Nest aus Seetang.

HILDA   Und nicht nur das. Und nicht nur das.

MAGGIE   Kitzle sie, wenn sie gekitzelt werden wollen. Unterlaß es,
          wenn sie's nicht wollen.

HILDA   Große und bewundernswerte Männer. Ohne die kleinen
          und unwürdigen zu vernachlässigen. Wir erledigen jede
          Situation sanftpfötig auf einer Von-Fall-zu-Fall-Basis.

MAGGIE   Jaa Jaa Jaa Jaa Jaa.

HILDA   Kannte 'nen Typen, der trug seinen Bauch auf den Lip-
          pen. Ich ging das Problem mit der Astrologie in ihren
          medizinischen Aspekten an. Hier sein Bauch und dort
          sein Bauch. Großer Gott, aber mühselig war's, mühselig
          bis zum Exzeß. Ich ging das Problem an mit der Astrolo-
          gie in ihren medizinischen Aspekten.

MAGGIE   Jedem das Seine. Selbstgebackenes Brot und individuelle
          Behandlung.

HILDA	Man braucht noch was Zusätzliches außer sich selbst. Eine Katze, zu oft eine Katze.
MAGGIE	Ich hätt's besser machen können, aber ich war blöd. Wenn man jung ist, ist man manchmal blöd.
HILDA	Jaa Jaa Jaa Jaa Jaa. Ich erinnere mich.
GERÄUSCH	(TÜR SCHLÄGT ZU).
MAGGIE	Komm, wir trinken was.
HILDA	Na ja, ich könnt's vertragen.
MAGGIE	Ich hab Goldwasser, Bombay Gin und Old Jeb.
HILDA	Na ja, ein Scotch wär nicht übel.
GERÄUSCH	(TÜR SCHLÄGT ZU).
MAGGIE	Den hab ich auch.
HILDA	Man wird älter und mit dem Alter weniger schön.
MAGGIE	Ja, ja, ist mir auch schon aufgefallen. Verliert seinen Schmelz.
HILDA	Werd einfach im Runzelhaus sitzen und vor mich hinrunzeln. Älter werden und schlimmer.
MAGGIE	Hast du deinen Schmelz erst einmal verloren, dann kehrt er nie wieder zurück.
HILDA	Manchmal kraft der Sonne, wenn sie durch die Blätter der Bäume brüllt an einem Sommertag.
MAGGIE	Und dich so zerrunzelt, daß du aussiehst wie ein gegrillter Truthahn.
HILDA	Wie es beim Oni von Ifi der Fall ist. Hab ihn im Fernsehen gesehen.
MAGGIE	Runzel runzel runzel.
HILDA	Sieh dir mal das Bild hier an.
MAGGIE	Ja, das ist sehr hübsch. Was ist es?
HILDA	*Vulkan und Maya.*
MAGGIE	Ja. Er hat seine Klauen in ihr drin. Sie versucht sich zu befreien.
HILDA	Energisch? Energisch. Ja.
MAGGIE	Wie heißt der Maler?
HILDA	Spranger.
MAGGIE	Noch nie von gehört.
HILDA	Tja.
MAGGIE	Ja, du darfst es aufhängen. Wo du willst. An dieser Wand oder an dieser Wand oder an dieser Wand oder an dieser Wand.
HILDA	Dank dir.

MAGGIE	Wahrscheinlich kann ich vorankommen, wenn ich hart arbeite, auf Details achte.
HILDA	Hab ich auch mal gedacht. Früher hab ich das auch mal gedacht.
MAGGIE	Eine Menge Bücher lesen und gute Ideen haben.
HILDA	Na ja, kann nicht schaden. Ich mein, es ist 'ne echte Meinung.
MAGGIE	Was Wunderbares tun. Ich weiß nicht was.
HILDA	Wie ein Bassist an den großen dicken Saiten seines Instruments zupft mit mächtigen Zupfern.
MAGGIE	Derweil Blutgefäße in meinem Gesicht zerplatzen genau unter der Haut.
HILDA	Verletzt von böswilligen Kritiken alle wohlbegründet.
MAGGIE	Für Old Lederherz zeig ich meine Rückfront. Meine glänzende schwellende Rückfront.
HILDA	Das spitzt sie an.
MAGGIE	Da wissen sie immerhin, daß ich in der Stadt bin.
HILDA	Befreie mich im Bett von einem abendlichen Gehirnhüpfen mit feindlichen Säften.
MAGGIE	Ist wie Puffreis im Pott.
HILDA	Ist wie Konfetti im Schwimmbecken.
MAGGIE	Ist wie Blasen in der Kaltschale.
HILDA	Ist wie Wanken unter dem Mond.
GERÄUSCH	(VIER IDENTISCHE KONTRABASSTÖNE, GEZUPFT, SEHR SCHNELL).
MAGGIE	Er sagte mir schreckliche Sachen am Abend dieses Tages, als wir Seite an Seite saßen und Händchen hielten und warteten, daß der Regen die Wasserfarben von seinem Wasserfarbenpapier wusch. Warteten, daß der Regen das Papier reinwusch, hinlänglich reinwusch.
HILDA	Nahm mich bei der Hand und führte mich durch alle Zimmer. Viele Zimmer.
MAGGIE	Ich kenn das.
HILDA	Die Küche ist besonders prächtig.
MAGGIE	Allerdings.
HILDA	Ein Dutzend Philipinos mit Tabletts.
MAGGIE	Kann stimmen.
HILDA	Tabletts mit Genießbarem. Tragbarem. Lesbarem. Sammelbarem.
MAGGIE	Ach, du bist ein Idiot. Ein verdammter Idiot.

HILDA	Ich?
MAGGIE	Gott zum Gruß, Madame. Tauchen Sie doch bitte beim Hinausgehen die Hand ins Weihwasserbecken und vergessen Sie nicht den Opferstock rechts neben der Tür.
HILDA	Feigen und Verküßmeinnicht. Darüber ließe sich ehrlich sprechen.
MAGGIE	Ich hab die Zeit, die einem Sprecher normalerweise zusteht, weit überschritten.
HILDA	In Mexico City. In dem schwarzen Jackett mit den silbernen Conchos. Und blühend rosanen Hosen.
MAGGIE	Ging in eine Sportsauna dort, mein Hinterteil sah aus wie zwei Taschenbücher, sie haben es mächtig bearbeitet.
HILDA	Hast dir Mühe gegeben.
MAGGIE	Auch morgens einen kleinen Waldlauf, grünen Tee um zwölf Uhr mittags, ich studiere Haushaltsmanagement, Finanzpolitik, technische Reparaturen.
HILDA	Mit silbernem Meißel im Mund geboren.
MAGGIE	Ja, muß loslegen, muß Fortschritte machen.
HILDA	Gefolgt von der Phase des Kopf-gegen-die-Wand-Hauens beim Kind.
GERÄUSCH	(VIER IDENTISCHE KONTRABASSTÖNE, GEZUPFT, SEHR SCHNELL).
MAGGIE	Ich habe die Zeit, die einem Sprecher normalerweise an- oder zusteht, weit überschritten.
GERÄUSCH	(KONTRABASS).
MAGGIE	Man kann ohne weiteres sagen: sie waren hin und her gerissen.
GERÄUSCH	(KONTRABASS).
MAGGIE	Unangebrachtes Gelächter an manchen Stellen, aber das hat mir nichts ausgemacht.
HILDA	Ist Seine Eminenz erschienen?
MAGGIE	Mit dem Taxi. In seinen scharlachroten Gewändern.
HILDA	Er gibt 'ne starke Eminenz ab.
MAGGIE	Ja, mächtig stark. Ich durfte den Ring küssen. Er saß da, im Publikum, einfach wie einer aus dem Publikum. Einfach wie irgendeiner. Wie erstarrt und hin und her gerissen.
HILDA	Pirouetten und Hüpfer im roten Licht und Schleier auf den Boden fallen lassen und Handschuhe auf den Boden fallen lassen ...

MAGGIE   Eine meiner Glanznummern. Sie tobten zehn Minuten
            lang.
HILDA   Ich bin so stolz auf dich. Immer wieder und immer
            wieder. Stolz auf dich.
MAGGIE   Nun ja. Ich stimme zu. Richtig. Absolut richtig.
HILDA   Was? Bist du sicher? Bist du wirklich sicher? Sieh dir mal
            dies Bild hier an.
MAGGIE   Ja, da ist großartig. Was ist es?
HILDA   *Ermina kommt dem Tankred zu Hilfe.*
MAGGIE   Ja, sie wischt das Blut auf da, mit einem Riesenscheuer-
            lappen, scheint ein gutes Kind zu sein, Gott, sicher hat er
            überhaupt kein Blut mehr drin, totes oder sterbendes
            Pferd links oben . . . wie heißt der Maler?
HILDA   Ricchi.
MAGGIE   Nie von gehört.
HILDA   Tja.
MAGGIE   Ich nehm's. Kannst es auf einen der anderen Stapel pak-
            ken, an der Wand da oder an der Wand da oder an der
            Wand da oder an der Wand da . . .
HILDA   Dank dir. Wo soll ich die Rechnung hinschicken?
MAGGIE   Kannst sie schicken, wohin du willst. Ganz wie's Pupp-
            chen beliebt.
HILDA   Ich bin ungern in dieser Lage. Gebeugt und unterwürfig.
MAGGIE   Himmel! Hab ich gar nicht gemerkt. Soll ich dich auf-
            richten?
HILDA   Vielleicht in ein paar Tagen. In ein paar Tagen oder ein
            paar Jahren.
MAGGIE   Dich salben mit Bienengelee und Knochenöl.
HILDA   Und wenn ich dir deine erstaunlichen Erfolge jemals
            verziehen haben sollte . . .
MAGGIE   Meine.
HILDA   Und wenn ich jemals deine reihenweise Triumphe ver-
            daut haben sollte . . .
GERÄUSCH   (TÜR SCHLÄGT ZU).
MAGGIE   Der Himmel. Ein graues Rechteck im Vordergrund und
            dahinter ein rotbraunes Rechteck. Und dahinter ein sil-
            bern vergoldetes Rechteck.
HILDA   Müssen dranbleiben, an die großen Scheine kommen.
MAGGIE   Ja, ich denk schon die ganze Zeit nach, die ganze Zeit
            denk ich nach.

HILDA	Tanzen und Springen und Umleitung.
MAGGIE	Was soll 'n das heißen?
HILDA	Weiß nicht, nur so 'n bißchen Advokatensprache, die ich irgendwo aufgeschnappt habe.
MAGGIE	Wenn ich dich so näher betrachte . . .
HILDA	Abends am Kamin . . .
MAGGIE	Find ich dich ausgesprochen reizend. Verweile doch. Wir essen kleine Plätzchen mit Schmeichel, mit gelbem Schmeichel drauf . . .
HILDA	Ja, hier fühl ich mich einfach frisch und frei. So fühlt man sich nicht alle Tage oder jede Woche.
GERÄUSCH	(ERDRUTSCH, WIE ZUVOR).
MAGGIE	Letzte Nacht (PAUSE) um zwei (PAUSE) hörte der bellende Hund in der Wohnung über mir (PAUSE) mit dem Bellen auf. Seine Besitzer (PAUSE) waren zurückgekommen. Ich ging in die Küche (PAUSE) und bellte durch den Rauchfang (PAUSE) eine Stunde lang. Ich glaube (PAUSE), man verstand mich.
HILDA	(POLIZEI-STIMME): Da, ein Mann! Water Street Ecke Neunundachtzigste.
MAGGIE	Noch einen Schwelger?
HILDA	Ich hab genug geschwelgt für heute, danke. Kontrolle ist in.
MAGGIE	Kontrolle war in. Jetzt Hemmungslosigkeit.
HILDA	Hemmungslosigkeit werd ich nie schaffen.
MAGGIE	Arbeite dran und konzentriere dich. Sei Clown, Baby, Drachen, Hexe, der Lachende Caballero. Der Herr hilft denen, die . . .
HILDA	Das Purpurrot explodiert in meinem Gesicht, als ob Stapel von Purpurrot dort gestapelt wären gar überall.
MAGGIE	Verletzt von böswilligen Kritiken alle wohlbegründet.
HILDA	Oh, dieser kleine Bund von Clowns. Oh, seine süßen Spannungen.
MAGGIE	Der Himmel. Ein gleißendes Rechteck. Dahinter: ein klares Braun. Ein gelber Riegel, vertikal, rechts oben.
GERÄUSCH	(STOFF, DER ZERRISSEN WIRD, VIER SEKUNDEN).
MAGGIE	Ich liebe dich, Gottlieb, ziemlich doll.
HILDA	Heiliges Ei, ich glaub, du meinst es ernst. Wirklich ernst.
MAGGIE	Ist wie *Portia sich eine Wunde am Knie zufügend.*
HILDA	Ist wie *Wolfram angesichts seiner Frau, die er mit dem*

Leichnam ihres Liebhabers in den Kerker werfen ließ.

MAGGIE Brauchst du eine Freundin in der Not, ich bin dein bis in den Tod.

GERÄUSCH (STOFF, DER ZERRISSEN WIRD, VIER SEKUNDEN).

HILDA Deine gnädige und unendlich großzügige Gegenwart. (PAUSE). Man sagt, daß sie einen Koch importieren, an Fastentagen.

MAGGIE Nackte Modelle haben sie auch.

HILDA Glaubst du wirklich? Überrascht mich nicht.

MAGGIE Die besten Studenten bekommen ihr Essen aufs Zimmer. Auf Tabletts.

HILDA Glaubst du wirklich? Überrascht mich nicht.

MAGGIE Getreidesalate und große Portionen ausgewählter Fleischsorten.

HILDA Oh, das tut weh, das tut weh, das tut weh.

MAGGIE Brot mit Gänseschmalz und, an Fastentagen, Kuchen.

HILDA Ich bin genauso begabt wie die, ich bin genauso begabt wie ein paar von denen.

MAGGIE Entscheidungen gefällt von einem Gremium von Gespenstern. Werfen schwarze Bohnen oder auch weiße in den Topf.

HILDA Einst dacht ich, sie würden mich zulassen. Ich bekam ermutigende Briefe.

MAGGIE Du bist nicht der Stoff, aus dem Konservatorien gemacht werden, fürcht ich. Nur der allerbeste Stoff, ist der Stoff, aus dem Konservatorien gemacht werden.

HILDA Ich bin genausogut wie ein paar von denen, die jetzt in den weichen Konservatoriumsbettchen schlafen.

MAGGIE Vorzüge werden immer genauestens überprüft.

HILDA Ich könnte zurücklächeln in die lächelnden Gesichter der eilfertigen gefährlichen Lehrer.

MAGGIE Ja, wir haben nackte Modelle. Nein, die nackten Modelle haben emotional keinerlei Bedeutung für uns.

HILDA Ich könnt mit Ton arbeiten oder Sachen zusammenkleben.

MAGGIE Ja, manchmal kleben wir die nackten Modelle mit Sachen voll ... Anziehsachen meistens. Ja, manchmal spielen wir unsere Konservatoriumsviolinen, Cellos, Trompeten für die nackten Modelle, oder wir singen ihnen was vor, oder korrigieren ihre Redeweise, während unsere flinken

Finger über die Zeichenblöcke fliegen.

HILDA Ich könnt doch noch ein Anmeldungsformular ausfüllen, oder gleich mehrere.

MAGGIE Ja, du trägst jetzt eine beträchtliche Portion Bauch mit dir herum. Ich weiß noch, wie er flach war, flach wie ein Buch.

HILDA Ich sterbe, wenn ich nicht ins Konservatorium komme, ich sterbe.

MAGGIE Iwo, wirst du nicht, das sagst du nur so.

HILDA Ich werd in Null komma Nichts abkratzen, wenn ich nicht ins Konservatorium komme, das schwör ich dir.

MAGGIE So schlimm steht's nun auch wieder nicht, du kannst jederzeit was anderes anfangen, ich weiß nicht was, komm, Hilda, sei doch vernünftig.

HILDA Mein ganzes Leben hängt davon ab.

MAGGIE (ELEGISCH): Meine Güte, ich weiß noch, wie er flach war. Ach, was haben wir alles aufgerissen. Ich weiß noch, wie wir die Stadt unsicher gemacht haben, uns in finsteren Löchern verkrochen haben, es war eine irre Stadt, und ich find's schade, daß wir da raus sind.

HILDA Jetzt sind wir erwachsen, erwachsen und sauber.

MAGGIE Also, ich hab dich angeschwindelt. Die nackten Modelle bedeuten uns doch was emotional.

HILDA Wirklich?

MAGGIE Wir lieben sie und schlafen mit ihnen ununterbrochen . . . vor dem Frühstück, nach dem Frühstück, während des Frühstücks.

HILDA Na, das ist doch Klasse!

MAGGIE Na, das ist doch recht ordentlich!

HILDA Na, das find ich gut!

MAGGIE Na, das ist gar nicht mal schlecht!

GERÄUSCH (SCHLITTENGLÖCKCHEN, FÜNFZEHN SEKUNDEN).

HILDA Das hättest du mir lieber nicht sagen sollen.

MAGGIE Komm, Hilda, sei nicht so eingleisig, du kannst alles mögliche andere machen, wenn du nur willst.

HILDA Ich glaube, sie verfahren nach einer Art Exklusivitätsprinzip. Manche müssen draußenbleiben, während sie andere reinlassen.

MAGGIE Wir haben da drinnen einen Coushatta-Indianer, 'nen echten Vollblut-Coushatta-Indianer.

HILDA   Da drinnen?

MAGGIE   Ja. Er bastelt Hängewände aus Stoffetzen und Zweigen,
            sehr hübsch, und er malt Sandbilder und spielt auf den
            verschiedensten Flöten, manchmal läßt er seinen Sing-
            sang hören, und er schlägt eine Trommel, macht Silberar-
            beiten, außerdem ist er ein Weber, und er übersetzt aus
            dem Coushatta ins Englische und aus dem Englischen ins
            Coushatta und außerdem ist er ein Meisterschütze und
            kann junge Stiere bei den Hörnern packen und werfen,
            und den Wels fängt er mit langen straffgezogenen Leinen
            und ohne Sattel kann er reiten und Medizin stellt er aus
            gewöhnlichen Zutaten her, hauptsächlich aus Aspirin,
            und er singt und ist außerdem ein Schauspieler. Er ist sehr
            talentiert.

HILDA   Mein ganzes Leben hängt davon ab.

MAGGIE   Hör mal, Hilda, vielleicht könntest du ein außerordentli-
            ches Mitglied werden. Es gibt da diese Möglichkeit bei
            uns, du zahlst zwölf Dollar im Jahr und bist ein außeror-
            dentliches Mitglied. Du bekommst das Rundschreiben
            und hast alle Privilegien eines außerordentlichen Mit-
            glieds.

HILDA   Und die wären?

MAGGIE   Du bekommst das Rundschreiben.

HILDA   Das ist alles?

MAGGIE   Tja, das glaub ich schon.

HILDA   Oh.

MAGGIE   (PAUSE): Deine Verzweiflung greift mir ans Herz.

HILDA   Ich bekomm das Baby hier auf der Stelle.

MAGGIE   Na, vielleicht gibt's gute Nachrichten demnächst.

HILDA   Ich fühl mich wie eine Tote auf einem Stuhl.

MAGGIE   Du bist immer noch hübsch und attraktiv.

GERÄUSCH   (GLAS ZERBRICHT).

HILDA   Das hör ich gern, ich freu mich, das du so denkst.

MAGGIE   Und warm, du bist warm, du bist sehr warm.

HILDA   Ich bin warm. Warm.

MAGGIE   Warst du nicht auch im Friedenscorps vor ein paar
            Jahren?

HILDA   War ich und hab Sanitätswagen unten in Nicaragua ge-
            fahren.

MAGGIE   Das Leben im Konservatorium ist genauso halykon, wie

	du's dir vorstellst . . . ganz genauso.
GERÄUSCH	(GLAS ZERBRICHT).
HILDA	Ich glaub, ich geh einfach nach Hause und mach sauber, bring die Zeitungen runter und den Müll.
MAGGIE	Ich glaub, das Kind da kann jeden Tag kommen, oder?
HILDA	Arbeite weiter an meinen *études* egal, was sie sagen.
MAGGIE	Das find ich bewundernswert.
HILDA	Worauf's ankommt, ist, daß man sich seinen Geist nicht beschlagnahmen läßt.
MAGGIE	Ich glaub, das Kind da wird schließlich mal kommen, oder?
HILDA	Glaub schon. Weißt du, daß mich diese Schmalspuridioten tatsächlich nicht reinlassen.
MAGGIE	Ihr Denken ist unflexibel und starr.
HILDA	Wahrscheinlich, weil ich eine arme schwangere Frau bin, meinst du nicht?
MAGGIE	Ich denk, du hast's ihnen nicht erzählt.
HILDA	Aber vielleicht sind sie abgefeimte Psychologen, brauchen mir nur ins Gesicht zu sehen und wissen's schon.
MAGGIE	Nein, man sieht's noch nicht, in welchem Monat bist du?
HILDA	Zweieinhalb etwa, kann man sehen, wenn ich mich ausziehe.
MAGGIE	Aber du hast dich doch nicht ausgezogen oder?
HILDA	Nein, ich hatte an, was die Studenten anhaben, du weißt schon. Jeans und einen bunten Umhang. Ich trug eine grüne Büchertasche.
MAGGIE	Randvoll mit *études*.
HILDA	Ja. Er fragte mich, wo ich vorher ausgebildet worden war, und ich hab's ihm gesagt.
MAGGIE	Himmel, ich weiß noch, wie er flach war, flach wie das Deck von irgendwas, einem Boot oder einem Schiff.
HILDA	Sie sind nicht von Bedeutung, haben die mir gesagt.
MAGGIE	Ach, mein Süßerchen, es tut mir so leid für dich.
HILDA	Dann trennten wir uns, ich ging durchs herrliche Konservatoriumslicht ins Foyer und dann durch die großen schwarzen schmiedeeisernen Konservatoriumspforten.
MAGGIE	Ich war ein Gesicht auf der anderen Seite vom Glas.
HILDA	Meine ganze Erscheinung, als ich fortging, höchst würdevoll und gefaßt.
MAGGIE	Die Zeit heilt alles.

HILDA	Nein, tut sie nicht.
MAGGIE	(BRÜLLT): Geschnittene Lippe fette Lippe geschwollene Lippe gespaltene Lippe.
HILDA	(BRÜLLT): Har! Har! Har! Har!
MAGGIE	Komm, Hilda, es gibt noch anderes im Leben.
HILDA	Ja, Maggie, mag schon sein. Aber das will ich nicht.
MAGGIE	Nicht-Konservatoriumsleute führen ihr eigenes Leben. Wir Konservatoriumsleute haben nicht viel mit ihnen zu schaffen, aber man sagt uns, sie führen ihr eigenes Leben.
HILDA	Ich denk, ich reiche ein Gnadengesuch ein, wenn's irgendeine Stelle gibt, wo man ein Gnadengesuch einreichen kann. Wenn's irgendeine Stelle gibt.
MAGGIE	Das ist 'ne gute Idee, wir kriegen stapelweise Gnadengesuche, Stapel um Stapel.
HILDA	Ich werde bis in alle Ewigkeit warten. Nacht um Nacht um Nacht.
MAGGIE	Ich werd bei dir sitzen. Ich werd dir helfen mit den Formulierungen. Was willst du sagen?
HILDA	Ich will sagen, daß mein ganzes Leben davon abhängt. Oder so was.
MAGGIE	Es ist gegen die Regeln, daß Konservatoriumsleute Nicht-Konservatoriumsleuten helfen, das weißt du.
HILDA	Also, verdammt noch mal, ich dachte, du würdest mir helfen.
MAGGIE	O.K. Ich werd dir helfen. Was willst du sagen?
HILDA	Ich will sagen, daß mein ganzes Leben davon abhängt. Oder so was.
MAGGIE	(ELEGISCH): Wir haben männliche nackte Modelle und weibliche nackte Modelle, Harfen, Riesentopfpflanzen, und Draperien. Es gibt Hierarchien, einige Leute sind höhergestellt und andere tiefergestellt. Und die verschmelzen, im herrlichen Licht. Wir haben jede Menge Spaß. Wir haben jede Menge grüne Möbelstücke, weißt du, mit Farbe drauf. Abgeblätterter grüner Farbe. Vergoldete Einlassungen, fünf Millimeter breit. Abgenutzte grüne Einlassungen.
HILDA	Und wahrscheinlich Fackeln in kleinen Nischen in den Wänden, richtig?
MAGGIE	O ja, wir haben Fackeln. Wer ist der Vater?
HILDA	Typ namens Robert.

MAGGIE	War's schön?
HILDA	Die Sache nahm den üblichen Verlauf. Fieber, Langeweile, in der Falle.
MAGGIE	Vorwaschen, Nachwaschen, Trockenschleudern.
HILDA	Ist es wunderschön da drinnen, Maggie?
MAGGIE	Ich muß zugeben, es ist wunderschön. Ja. Ist es.
HILDA	Fühlst du dich großartig da drinnen? Fühlst du dich wunderschön?
MAGGIE	Ja, ist schon ein gutes Gefühl. Sehr oft haben wir, auf dem Tablett mit dem Abendessen, eine Rose.
HILDA	Ich werd niemals zugelassen zum Konservatorium.
MAGGIE	Du wirst niemals zugelassen zum Konservatorium.
HILDA	Wie seh ich aus?
MAGGIE	O.K. Nicht schlecht. Ganz gut.
HILDA	Ich werd's nie schaffen reinzukommen. Wie seh ich aus?
MAGGIE	Ganz gut. Großartig. Die Zeit heilt alles, Hilda.
HILDA	Nein, tut sie nicht.
MAGGIE	Die Zeit heilt alles.
HILDA	Nein tut sie nicht. Wie seh ich aus?
MAGGIE	Alt.
GERÄUSCH	(STILLE, ZWEI SEKUNDEN).
MAGGIE	Brauchst du eine Freundin in der Not, ich bin dein bis in den Tod (PAUSE). Julia hat die beste. Die beste, die ich je gesehen habe. Die schönste.
HILDA	Ich hab keine Eifersuchtsmuskeln in meinem Körper. Nirgendwo.
MAGGIE	Ach, sie ist so schön. Unvergleichlich.
HILDA	Manche denken so, andere so.
MAGGIE	Die verdammt noch mal beste, glaub mir.
HILDA	Wirklich? Ich weiß es nicht, ich hab sie nicht gesehen. Wirklich?
MAGGIE	Würdest du sie gern sehen?
HILDA	Wirklich, ich weiß es nicht, ich kenn sie nicht gut genug, kennst du sie gut genug?
MAGGIE	Wirklich, ich kenn sie gut genug, um sie mal zu fragen.
HILDA	Wirklich? Warum fragst du sie nicht gleich mal, es sei denn, es macht ihr Umstände oder jetzt ist die falsche Zeit oder was immer.
MAGGIE	Wirklich, ich glaub fast, jetzt ist die falsche Zeit, weil sie nämlich gar nicht hier ist, und wenn sie mal irgendwann

	hier ist, wär's wahrscheinlich besser.
HILDA	Wirklich, ich würd sie gern jetzt auf der Stelle sehen, weil ich schon vom Reden drüber in der Stimmung dazu bin. Wenn du weißt, was ich meine.
MAGGIE	Sie hat mir gesagt, sie mag das nicht, nur aus diesem Grund reingerufen zu werden, Leute, die sie gar nicht kennt und vielleicht nicht mögen würde, wenn sie sie kennen würde, ich warne dich.
HILDA	Oh.
MAGGIE	Verstehst du?
HILDA	Ja.
GERÄUSCH	(MOTORRAD KOMMT AUF TOUREN; SECHS SEKUNDEN!)
MAGGIE	Ich hätt's besser machen können. Aber ich weiß nicht wie. Hätt's besser machen können, besser saubermachen oder besser kochen oder was weiß ich. Besser.
HILDA	Du lächelst. Und die Englein singen.
MAGGIE	Hab's versaut, hab's versaut. Hatten einen Clown bei der Hochzeit, er amtierte als Priester, stand dort in seinem wollüstigen weißen Kostüm, seine Trommel und Trompete zu seinen Füßen. Er sagte: «Willst du, Harry ...» und all das. Die Gäste applaudierten, die Clown-Band spielte, es war eine großartige Gelegenheit.
HILDA	Unsere vielen Monde der Geduld und der Anpassung. Haken und Ösen unbekannt den andern Mösen.
MAGGIE	Die Gäste applaudierten. Über uns, ein großes Zelt mit roten und gelben Streifen.
HILDA	Das nicht explodierte Kissen und das einfache stumpfe Laken.
MAGGIE	Ich war furchtbar, aufs Wildeste.
HILDA	Zu Hunderten tote Frauen malen in leidenschaftlicher Imitation des Delacroix.
MAGGIE	Nach dem Essen Segeln und nach dem Segeln Gin.
HILDA	Freuden eines Sommertags.
MAGGIE	Geh nicht in die rote Scheune, sagte er. Ich ging in die rote Scheune. Julia. Schwang sich mit einem Seil vom Heuboden zu den Schweinetrögen. Angestarrt von den Pferden mit ihren großen zustimmenden Augen. Sie sahen irgendwie aus, als wüßten sie Bescheid.
HILDA	Du hast eilig die Koffer gepackt und den Bahnhof kurz vor Mitternacht erreicht und die Pfennige in deinem

	Portemonnaie gezählt.
MAGGIE	Ja. Hab die Stadt wiedererobert, mich wieder in Aktivitäten gestürzt.
HILDA	Man braucht was außer sich selbst. Eine Sache, ein Interesse oder ein Ziel.
MAGGIE	Bildete mich auf gewissen Gebieten, eins, zwei, drei, vier. Studierte die Tageskurse und tunkte sie in Kakao.
HILDA	Was du so gut machst.
MAGGIE	Erwarb Büsten gewisser Persönlichkeiten, Marmor, Silber, Bronze. Der Verteidigungsminister und der Vorsitzende der Vereinigten Vorsitzenden.
HILDA	Heulte ein wenig in die Ohren von Freunden und in die Höhlen des Telefons.
MAGGIE	Aber ich sammelte mich. Sammelte mich.
HILDA	Hast dich angestrengt. Hast die Anstrengung versucht.
MAGGIE	Zu erweichen, was hart ist. Zu erhärten das Weiche. Zu verstecken, was schwarz ist vom Gebrauch, unter neuer Farbe. Die Tomaten prüfen in ihren roten Perioden, mit dem Manual. Zu stärken im Geiste die Geistlosen. Mir einen Krug zu holen und rauszugehen hinter die Scheune und zu teilen mit allen die draußen, hinter der Scheune sind, ob Bauer oder Edelmann.
HILDA	Manchmal hab ich Glück. Auf Plazas oder in Tavernen.
MAGGIE	Rundum richtig. Ich meine Okie-Dokie.
HILDA	Es sei denn, der Teilnehmer wählt nachdrücklich anderweitig.
MAGGIE	Was soll das heißen?
HILDA	(Kackobello). Nur ein Stückchen Rechtsdeutsch, das ich irgendwo aufgeschnappt hab.
GERÄUSCH	(MOTORRAD KOMMT AUF TOUREN).
MAGGIE	Du bist die Sonne meines Lebens.
HILDA	Spielzeug Spielzeug, ich will mehr Spielzeug.
MAGGIE	Ja, kann ich mir denken.
HILDA	Dieses Sich-suhlen in Sicherheit beendete die Affäre.
MAGGIE	Der ausgeblichene graue Samt des Sofas. Er witzelte mit meinen Schlüpfern zwischen seinen Zähnen. Lief damit 'ne halbe Stunde rum.
HILDA	Was ist das für eine grindig pigmentierte Tunke hier in diesem Eimer?
MAGGIE	Brot in Milch aufgeweicht, nimm dir was.

HILDA	Ich glaub, ich könnt ruhig 'ne Kleinigkeit essen.
MAGGIE	Ein Mistelsalat, den wir zusammengehauen haben.
HILDA	Bleib dran, bleib am Mann, wenn schon denn schon.
MAGGIE	Willst du 'nen Strumpfgürtel kaufen? Nimm einen, danke. Vermeide Fehlspekulationen, versuch's mit 'ner anderen Stadt . . . .(?)
HILDA	Ist ein sauberer Nachmittag, schwer auf den Azaleen.
MAGGIE	Ja, sie sind stolz auf ihre Azaleen. Haben Wettbewerbe, Pokale.
HILDA	Ich deichselte eine Hoffnung und dämpfte eine Leidenschaft. Versprechungen schimmernd wie Krabben im Licht kurz unter der Wasseroberfläche.
MAGGIE	Spähte in seine dentale Arkade und bemerkte den guten Gesundheitszustand seines rosa Bindegewebes.
HILDA	Trat den Rückzug an und stieß gegen einen kleinen Tisch, der stürzte um mit einem Durcheinander von Aschenbechern und alten Ausgaben von wichtigen Zeitschriften.
GERÄUSCH	(ERDRUTSCH).
MAGGIE	Was soll ich tun? Was rätst du mir? Soll ich zu ihm gehen? Was wird passieren? Kannst du's mir sagen?
HILDA	Ja, das ist's: Gut sein und lieb sein. Wir haben auch Maisknödel und Blutwurst.
MAGGIE	Offerierte ihm lüstern ein Etwas rein und weiß.
HILDA	Aber hastig mit einer Schottiche der Hände deckte er dich wieder zu.
MAGGIE	Ziemlich genauso. Jeden Tag. Ich hab nichts dagegen, die Arbeit zu machen, wenn ich die Resultate sehe (PAUSE). Wir hatten einen Hund, weil wir geglaubt haben, er würde uns zusammenhalten. Einen einfachen Hund.
GERÄUSCH	(AUSSCHNITT KAMMERMUSIK WIE ZUVOR).
HILDA	Und hat's geklappt?
MAGGIE	Nö, war nur eine von diesen dämlichen Ideen von uns, wir dachten, das würd uns zusammenhalten.
HILDA	Knochen-Ignoranz.
MAGGIE	Hab ihn noch mal getroffen, er war bei 'ner Sitzung, bei der ich auch war, hatte eine eklige Angewohnheit entwickelt, in sein Jackettrevers zu husten, immer wenn er . . .
HILDA	Hustete.
MAGGIE	Ja, er hob sein Revers an und hustete hinein, blöder Tick, sehr unangenehm.

GERÄUSCH (Bassnoten wie zuvor).

MAGGIE Dann gehen die Kerzen aus, eine nach der anderen . . .

GERÄUSCH (Bass).

HILDA Die letzte Kerze versteckt hinterm Altar . . .

GERÄUSCH (Bass).

MAGGIE Die Tür zum Tabernakel offen . . .

GERÄUSCH (Bass).

HILDA Das Zuklappen des Buchs.

GERÄUSCH (Zufallende Tür wie zuvor; vier Sekunden Stille).

MAGGIE (langsam): Ich machte mich fertig für den großen Tag.
Der große Tag kam, (Pause) mehrere Male sogar.

HILDA Jedes Mal mit Erinnerungen an letztes Mal.

MAGGIE Nein. Die stören tatsächlich nicht. Vielleicht als ein leichter Schimmer des Schluß-und-Aus. Jeder große Tag ist ganz er selbst mit seinen eigenen Kriegsmaschinen, Rasseln, und grünen Lordschaften. Es gibt eine Unsicherheit, daß der bestimmte Tag nicht hält, was er verspricht. Meistens hält er's. Das ist eigenartig.

HILDA Ist ein sauberer Nachmittag, schwer auf den Azaleen.

MAGGIE Er sagte mir schreckliche Sachen am Abend dieses Tages, als wir Seite an Seite saßen und Händchen hielten und warteten, daß der Regen die Wasserfarben von seinem Wasserfarbenpapier wusch. Warteten, daß der Regen das Papier reinwusch.

HILDA Über mich?

MAGGIE Oh, über alles. Thema

(Aus dem Amerikanischen von Marianne Frisch und Martin Kluger)

Bio-bibliographische Angaben

Ralph-Rainer Wuthenow ist Professor am Deutschen Seminar der Universität Frankfurt/Main. Er veröffentlichte zuletzt in dem Sammelband «Reise und Utopie. Zur Literatur der Spätaufklärung» (Frankfurt 1976).

Michael Schneider, geb. 1943. Arbeitete nach dem Studium als politischer Publizist (u. a. für die Zeitschriften «Konkret», «das da» und «Kursbuch»), Lektor und Dramaturg (am Hessischen Staatstheater Wiesbaden). Buchveröffentlichungen: «Neurose und Klassenkampf» (1973; dnb 26); «Die lange Wut zum langen Marsch. Aufsätze zur sozialistischen Politik und Literatur.» (1975; dnb 62). Sein vielbeachtetes Theaterstück «Die Wiedergutmachung» kam 1976/77 zur Aufführung.

Julia Kristeva, gebürtige Bulgarin, lebt seit 1966 in Frankreich. Sie lehrt an der Université de Paris und ist Redaktionsmitglied der Zeitschrift «Tel Quel». Der Beitrag über Céline erschien französisch zuerst in «Tel Quel», Nr. 71/73 (Herbst 1977). Auf deutsch liegt von Kristeva vor: «Die Chinesin. Die Rolle der Frau in China» (1966).

Dieter Schlesak wurde 1934 geboren. 1959–1970 war er Redakteur der «Neuen Literatur» in Bukarest. Er veröffentlichte «Visa, Ost-West-Lektionen» (Frankfurt/Main 1970), «Geschäfte mit Odysseus» (Bern und Stuttgart 1972), «Die Sozialisation der Ausgeschlossenen» (1975; dnb 54). Heute lebt Schlesak als Schriftsteller und Publizist in Italien.

Ursula Krechel, 1947 in Trier geb. Studium der Germanistik, Theaterwissenschaft und Kunstgeschichte. Promotion, seit 1972 freie Schriftstellerin. Buchveröffentlichungen: «Erika» (1973); «Selbsterfahrung und Fremdbestimmung» (1975); «Nach Mainz!» (1977).

Jürgen Peters, Jahrgang 1940, lehrt an der Technischen Universität Hannover. Thema der Dissertation (1969): «Die Romane von Karl Philipp Moritz und deren mutmaßliche Leser». 1974 Habilitation über Wolfgang Koeppen. Mitarbeit an Zeitschriften und Büchern (u. a. «Es muß nicht immer Marmor sein. Ernst Bloch zum 90. Geburtstag» (1975), «Die schöne Leiche aus der Rue Bellechasse» (1977; dnb 88). Autor mehrerer Fernsehfilme.

Michael Rutschky, geb. in Berlin, aufgewachsen in Nordhessen. Studium der Literaturwissenschaft, Soziologie und Philosophie in Frankfurt am Main, Göttingen und Berlin. Lebt als Sozialforscher in Berlin. Literaturkritische, essayistische und wissenschaftliche Beiträge in Zeitschriften und Sammelwerken.

Uwe Johnson, geb. 1934 in Camin in Pommern. Letzte Buchveröffentlichung: «Jahrestage. Aus dem Leben von Gesine Cresspahl» (1970–1977).

Hans Joachim Schädlich, geb. 1935 in Reichenbach/Vogtland. Lebte bis 1977 in Berlin (DDR), arbeitete als Sprachwissenschaftler an der Akademie der Wissenschaften, dann als Übersetzer und veröffentlichte Erzählungen im *Literaturmagazin* (Nummer 3, 4, 6 und 9). 1977 erschien sein Prosaband «Versuchte Nähe» bei Rowohlt. Heute lebt Schädlich in Hamburg.

Rolf Dieter Brinkmann wurde 1940 in Vechta i. O. geboren, lebte in Köln. Im April 1975 kam er bei einem Verkehrsunfall in London ums Leben. Kurz nach seinem Tod erschien der Gedichtband «Westwärts 1 & 2» (1975; dnb 63). Postum wurde Brinkmann der Petrarca-Preis verliehen. Das vorliegende Prosastück ist ein Auszug aus den umfangreichen Aufzeichnungen, die der Autor während seines Aufenthalts als Stipendiat der Villa Massimo 1972/73 machte und deren Publikation unter dem Titel «Rom, Blicke» für 1979 in der Reihe dnb vorgesehen ist.

Maria Erlenberger ist ein Pseudonym. Für ihren Bericht «Hunger nach Wahnsinn» (1977; dnb 84) erhielt sie 1978 den Bremer Förderpreis für Literatur. Die hier unter dem Titel «Ich will schuld sein» abgedruckten Texte sind ein Auszug aus einem Manuskript gleichen Titels.

Heribert Hopf wurde 1936 in Forchheim/Oberfr. geboren, lebt seit 1960 in München, arbeitet im diakonischen Bereich der Evang.-Luth. Kirche in Bayern. Die ‹Rosenbaum›-Erzählung, 1976 geschrieben, ist die Titelgeschichte des Bandes ‹Herr Rosenbaum gibt sich zu erkennen›, der 1979 bei der dva Stuttgart herauskommt und seine erste Buchveröffentlichung ist.

Michael Buselmeier, geb. 1938, lebt als freier Schriftsteller und Publizist in Heidelberg. Buchveröffentlichungen: «Das glückliche Bewußtsein» (1974) und 1978 der Gedichtband «Nichts soll sich ändern».

Jochen Kelter, geb. 1946 in Köln. Studium der Literaturwissenschaft. Dozent in Zürich, wohnt bei Konstanz und in Zürich. Seit 1975 veröffentlicht er in Zeitschriften und Anthologien, zuletzt «Mein Land ist eine feste Burg – Neue Texte zur Lage in der BRD» (1976).

Gerhard Ochs, geb. 1944 in Karlsruhe-Ettlingen. Studium der Philosophie, Kunstgeschichte und Politischen Wissenschaften. Veröffentlichte einen Gedichtband «Lebendes» (Gießen 1977), «Kindergeschichten» (1977).

Hermann Peter Piwitt wurde 1935 in Hamburg geboren. Er veröffentlichte bisher: «Herdenreiche Landschaften», Erzählungen (1965), «Das Bein des Bergmanns Wu», Essays (1971), «Rothschilds», Roman (1972; dnb 16) und «Boccherini und andere Bürgerpflichten», Essays (1976; dnb 71). «Carla» ist ein Kapitelauszug des Romans «Die Gärten im März», der im Frühjahr 1979 bei Rowohlt erscheinen wird.

Gabriele Wohmann wurde 1932 in Darmstadt geboren, wo sie heute als Schriftstellerin lebt. Zuletzt veröffentlichte sie «Die Nächste bitte», Erzählung (1978), «Feuer bitte», Prosa (1978), den Gedichtband «Grund zur Aufregung» (1978) und den Roman «Frühherbst in Badenweiler» (1978).

Christopher Middleton, der die Anthologie zeitgenössischer amerikanischer Lyrik zusammenstellte, wurde 1926 in Cornwall geboren. Er ist Lyriker, Übersetzer und Germanist, seit 1966 Professor an der Universität Texas, Austin. Auf deutsch erschienen von Middleton: «Der Taschenelefant» (Berlin 1969) und «Wie wir Großmutter zum Markt bringen» (Düsseldorf 1979).

David Wevills Gedichte erschienen in der Zeitschrift «Thicket» (Austin, Texas), diejenigen von *John Ashbery* in seinem Band «Self-Portrait in a Convex Mirror» (New York 1975). Die Gedichte von *Rita Dove* sind bisher unveröffentlicht, diejenigen von *Keith Waldrop* dem Band «The Garden of Effort» (Providence o. J.) entnommen. Die drei Gedichte von *Dara Wier* stammen aus dem Band «Blood Hook Eye», der 1977 erschien (Austin, Texas), die von *Ai* aus «Cruelty» (New York 1973). *John Batki*, amerikanischer Dichter ungarischer Herkunft, schreibt Kurzprosa.

Grace Paley wurde in New York City geboren, wo sie auch heute als freie Schriftstellerin und Dozentin (Creative Writing) lebt. Auf deutsch erschien von ihr: «Fleischvögel» (1970). Die hier veröffentlichte «Immigrantengeschichte» wurde dem Band «Enormous Changes at the last Minute» (New York 1974) entnommen.

Susan Sontag, 1933 in New York geboren, Schriftstellerin und Kritikerin, lebt in New York und Paris. Zuletzt erschien von ihr auf deutsch «Über Fotografie» (1978) und «Krankheit als Metapher» ebenfalls 1978. Die Erzählung «Projekt einer Reise nach China» wird 1979 in dem Band «I, etcetera» im Hanser Verlag erscheinen.

Marvin Cohen lebt in New York. Das abgedruckte Prosastück ist dem Band «The Inconvenience of Living» (New York 1977) entnommen.

Donald Barthelme, 1931 in Philadelphia geboren, lebt in New York. Auf deutsch erschien zuletzt nach dem Erzählungsband «City Life» sein Roman «Der tote Vater» (1977). «Das Konservatorium» © by Donald Barthelme 1977, erschien zuerst in «The New Yorker Magazine».

das neue buch
rowohlt

Herausgegeben
von Jürgen Manthey

das neue buch
rowohlt

Herausgegeben
von Jürgen Manthey

das neue buch

rowohlt

Herausgegeben
von Jürgen Manthey